臺灣宗教與社會叢書B009

臺灣民間宗教的持齋戒殺

林榮澤 著

U0136187

蘭臺出版社

序言

「素食」是中國僧尼特有的修行教餐，也是中國傳統飲食文化的一項特色。

今天的臺灣社會，素食更結合了養生的觀念，蔚為飲食的一股新風尚。根據調查，目前臺灣地區的素食業（包括餐廳、自助餐、糕餅、素料、小吃等）共計達 2850 家[1]，可見素食文化對國人飲食影響之深遠。這是一個值得關心的問題，卻一直未有較完整而有系統的研究。

早期的素食制度，主要形成於亞洲的佛教、印度教及祆教流行的地區。古希臘的畢達格拉斯學派及歐洲地區，也有素食主義的記載。佛教傳入中國後，逐漸形成以素食作為修行的戒律，是古代所有素食制度中，較具有特色的地區。十九世紀以前，素食主義在西方並不流行。1809 年在英國首先出現了素食運動，並於 1847 年成立「素食協會」。美國素食主義的創始人是 S.Graham, 1850 年，他的追隨者成立了一個素食協會。二十世紀 60—70 年代，素食在美國越來越流行，歐陸國家也有多個素食協會成立。今日美國的素食主義者，更結合地球生態環保的訴求，作為拯救

---

[1] 崔玖、林麗美，〈臺灣民間食物養生的探討〉，《第五屆中國飲食文化學術研討會論文集》（臺北：財團法人中國飲食文化基金會，民國 87 年 6 月 15 日），頁 114。

地球的另一種方式。[2]而目前臺灣的素食人口比例,相較於世界各國為高,是很明顯的現象。尤其民間宗教中的一貫道,信徒吃素的比例更是各宗教之冠,在一貫道中,已將素食從修行的制度面,提升到個人養生與生態保育的層次,謂之「**新世紀飲食**」。「新世紀飲食」一詞是來自 John Robbws 所著《新世紀飲食》一書的理念,該書是「以環保、愛心和營養健康」三個角度來看人們的肉食習慣,進而提倡一切生靈的素食。Robbws 的主張促成了「**拯救地球基金會**」的成立,並由此基金會所帶動的環保運動,遍佈全美和澳大利亞、加拿大等地。[3]可知素食主義在今日歐美等先進國家,已成為一股新的飲食風尚,在臺灣同樣也有愈來愈多的素食主義者,這種社會現象值得進一步的觀察研究。而要了解整個素食現象的根本內涵,中國傳統的素食制度及素食主義,是很完整且有代表性的。此為本書主要的著眼點,而在分析中國的素食主義時,也會就世界各主要國家的素食主義作比較分析,如此將有助於了解中國素食制度的特色。

　　一般認為中國的素食制度,是受佛教傳來中國後的影響所致,但印度的原始佛教是托缽乞食,原無素食的特定戒律,傳來中國後,大乘佛經中的慈悲戒殺思想與中國文化相結合,漸發展出以「素食」為獨特的教餐,目的在貫徹佛陀清淨不殺的慈悲精神,所以早期的持齋素食,多與佛教的修持有關。目前對於佛教

---

[2]　見美國拯救地球基金會拍攝「新美國飲食:素食的呼籲」錄影帶。中華民國環保生活協進會流通。

[3]　John Robbws 著,張國蓉、涂世玲譯,《新世紀飲食》(臺北:琉璃光出版社,民國 83 年 2 月)。

素食制度形成的解釋不外乎幾項因素：一是因梁武帝藉由政治力量，讓素食徹底推行於四眾弟子；其次是佛教傳來中國後，改變以往托缽行乞的方式，其三是古代中國民間的飲食習慣，與素食原本相當接近，其四是素食止殺觀念與中國齋戒思想相融合的結果，便很自然地採納素食的觀念，而延續至今。[4]

然而，素食不應單純只是飲食的習慣，根本上還是一種修行戒律與飲食觀相結合而成的「**素食制度**」。在原始佛教的戒律中，無不得吃肉的素食律，梁武帝的〈斷酒肉文〉則是透過政治力量，規定「**若出家人嗜飲酒、噉食魚肉，是則為行同於外道，而復不及。**」[5]強制出家眾務斷酒肉。武帝的〈**斷酒肉文**〉影響深遠，使素食形成制度並與佛教的修行相結合，這是因梁武帝不單是斷酒肉的規定而已，他還建構了斷酒肉的修行理論，解釋為何必須禁斷酒肉吃素的理由，此為中國素食主義的最早形成。對於持長齋者而言，如果沒有這種理論的支持力量，就會像有些人是偶而吃素，或一段時間吃素，卻難以持久。所以本書分析的另一項重點，將著重於構成素食制度的理論內容，及其形成與發展的過程和影響。

就「**素食主義**」的內涵而言，持齋戒殺的觀念，在中國已有悠久的歷史，所以發展成一套特有的素食觀，分從道德仁心、修身養性、營養保健、因緣果報、持戒修福、戒殺放生等方面提出

---

[4] 林伯謙，〈素食與佛法行持〉，《第五屆中國飲食文化學術研討會論文集》（臺北：財團法人中國飲食文化基金會，民國 87 年 6 月 15 日），頁 331~358。

[5] 《廣弘明集》卷 26，《大正藏》卷 52，頁 294。

論點，這些論點散見於佛、道、儒家經典及民間宗教的寶卷中，統稱之為中國的「**素食主義**」。所發展出來的素食制度，在佛教、道教及民間宗教的信仰，各有其特色而不儘相同，比較分析中國素食制度，在佛、道及民間宗教之不同，也是本書的分析重點。其後素食主義深入民間，也不再局限於佛教、道教及民間宗教的修行觀，素食作為一般社會的非關信仰因素，則與食養相結合，強調素食對養生的益處。另外，素食也進一步和生機飲食相結合，強調生食療法，而所有關於生食療法的飲食皆是素食。這些由素食所延伸出來的問題，都可以有進一步的討論。

目前在國內，有關素食的問題的研究還非常有限，希望本書能收到拋磚引玉的效果，期望更多的有心人一起來投入。最後，本書得以完成，最要感謝的是臺北故宮博物院的莊吉發教授，由於有莊教授的細心指導，才得以順利完成本書，值此付梓之際，再次對莊教授致上深深的謝意。其次要感謝花蓮教育大學的李世偉教授，由於他的鼓勵和協助，本書才能順利的出版。當然，要感謝的人還很多，實無法盡言，僅此對所有給予我鼓勵與指正的前賢，致上萬分的謝意。

林榮澤　序於一貫義理編輯苑
西元二〇〇八年一月

目　次

第一章

緒論

第一節　素食與修行

　　「齋戒」包含「持齋」與「戒殺」兩項戒律，是中國漢族僧尼普遍奉行的修行制度。將「持齋戒殺」落實在日常生活上，最大的特徵就是「吃素」或稱「吃齋」，這種在飲食上的禁止肉食，也成為中國傳統飲食文化的一項特色。今天的臺灣社會，素食更結合了養生的觀念，蔚為飲食的一股新風尚。根據調查，目前臺灣地區的素食業（包括餐廳、自助餐、糕餅、素料、小吃等）共計達 2850 家[1]，可見素食文化對國人飲食影響之深遠。這是一個值得關心的問題，卻一直未有較完整而有系統的研究。

　　所謂的「吃齋」，若屬長期奉行的「吃長齋」，則它已不再是單純的一種飲食的習慣，基本上是一種修行戒律與飲食觀相結合而成的「齋戒信仰」。另有吃固定每月幾日的「花齋」，或一段日期的「報恩齋」，每天早上的「早齋」、每月的「初一、十五齋」或特定禁屠日的「特別齋日」等，也都或多或少是關於信仰的因素所奉行的吃齋。因此，所謂的「齋戒」，簡言之就是「奉行吃齋與不殺生的戒律」，這是本書在研究上的基本界定，對於非關吃齋戒殺的戒律信仰，則暫不予探討。就「齋戒信仰」的內涵而言，持齋戒殺的觀念，在中國已有悠久的歷史，並發展成一套特有的素食觀，分別從道德仁心、修身養性、報恩了願、因緣果報、持戒修福、戒殺放生等方面提出論點，這些論點散見於佛、道、儒家經典及民間宗教的寶卷中，統稱之為中國的「素食主

---

[1] 崔玖、林麗美，〈臺灣民間食物養生的探討〉，《第五屆中國飲食文化學術研討會論文集》（臺北：財團法人中國飲食文化基金會，民國 87 年 6 月 15 日），頁 114。

義」。所發展出來的齋戒信仰，在佛教、道教及民間宗教的信仰，各有其特色而不盡相同。佛教的齋戒信仰與道教的齋醮，學界都已有所探討，至於民間宗教的齋戒信仰則較少著墨，也未見有這方面的專論。由於此種「齋戒信仰」通貫了明、清以來的民間宗教，成為眾多民間宗教教派共同的特徵，及重要的發展機制，實有待關注與研究。此為本論文何以要選定民間宗教之「齋戒信仰」，作為探討主題的主要原因。至於民間秘密社會，即自天地會以來的各會黨，由於較少有吃齋的信仰，故不在本書的探討範圍。

　　早期由齋戒信仰所延伸出來的素食主張，主要形成於中國及亞洲的佛教、印度教及祆教流行的地區。古希臘的畢達格拉斯學派及歐洲地區，也有素食主張的記載。中國傳統的「齋戒觀」，源於皇帝在祭祀前，有齋戒沐浴以侍上帝的觀念，這對後來佛教傳入中國後，逐漸形成以素食作為修行教餐的齋戒信仰，也有很大的促進作用。而且，中國的齋戒信仰在所有的素食主張中，是較具有特色的地區。十九世紀以前，素食主義在西方並不流行。1809 年在英國首先出現了素食運動，並於 1847 年成立「素食主義者協會」。1992 年 2 月英國素食主義者協會公布的最新統計資料：根據中立的民意市場調查機構 NOP/GALLUP/MINTEL 的調查報告[2]

　　英國的素食者正以驚人的速率增長。

　　1945 年素食者人數為 10 萬[政府定量配給統計資料]。

---

[2] 資料來源：英國素食主義者協會公布，網站：
　　http://www.godsdirectcontact.us/com/vegetarian/ch/index.html

1998 年英國素食者數量估計為 4 百萬，占總人口的 7%。
[NOP1998]

82%的人相信素食者數量將繼續增長。[NOP1998]

15-34 歲年齡段中，11%為素食者。

過去 10 年中，英國素食者數量增加了 2 倍，平均每週 5
千人。[GALLUP1997]每週增加 1 萬 3 千人不吃紅肉。
[GALLUP1997]

總人口中有接近一半[46%]聲稱，他們已減少食肉量。
[GALLUP]

1/6 的英國人是素食者或正考慮成為素食者。[NOP1997]

成為素食者的人中間，44%是基於道德原因[關心動物]，
22%是健康原因，9%食物恐慌 [NOP1997.5]

英國飲食趨勢中，素食主義成長最快。[MINTEL]

目前，英國素食食品市場已達到每年 111 億英鎊以上。

以這樣的速率增長，到 2030 年我們全體都將成為素食者。

美國素食主義的創始人是 S.Graham（格拉漢），1850 年，
他的追隨者成立了一個素食主義者協會。二十世紀 60-70 年代，
素食在美國越來越流行，1998 年國際知名的素食推廣者 Victor
Parachin（維克特・帕拉青）在 365 Good Reasons to be a Vegetarian
（365 個素食的好理由）一書的前言就說：

在美國，吃素的人口正在持續攀升當中，從 1980 年代的
800 萬到 90 年代的 1400 萬人。今天，問題的癥結已經不

再是「為什麼要吃素」，而是「為什麼要吃葷」了。[3]

歐陸國家也有多個素食主義者協會成立。今日美國的素食主義者，更結合地球生態環保的訴求，作為拯救地球的另一種方式。[4]

其次，就目前臺灣的素食人口比例，相較於世界各國為高的現象。根據調查，目前臺灣地區的素食業，其中絕大多數是由佛教及民間宗教中的一貫道信徒所開設。尤其是一貫道，信徒吃素的比例更是各宗教之冠，其對素食的重視，基本上就是沿襲明、清以來，民間宗教提倡「齋戒信仰」的傳統而來。在一貫道中，已將素食從修行的制度面，提升到個人養生與生態保育的層次，謂之「新世紀飲食」。事實上，「新世紀飲食」一詞是取自 John Robbws（約翰羅彬斯）所著《新世紀飲食》一書的理念，該書是以「環保、愛心和營養健康」三個角度來看人們的肉食習慣，進而提倡禁食一切生靈的素食。Robbws 的主張促成了「拯救地球基金會」的成立，並由此基金會所帶動的環保運動，遍佈全美和澳大利亞、加拿大等地。[5]可知素食主義（Vegetarianism）在今日歐美等先進國家，已成為一股新的飲食風尚，影響所及，在臺灣同樣也有愈來愈多的素食主義者，這種社會現象值得進一步的觀察研究。而要了解臺灣社會素食現象的根本內涵，一貫道的齋

---

[3] 宋楚芸譯，Victor Parachin 著，《365 個素食的好理由》（臺北：遠流出版社，1999 年 8 月），頁 1。

[4] 見美國拯救地球基金會拍攝「新美國飲食：素食的呼籲」錄影帶。中華民國環保生活協進會流通。

[5] 張國蓉、涂世玲譯，John Robbws 著，《新世紀飲食》（臺北：琉璃光出版社，民國 83 年 2 月）。

戒信仰及素食主張，是很完整且有代表性的。至於一貫道的齋戒
信仰，則是來自於整個明、清以來民間宗教的傳統，因此，本論
文主要的著眼點，即在於分析中國民間宗教的齋戒信仰，及其所
造成的社會面與文化面的影響，如此將有助於了解中國素食主張
的特色。

　　此外，有關本文所用的「民間宗教」一詞，近來已逐漸形成
特定的專用名詞，用來替代以往之「秘密宗教」、「邪教」等用
語，用以指唐宋以後，中國民間的一種自發性的宗教結社。[6]
就「民間宗教」一詞，在使用上也顯得較為客觀、中性，不似以
往「秘密宗教」、「邪教」、「教匪」、「匪類」、「會道門」
等的用語，所帶有的主觀價值判斷。誠如俄羅斯科學院遠東研究
所馬文良博士對中國民間宗教的評論所言：「傳統的術語『邪
教』、『異端教』、『妖教』無助於闡明民間宗教的本質，因為
它們帶有明顯的政治色彩。很多中國學者目前採用的『秘密宗教』
概念，最近受到不少外國及中國學者的公正批評。」[7]所以本論
文在論述上也用「民間宗教」一詞，是指唐宋以後，普遍流行於
社會底層，非純粹佛、道兩教之外的多種民間教派之統稱。為了
敘述上的必要，也用「民間教派」一詞，來代表某一特定的民間
宗教教派；而用「秘密會社」一詞，來代表民間的秘密結社，即
一般所通稱的「幫會」。民間宗教是本論文主要的分析對象，不
包括「秘密社會」及正統的佛、道教及基督教、天主教、伊斯蘭

---

[6]　韓秉方，〈中國的民間宗教〉，收錄於湯一介主編，《中國宗教：過去與
　　現在》（北京：北京大學出版社，1992.10），頁 163。

[7]　（俄）馬文良，〈中國民間宗教芻議〉，《世界宗教研究》，1994 年 1
　　月。

教等宗教。

　　就近年來史學界對中國民間宗教的研究而言，較多以史料的考證及經卷的分析為主，著重於明清以來的民間秘密宗教，就其形成、發展經過及基本教義進行探討，此可以馬西沙、韓秉方合著《中國民間宗教史》[8]一書為代表作。至於人類學及社會學的探討，則著重於田野調查，多是以現有民間教派信仰為限，李世瑜[9]、宋光宇[10]等人的著作可為代表。這兩方面的研究成果，大致上已能提供一個完整的輪廓，使能清楚的認識到，傳統中國的宗教中，除了正統的儒、釋、道之外，還有另一為廣大下層社會所信奉的民間宗教。

　　然而有關下層民間宗教的信仰活動，就目前學界的研究來看，所知依然很有限。尤其是民間宗教的信徒，他們不像僧道之人容易辨視，幾乎看起來與一般人民無異，這些人如何從事宗教活動及活動的內容是些什麼？又對民間社會產生什麼樣的影響？目前所知實在有限。因此，為了更進一步的了解，在廣大的民間社會中，民間宗教是如何建構起他的信仰體系，及其信徒的社會人際網絡。本文以「齋戒信仰」作為研究民間宗教的一個切入點，有別於以往只以單一教派作研究對象的研究方式，同時也借由「吃齋」所形成的社會問題，來看民間宗教的宗教活動及其人際網絡關係。具體而言，選擇「齋戒」作為研究民間秘密宗教

---

[8]　馬西沙、韓秉方，《中國民間宗教史》，序言（上海：上海人民出版社，1992 年 12 月）。

[9]　李世瑜，《現代華北秘密宗教》（臺北：古亭書屋發行，民國 64 年 8 月，臺一版）。

[10]　宋光宇，《天道鉤沉──一貫道調查報告》（臺北：元祐出版社，民國 73 年 12 月 1 日再版）。

的切入點，是居於以下幾項的思考：

1.吃齋是民間宗教信眾普遍存在的現象，大部份的教派皆以是否吃齋，作為入教的第一步，從飲食上的改變，來達到吸收信徒的目的。

2.官方常以是否有吃齋作為辨別信徒或非信徒的依據，因此吃齋者變成官方所嚴防及取締的對象。

3.「齋戒」是包括持齋與戒殺兩部份，但兩者是相互為用，相輔相成。持齋包括戒吃酒肉，戒殺則包括有護生與放生的內涵，兩方面在民間宗教的經卷中，都有很豐富的闡述，值得進一步的分析。

所謂「食、色性也。」追求美食本是人的本性，為何人們會願意放棄肉食的口腹之慾，選擇長期素食，如果沒有特殊的原因，是不容易作到的。中國自南朝梁武帝提倡僧尼「斷酒肉」的修行制度以後，寺院裡的僧尼大致奉行以素食作為修行教餐的素食制度，這是被往後的當政者所認可的。此外，自明、清以來，民間廣泛流傳著更多的吃齋教團，他們透過齋堂或寺廟，以聚眾作會吃齋的方式，吸引很多民眾的加入。這些夜聚曉散的吃素者，不但不為當政者所認可，而且當政者還採取嚴厲的取締方式，予以殘酷的鎮壓。常言「殺頭的事情沒人會作」，但是，自明、清以來還是不斷的有很多這類的人，願意冒著生命的危險，入教吃齋。清朝歷代的皇帝一直視此為嚴重的大問題，以如臨大敵般的心態來處理，可是終清之世，這類的民間吃素教團，始終不斷。因此，我們不禁要問，對這些甘冒生命危險的吃長齋者而言，他們所堅持的理念是什麼？他們何以要如此執著於吃齋？對社會面以及一般的人際網絡又有何影響？而一般人對這些被稱為「齋公」、「齋婆」者的看法又如何？以上這些都是構成本書

的基本問題意識。

第二節　民間宗教研究的回顧

　　本書以民間宗教為對象，以齋戒信仰作探討的主題，這種「主題式」的探討，是採取兼具「微觀和宏觀」的方法。一方面先就民間宗教共通的齋戒特質作淵源及其內涵的探討，這是屬於微觀的分析；另一方面，再以此為基礎，開展出來整個清代民間宗教的吃齋問題及其相關的各種因素之分析，這是一種宏觀式的探討。期望經由此一微觀與宏觀兼具的探討，能對明、清以來的民間宗教有另一個角度的發現。而此一研究取向，實受到西方「宗教歷史學派」及「中國民間宗教研究」的回顧及方法論之影響，所得出來的一種思考模式，或能為往後的民間宗教研究有所啟發。

一、西方「宗教歷史學派」的研究理論與方法

　　檢視西方關於宗教史的研究，可以了解西方以基督教研究為主的宗教史探討，到近代「宗教歷史學派」興起後，開始有了創新的開展。所謂「宗教歷史學派」（Religionsegschichtliche schule），是指興起於二十世紀初，由德國哥丁根大學為主的一批學者，援用新學門如民族學、人類學、比較宗教學等社會科學的新觀點，研究基督教與《聖經》，這批學者就被稱為「宗教歷史學派」。此派主要的代表有：袞克爾（Hermann Gunkel, 1862-1932）、布塞特（Wilhelm Bousset, 1865-1920）、魏斯（Johannes Weib, 1863-1914）、韋雷德（William Wrede, 1859-1906）等人。宗教

歷史學派日後的發展及影響很大，不但在基督教研究史上豎起了新的里程碑，而且也形塑了宗教史研究的新典範，其理論與方法至今仍被許多學者奉為圭臬。特別是宗教歷史學派所提出的「來源批判」、「形式批判」與「編纂批判」等的理論與方法，[11]在認定基督教的歷史，分析經典的來源與文類的特徵上，提供更有效的研究方法。

（一）宗教歷史學派的興起

宗教的研究正式成為一門新興的學科謂之「宗教學」，僅有一百多年的歷史。一般是以 1873 年英國馬克思·繆勒（Friedrich Max Muller 1823-1900）發表的《宗教學導論》一書，率先引用「宗教學」一詞，作為正式的開端。[12]此書係 Muller 在 1870 年 2 月至 3 月間，在倫敦英國科學研究所發表的四編演講集結而成。書中除了提出「宗教學」的觀念，並說明了宗教作為一門科學應有的不同於宗教神學的性質，而且也就宗教學研究提出基本的方法，因而被視為是宗教學研究的正式成立。其後，西方宗教學有很大的發展，有不少的知名學者，也出版了大量的學術著作，提出各種不同的理論和學說。然而，在初期發展的過程中，「宗教學」這個概念較少使用，反倒是「比較宗教學」（Comparative religion）和「比較宗教研究」（Comparative study of religion）的名詞，較常被使用。

第二次世界大戰之後，「宗教史學」（History of religion）一

---

[11] 蔡彥仁，〈宗教史與末運動研究：以基督教之興起為例〉，《新史學》十卷二期，1999 年 6 月，頁 81。

[12] 陳觀勝、李培茱譯，Friedrich Max Muller 著，《宗教學導論》（上海：上海人民出版社，1989 年 11 月）。

詞開始被廣泛使用，並逐漸取代「宗教學」或「比較宗教學」的
名詞，成為宗教學研究的代表。[13]這也顯示以歷史學、語言學、
考古學和宗教學相結合的研究取向，將成為宗教研究的主流。
1950 年，由各國宗教學者組成和創建的國際學會，就取名為「宗
教史研究國際學會」（International Association for the Study of the
History of Religion），後來又去掉「研究」一詞，正式定名為「宗
教史國際學會」（International Association for the History of
Religion 簡稱為 IAHR）

　　近年來，西方宗教學的發展，又分出一些分支學科，除宗教
史學外，還有比較宗教學、宗教現象學、宗教人類學、宗教地理
學、宗教生態學、宗教心理學、宗教哲學、宗教批評學和宗教神
學等。[14]「宗教史學」則為最基本、最重要的研究方法，它是從
各種宗教所經歷的歷史發展來認識宗教本身。其任務是探討、研
究各種宗教的史實，勾勒其歷史發展線索。宗教史學的研究，一
般還與人類文化史、風俗史、政治史、經濟史、藝術史等相結合，
可視為其他宗教研究分支的基礎。[15]在宗教史學研究上，最成功
的代表，即是興起於二十世紀初的德國「宗教歷史學派」。

（二）代表人物

　　正式以「宗教歷史學派」的名稱來形容此一學派，是開始於
1903 年，一批被稱為「小哥丁根教團」的年輕神學家，他們以新

---

[13] 呂大吉，《宗教學通論》（北京：中國社會科學出版社，1990 年 10 月），
　　頁 10~11。
[14] 卓新平，《世界宗教與宗教學》（北京：社會科學文獻出版社，1992 年 6
　　月），頁 84。
[15] 卓新平，《宗教理解》（北京：社會科學文獻出版社，1999 年 9 月），
　　頁 222。

的研究途徑與方法來探討《聖經》而得名。[16]然而史家看待此一
學派的興起，是從 1895 年開始，那一年袞克爾（Hermann Gunkel）
出版 *Schopfung und Chaos in Urzeit und Endzeit*（Creation and
Chaos in Primordial Time and End Time）一書，正式為宗教歷史學
派的研究途徑定位。但早在 1888 年，袞克爾的另一本著作：Die
Wirkungen des heiligen Geistes：Nach den popularen Anschauungen
der apostolisch Zeit（The Effects of the Holy Spirit according to the
Popular Mind of the Apostolic Age）已將此派的基本理論和研究方
法，作了清楚的闡述。

　　除袞克爾之外，當時的主要成員尚有布塞特（ Wilhelm
Bousset）；魏斯（Johannes Weiss）；托勒斯（Ernst Troeltsh）；
韋雷德（Wilhelm Wrede）；哈克曼（Heinrich Hackmann），和
拉爾夫（Alfred Rahlf）等人。[17]其中的韋雷德（Wilhelm Wrede），
被譽為此一學派研究方法的先驅，他代表的是一種極其嚴格的歷
史考證方法，目的是要找出第一世紀地中海世界中，基督教在怎
樣一個宗教與文化的環境下成長起來。[18]另一位重要領袖布塞特
（Wilhelm Bousset），主要是對《新約聖經》的研究。他最重要的
著作《主基督》（Kyrios Christos, 1913; ET 1970）一書，提出他
新的理論，認為最早稱基督為「主」（Kyrios）的是外邦基督徒，
目的在代替猶太教末世論的「人」。[19]Bousset 的論證方法，即

---

[16] *The Encyclopedia of religion* （New York: Macmillan Publishing Company,
　　 1986）pp.293。
[17] 同上註，頁 293~294。
[18] 楊谷牧主編，《當代神學辭典》（臺北：校園書房，1997 年 4 月初版），
　　 頁 821。
[19] 楊谷牧主編，《當代神學辭典》，頁 512。

是以來源批判的方式來立論。

　　1900 年以後，克里門（Carl Clemen）、格列斯曼（Hugo Gressmann）、黑穆勒（W. Heitmuller）和祈特爾（Rudolf Kittel）也加入此一學派。特別是格列斯曼（Hugo Gressmann）所著《以色列和猶太教末世論的起源》（Der Ursprung der israelitisch-judischen Eschatologie,Gottingen, 1905）嘗試從先知言論中指出裡面的神話是極其古遠的。[20]此外，祈特爾（Rudolf Kittel）的《以色列的歷史》（Geschichte des Volkes Israel, rev. edn., Gotha, 1912），則說摩西傳講的不是一神論，而是「理論的崇拜一神論」[21]。其後，巴特曼（Rudolf Bultmann）和愛斯德（Otto Eissfeldt）的加入則是代表宗教歷史學派的第三代。所有的這些成員的建立，以愛克孔（Albert Eichhorn）最具有決定性的影響力。

　　德國哥丁根大學的宗教歷史學派，在第一次世界大戰後解散，主要是因為戰爭造成德國社會很大的變遷，而且學派中早期的一些創派菁英，也相繼過世。再加上，戰後的基督教神學理論，有較激烈的改變，這些因素都是讓宗教歷史學派走向衰微的主因。而像銳山斯丁（Richard Reitzenstein 1861-1931）著有 Die Vorgeschichte der christlichen Taufe（Prehistory of Christian Baptism）一書，被譽為是維護此一學派理念的戰士，可說是當時僅有的最後一位。

　　上述總計有十七位宗教歷史學派具代表性的人物，他們共同的特點是以早期基督教及聖經為研究的重點，在研究的方法上亦

---

[20]　楊谷牧主編，《當代神學辭典》，頁 512。
[21]　同上註。

有其類似之處，故將之歸類為此一學派的代表。其實，類似宗教歷史學派研究取向者，亦不乏其人，例如德國歷史主義大師蘭克，他對基督教教皇的研究，引用史料注重來源批判的主張，與宗教歷史學派並無不同。但因蘭克所研究的不在早期基督教及聖經，因此不被歸類於此一學派。

（三）宗教歷史學派的理論與方法

　　以德國哥丁根大學為主，所發展出來的宗教歷史學派，對現代的宗教史研究有很大的影響。其研究的理論與方法，主要將新興的學門：宗教歷史學、宗教社會學、宗教人類學、宗教民族學、比較宗教學等研究方法，應用於基督教史的研究上。尤其是以新的觀點、新的學域，對《聖經》的重新詮釋，所獲致的研究成果最大。影響所及，在這些新學域、新視野的刺激下，對基督教的研究不再滿足於化約成幾項神學教條的做法，而是強調以比較研究的觀點，將基督教與其他宗教等同視之，就各種實踐與儀式上，進行比較研究。大致可歸納為以下幾項：

①歷史上的宗教應置於原來產生該宗教的歷史文化背景中去了解。

　　　首先，就此一學派的重要領袖袞克爾（Hermann Gunkel）而言，他亦是形式批評的創始人。袞克爾將宗教歷史學派的原理應用在解釋《舊約聖經》的經文上，認為《舊約聖經》裡創造與混亂的主題，大多源自巴比倫神話。袞克爾後來更以此法研究希伯來詩歌。[22]在前述袞克爾的兩本早期代表作中，則特別是以宗教歷史學的方法，檢驗早期的基督教，認

[22]　楊谷牧主編，《當代神學辭典》，頁470。

為其中有許多外來的及非理性的超自然信仰，是來自當時所
流行的後猶太教信仰。袞克爾將宗教的產生，還原於歷史的
發生背景上去探討的方法，後來成為此一學派研究方法上，
最重要的一項主張。例如德國杜賓根大學教授亨格爾（Martin
Hengel）著有《魅力型領袖及其門徒》（*The Charismatic Leader
and His Followers*）[23]一書，即是服膺「宗教歷史學派」的
治學方法，將早期基督教置於泛希臘文化的大脈絡中，來研
究「歷史上的耶穌」及耶穌社群的師徒關係。亨格爾以〈新
約四福音書〉為材料，對經文中有關「跟從」、「門徒」、
「召喚」等記載，採形式批判、編輯批判等解經方法，以了
解耶穌和其門徒之間的互動關係。

②以現代社會科學的理論模式，去檢驗歷史上的宗教人物。

亨格爾所著《魅力型領袖及其門徒》一書，應用了韋伯
（M.Weber）的「魅力型領袖（charismatic leader）為理想型，
來研究歷史上的耶穌，認為此一類型最能貼切的說明早期耶
穌社群的師徒關係。[24]亨格爾應用當代社會科學的理論來研
究歷史上的耶穌，是這方面的成功典範。另外，德國海德堡
大學教授泰生（Gerd Theissen）著《早期巴勒斯坦基督教社
會學》（*Sociology of Early Palestinian Christianity*）[25]一書，

---

[23] Martin Hengel, The Charismatic Leader and His Followers （New York:
Crossroad, 1981; originally published in German, Nachfolge und Charisma,
1968）.

[24] 蔡彥仁，前引文，頁 87。

[25] Gerd Theissen, Sociology of Early Palestinian Christianity tr. John Bowden
（Philadelphia: Fortress, 1978; originally published in German, Soziologie der
Jesusbewegung, 1977）.

也是當今最有創發性的運用社會科學理論於早期基督教史研究之著作。泰生和亨格爾同樣採用了韋伯的魅力型領袖為理想類型，以「遊走的魅力型人物」作為研究耶穌的起點，再輔以涂爾幹（E. Durkheim）有機整合的社會學理論，來探討基督教的興起。Theissen 將耶穌傳播天國的教義，視為一種「耶穌運動」，並應用社會科學的理論，說明在其發源地巴勒斯坦的種種社會機制。

③以歷史批判方法，避免主觀偏見，來還原宗教歷史的真相。

以歷史學研究的求真精神，宗教歷史學派主張以歷史批判方法，避免主觀偏見，來還原宗教歷史的真相。美國普林斯頓大學宗教史教授卡格（John G. Gager）在《神國與社群：早期基督教的社會網絡》（*Kingdom and Community*: *The Social World of Early Christianity*）一書中[26]，講求在客觀以及還原歷史真相的原則下，援用社會學與人類學上多種理論，嘗試研究早期基督教史。Gager 認為基督教是一種宗教，其歷史自然應以一般宗教史對待之。應用歷史批判的方法，Gager 指出：《新約聖經》是一部宗教「正典」，本質上即為政治與神學上的產物，學者若不事先辨明此點，逕以「正典」為史料根據，結果即不可能得著真正的早期基督教面目。

④以宏觀的角度，探尋集體的具代表性的行為模式與社會類型。

耶魯大學《聖經》與宗教研究教授米克斯（Wayne A. Meeks）著有《早期的城市基督徒：使徒保羅的社會網絡》

---

[26] John G.Gager, *Kingdom and Community*: *The Social World of Early Christianity*（Englewood Cliffs: Pretice-Hall, Inc., 1975）.

（The First Urban Christians: The Social Worlds of the Apostle Paul）一書，[27]集中探討早期基督教社群在羅馬帝國城市中的處境，認為要真實了解早期基督教的歷史事實，就得從分析建構事實的具體環境著手。換言之，就是須要有宏觀的角度去探尋集體的、具代表性的社會行為模式與社會類型。Meeks 是以龐雜的歷史文獻為基礎，選擇社會學與人類學的主題類型進行描述與詮釋，試圖刻畫出早期的基督教世界。以羅馬帝國的城市為例，Meeks 在分析城市中的基督徒時，先從辨明其中不同的地理位置、歷史沿革、地方特色等著手，再由外而內，探討城市裡各類市民組織、階級差異、性別地位、衝突、訴訟等議題。在這些探討的基礎上，再呈現出基督教社群，如何在這樣的環境下，為生存之須而組成自己的團體。此種不同於以往只以基督徒為核心的描述方式，正是宗教歷史學派的特徵。

⑤以比較宗教史的觀點，不再視某一種宗教為獨一無二的宗教，而是等量齊觀的將當時各種宗教放在一起作比較分析，相提並論。

宗教歷史學派是以比較宗教史的觀點，不再視某一種宗教為獨一無二的宗教，而是等量齊觀的將當時各種宗教放在一起作比較分析，相提並論。而且，此派是由傳統僅注重宗教本身的社群關係，轉而注重其與外在社會環境兩者之間的互動關係。目的在打破傳統以「神學」來看待宗教研究，改以宗教的社會現象之觀點來探討宗教。以此一學派後期的重

---

[27] Wayne A.Meeks, The First Urban Christians: The Social Worlds of the Apostle Paul（New Haven & London: Yale University Press, 1983）.

要人物銳山斯丁（Richard Reitzenstein）為例，他是位語言學家，研究神秘主義在希羅思想的地位，他在《培曼特斯》（Poimandres）[28]一書中指出，原屬希耳米神話（Hermes）的培曼特斯，才是約翰福音所根據的素材。並利用較晚的曼底安派（Mandaean）經文，來重塑基督教洗禮的原樣。Reitzenstein 另一本名著《希羅神秘宗教》（*Die hellenistischen Mysterien religionen*）則認為保羅是受希羅神秘宗教的影響，諸如諾斯底主義等，他還稱保羅為最偉大的諾斯底主義者。[29]

綜合以上幾項「宗教歷史學派」的研究理論與方法，可以了解西方以基督教研究為主的宗教史探討，到宗教歷史學派興起後，有了創新的開展。宗教歷史學派強調結合歷史學與社會科學，對宗教史作更為宏觀的探討。受此影響，七〇年代以後，西方研究早期基督教的學者開始提出，此宗教在興起之初，如何自我界定，如何與大環境互動，如何建構，如何維持等的宏觀問題。換言之，有關基督教史的研究，已從早期注重宗教人物、主體經驗、經典、儀式等的人文學域，轉至社群、外在環境、社會網絡、宗教社會運動、與其他宗教的互動等的社會學域。

二、中國民間宗教的研究現況

有關中國民間宗教的研究，目前已累積不少的成果，相較於其他中國社會文化史的研究，民間宗教研究成果之豐碩，已嚴然成為此一領域的顯學。檢視目前有關的民間宗教研究成果，可以

---

[28] Richard Reitzenstein, *Poimandres*, （repr., Darmstadt, 1966）。
[29] 楊谷牧主編，《當代神學辭典》，頁 513。

概分為以下幾類：通史性的研究、個別教派的研究、主題式的研究及研究史的探討等四方面。分述如下：

（一）通史性的研究

這類是指民間宗教通史性的論著，主要有羅爾綱〈中國秘密社會史〉[30]、平山周《中國秘密社會史》[31]、喻松青〈明清時代民間的宗教信仰與秘密結社〉[32]及〈明清時期的民間秘密宗教〉[33]、蔡少卿《中國秘密社會》[34]及《秘密教門：中國民間秘密宗教溯源》[35]、連立昌《福建秘密社會》[36]、戴玄之《中國秘密宗教與秘密會社》[37]、濮文起《中國民間秘密宗教》[38]、馬西沙、韓秉方《中國民間宗教史》[39]、馮佐哲、李富華《中國民間宗教史》[40]、莊吉發《真空家鄉：清代民間秘密宗教史研究》[41]、邵

---

[30] 羅爾綱，〈中國秘密社會史〉，《出版周刊》，第120期，民國24年。

[31] 平山周，《中國秘密社會史》（石家庄市：河北人民出版社，1990年）。

[32] 喻松青，〈明清時代民間的宗教信仰與秘密結社〉，《清史研究集》第一輯，1980年。

[33] 喻松青，〈明清時期的民間秘密宗教〉，《歷史研究》2，1987年。

[34] 蔡少卿，《中國秘密社會》（杭州：浙江人民出版社，1988年）。

[35] 蔡少卿，《秘密教門：中國民間秘密宗教溯源》（南京：蘇州人民出版社，2000年）。

[36] 連立昌，《福建秘密社會》（福州：福建人民出版社，1988年）。

[37] 戴玄之，《中國秘密宗教與秘密會社》（臺北：臺灣商務印書館，民國79年）。

[38] 濮文起，《中國民間秘密宗教》（杭州：浙江人民出版社，1991年）。

[39] 馬西沙、韓秉方，《中國民間宗教史》。

[40] 馮佐哲、李富華，《中國民間宗教史》（臺北：文津出版社，民國83年4月）。

[41] 莊吉發，《真空家鄉：清代民間秘密宗教史研究》（臺北：文史哲出版社，

雍《中國會道門》[42]、Daniel L.Overmyer（歐大年）《中國民間
宗教教派研究》[43]、鈴木中正《千年王國的民眾運動の研究》[44]
及《中國史における革命と宗教》[45]、末光高義《支那の秘密結
社　慈善結社》[46]、淺井紀《明清時代民間宗教結社　研究》[47]、
J.J.M deGroot（迪格魯特）*The Religiuos System of China*[48]、Arthur
P.Wolf,（武雅士）*Religion and Ritual in Chinese Society*[49]、Yang,
C. K.（楊慶式）Religion in Chinese Society[50]等為代表。這些通論
性的著作，主要是作民間宗教發展史的研究，其論述的方式，有
依年代順序探討的，如羅爾綱、平山周、馮佐哲、邵雍、鈴木中
正等人的著作；另外就是依各教派的發展來論述的，有戴玄之、
濮文起、馬西沙、、韓秉方、淺井紀等人。其中以馬西沙、韓秉

民國 91 年）。

[42] 邵雍，《中國會道門》（上海：上海人民出版社，1997 年）。

[43] 劉心勇等譯，Daniel L.Overmyer（歐大年）著，《中國民間宗教教派研究》
（上海：上海古籍出版社，1993 年 7 月）。

[44] 鈴木中正，《千年王國的民眾運動の研究》（東京：東京大學出版，1982
年）。

[45] 鈴木中正，《中國史における革命と宗教》（東京：東京大學出版，昭和
48 年）。

[46] 末光高義，《支那の秘密結社と慈善結社》（滿州評論社，昭和 7 年）。

[47] 淺井紀，《明清時代民間宗教結社の研究》（東京：研文出版社，1990
年 9 月）。

[48] DeGroot, J.J.M. *The Religious System of China,* 6 vols.（Leiden: E.J.Brill,
1892-1904）。

[49] Arthur P.Wolf, *Religion and Ritual in Chinese Society*（Stanford, Stanford
University Press, 1974）.

[50] Yang, C. K. *Religion in Chinese Society*（Berkely: University of California
Press, 1970）.

方的《中國民間宗教史》一書可說是此類最詳盡的著作。該書大
量引用了北京第一檔案館的明清檔案，尤以官方的奏摺為主，並
配合近來大量發掘的寶卷，對明清以來的民間宗教教派二十多
種，作了較詳盡的分析。另外是最近出版的《真空家鄉：清代民
間秘密宗教史研究》，這是莊吉發教授多年來利用臺北故宮博物
院，館藏清代檔案資料所作的研究成果，其中有清代各時期秘密
宗教史的探討，也有分別就民間宗教的寶卷思想、經費來源、社
會功能等主題式論述。這些研究成果，對於認清明清以來民間宗
教的發展與流變情形有很大的貢獻。

（二）個別教派的研究

這類的研究論著最多，主要是就明清以來的各主要教派作探
討，其代表作有：

莊吉發教授首先利用臺北故宮博物院館藏的清代檔案資
料，對清代的白蓮教、羅教、收元教、大乘教、三陽教、清茶門
教、青蓮教等[51]進行研究。莊教授即以「秘密宗教」來稱這些民

---

[51] 莊吉發，〈清嘉慶年間的白蓮教及其支派〉，《師大歷史學報》期 8，民
國 69 年。
　　———〈清高宗查禁羅教的經過〉，《大陸雜誌》卷 63 期 3，民國 70 年。
　　———〈清代乾隆年間的收元教及其支派〉，《大陸雜誌》卷 63 期 4，民
國 70 年。
　　———〈清高宗查禁大乘教的原因及經過〉，《食貨》卷 11 期 6，民國
70 年。
　　———〈清代三陽教的起源及其思想信仰〉，《大陸雜誌》卷 63 期 5，民
國 70 年。
　　———〈清代清茶門教的傳佈及其思想〉，《大陸雜誌》卷 68 期 6，民國
73 年。

間教派。特別有一篇專文〈從院藏檔案談清代秘密宗教盛行的原因〉來分析這些民間教派盛行的社會因素[52]。其他關於白蓮教的研究尚有：李守孔〈明代白蓮教考略〉[53]、戴玄之〈白蓮教的本質〉[54]及〈十九世紀白蓮教亂之分析〉[55]、黃靜華〈白蓮教及白蓮教亂對中國社會之影響：以清中葉川楚白蓮教亂為例〉[56]、李健民〈清嘉慶元年川楚白蓮教起事原因的探討〉[57]、陳詩啟〈試論清代中葉白蓮教大起義〉[58]、董蔡時〈試論川楚陝白蓮教農民大起義〉[59]、蔣維明《川楚陝白蓮教起義》[60]、馬西沙〈白蓮教的創成、興起和演變〉[61]、喻松青《明清白蓮教研究》[62]、夫馬

———〈清代青蓮教的發展〉，《大陸雜誌》卷 71 期 5，民國 74 年。

———〈清代道光年間的秘密宗教〉，《大陸雜誌》62 期，民國 70 年。

———〈清代民間宗教的寶卷及無生老母信仰〉（上、下），《大陸雜誌》74：4，民國 76 年 5 月。

[52] 莊吉發，〈從院藏檔案談清代秘密宗教盛行的原因〉，《故宮學術季刊》卷 1 期 1，民國 71 年。

[53] 李守孔，〈明代白蓮教考略〉，《臺大文史哲學報》4 期，1952 年。

[54] 戴玄之，〈白蓮教的本質〉，《臺灣師大學報》第 12 期，1967 年。

[55] 戴玄之，〈十九世紀白蓮教亂之分析〉，《大陸雜誌》50 卷 4 期，1975 年。

[56] 黃靜華，〈白蓮教及白蓮教亂對中國社會之影響：以清中葉川楚白蓮教亂為例〉，收入於淡江大學中文系主編，《戰爭與中國社會之變動》（臺北：學生書局，1991 年）。

[57] 李健民，〈清嘉慶元年川楚白蓮教起事原因的探討〉，《中研究近史所集刊》22 期，1993 年。

[58] 陳詩啟，〈試論清代中葉白蓮教大起義〉，《夏門大學學報》3 期，1956 年。

[59] 董蔡時，〈試論川楚陝白蓮教農民大起義〉，《文史哲》7 期，1958 年。

[60] 蔣維明，《川楚陝白蓮教起義》（成都：四川人民出版社，1985 年）。

[61] 馬西沙，〈白蓮教的創成、興起和演變〉，《世界宗教資料》3 期，1986

進〈明代白蓮教の一考察〉[63]、淺井紀〈明末における奢安の亂と白蓮教〉[64]、佐佐木正哉〈嘉慶年間の白蓮教結社〉[65]、野口鐵郎《明代白蓮教史の研究》[66]、Barend, J.Ter Harr, The White Lotus Teachings in Chinese Religious History[67]等。其中以《明清白蓮教研究》及《明代白蓮教史の研究》兩書，較為完整的論述了明清以來白蓮教的發展與演變的經過。

其次，關於羅教方面的研究有：葉文心〈人神之間：淺論十八世紀的羅教〉[68]、宋光宇〈試論「無生老母」宗教信仰的一些特質〉[69]、鄭志明《無生老母信仰溯源》[70]、馬西沙、程肅〈從羅教到青幫〉[71]、鈴木中正〈羅教について：清代支那宗教結社の一例〉[72]、塚本善隆〈羅教の成立と流傳について〉[73]、吉岡

年。

[62] 喻松青，《明清白蓮教研究》（成都：四川人民出版社，1987年）。

[63] 夫馬進，〈明代白蓮教の一考察：經濟斗爭との關連と新しい共同体〉，《東洋史研究》35-1，1976年。

[64] 淺井紀，〈明末における奢安の亂と白蓮教〉，《史學》47-3，1976年。

[65] 佐佐木正哉，〈嘉慶年間の白蓮教結社：林清・李文成集團の場合〉，《國學院雜誌》77-3，1976年。

[66] 野口鐵郎，《明代白蓮教の研究》（東京：雄山閣出版，昭和61年2月）。

[67] Barend, J.Ter Harr, The White Lotus Teachings in Chinese Religious History, （Leiden: E.J.Brill, 1992）.

[68] 葉文心，〈人神之間：淺論十八世紀的羅教〉，《史學評論》2期，1980年。

[69] 宋光宇，〈試論「無生老母」信仰的一些特質〉，《中研院史語所集刊》52本3分，1981年。

[70] 鄭志明，《無生老母信仰溯源》（臺北：文史哲出版社，1985年）。

[71] 馬西沙、程肅，〈從羅教到青幫〉，《南開史學》1期，1984年。

[72] 鈴木中正，〈羅教について：清代支那宗教結社の一例〉，《東洋文化研究所紀要》1期，1943年。

義豐〈羅祖の宗教〉[74]、澤田瑞穗〈羅祖の無為教〉[75]、相田洋〈羅教の成立とその展開〉[76]、Kelley, David E. "Temples and Tribute Fleets: The Luo Sect and Boatman's Associations in the Eighteenth Century" [77]等。

八卦教方面有：莊吉發〈清代八卦教的組織與信仰〉[78]、馬西沙〈八卦教世襲傳教家族的興衰：清前期八卦教初探〉[79]、馬西沙《清代八卦教》[80]、李尚英〈八卦教的淵源、定名及其與天理教的關係〉[81]、楊品泉〈中國的千禧年運動：1813 年八卦教起義〉[82]莊吉發〈清代八卦教的組織與信仰〉[83]、澤田瑞穗〈八卦教源流〉[84]、Naquin, Susan, Millenarian rebellion in China: the Eight

---

[73] 塚本善隆，〈羅教の成立と流傳についこ〉，《東方學報》（京都）17，1949 年）。

[74] 吉岡義豐，〈羅祖の宗教〉，《大正大學學報》37，1950 年。

[75] 澤田瑞穗，〈羅祖の無為教〉（上、下），《東方宗教》1、2，1951 年。

[76] 相田洋，〈羅教の成立とその展開〉，《續中國民眾反亂の世界》（青年中國研究者會議編，汲古書院，1983 年）。

[77] Kelley, David E. "Temples and Tribute Fleets: The Luo Sect and Boatmen's Associations in the Eighteenth Century", Modern China, 8,3:361-391.

[78] 莊吉發，〈清代八卦教的組織與信仰〉，《中國歷史學會史學集刊》17 期，1985 年。

[79] 馬西沙，〈八卦教世襲傳教家族的興衰：清前期八卦教初探〉，《清史研究集》四（成都：四川人民出版社，1986 年）。

[80] 馬西沙，《清代八卦教》（北京：中國人民大學出版社，1988 年）。

[81] 李尚英，〈八卦教的淵源、定名及其與天理教的關係〉，《清史研究》1 期，1992 年。

[82] 楊品泉，〈中國的千禧年運動：1813 年八卦教起義〉，《中國史研究動態》8 期，1981 年。

[83] 莊吉發，〈清代八卦教的組織與信仰〉，《中國歷史學會史學集刊》17 期，1985 年。

[84] 澤田瑞穗，〈八卦教源流〉，《國學院雜誌》55-1，1953 年。

Trigrams uprising of 1813[85]等。其中以馬西沙及 Naquin, Susan 兩人的研究最為詳盡。

另外關於其他各教派的研究有：宋光宇〈在理教發展簡史〉[86]、戴玄之〈老官齋教〉[87]、林萬傳《先天大道系統研究》[88]、王見川《臺灣的齋教與鸞堂》[89]及〈黃天道早期史新探〉[90]、馬西沙〈黃天教源流考略〉[91]、李世瑜〈順天保明寺〉[92]及《現代華北秘密宗教》[93]、王汎森〈道咸年間民間性儒家教派：太谷學派研究的回顧〉[94]、顧奎相〈清末金丹道教起義初探〉[95]、何淑宜〈1891 年熱河東部金丹教、在理教的反教事件〉[96]、李尚英〈天理教新探〉[97]、宋光宇《天道鉤沉：一貫道調查報告》[98]、林榮

---

[85] Naquin, Susan, Millenarian rebellion in China: the Eight Trigrams uprising of 1813, New Haven: Yale University Press, 1976.

[86] 宋光宇，〈在理教發展簡史〉，《思與言》15-1，民國 66 年。

[87] 戴玄之，〈老官齋教〉，《大陸雜誌》54 卷 6 期，1977 年。

[88] 林萬傳，《先天大道系統研究》（臺南：靝巨出版社，1984 年）。

[89] 王見川，《臺灣的齋教與鸞堂》（臺北：南天書局，民國 85 年 6 月）。

[90] 王見川，〈黃天道早期史新探〉，收入王見川、蔣竹山主編，《明清以來民間宗教的探索：紀念戴玄之教授論文集》（臺北：商鼎出版社，1996 年 7 月）。

[91] 馬西沙，〈黃天教源流考略〉，《世界宗教研究》2 期，1985 年。

[92] 李世瑜，〈順天保明寺〉，《北京史苑》三（北京：北京出版社，1985 年）。

[93] 李世瑜，《現代華北秘密宗教》（臺北：古亭書屋，民國 64 年 8 月）。

[94] 王汎森，〈道咸年間民間性儒家教派：太谷學派研究的回顧〉，《新史學》5 卷 4 期，1994 年 12 月。

[95] 顧奎相，〈清末金丹道教起義初探〉，《遼寧大學學報》2 期，1980 年。

[96] 何淑宜，〈1891 年熱河東部金丹教、在理教的反教事件〉，《史耘》第 3、4 期，1998 年。

[97] 李尚英，〈天理教新探〉，《華南師院學報》4 期，1981 年。

[98] 宋光宇，《天道鉤沉：一貫道調查報告》（臺北：元祐出版社，民國 73

澤《天道普渡：一貫道的興起（1930-1950）》[99]、宋光宇《天
道傳燈：一貫道與現代社會》[100]、孫培良〈摩尼和摩尼教〉[101]、
林悟殊《摩尼教及其東漸》[102]、喻松青〈清茶門教考析〉[103]、
陳華〈清代咸豐年間山東邱莘教之亂〉[104]、韓秉方〈紅陽教考〉
[105]、宋軍《清代弘陽教研究》[106]、林國平〈略論林兆恩的三教
合一思想和三一教〉[107]、鄭志明《明代三一教主研究》[108]及〈夏
教的宗教體系及其善書思想〉[109]、馬西沙〈離卦教考〉[110]、李
尚英〈震卦教與林清李文成起義〉[111]及〈乾嘉時期的老官齋教和
滋粑教及其反清活動〉[112]、方裕謹〈嘉慶二十年安徽收圓教案〉

年 12 月）。

[99] 林榮澤，《天道普渡：一貫道的興起（1930-1950）》（國立臺灣大學歷
史學研究所碩士論文，民國 86 年）。

[100] 宋光宇，《天道傳燈：一貫道與現代社會》上下冊（臺北：三揚印刷出版，
民國 85 年）。

[101] 孫培良，〈摩尼和摩尼教〉，《西南師範學院學報》2 期，1982 年。

[102] 林悟殊，《摩尼教及其東漸》（北京：中華書局，1987 年）。

[103] 喻松青，〈清茶門教考析〉，收入《明清史國際學術討論會論文集》（天
津：天津人民出版社，1982 年）。

[104] 陳華，〈清代咸豐年間山東邱莘教之亂〉，《食貨月刊復刊》13-5、6，
民國 72 年。

[105] 韓秉方，〈紅陽教考〉，《世界宗教研究》4 期，1985 年。

[106] 宋軍，《清代弘陽教研究》（北京：社會科學文獻出版社，2002 年 2 月）。

[107] 林國平，〈略論林兆恩的三教合一思想和三一教〉，《福建師範大學學報》
2 期，1986 年。

[108] 鄭志明，《明代三一教主研究》（臺北：學生書局，1988 年）。

[109] 鄭志明，〈夏教的宗教體系及其善書思想〉，氏著《中國善書與宗教》（臺
北：學生書局，1988 年 6 月）。

[110] 馬西沙，〈離卦教考〉，《世界宗教研究》1 期，1987 年。

[111] 李尚英，〈震卦教與林清李文成起義（1813）〉，《中國社會科學院研究
生院學報》6 期，1987 年。

[112] 李尚英，〈乾嘉時期的老官齋教和滋粑教及其反清活動〉，《清史研究通

[113]、林頓〈清代四川紅燈教研究〉[114]、謝忠岳〈大乘天真圓頓教考略〉[115]、濮文起〈天地門教鉤沉〉[116]、王見川〈同善社早期歷史（1912-1945）初探〉[117]、重松俊章〈唐宋時代の彌勒教匪：附更正佛教匪〉[118]及〈唐宋時代の末尼教と魔教問題〉[119]、八幡關太郎〈道成時代に於ける北支の黃崖教〉[120]、平山力〈支那に於はち彌勒教匪と天命思想〉[121]、酒井忠夫〈明末無為教についこ〉[122]及〈道光白陽教始末〉[123]和〈弘陽教試探〉[124]、竺沙雅章〈方臘の亂と喫菜事魔〉[125]、淺井紀〈道光青蓮教案についこ〉[126]及〈明末の聞香教についこ〉[127]、鈴木中正〈清中期

訊》4 期，1989 年。

[113] 方裕謹，〈嘉慶二十年安徽收圓教案（上、下）〉，《歷史檔案》1、2 期，1989 年。

[114] 林頓，〈清代四川紅燈教研究〉，《成都大學學報》3 期，1992 年。

[115] 謝忠岳，〈大乘天真圓頓教考略〉，《世界宗教研究》2 期，1993 年。

[116] 濮文起，〈天地門教鉤沉〉，《天津社會科學》1 期，1993 年。

[117] 王見川，〈同善社早期歷史（1912-1945）初探〉，氏著《民間宗教》第 1 期，1995 年 12 月。

[118] 重俊重松，〈唐宋時代の彌勒教匪：附更正佛教匪〉，《史淵》3 期，1931 年。

[119] 重俊重松，〈唐宋時代の末尼教と魔教問題〉，《史淵》12 期，1936 年。

[120] 八幡關太郎，〈道成時代に於ける北支の黃崖教〉，《東洋》39-11，1936 年。

[121] 平山力，〈支那に於はち彌勒教匪と天命思想〉，《京城大史學會》17 期，1941 年。

[122] 酒井忠夫，〈明末無為教についこ〉，《東洋史學論集》3 期，1954 年。

[123] 酒井忠夫，〈道光白陽教始末〉，《東方學論集》1 期，1954 年。

[124] 酒井忠夫，〈弘陽教試探〉，《天理大學學報》24、25 期，1957 年。

[125] 竺沙雅章，〈方臘の亂と喫菜事魔〉，《東洋史研究》32-4，1974 年。

[126] 淺井紀，〈道光青蓮教案についこ〉，《東洋史學》11 期，1976 年。

[127] 淺井紀，〈明末の聞香教についこ〉，《明代史研究》6 期，1978 年。

雲南張保太の大乘教〉[128]、野口鐵郎〈真空教と無為教〉[129]、
長谷部幽蹊〈天道會とその傳道の實態〉[130]、佐藤公彦〈1891
年熱河の金丹道蜂起〉[131]、筱原壽雄《臺灣における一貫道の思
想と儀禮》[132]等。

　　上述共約三十七種的教派，已作了個別性的研究。這些含蓋
明、清以來民間宗教的主要教派，大致上可以說，以教派為研究
對象的探討，幾乎是可作的已全部探討研究過，剩下來的只是深
入度的問題，有的教派有較深入的探討，有的教派還有待作更深
入的探討。

（三）主題性的研究

　　這類的研究是目前較少的部份，主要是針對民間宗教共通性
的性質作探討，並不限定在某一教派，而是將各教派共通的性質
抽離出來作分析，故稱之為「特定主題式」的探討。目前可見的
研究成果有：王爾敏〈秘密宗教與秘密社會之生態環境與社會功
能〉[133]、莊吉發〈清代民間宗教的源流及其社會功能〉[134]、車

[128] 鈴木中正，〈清中期雲南張保太の大乘教〉，《東洋史研究》36-4，1978
　　　年。
[129] 野口鐵郎，〈真空教と無為教〉，《歷史人類》9 期，1980 年。
[130] 長谷部幽蹊，〈天道會とその傳道の實態〉，《宗教研究》53-2，1980
　　　年。
[131] 佐藤公彦，〈1891 年熱河の金丹道蜂起〉，《東洋史研究》43-2，1984
　　　年。
[132] 筱原壽雄，《臺灣における一貫道の思想と儀禮》（東京：平河出版社，
　　　1993 年 5 月）。
[133] 王爾敏，〈秘密宗教與秘密社會之生態環境與社會功能〉，《中央研究院
　　　近代史研究所集刊》第 10 期，1981 年。
[134] 莊吉發，〈清代民間宗教的源流及其社會功能〉，《大陸雜誌》80 卷 2
　　　期，1991 年。

錫倫〈中國寶卷概論〉[135]、曾子良《寶卷之研究》[136]、鍾雲鶯《民國以來民間教派大學中庸思想之研究》[137]、洪美華《清代民間秘密宗教中的婦女》[138]、邱麗娟《設教興財：清乾嘉時期民間秘密宗教經費之研究》[139]、莊吉發〈明清秘密宗教的政治意識〉[140]、喻松青〈明清時期民間宗教教派中的女性〉[141]、柯香君《明代宗教雜劇之研究》[142]、酒井忠夫《中國善書の研究》[143]、澤田瑞穗《寶卷の研究》[144]、野口鐵郎〈明代宗教結社の經濟活動〉[145]、David K. Jordan & Daniel L. Overmyer, *TheFlying Phoenix*: *Aspects of Chinese Sectarianism in Taiwan*[146]。目前這類的研究著

[135] 車錫倫，〈中國寶卷概論〉，氏著《中國寶卷研究論集》（臺北：學海出版社，1997 年 5 月）。

[136] 曾子良，《寶卷之研究》（國立政治大學中文研究所碩士論文，1998 年 6 月）。

[137] 鍾雲鶯，《民國以來民間教派大學中庸思想之研究》（國立政治大學中文研究所博士論文，2000 年 6 月）。

[138] 洪美華，《清代民間秘密宗教中的婦女》（國立臺灣師範大學歷史研究所碩士論文，1992 年）。

[139] 邱麗娟，《設教興財：清乾嘉道時期民間秘密宗教經費之研究》（國立臺灣師範大學歷史研究所博士論文，民國 88 年 11 月）。

[140] 莊吉發，〈明清秘密宗教的政治意識〉，淡江大學歷史系《中國近代政教關係國際學術研討會論文集》，1978 年。

[141] 喻松青，〈明清時期民間宗教教派中的女性〉，《南開大學學報》5 期，1982 年。

[142] 柯香君，《明代宗教雜劇之研究》（淡江大學中國文學研究所項士論文，民國 91 年）。

[143] 酒井忠夫，《中國善書の研究》（東京：弘文堂，1960 年）。

[144] 澤田瑞穗，《寶卷の研究》（東京：采華書林，1963 年）。

[145] 野口鐵郎，〈明代宗教結社の經濟活動〉，《橫濱國立大學人文紀念》（第一類）14 期，1968 年。

[146] David K. Jordan & Daniel L. Overmyer, *The Flying Phoenix*: *Aspects of Chinese Sectarianism in Taiwan* (Princeton: Princeton University Press,

作，以邱麗娟及洪美華的研究較有代表，但也儘是就民間宗教內的相關問題提出探討，缺少歷史來源的批判及比較性的研究。

（四）研究史的探討

由於近年來大量的民間宗教研究成果，累積成相當的份量，可提供作研究史的回顧與分析。這方面的著作有：李世瑜〈民間秘密宗教史發凡〉[147]、宋光宇〈中國秘密宗教研究情形的介紹（一）：一貫道〉[148]及〈中國秘密宗教研究情形的介紹（二）：白蓮教〉[149]和〈關於善書的研究及其展望〉[150]、莊吉發〈中國秘密社會史的研究與出版〉[151]、王見川〈臺灣鸞堂研究的回顧與前瞻〉[152]及〈臺灣一貫道研究的回顧與展望〉[153]、路天真〈羅教研究小史〉[154]、邱麗娟〈近二十年海峽兩岸明清民間秘密宗教研究之回顧與展望（1979-1999）〉[155]、王見川、李世偉〈戰後

1986）．
[147] 李世瑜，〈民間秘密宗教史發凡〉，《世界宗教研究》1 期，1989 年。
[148] 宋光宇，〈中國秘密宗教研究情形的介紹（一）：一貫道〉，《漢學研究通訊》7 卷 1 期，1988 年 3 月。
[149] 宋光宇，〈中國秘密宗教研究情形的介紹（二）：白蓮教〉，《漢學研究通訊》7 卷 2 期，1988 年 6 月。
[150] 宋光宇，〈關於善書的研究及其展望〉，《新史學》5 卷 4 期，1994 年 12 月。
[151] 莊吉發，〈中國秘密社會史的研究與出版〉，中研院近史所編《六十年來的中國近代史研究》上冊，1988 年。
[152] 王見川，〈臺灣鸞堂研究的回顧與前瞻〉，《臺灣史料研究》6 期，1995 年 1 月。
[153] 王見川，〈臺灣一貫道研究的回顧與展望〉，《思與言》37 卷 2 期，1999 年 6 月。
[154] 路天真，〈羅教研究小史〉，《臺灣宗教研究通訊》1 期，2000 年 1 月。
[155] 邱麗娟，〈近二十年海峽兩岸明清民間秘密宗教研究之回顧與展望（1979-1999）〉，《史耘》6 期，2000 年 9 月。

以來臺灣的宗教研究概述：以佛、道教與民間宗教為考查中心〉
[156]、鄭志明〈近五十年來臺灣地區民間宗教之研究與前瞻〉[157]
等。這類是著重在研究史的介紹，對了解民間宗教的研究現況有
很的幫助，也可視為研究者的入門工具書。

三、民間宗教研究的問題與檢討

　　由於目前國內外關於中國民間宗教的研究論著已不下千
種，實無法一一列舉。上述四類是就目前中國民間宗教的研究成
果，僅就有代表性的著作作一概述。目前，雖未見到指明引用西
方宗教歷史學派的理論與方法，來研究中國民間宗教的論著，然
而實際上或多或少有一些相類似的研究。例如注重史料考證，引
用社會科學理論，及強調比較宗教的研究等方面，亦是一般研究
中國民間宗教者，所常應用的研究取向。至於目前在研究上存在
的一些爭論，如何在既有的基礎上作提升，使民間宗教研究的領
域更為完善，將是本文主要思考的重點。以下舉其大要者有三項：

（一）教派的起源與發展的爭議

　　首先，就目前中國民間宗教研究的成果中，較多的個別教派
研究而言，由於近年來大量的應用明清檔案及寶卷善書，確實對
民間宗教教派的研究，產生很大的助力。然而，有待釐清的問題
似乎愈來愈多，其中，學界爭議較多的是教派的起源與發展的問
題。例如：臺灣齋教金幢派的淵源問題，就產生學界不少的爭議。

---

[156] 王見川、李世偉，〈戰後以來臺灣的宗教研究概述：以佛、道教與民間宗
　　教為考查中心〉，《臺灣文獻》51 卷 2 期，2000 年 6 月。
[157] 鄭志明，〈近五十年來臺灣地區民間宗教之研究與前瞻〉，《臺灣文獻》
　　52 卷 2 期，2001 年 6 月。

《臺灣宗教調查報告書》[158]及《臺灣私法》[159]皆以金幢教的創始
人為王佐塘；日本學者鈴木中正 1982 年出版《千年王國的民眾
運動 研究》[160]一書，對王佐塘創立金幢教的說法提出置疑；另
一日本學者淺井紀先生，在 1990 年出版《明清時代民間宗教結
社の研究》[161]一書，指出王森與王佐塘行跡多一致處，認為王佐
塘可能即是王森。大陸學者馬西沙、韓秉方合著《中國民間宗教
史》[162]一書，認為歷史上並無王佐塘其人，金幢教創始人即明末
著名民間宗教家王森；另一大陸學者連立昌，著《福建秘密社會》
[163]一書，則是認為王佐塘是王森的族兄弟。臺灣學者王見川著〈臺
灣齋教研究之一：金幢教三論〉[164]，則對王佐塘即王森的說法提
出置疑，根據他的認證，認為金幢教的創始人確是王佐塘。這之
間的爭議，馬西沙還寫了〈臺灣齋教：金幢教淵源史實辨證〉[165]
一文，力主王森即王佐塘說，並批評王見川所引用之史料有問題。

　　類似這樣的爭議，非僅此一例。由於民間教派眾多，所發現
的史料又很有限，論證上的困難度很高，看法的歧異自所難免。

---

[158] 丸井圭治郎編修，《臺灣宗教調查報告書》卷一（臺灣總督府，大正八年
三月三十日），頁80。
[159] 陳金田譯，《臺灣私法》第二卷（臺中：臺灣省文獻會，民國82年2月）。
[160] 鈴木中正，《千年王國的民眾運動の研究》（東京：東京大學出版會，1982
年2月28日）。
[161] 淺井紀，《明清時代民間宗教結社の研究》（東京：研文出版社，1990
年9月）。
[162] 馬西沙、韓秉方，《中國民間宗教史》。
[163] 連立昌，《福建秘密社會》（福建：福建人民出版社，1989年2月）。
[164] 王見川，〈臺灣齋教研究之一：金幢教三論〉，收錄於氏著《臺灣的齋教
與鸞堂》（臺北：南天書局，民國85年6月）。
[165] 馬西沙，〈臺灣齋教：金幢教淵源史實辨證〉，收錄於王見川、江燦騰主
編《臺灣齋教的歷史觀察與展望》（臺北：新文豐出版社，民國83年）。

「西方宗教歷史學派」在論證基督教的起源與初期的發展上，有很受肯定的研究成果。相較之下，對中國民間宗教教派的起源與發展之研究，就顯得過於窄化。對某一教派的研究，多僅限於該教派的史料作立論。若能像宗教歷史學派的研究方法，探討任何一個教派的形成，先置於該教派的歷史文化背景中去了解；並以宏觀的角度，等量齊觀的將當時各教派放在一起作比較分析，相提並論；同時也應應用現代社會科學的理論模式，去檢驗歷史上的宗教人物。如此或能有一番新的開展。

（二）關於民間宗教的性質問題

如何界定中國的民間宗教，一直是此一研究領域裡，存在的爭議問題。傳統上的看法，認為許多民間宗教，總是和反亂運動相結合。根據王靜的統計，明代單是有明確名稱的教派多達 80 多種，其中與國家權力相對抗的武裝反叛則多達 120 餘起。[166] 而根據濮文起的統計，有關〈白蓮教起義年表〉中，清代的教派反亂事件有 22 起。[167]所以長久以來，官方一直視民間宗教為異端、邪教。有些學者在看法上，也是將教派視為騷亂淵藪，如陶希聖的論文〈明代彌勒教及其他「妖賊」〉[168]、〈宋代的各種暴動〉[169]、〈元代彌勒白蓮教會的暴動〉[170]等就是代表。D. L.

---

[166] 王靜，〈明代民間宗教反政府活動的諸種表現與特徵〉，《南開大學學報：哲學版》1987.2。

[167] 濮文起，《中國民間秘密宗教》（臺北：南天書局，1996 年 8 月），頁 210~212。

[168] 陶希聖，〈明代彌勒白蓮教及其他「妖賊」〉，《食貨》一卷，頁 46~52。

[169] 陶希聖，〈宋代的各種暴動〉，《中山文化教育館季刊》一卷，頁 671。

[170] 陶希聖，〈元代彌勒白蓮教會的暴動〉，《食貨》一卷，頁 36。

Overmyer（歐大年）就評論說：這是一種視「教派宗教為政治顛覆的外衣」之觀點。[171]另有一些學者，則是抱持同情的觀點，將教派看作是大眾宗教的可靠表現方式。如鈴木中正在論及 1796 年的白蓮教起義時，認為白蓮教在祛病免災上，最能迎合信徒需要。[172]朱永德也認為：白蓮教有許多滿足窮人的「宗教需要」之條件，所以他說：「對窮人而言，追隨白蓮教就是追隨希望。」[173]塚本善隆則是以「官逼民反」的角度來解釋，認為羅教最終會轉入地下，是因為政府的鎮壓所致。[174]然而這兩派解釋的觀點雖是對立，也都確實有一些具体的教派反亂作佐證。

　　因此，如何看待中國的民間教派，如完全視為反亂團體似有不當，但歷史上確有不少的叛亂者是利用民間秘密宗教而起；或是官逼民反的因素，或是個人的野心所致，總是將民間教派拉向與政府間形成緊張的關係。從官方檔案的記載來看，幾乎全定位在反亂團體的方式來處置，如此不免影響到對這些教派真實性質的認識。宗教歷史學派在探討早期基督教發展時，強調以歷史批判方法，避免主觀偏見，來還原宗教歷史的真相。中國民間宗教的研究要能真正了解其真相，只借由官方記載的檔案，顯然是不足的。目前有關各教派本身的記載，可依據的材料已愈來愈多，尤其是《寶卷》的陸續集錄出刊，提供了非常寶貴有關民間宗教

---

[171][美]歐大年，《中國民間宗教教派研究》（上海：上海古籍出版社，1993年7月），頁34。

[172]鈴木中正，《清代中期史研究》（東京：愛知大學，1952），頁98~103。

[173] Chu Yung-deh R. *An Introductory Study of the With Lotus Sect in Chinese History* Ph.D.diss.,（Columbia University, 1967），p.220.

[174]塚本善隆，〈羅教の創立と流傳について〉，《東方學報》17卷，頁11~34。

教義思想、發展經過等的資料。

（三）關於民間宗教的根源問題

　　十九世紀以來，中國民間宗教的研究，尚存在著一項很大的爭論，發生在民間宗教是源於中國文化，還是源於民間流變，這一問題的不同闡述上。[175]前者所指民間宗教源於中國文化，主要是先秦《禮記》及後來發展起來的儒、釋、道三教，認為民間宗教信仰的產生，是受古代文獻及三教義理的經卷文本和儀式的影響所產生。簡言之，即是古典文本決定民間的信仰。此種主張最先為漢學家格魯特（De Groot）所提出[176]，法國的施伯特（Kristopher Schipper）[177]、人類學界的王斯福（Stephan Feuchtwang）[178]和桑格瑞（Steven Sangren）[179]等人皆持同樣的觀點。其次，主張源於民間流變者，指的是中國民間宗教乃產生於生產與社區生活，是一種社會習俗所生，官方的文本傳統只是他的「模仿」。簡言之，即是社會習俗決定民間的信仰。1974年斯坦福大學出版由武雅士主編《中國社會中的宗教與儀式》（Religion and Ritual in Chinese Society）一書，集結國際上對中國民間宗教和儀式的研究成果。武雅士認為，中國民間神、祖先、

---

[175] 王銘銘，〈中國民間宗教：國外人類學研究綜述〉，《世界宗教研究》1996年第2期。

[176] 見氏著 *The Religioun System of China* 一書。

[177] Kristopher Schipper "The written memorial in Taoist ceremorial", *Religion and Ritual in Chinese Society*, Arthur Wolf ed.,（Stanford, 1974）pp.309.

[178] Stephan Feuchtwang, "School、temper and city god", *Studies in Chinese Society*, Arthur Wolf ed.,（Stanford, 1978）pp.103~130.

[179] Steven Sangren, *History and Magical Power in a Chinese Community*,（Stanford, 1987）pp.127~206.

鬼的崇拜的社會根源在於中國農民的社會經歷。斯坦福大學的人類學家施堅雅（William Skinner）六〇年代以後發表一系列研究中國社會的論文，他初步提出了民間儀式受社會空間制約的論題。在他看來，中國包括九大經濟文化區，它們各自內部都有獨特的中心與邊際結構、經濟体系和社會文化組織，並且有歷史發展周期。[180]其他還有史密斯（Robert Smith）[181]、威勒（Robert Weller）[182]等人，皆是主張必須以民間宗教作為社會解釋的現象來探討。

此兩項觀點上的差異性，主要是由一些西方人類學者所提出的看法，中國的學者較少有這方面的論點。中國學者在民間宗教的研究上，較不注意理論建構的問題，西方在這方面的研究，卻是在解釋理論上多所著墨。

四、綜合中、西方研究現況的省思

綜合上述，透過對西方宗教歷史學派理論與方法的了解，與中國民間宗教的研究，作一比較分析。所謂「他山之石，可以攻錯」，希望能經由具建設性的分析，從別人的經驗與優點中，得到中國民間宗教研究上的創新啟示，或能突破目前存在的一些瓶頸，而有更寬廣的研究開展。當然，宗教歷史學派也有其缺點，但對基督教史的學術研究，具有正面的提升作用則是事實。一般認為宗教歷史學派的問題在於「輸送帶的謬誤」，意思是凡先存

---

[180] William Skinner, "Cities and the hierarchy of local systems", *Studies in Chinese Society*,（Stanford, Arthur Wolf ed., 1978）pp.1~78.
[181] Robert Smith, *Peasant Society and Culture*,（Chicago, 1956）.
[182] Robert Weller, *Unities and Diuersities in Chinese Religion*,（McMillan, 1987）.

在的，就像是處在輸送帶的前端，它必然會傳送到輸送帶的末
端。[183]問題在於如何證明真有那條輸送帶的存在，意即如何確知
一件事情的發生，必然會有與此件事互有因果的事件會發生。這
是從歷史法則的研究上，很容易犯到的盲點。總結而言，西方宗
教歷史學派至少有二項對中國民間宗教的研究，有正面的啟示作
用。

首先，在根源的探討方面，不論是整個中國民間宗教的根
源，或是個別的民間宗教教派起源的問題，都存在著不少的爭
論。西方宗教歷史學派在處理類似的問題時，研究的深度和廣度
都比中國民間宗教的研究來得多。目前學界研究中國的民間教
派，大都以單一教派為探討的主軸，分析其起源與發展所用的材
料，不外乎官方檔案或教內的寶卷與經書，自然有其局限性，馬
西沙、韓秉方合著《中國民間宗教史》即是代表。如果依宗教歷
史學派的主張，研究歷史上的宗教應置於原來產生該宗教的歷史
文化背景中去了解，作為思考的出發點；再配合歷史批判方法，
避免主觀偏見，以還原宗教歷史真相的態度；還應以比較宗教史
的觀點，不因某一教派的探討，就無視於當時其他同時存在的教
派，而是應等量齊觀的將各種教派放在一起作比較分析，相提並
論。若能依以上述的研究取向，相信必能有一番新的創獲。

其次，善用社會科學的理論與方法，尤其是民族學、人類學、
宗教社會學、比較宗教學等方法，也不失為往後民間宗教研究
上，可以多所發揮的部份。西方宗教歷史學派雖是以歷史學的研
究為主，但同時也很注重其他輔助科學的應用，主張輔以現代社
會科學的理論模式，去檢驗歷史上的宗教人物，Hengel 引用韋伯

---

[183] 楊谷牧主編，《當代神學辭典》，頁 513。

的魅力型領袖（charismatic leader）為理想型，來研究歷史上的耶穌，就是一個很成功的典範。目前海峽兩岸的學界，對民間宗教的研究，仍以史實敘述居多，較少理論建構的研究；國外的漢學家研究中國的民間宗教，則偏向社會人類學的理論建構居多，如何有效結合兩方之所長，對中國民間宗教的研究，必然也會有突破性的進展。

第三節　文獻的探討

一、有關齋戒信仰的研究

　　就目前學界的研究來看，很少有關中國齋戒信仰或素食主義的研究專書，有的多為宗教性的個別研究，尚缺少整體宏觀式的探討。林伯謙的〈素食與佛法行持〉一文[184]，較清楚的說明佛教「二時臨齋儀」的素食制度。康樂著《佛教與素食》[185]一書及〈潔淨、身分與素食〉[186]一文，和林伯謙〈北傳佛教與中國素食文化〉[187]一文，皆是目前就佛教素食的研究，較詳細的著作。于君方的〈戒殺與放生：中國佛教對於生態問題的貢獻〉[188]一文，是就佛

---

[184] 林伯謙，〈素食與佛法行持〉，《第五屆中國飲食文化學術研討會論文集》（臺北：財團法人中國飲食文化基金會，民國 87 年 6 月 15 日），頁 331~358。
[185] 康樂，《佛教與素食》（臺北：三民書局，民國 90 年 10 月）。
[186] 康樂，〈潔淨、身分與素食〉，《大陸雜誌》102 卷 1 期，民國 90 年 1 月。
[187] 林伯謙，〈北傳佛教與中國素食文化〉，《東吳中文學報》民國 87 年 5 月。
[188] 于君方，〈戒殺與放生：中國佛教對於生態問題的貢獻〉收入傅偉勳，《從傳統到現代：佛教倫理與現代社會》（臺北：三民書局，民國 79 年 10

教提倡素食來看對生態保護的影響。另外，日人諏訪義純著《中國中世佛教史研究》[189]一書的第一章〈中國佛教徒の生活倫理規範の形成序說：肉・葷辛の禁忌を中心として〉及道端良秀著《中國佛教社會經濟史の研究》[190]一書的第四章〈放生思想と斷肉食〉，皆是就佛教的齋戒素食作探討。再就道教方面而言，李豐楙〈節慶祭典的祭品與中國飲食文化———一個「常與非常」觀點的考察〉一文[191]，則分析了道教作醮祭儀中的「非血食」性祭品觀，並分析了道教中，殺生血食將會褻瀆神明的「不血食」傳統。張澤洪著《道教齋醮符咒儀式》[192]一書，算是有關道教齋醮儀式，較完整的著作。另外，李輔仁的《仁心與持齋》一書[193]，分析了目前素食人口最普及的「一貫道」，道中關於素食的理論觀點。以上是佛教、道教及一貫道有關素食的探討，至於劉淑芬〈「年三月十」中古後期的斷屠與齋戒〉[194]一文，是探討魏晉至唐代，民間有「三長齋月」及「月十齋日」的習俗，其由來的經過，及當政者如何受佛、道教的影響，漸次推行「年三月十」齋戒日的經過，是一編以中古後期的中國民間信仰習俗為分析主軸的著

月），頁 137~144。

[189] 諏訪義純，《中國中世佛教史研究》（東京：大東出版社，昭和 63 年 5 月）。

[190] 道端良秀，《中國佛教社會經濟史 研究》（東京：平樂寺書店，昭和 58 年 6 月）。

[191] 李豐楙，〈節慶祭典的祭品與中國飲食文化———一個「常與非常」觀點的考察〉，《第五屆中國飲食文化學術研討會論文集》（臺北：財團法人中國飲食文化基金會，民國 85 年 3 月 15 日）頁 211~233。

[192] 張澤洪，《道教齋醮符咒儀式》（成都：巴蜀書社，1999 年 4 月）。

[193] 李輔仁，《仁心與持齋》（臺南：韻巨書局，民國 74 年元月）。

[194] 劉淑芬，〈「年三月十」中古後期的斷屠與齋戒〉，（上、下）《大陸雜誌》104 卷 1 期、2 期，民國 91 年 1 月、2 月。

作。就以上的研究著作來看,尚無針對明清以來的民間宗教,其齋戒信仰所作的研究。事實上,民間宗教的齋戒信仰,自有其特色,相較於佛教的齋戒觀,更顯得通俗有力而易吸引人,這即是本編論文所著眼的地方。至於伊斯蘭教的「齋戒月」,由於基本上不是吃齋,而是在每日太陽下山前不得進食的戒律,與本文所說的「持齋戒殺」的義涵不同,故暫不與列入論討。

二、研究的文獻

首先就中國古代傳統的「齋戒」而言,指的是古人在祭祀之前,必須沐浴更衣,不喝酒,不吃葷,不與妻妾同寢,以示虔誠莊敬之意。這方面在《禮記》、《周禮》、《儀禮》、《墨子》、《呂氏春秋》、《論語》、《孟子》、《荀子》、《淮南子》、《爾雅》、《列子》、《論衡》、《史記》、《漢書》、《後漢書》等典籍中,均有所記載。齋戒是古人祭祀前,尤其是重要祭禮,為了慎重其事,所作的禮儀。著重點在潔淨己身以事奉神明,與後來的佛教持齋修行的目的有別。

佛教的「素食制度」是與修行相結合的重要功課,因此相關的素食主義內涵在佛典中均有記載。重要的材料有〈斷酒肉文〉、《廣弘明集》、《涅槃經》、《四分律》、《十誦律》、《梵網經》、《四阿含經》、《摩訶僧祇律》、《法苑珠林》、《菩薩本緣經》、《遺教經》、《出曜經》、《六度集經》、《大智度論》、《蓮池大師全集》、《維摩經》、《華嚴經》、《楞嚴經》、《十善業道經》等。佛教的素食觀,主要以修行為出發點,結合因果觀,及「食肉者,斷大悲種。」(涅槃經)的慈悲觀為內涵。

道教的「齋戒法」,分門別類很細,總計不下百種。每一種

齋戒祭儀雖有所不同，但出發點皆著重在潔淨自己以事神明，目的在表達對祭禮的莊重，以獲得神明的除災賜福。道教的齋戒法與中國傳統齋戒觀很相近，和佛教著重於個人的修行有所不同。有關道教「齋戒法」的材料，大多保存在《道藏》之中。其次是關於道教「非血食」傳統的探討，這方面李豐楙教授已有較完整的探討，可作為基本的依據。

至於民間宗教方面，這是本編論文研究的主要對象。民間宗教是指興起於明末的秘密宗教，教派很多，且各自信奉的主神及奉行的教義也不盡相同，大致上可分兩大系統。一是以羅教為主所衍生出來的系統，無生老母為其信仰的核心，此一系統的教派大多將素食列為基本的修持，今日的一貫道可為代表。另一系統是八卦教所衍生出來的教派，民國時期的「聖賢道」、「九宮道」可為代表，此一系統的民間宗教教派，大都是不持齋吃素的。有關民間宗教素食制度的研究，《寶卷》是很重要的材料，另外是清代宮中的奏摺檔，留有不少官方取締秘密教派的口供及敘述。現在臺灣的一貫道，是奉行素食制度很徹底的教派，號稱有上百萬多的信徒，臺灣的素菜館百分之八、九十是一貫道所設，而且一貫道推廣素食是結合修持、養身與環保三方面的理論，具有很大影響力。所以一貫道有關素食制度的理論及作法，是配合田野研究調查時的主要對象。

至於有關民間宗教裡齋戒信仰的研究，目前幾乎是沒有任何二手的研究成果可供參考。所幸在原始的檔案材料上，不乏有這方面的記載，尤其是清代官方留下的大批奏摺檔件，主要有：《明清檔案》[195]、《宮中檔康熙朝奏摺》[196]、《宮中檔雍正朝奏摺》

---

[195] 《明清檔案》第六、七、三十五冊（臺北：中央研究院，民國七十五年）。

[197]、《宮中檔乾隆朝奏摺》[198]、《宮中檔嘉慶朝奏摺》[199]、《宮中檔嘉道光奏摺》[200]、《宮中檔咸豐朝奏摺》[201]、《剿捕檔》[202]、《上諭檔》[203]、《清中期五省白蓮教起義資料》[204]、《欽定剿平三省邪匪方略》[205]、《外紀檔》[206]、《軍機處檔·月摺包》[207]、《奏摺檔》[208]、《乾隆朝上諭檔》[209]、《清代檔案史料叢編》[210]、《雍正朝漢文硃批奏摺彙編》[211]、《軍機處錄副奏摺》[212]、《硃批奏摺》[213]、《欽定平定教匪紀略》[214]、《辛

[196] 《宮中檔康熙朝奏摺》（臺北：國立故宮博物院，民國 65 年）。
[197] 《宮中檔雍正朝奏摺》第 1-34 輯（臺北：國立故宮博物院，1977-1980 年）。##
[198] 《宮中檔乾隆朝奏摺》第 1-75 輯（臺北：國立故宮博物院，1982-1988 年）。
[199] 《宮中檔嘉慶朝奏摺》第 1-34 輯（臺北：國立故宮博物院，1995 年）。
[200] 《宮中檔道光朝奏摺》第 1-24 輯（臺北：國立故宮博物院，1995 年）。
[201] 《宮中檔咸豐朝奏摺》第 1-25 輯（臺北：國立故宮博物院，1990 年）。
[202] 《剿捕檔》（臺北：國立故宮博物院藏）。
[203] 《上諭檔》方本（臺北：國立故宮博物院藏）。
[204] 中國社會科學院歷史研究所清史室編，《清中期五省白蓮教起義資料》（南京：江蘇人民出版社，1981 年 2 月）。
[205] 《欽定剿平三省邪匪方略》（臺北：國立故宮博物院，內府朱絲欄寫本）。
[206] 《外紀檔》（臺北：國立故宮博物院藏）。
[207] 《軍機處檔·月摺包》（臺北：國立故宮博物院藏）。
[208] 《奏摺檔》（臺北：國立故宮博物院藏）。
[209] 中國第一歷史檔案館編，《乾隆朝上諭檔》（北京：檔案出版社，1991 年）。
[210] 中國第一歷史檔案館編，《清代檔案史料叢編》第 3、9、12 輯（北京：中華書局）。
[211] 中國第一歷史檔案館編，《雍正朝漢文硃批奏摺彙編》（上海：江蘇古籍出版社，1989-1991 年）。
[212] 《軍機處錄副奏摺》（北京：中國第一歷史檔案館藏）。
[213] 《硃批奏摺》（北京：中國第一歷史檔案館藏）。
[214] 《欽定平定教匪紀略》（臺北：國立故宮博物院藏，朱絲欄寫本）。

亥革命前十年民變史料》[215]、《真空家鄉：清代民間秘密宗教史
研究》[216]、〈中國民間秘密宗教大事記〉[217]等。這些都是本文
可資應用的很好材料，然而，上述的奏摺文獻多為官方之記載，
代表的是官方的立場，在使用上也有其局限性。就本文〈附表二〉
的統計來看，檔案記載到清代有 42 次的白蓮教案，但從明代以
來就惡名昭張的白蓮教，到了清代已很少有教派敢再使用此一名
稱，所以有可能不是真實的該教派名稱。例如嘉慶初年的川、陝、
楚白蓮教亂，實際上就有一些混元教徒在其中，也一律被稱之為
白蓮教。像這樣類似的情形應該不少，但因為受限於缺乏其他史
料的印證，要一一核對這些官方檔案記載的教派名稱是否真實，
著實不易，也很難做到。故本文採用這些官方檔案的記載，是以
真實呈現每一件原始檔案所使用的教派名稱為主，並作成統計表
如〈附表一〉所示。

　　至於有關民間秘密宗教齋戒信仰的教義理論，近來得力於
《寶卷》的整理公布，在研究上已較為容易。現存最早的《寶卷》
是北元宣光三年（洪武五年，1372）蒙古脫脫氏抄寫施捨的《目
連救母出離地獄生天寶卷》[218]，其後從明代中葉到清代康熙年
間，是《寶卷》發展的盛行期。由於清政府查辦「邪教」案，多
將查獲的經卷銷毀，僅存些許列目附檔的編目名稱，不見內容，
所以亡佚失傳的《寶卷》遠多於現今所流存下來的。清代黃育楩

[215] 中國第一歷史檔案館、北京師範大學歷史系編選，《辛亥革命前十年民變
　　　史料》上下冊（北京：中華書局，1985 年）。
[216] 莊吉發，《真空家鄉：清代民間秘密宗教史研究》（臺北：文史哲出版社，
　　　民國 91 年 6 月）。
[217] 收入濮文起，《中國民間秘密宗教辭典》（成都：四川辭書出版社，1996
　　　年 10 月）。
[218] 《目連救母出離地獄生天寶卷》，現藏於北京圖書館。

在道光年間出刊的《破邪詳辯》六卷，共列出編者在鉅鹿縣及滄
州查獲的寶卷 63 種，[219]是最早有關寶卷的記載。車錫倫編《中
國寶卷總目》共收錄國內外公私 96 家收藏寶卷 1579 種，版本 5000
餘種，是最為詳備的一部寶卷編目[220]。

近來大陸山西人民出版社所編《寶卷初集》四十冊共一百八
十六種[221]，及臺灣王見川、林萬傳所編《明清民間宗教經卷文獻》
十二冊一七〇部經卷[222]，共計三五六部民間宗教經卷，即是這方
面很好的研究材料。至於這些文獻到底能反應出多少民間宗教的
教義思想，目前大致上已可以肯定，《寶卷》是民間宗教各教派
不可或缺的宣教依據，但因失佚太多，目前所見各就派的《寶卷》
多不完整，甚至是有許多教派都見不到使用的《寶卷》。所幸各
教派相互流通使用的情形也很普遍，所以有的《寶卷》被多個教
派所使用，若要看待整體清代民間宗教的教義思想，這批《寶卷》
文獻，應是最主要也是不可或缺的史料。

三、研究的架構

綜合以上的考量，筆者試著對中國民間宗教的研究，提出一
項可能的研究模式，或許能有另一番新的開拓。此一研究民間宗
教的取向簡單可謂之「主題式」的研究取向，舉例言之：研究中

---

[219] 清黃育楩原著，澤田瑞穗校注，《破邪詳辯》（道教刊行會，昭和 47 年
3 月）。
[220] 車錫倫，《中國寶卷總目》（臺北：中央研究院中國文哲研究所籌備處，
民國 87 年）。
[221] 張希舜等主編，《寶卷初集》40 冊（太原：山西人民出版社，1994 年）。
[222] 王見川、林萬傳主編，《明清民間宗教經卷文獻》（臺北：新文豐出版，
1999 年 3 月）。

國的民間宗教，以往多就教派的源流、發展經過、基本教義與後來的演變等方向作探討。這方面的研究已累積不少的成果，但如果抽離出民間宗教的共通內涵作微觀的探討，再置於整個清代民間宗教作宏觀的分析，會是怎樣的情況呢？這樣的嘗試即是「主題式」的研究。目前在莊吉發老師的指導下，應用故宮博物院清代檔案，已有幾篇著作呈現。例如邱麗娟著《設教興財：清乾嘉時期民間秘密宗教經費之研究》一書就是一例，但這方面的嘗試應只是起步，還有待不斷的作更縝密性的建構。如何擷取西方宗教歷史學派的優點，融合現有中國民間宗教的成果，開展出另一研究民間宗教的面向，將是本篇論文所著重的思考點。

目前在此一「主題式研究」的考量上，對於主題的歷史來源之批判及比較分析方面較顯然不足，而且也缺少以宏觀的角度來探尋集體的具代表性的行為模式與社會類型。這些都顯示出，此一民間宗教的研究取向，還有待開展的面向依然不少，就取材於西方的宗教歷史學派來看，這方面正好是他們的已走過來的路，而值得我們來借鏡者。故本論文的研究架構與章節安排上，就以此作為考量，作如下的規劃：

除首章的緒論外，第二章：齋戒傳統與清代的齋戒祭祀。一般認為最早的素食主張，是源於古代的印度和希臘。其實若就中國齋戒祭祀觀念形成於夏、商、周三代之間來看，中國才算是世界上最早有素食主張的地方。本章將就齋戒的形成與演變提出探討，特別是就清朝皇帝對齋戒的重視與作法，有較完整的敘述。第三章：民間宗教齋戒信仰之形成。將分析道教、摩尼教、白蓮教及羅教對民間宗教齋戒信仰形成之影響。簡言之，二、三兩章是分就本篇論文的主題「齋戒信仰」，提出大傳統與小傳統的歷史來源剖析。第四章：清代民間的吃齋教團。將就清代民間宗教

教派的活動時間與空間分佈，吃齋教派的比例及檔案記載吃齋宗
教活動的情形作分析。目的在作一個宏觀式的了解，使能清楚的
掌握清代全期，到底有多少關於吃齋信仰的民間教團活動，及其
影響的層面有多少。第五章：民間宗教齋戒教義之探討。主要是
根據民間宗教的《寶卷》與《經籍》來分析，其中有關齋戒信仰
的內涵。並與佛教的齋戒觀及西方的素食主義作比較，以凸顯其
特徵。第六章：齋戒信仰與清代官方的取締。將探討清政府對民
間吃齋教團採取鎮壓的因素，並就檔案所載，擇取福建的齋教徒
作個案分析。第七章：教派齋戒活動的社會影響。從吃齋的信仰
活動，所衍生出來的社會價值觀，和種種的社會現象及人際網絡
的關係等問題，皆是本章所要探討的。最後是結論，將就本篇論
文所探討的內容提出總結。

第二章

齋戒傳統與清代的齋戒祭祀

一般認為最早的素食主張，是源於古代的印度和希臘。[1]其實若就中國齋戒祭祀觀念形成於夏、商、周三代之時來看，[2]中國才算是世界上最早有素食主張的地方。就現存的史料來看，印度在古代吠陀時代，基本上還是一個畜牧業為主的生產方式，一直到西元前五世紀的佛陀時代，素食的觀念還未見成形。根據康樂的研究，印度史上將「不殺生戒」與「素食」觀念結合起來的第一人是佛陀的弟子提婆達多。但佛陀並沒有同意他的主張，將「不食肉、魚」加入頭陀行的戒律中。可見至少到了佛陀時代，素食的觀念還未形成。後來提婆達多被逐出教團，還是有不少跟隨他修行的徒眾，他們可說是印度史上最早堅持全面「素食」的團體。[3]至於古代的希臘，素食信仰的形成，則始於西元前六世紀的畢達格拉斯。兩相比較，中國齋戒素食的觀念，遠比印度或是希臘為早。

在中國皇室的禮儀中，「齋戒」是一項很特殊的制度。與歷史上其他文明的皇帝制度相較，中國皇帝對齋戒之重視，已成為是一種特有的現象。「齋戒」是在重大祭祀活動舉行前幾天開始，每一年由皇帝所主持的各項祭典很多，實施「齋戒」的次數必然不少，所以中國歷來的皇帝是如何處理這件事，應是個很值得研究的課題。目前有關皇室齋戒制度的研究，還很少見，有的只是就中國素食主義或素食制度的探討，這些也僅止於一般庶民百

[1] Colin Spencer, *Vegetarianism: A History*（New York: Four Walls Eight Windows, 2002）p.x-xi.

[2] 謝定源，〈中國素食文化的發生發展及傳播區域〉，《中國飲食文化期金會會訊》，2003年1月，頁5。

[3] 康樂，〈潔淨、身分與素食〉，《大陸雜誌》第102卷1期，頁16~18。

姓，或特定的宗教信眾作分析。本章首先是就中國古代先秦以前
的齋戒制度作考察，引用的材料以《周禮》、《禮記》、《儀禮》、
《史記》及《國語》、《左傳》、《墨子》、《孟子》等為主，
再配合其他相關的史料。其次，在論述上主要有兩方面，一是將
就齋戒本身的意義、作用，及歷代皇帝對齋戒的重視與作法作探
討；另一部份是分析「齋戒」形成一種制度化後，特別是在清代
所扮演的功能及其影響。

第一節　先秦時期的齋戒祭祀

　　《說文解字》對「齋」字的解釋是：「齋，戒潔也，從示齊
省聲。」[4]含有守戒潔身之意。「齋」，是指古人在祭祀或舉行
重要典禮前，清心寡欲，淨身潔食，以示莊敬之意。[5]《禮記·
曲禮》：「齊戒以告鬼神。」[6]（「齋」本作「齊」字）由於含
有戒潔身心的內涵，所以通常將「齋戒」兩字合用。既然齋戒的
目的是為了在祭祀前表示潔淨誠敬，所以齋戒的起源必然與古代
的祭祀禮儀有很大的關係。墨子在論述祭祀時說：「古者聖王，
明天鬼之所欲，而避天鬼之所憎，一求興天下之害（利）。是以
率天下之萬民，齊（齋）戒沐浴，潔為酒醴粢盛，以祭祀天鬼。」
[7]又說：「天子有疾病禍祟，必齋戒沐浴，潔為酒醴粢盛，以祭

---

[4] 段玉裁，《說文解字》（臺北：黎明文化，民國73年2月），頁3。

[5] 漢語大詞典編纂會編纂，《漢語大詞典》（漢語大詞典出版社，2001年），
〈齋〉字條。

[6] （漢）鄭玄注，《禮記》，〈曲禮〉（臺北市：臺灣商務印書館，民68
年）。

[7] 《墨子·尚同》第十二，《百子全書》第五冊（杭州：浙江人民出版社，

祀天鬼，則天能除去之。」[8]可見在戰國時代，墨子對古代聖王
的齋戒沐浴以祭祀的事，已有清楚的說明。問題是墨子所說的古
之聖王，到底是從那一位開始，則沒有說清楚。同一時期的孟子
也說到：「雖有惡人，齋戒沐浴，則可以祀上帝。」（《孟子‧
離婁下》）根據孟子的說法，似乎齋戒沐浴是一件很慎重神聖的
事，因為這樣是可以用來祭祀上帝。換言之，在那時的觀念裡，
祭祀上帝者是必須要齋戒沐浴的。再往前看，春秋時期的孔子也
曾說到：「齊（齋）戒以事鬼神，擇日月以見君，恐民之不敬也。」
[9]齋戒以事鬼神的「事」字，主要就是祭祀的意思。就春秋時期
其他的記載來看，《國語‧楚語下》說：「祀所以昭孝息民，撫
國家，定百姓也，不可以已。」[10]又說：「古者先王日祭、月享、
時類、歲祀。」[11]「祀」指的就是祭祀，這是國家的大事之一，
有安邦定民的作用。所以《左傳》裡說：「國之大事，在祀與戎。」
[12]可以了解的是，春秋時期國家的大事之一就是祭祀，而祭祀為
求慎重誠敬，齋戒沐浴是必要的作法。

　　既然「祭祀」是國家的大事之一，相信祭祀之事一定由來已
久。中國自遠古以來的禮儀中，即有「五禮」的記載。根據《周

1984 年）。

[8]　《墨子‧天志》，《百子全書》第五冊。

[9]　《禮記正義‧表記》，《十三經注疏》下冊（北京：中華書局，1980 年），
　　頁 1638，下同。

[10]　《國語》下冊　（上海：上海古籍出版社，1978 年），頁 567。

[11]　《國語》下冊，頁 567。

[12]　《左傳》成公十三年，《春秋左傳正義》卷 27，《十三經注疏》下冊，
　　頁 1911。

禮》的記載：「掌五禮之禁令。」[13]所說的「五禮」是：吉禮（祭祀）、凶禮（喪禮）、賓禮（賓客）、軍禮（軍旅）、嘉禮（冠婚）五種。其中的「吉禮」是五禮之首，主要的內容是對天神、地祇、人鬼的祭祀典禮。《禮記‧祭統》說：「凡治人之道，莫急於禮。禮有五經，莫重於祭。」[14]意思是說，這五禮中，最重要的就是祭祀的禮，可見古人一定很早就把祭祀活動看成是國家最重要的事。至於最早的祭祀活動是由何時開始，根據《史記》的記載：「（黃帝）監於萬國，萬國和，而鬼神山川封禪與為多焉。」[15]，黃帝軒轅氏時，即有封禪祭祀的事。至於有章法制度的「五禮」，則是始於帝舜時代，《史記‧五帝本紀》曰：「（舜）歲二月，東巡狩，至於岱。柴，望秩於山川。遂見東方君長，合時月正日，同律度量衡，脩五禮、五玉、三帛、二生、一死為摯。」[16]這裡所言的「五禮」即是吉、凶、軍、嘉、賓等五禮。可知至少在三代以前，祭祀的禮儀已形成，而古代的重大祭祀的活動，皆是由皇帝親自主持，為表示誠敬之，齋戒沐浴是配合祭祀活動而來的。

一、齋戒始於西周以前

　　至於何時開始有齋戒以祀上帝的禮儀？黃帝則是第一次制

[13] （漢）鄭玄注，《周禮》，〈春官，小宗伯〉（臺北市：臺灣商務印書館，民68年），《四部叢刊》，正編，1。
[14] 《禮記‧祭統》，王夢鷗，《禮記今註今譯》（臺北：臺灣商務印書館，民國79年3月），頁773。
[15] 《史記‧五帝本紀》，《二十五史》第一冊（上海：上海古籍出版社，1989年12月），頁7。
[16] 《史記‧五帝本紀》，頁8。

作冠冕和旒服，並首次隆重正式地用以祭禮上帝。《春秋合誠圖》
中提到：「黃帝請問太一長生之道，太一曰：齋六丁，可以成功。」
[17]《內傳》中也提到：「帝誓翦蚩尤，乃齋三日，以告上帝。」
[18]這些傳說可能即是齋戒之始。如前所述到了帝舜時代，開始有
了「三禮」、「五禮」的章法。「三禮」是指：祭天神、祭人鬼、
祭地祇等三個門類。其後經周公闡發定型，成為往後中國幾千年
不改的基本框架。至於「齋戒」是否和祭禮同時產生，目前尚有
待進一步考證。可以確定的是，至遲到西周時期，已有「齋戒以
祭」的作法。《史記‧周本紀》記載：「武王病，天下未集，群
公懼，穆卜，周公乃祓齋，自為質，欲代武王，武王有瘳。後而
崩，太子誦代立，是為成王。」[19]是說武王有疾，周公以誠敬之
心，齋戒沐浴，祭禱於三王，希望以他自己為質，來替代武王，
並除去不祥之祓。周公的作法正是《禮記》所說的齋戒以告鬼神。
相信這樣的齋戒沐浴以祭祀，應不是周公所創，在周公以前一定
早有這樣的禮儀。《易‧繫辭》亦云：「聖人以此齊戒，以神明
其德夫。」〈注〉洗心曰齊，防患曰戒。〈疏〉齊戒其身。齊字
也即是齋字，《禮記‧祭統》曰：「齊者精明之至也，所以交於
神明也。」《禮記‧祭統》又云：「及其將齊也，防其邪物，訖
其嗜欲，耳不聽樂，心不苟慮，手足不苟動。」皆是在強調祭祀
前齋戒的重要性。可知周天子在祭祀以前，應有齋戒以示誠敬的

---

[17] 黃奭輯，《春秋合誠圖》，收錄於《叢書集成》三編，十六，〈黃氏逸書
　　 攷〉第十四函（臺北：藝文印書館，民國 61 年）。
[18] 《內傳天皇鰲極鎮世神書》，收錄於《四庫全書存目叢書》子部‧術數類
　　 63（臺南：莊嚴出版社，民國 84 年）。
[19] 《史記》，〈周本紀第四〉，《二十五史》第一冊，頁 18。

作法。所以，可以說齋戒祭祀的禮制，至遲在西周以前已形成。

二、戰國以後已很普遍

　　戰國時期，《史記》「藺相如完璧歸趙」的典故中，記載藺相如手握「和氏璧」向秦王要求說：「和氏璧，天下所共傳寶也，趙王恐，不敢不獻。趙王送璧時，齋戒五日，今大王亦宜齋戒五日，設九賓於廷，臣乃敢上璧。」[20]為了得到和氏璧，秦王也不得不答應藺相如要齋戒五日。可以想見，在當時將齋戒之事看的很重要。藺相如希望秦王在得到和氏璧後，能依約歸還趙國城池，所以要求秦王齋戒五日以示真誠不欺。《史記‧秦始皇本紀》亦記載：「始皇還，過彭城，齋戒禱祠，欲出周鼎泗水。使千人沒水求之，弗得。」[21]相傳禹鑄九鼎，傳到周朝，因戰亂九鼎沒入泗水中。秦始皇想要找回周朝鎮國寶鼎，特別以誠敬之心，齋戒沐浴禱於泗水河神，結果還是無功而還。秦始皇二十八年（219.BC）：「齊人徐巿等上書，言海中有三神山，名曰蓬萊、方丈、瀛洲，僊人居之。請得齋戒，與童男女求之。於是遣徐巿發童男女數千人，入海求僊人。」[22]齋戒以求仙人的作法，多少也可反應出，時人對齋戒與神仙思想的思維。此外，齋戒的時機也不只用於祭祀或宗教活動之時，有時國君為了表示慎重其事，借誠敬取信於民，也會設壇齋戒。楚漢相爭之時，劉邦被封為漢中王，韓信不為劉邦所重用，因而出走。蕭何知道韓信出走，急馬將信追回，並建議劉邦如果想王天下，就必需重用韓信。蕭何

---

[20]　《史記》，〈廉頗藺相如列傳第二十一〉。

[21]　《史記》，〈秦始皇本紀第六〉。

[22]　《史記》，〈秦始皇本紀第六〉。

曰：

> 「王計必東，能用信，信即留；不能用信，信終亡耳。」
> 王曰：「吾為公以為將。」何曰：「雖為將，信不留。」
> 王曰：「以為大將。」何曰：「幸甚。」於是王欲召信拜
> 之。何曰：「王素嫚無禮，今拜大將如召小兒，此乃信所
> 以去也。王必欲拜之，擇日齋戒，設壇場具禮，乃可。」
> 王許之。諸將皆喜，人人各自以為得大將。至拜，乃韓信
> 也，一軍皆驚。[23]

蕭何建議劉邦要設壇場，齋戒沐浴，行正式拜大將軍的禮儀，讓
所有的人都相信這是一件很慎重的大事，以為是那位了不起的大
將軍要產生，結果竟然是韓信，真是出乎大家的意料之外。這段
寫來很生動有趣，重點在齋戒設壇場時，所製造出來的效果。

　　大體而言，秦漢以後的禮制記載，已可清楚的看到，齋戒是
皇帝很重要的一項禮制。根據《後漢書·禮儀志》的記載：「凡
齋天地七日，宗廟山川五日，小祠三日。齋日內有汙染，解齋，
副倅行禮。先齋一日，有汙穢災變，齋祀如儀。大喪，唯天郊越
紼而齋，地以下皆百日後乃齋，如故事。」[24]漢代的皇帝在祭天
地時，要先行齋戒七天，祭宗廟山川要五天，其他小祠也要齋戒
三天。每當齋戒之日，皇帝要親率文武百官進行齋戒，並且檢查
獻神的犧牲和各種祭祀器具是否齊備，其後各代皇帝祭典也大都
如此。

---

[23] 《漢書》，〈列傳卷三十四·韓彭英盧吳傳第四·韓信〉，《二十五史》
　　　第一冊。
[24] 《後漢書》卷十四，〈禮儀志第四〉禮儀上，《二十五史》第二冊。

　　由上述可以了解，自古以來齋戒沐浴即是祭祀前很重要的儀式，古來祭天（上帝）儀式最為神聖隆重，率由天子來主持，所以歷代的皇帝每年主持重要祭典時，實施「齋戒」是必然的事。以清朝的皇帝為例，實施「齋戒」時，依《清會典》的規定：「齋戒日，不理刑名，不辦事，有緊要事仍辦。不燕會，不聽音樂，不入內寢，不問疾弔喪，不飲酒，不茹葷，不祭神，不掃墓。前期一日沐浴，不疾有服者勿與。」[25]祭祀前齋戒，有十件不能作的事，其中包括飲食上的改變，所謂「齋必變食」，即是不吃葷食，不飲酒，這就是後來齋戒的主要內涵。如此嚴格的飲食起居規定，自清順治皇帝開始，就一直相沿下來不曾改變，為清代每位皇帝所遵行。這也不是清代皇帝所獨創，實際所行的齋戒法，也是沿襲古代齋戒祭祀的禮儀而來。

第二節　皇帝對齋戒的推行

一、早期蔬食、菜食的傳統

　　中國自古以農立國，百姓多賴耕種維生，在飲食方面，多以蔬菜穀物為主。除非是居上層的官人階級，平常有機會享用肥美的肉食，一般的民眾想吃珍饈佳餚是不容易的。《孟子・梁惠王上》說：「雞豚狗彘之畜，無失其時，七十時者可以食肉矣。」[26]依孟子所主張的王道仁政標準，一般人如能安居樂業，到七十

---

[25]　（清）托津等奉敕纂，《欽定大清會典事例》，〈禮部一二六・祭統〉，（臺北市：成文出版社，民80年），頁635。

[26]　《孟子》，《十三經注疏》（臺北：新文豐公司，1978年1月），頁245。

歲能常有肉食，就已是很好的狀況了，可見當時一定離這樣的標準還遠，而百姓平日難得食肉，幾近於素食的情況一定很普遍。而且，有些時候是明定有素食的規範。《儀禮・喪服》中，就記載有居喪必須「飯素食」的飲食規範：

> 既虞，翦屏柱楣，寢有席，食疏食，水飲，朝一哭、夕一哭而已。既練，舍外寢，始食菜果，飯素食，哭無時。[27]

「疏食」，即是蔬食，和「素食」、「菜食」是相通的。「素食」一詞用普遍使用，是在佛教傳入中國之後的事。[28]《儀禮》中居喪素食的規範，到了漢代仍然被遵行，而且愈是在上位者的官員，似乎愈加重視。《漢書・霍光傳》中就記載，昌邑王因居喪期間未遵守素食的規範，「服斬縗，亡悲哀之心；廢禮誼，居道上不素食，使從官略女子載衣車內，所居傳舍，始至謁見，立為皇太子，常私買雞豚以食。」[29]因而遭到彈廢。既然居喪素食如此受到重視，於是原本只是居喪期間的禮儀，到了南北朝之時，已漸次發展成父母喪亡時，長期素食的作法。而且是素食愈久，愈表示孝心。以南梁的嚴植之為例，列傳中記載：

> 植之少善莊、老，能玄言，精解喪服、孝經、論語・及長，治鄭氏禮、周易、毛詩、左氏春秋・性淳孝謹厚，不以所長高人・少遭父憂，因菜食二十三載，後得風冷疾，乃止．

---

[27]　（漢）鄭玄注；（清）黃丕烈校《儀禮》卷第 28，〈喪服禮第 11〉（臺北市：新文豐，民 74 年）。

[28]　徐立強，《梁武帝制斷酒肉之主張與中國佛教素食文化之關係》（華梵大學東方人文思想研究所碩士論文，民國 89 年 5 月），頁 7。

[29]　《漢書》卷 68，〈列傳〉第 38，《二十五史》第一冊。

[30]

嚴植之是從父親過世之後，就開始菜食（即素食），前後持續了
二十三年之久，一直到身體得了風冷疾之後，才停止菜食。另外，
南梁的劉杳，也是在母親過世後，即持齋蔬食終身。《梁書‧列
傳》中的記載：

> 杳治身清儉，無所嗜好。為性不自伐，不論人短長，及釋
> 氏經教，常行慈忍。天監十七年，自居母憂，便長斷腥羶，
> 持齋蔬食。及臨終，遺命斂以法服，載以露車，還葬舊墓，
> 隨得一地，容棺而已，不得設靈筵祭醊。其子遵行之。[31]

而南陳的司馬申，《陳書‧列傳》中的記載，也是：「父母俱沒，
因此自誓，菜食終身。」[32]此外，《齊書‧列傳》中的孝義列傳，
則是記載了一位王文殊，因父親過世，為孝思而長年蔬食（即素
食），最後甚至因此孝行感人，獲得「孝行里」的稱呼：

> 王文殊，吳興故鄣人也。父沒虜，文殊思慕泣血，蔬食山
> 谷三十餘年。太守謝瀹為功曹，不就。永明十一年，太守
> 孔琇之表曰：「文殊性挺五常，心符三教。以父沒獯庭，
> 抱終身之痛，專席恒居，銜罔極之卹。服紵縞以經年，餌
> 蔬菽以俟命，婚義滅於天情，官序空於素抱。儻降甄異之
> 恩，膀其閭里。」鬱林詔膀門，改所居為「孝行里」。[33]

---

[30] 《梁書》，〈列傳〉卷48，《二十五史》第三冊。
[31] 《梁書》，〈列傳〉卷50‧文學下‧〈劉杳〉。
[32] 《陳書》新校本，〈列傳〉卷29，《二十五史》第三冊。
[33] 《南齊書》新校本，〈列傳〉卷55，《二十五史》第三冊。

王文殊自父親過世後，居山谷中，思慕泣血，蔬食三十餘年，可謂孝行感人。因而獲得太守的推薦，鬱林王的表揚，並詔改所居的里所為「孝行里」。其他類似的記載，在正史中還很多。如《宋書‧列傳》記載劉瑜，在母親去世後，仍蔬食二十餘年。[34]阮長之則是在十五歲時，因遭逢父親去世之慟，而蔬食多年。[35]《南齊書》也記載劉善明因母親被虜陷北而蔬食，哀戚如持喪。[36]崔懷慎也因父親被虜，而蔬食如居喪禮。[37]可知當時民間的觀念中，素食（菜食、蔬食）已與報恩思親相結合，為民間所奉行。

此外，對一些窮苦人家而言，平日生活上飯蔬食的情形也是常見的事，這種幾乎接近於素食的飲食狀況，多少帶有一種「安貧樂道」的精神。《論語‧述而篇》說：「子曰：『飯蔬食飲水，曲肱而枕之，樂亦在其中矣。不義而富且貴，於我如浮雲。』」[38]《後漢書‧列傳》中記載了竇融蓬戶蔬食，躬勤孝養，而受到崇敬的情形：

> 永初中，三輔遭羌寇，章避難東國，家於外黃。居貧，蓬戶蔬食，躬勤孝養，然講讀不輟，太僕鄧康聞其名，請欲與交，章不肯往，康以此益重焉。是時學者稱東觀為老。[39]

---

[34] 《宋書》，〈列傳〉卷 91，《二十五史》第三冊
[35] 《宋書》，〈列傳〉卷 92。
[36] 《南齊書》，〈列傳〉卷 28，《二十五史》第三冊。
[37] 《南齊書》，〈列傳〉卷 55。
[38] 《論語‧述而篇》，《十三經注疏》第八冊（臺北市：藝文印書館，民54 年），頁 62。
[39] 《後漢書》，〈列傳〉卷 23。

同樣的情形，列傳中有記載一位朱穆，為官數十年，蔬食布衣，家無餘財，因而受到表揚：

> 穆素剛，不得意，居無幾，憤懣發疽。延熹六年，卒，時年六十四。祿仕數十年，蔬食布衣，家無餘財。公卿共表穆立節忠清，虔恭機密，守死善道，宜蒙旌寵。策詔述，追贈益州太守。所著論、策、奏、教、書、詩、記、嘲，凡二十篇。[40]

朱穆當官數十年，始終蔬食布衣，因而獲得「忠清」的立節表揚。類似的記載在《三國志‧魏書》中的王烈也是：

> 時國主皆親駕乘適烈私館，疇諮政令。察孝廉，三府並辟，皆不就。會董卓作亂，避地遼東，躬秉農器，編於四民，布衣蔬食，不改其樂。東域之人，奉之若君。[41]

朱穆布衣蔬食多年，不改其樂，因而獲得當地人的崇敬，甚至奉之如國君。可見當時人對幾近素食的蔬食者，其社會評價是很受尊崇的。《漢書》中記載，王莽即是以素食來表現他憂民之深切：

> 每有水旱，莽輒素食，左右以白。太后遣使者詔曰：「聞公菜食，憂民深矣。今秋幸熟，公勤於職，以時食肉，愛身為國。」[42]

顯然是蔬食、菜食者給人「節儉、安貧、樂道」的印象，王莽為

---

[40] 《後漢書》，〈列傳〉卷43。
[41] 《三國志‧魏書》卷11，《二十五史》第二冊。
[42] 《漢書》，〈列傳〉卷99。

了表示他憂國憂民的心，凡遇有大的災難，就採用素食的方式來
表達。

　　以上所述，無論是居於孝思或是安貧樂道之考量而素食者，
由於不具有宗教信仰的成份在內，所以沒有任何的約束性，全憑
個人的意志來決定，不若後來具宗教性教餐式的吃齋，來得有影
響力。而真正將素食導入宗教的修行上，則是在魏晉南北朝時
期，佛教傳入中國後開始，其中以梁武帝的〈斷酒肉文〉的影響
最大。

二、梁武帝的「斷酒肉文」

　　一般認為中國特有的吃齋風尚，是受佛教傳來中國後的影響
所致，但印度的原始佛教是托缽乞食，原無素食的特定戒律，傳
來中國後，由於大乘佛經中的慈悲戒殺思想與中國文化相結合，
漸發展出以「素食」為獨特的教餐，目的在貫徹佛陀清淨不殺的
慈悲精神，所以早期的齋戒信仰，多與佛教的修持有關。

　　學界有關佛教齋戒信仰形成的解釋，不外乎幾項因素：一是
因梁武帝藉由政治力量，讓素食徹底推行於四眾弟子；其次是佛
教傳來中國後，改變以往托缽行乞的方式，其三是古代中國民間
的飲食習慣，與素食原本相當接近，其四是素食止殺觀念與中國
齋戒思想相融合的結果，便很自然地採納素食的觀念，而延續至
今。[43]其實主要的關鍵因素，還是在於梁武帝對齋戒的推行。

　　由於在原始佛教的戒律中，無不得吃肉的素食律，所以佛教
傳來中國後，初期並無嚴格的素食齋戒之規定，許多和尚尼姑都

---

[43] 林伯謙，〈素食與佛法行持〉，《第五屆中國飲食文化學術研討會論文集》
　　（臺北：財團法人中國飲食文化基金會，民國 87 年 6 月 15 日），頁 331~358。

沒有吃素持齋。梁武帝時期，為了有效整頓日益眾多的僧尼，使佛門的清規得立樹立，乃積極提倡齋戒斷酒肉食，作〈斷酒肉文〉一篇，作為推展佛門齋戒的依據。梁武帝的〈斷酒肉文〉則是透過政治力量，規定「如是若言，出家人猶嗜飲酒、噉食魚肉，是則為行同於外道，而復不及。」[44]強制出家眾務斷酒肉。武帝的〈斷酒肉文〉影響深遠，使齋戒素食的制度得以形成，並與佛教的修行相結合，因為梁武帝不單是斷酒肉的規定而已，他還建構了斷酒肉的修行理論，解釋為何必須禁斷酒肉吃素的理由，此為中國佛教齋戒吃素的最早形成。

三、齋戒信仰的推動

中國佛教齋戒信仰的形成，梁武帝所頒布的〈斷酒肉文〉，實有決定性的影響。在〈斷酒肉文〉中，梁武帝首先指出，何以要勸出家人斷酒肉的種種理由：

> 凡出家人所以異於外道者，正以信因、信果、信經。------
> 今佛弟子酣酒嗜肉，不畏罪因，不畏苦果。即是不信因、
> 不信果，與無施無報者復何以異。此事與外道見同，而有
> 不及外道。是何外道，各信其師，師所言是弟子言是，師
> 所言非弟子言非。涅槃經言：迦葉我今日制諸弟子，不得
> 食一切肉。而今出家人猶自噉肉，戒律言：飲酒犯波夜提，
> 猶自飲酒無所疑難。此事違於師教，一不及外道。[45]

---

[44] 梁武帝，〈斷酒肉文〉，《廣弘明集》卷26，《大正新脩大藏經》第52
　　冊，頁294。

[45] 梁武帝，〈斷酒肉文〉，頁294。

梁武帝總共提出九項理由,說明出家人猶嗜飲酒、噉食魚肉,則不如外道。這些理由只是一再強調,佛門出家弟子與一般外道,其根本的差別就在「斷酒肉」的戒律。如果佛門弟子連這條最基本的戒律都不能守,則與外道何異,甚至是不如外道。

其次,梁武帝再從佛門弟子受戒後,若嗜酒噉肉就是犯戒,如此則比一般之居家人還不如。梁武帝言:「居處塔寺,仰對尊像,若飲酒食肉如事等事,出家之人不及居家。何故如是,在家人雖飲酒噉肉,無犯戒罪,此一不及居家人。」[46]如此梁武帝也提出九點,出家人嗜酒肉不及居家人的道理。

梁武帝就以出家人嗜酒肉,則有九項不如外道,及九項不如居家人為由,展開整束佛門規矩的動作。下令曰:「今日大德僧尼,今日義學僧尼,今日寺官,宜自警戒,嚴淨徒眾。若其懈怠不遵佛教,猶是梁國編戶一名。」[47]意思是要將不守斷酒肉戒的僧尼,勒令還俗。梁武帝不只用政治力來強加推行,而且為了讓斷酒肉的戒律合理化,特地在京師開講《涅槃經》,以將近一年的時間,集合全國各地的主要僧尼一千多人來聽講。闡述《涅槃經》中所言:「食肉者斷大慈種」的道理:

> 何謂斷大慈種?凡大慈者皆令一切眾生同得安樂,若食肉者,一切眾生皆為怨對同不安樂。若食肉者,是遠離菩薩法。若食肉者,是遠離菩薩道。若食肉者,是遠離佛果。若食肉者,是遠離大涅槃。若食肉者,障生六欲天,何況

---

[46] 梁武帝,〈斷酒肉文〉,頁295。
[47] 梁武帝,〈斷酒肉文〉,頁295。

涅槃果。[48]

講解《涅槃經》的過程中，也會對不同的問題提出研討，例如有人提到魚肉是否可食的問題，梁武帝就說：

> 諸大德僧、諸解義者，講涅槃經，何可不愍懇，此句令聽
> 受者心得悟解。又有一種愚癡之人云：我止噉魚實不食
> 肉，亦應開示，此處不殊水陸，眾生同名為肉。[49]

為了強調斷酒肉的重要性，梁武帝一再的說：「諸大德僧尼，當知噉食眾生者是魔行，噉食眾生是地獄種，噉食眾生是恐怖因，噉食眾生是斷命因。」[50]梁武帝幾乎是把出家人嗜食肉者，說成是一切罪惡的根源。

雖然梁武帝很努力且近乎嚴厲的推行，出家人斷酒肉的戒令，但法會後的僧尼們，似乎還有不少的置疑。其中最主要的疑惑，是來自佛經中無斷肉事及懺悔食肉法的問題。為此，武帝又敕令請義學僧一百四十一人，及義學尼五十七人，共同集會於華林華光殿，使莊嚴寺的法超、奉誠寺的僧辯及光宅寺的寶度等三位律師共同主持這次的論辯。經熱烈的研討，最後作成如下的結論：

> 僧道，律中無有斷肉法，又無懺悔食肉法，諸律師從
> 來作若為開導，使人致有此疑。法超奉答：律教是一，而
> 人取文下之旨不同。法超所解，律雖許噉三種淨肉，而意

---

[48] 梁武帝，〈斷酒肉文〉，頁 295~296。

[49] 梁武帝，〈斷酒肉文〉，頁 296。

[50] 梁武帝，〈斷酒肉文〉，頁 296。

實欲永斷。何以知之,先明斷十種不淨肉,次令食三種淨肉,未令食九種淨肉,如此漸制,便是意欲永斷,法超常日講,恒作如是說。

制又問僧辯法師,復作若為開導。僧辯奉答:僧辯從來所解大意,亦不異法超,但教有深淺,階級引物。若論噉三種淨肉,理當是過,但教既未極,所以許其如此。

制又問寶度法師,復若為開導。寶度奉答:愚短所解只是漸教,所以律文許噉三種淨肉。若涅槃究竟明於正理,不許食肉。若利根者,於三種淨肉教,即得悉不食解,若鈍根之人,方待後教。[51]

這次的論辯相當重要,不但關係著梁武帝斷酒肉令的合理性,也顯示出佛教在傳入中國以來,並未有嚴格的斷酒肉戒律,而是許噉三淨肉(不見、不聞、不疑)。為了圓說斷酒肉與三淨肉之間的差別,法超、僧辯及寶度等三位律師,都針對這點提出說明,也顯示當時噉三淨肉的僧尼,必然是普遍的現象。這次論辯的結果如何?對往後的影響又是如何?根據康樂的研究認為:梁武帝禁斷僧團酒肉的迴響,雖史無明言,但在當時客觀環境的要求下,南方僧團大概就此接受了。[52]這對往後中國佛教齋戒信仰的形成,及確立斷酒肉的戒律,成為出家眾的修行教餐,應具有其決定性的關鍵。

南方有梁武帝的大力推展,令僧團奉行斷酒肉的戒律;至於北方的僧團呢?什麼時候採取全面的素食,一般學界的研究,多

---

[51] 梁武帝,〈斷酒肉文〉,頁 299。

[52] 康樂,《佛教與素食》(臺北:三民書局,民國九十年十月),頁 91。

認為是在北齊的文宣帝（西元 550~559）時期。[53]雖然《北齊書‧帝紀》對文宣帝的記載，看似一位殘暴好殺的國君，但他確曾下令推行過齋戒。文宣帝天保七年（558）五月間，「帝以肉為斷慈，遂不復食。」[54]三年後，文宣帝更下令停斷蝦、蟹、蜆、蛤之類的捕取，及鷹鷂的捕用。[55]而在《續高僧傳》〈僧稠傳〉中，也說到文宣帝是每年三次，每月六天，勸導人民齋戒，不管官方或民間都一律素食：

> 稠年過七十，神宇清曠，動發人心。敬克情物，乘機無墜。帝扶接入內，為論正理，------爾後彌承清誨，篤敬殷重，因從受菩薩戒法，禁酒斷肉，放捨鷹鷂，去官畋魚，鬱成仁國。又斷天下屠殺，月六年三敕民齋戒，官園私菜，葷辛悉除。帝以他日告曰：道由人弘，誠不虛應。願師安心道念，弟子敢為外護檀越何如。稠曰：菩薩弘誓，護法為心。陛下應天順俗，居宗設化，棟梁三寶導引四民，康濟既臨義無推寄。即停止禁中四十餘日。日垂明誨，帝奉之無失。[56]

文宣帝的這些宣示與作為，顯然是對當時北方的僧團，有很大的影響。加上南北雖是分裂，但民間的交流勢所難免，北方會受到南方的影響也是必然的。所以我們可以合理的推論，當南方的梁

---

[53]　林伯謙，〈北傳佛教與中國素食文化〉，《東吳中文學報》，頁 108；康樂，前引書，頁 91。

[54]　《北齊書》卷四，〈文宣帝紀〉，《二十五史》第三冊（上海：上海古籍出版社，1995 年 12 月）頁 2516~2517。

[55]　《北齊書》，頁 2517。

[56]　《續高僧傳》卷十六　收錄於《大正新修大藏經》第五十冊，頁 554。

武帝在西元 523 年左右，宣示〈斷酒肉文〉後的二十多年，北方
的齊文宣帝同樣作了勸令民間齋戒的宣示，這或許也是多少受到
南方梁武帝的影響所致。

四、唐高祖的三長齋月與十齋日

三長齋月與十齋日，謂之「年三月十」。指的是唐高祖武德
二年（619）正月二十四日，下令每年的正、五、九月為長齋月，
及每月的一、八、十四、十五、十八、二十三、二十四、二十八、
二十九、三十日的十齋日，全天下都要斷屠禁殺。根據劉淑芬的
研究，整個唐代將近二百九十年裡，除了武宗滅佛期間外，每年
有一百天以上，是普天之下都斷屠禁殺的，在那個沒有冷藏設備
的時代裡，全民幾乎都是吃素。[57]

所謂的「年三月十」的齋戒，是由南北朝時期，佛教「年三
月六」的齋日所演變而來的。根據《梵網經》卷下的規定：「於
六齋日，年三長齋月，作殺生、劫盜、破齋犯戒者，犯輕垢罪。」
[58]所謂佛教的「年三月六」是指一年之中的正、五、九月的三長
齋月，在這三個月裡的初一至十五日，皆須蔬食齋戒。另外的月
六，是指每個月的六個齋日，即八、十四、十五、二十三、二十
九、三十日等，這些日子裡也是要吃素持戒的。[59]劉淑芬的研究
指出，南方最晚從東晉開始，中國佛教徒就開始實施三長齋月的

---

[57] 劉淑芬〈「年三月十」：中古後期的斷屠與齋戒〉（上），《大陸雜誌》
第一〇四卷第一期，頁 15。

[58] 《梵網經》，收入《大正新修大藏經》第二十四冊，頁 1007b。

[59] 詳見《弘明集》，收入《大正新修大藏經》第五十二冊，卷十三，郗超，
〈奉法要〉，頁 86。

齋戒。[60]不過真正大力推行三月六齋的，還是要以梁武帝為主。
《法苑珠林》記載梁武帝是：「造光宅同泰五寺，常供千僧，國
內普持六齋八戒。」[61]武帝在天監十年（511），宣示〈斷酒肉
文〉之前，國內的信眾已有六齋日的實行。借著配合〈斷酒肉文〉
的政策宣示，僧團一年之中既然已有七十二日的吃素，再要求全
面吃素就容易多了。所以劉淑芬認為，梁武帝實行僧團斷酒肉齋
戒，另一個成功的因素，是當時的信眾已普遍有持三月六齋的現
象所致。[62]至於北方，在北齊文宣帝時，如前所述，宣帝也是：
「斷天下屠殺，月六年三敕民齋戒。」可見南、北朝都差不多同
時期，致力於事行「年三月六」的政策。

　　統一南北朝的隋文帝，自幼長於寺院中，對佛教本來就有很
深的因緣，所以對南北朝以來「年三月六」的齋戒制度，也是持
續的推行。開皇三年（583），隋文帝降敕旨云：

> 好生惡殺王政之本。佛道垂教善業可憑。稟氣含靈唯命為
> 重。宜勸勵天下同心救護。其京城及諸州官立寺之所。每
> 年正月五月九月。恒起八日至十五日。當寺行道。其行道
> 之日遠近民庶。凡是有生之類。悉不得殺。[63]

短暫的隋朝在動亂中結束，唐高祖李淵建立了唐朝。高祖武德二
年（619）正月二十四日，唐高祖敕令：「自今以後，每年正月、
五月、九月，及每月十齋日，並不得行刑，所在公私，宜斷屠釣。」

---

[60]　劉淑芬，前引文，頁16。
[61]　《法苑珠林》卷100，收入《大正新修大藏經》第五十三冊，頁1025b。
[62]　劉淑芬，前引文，頁18。
[63]　《歷代三寶紀》卷12，收入《大正新脩大藏經》第四十九冊，頁108a。

[64]正式將南北朝以來，佛教所實行的「年三月六」齋制，增改為「年三月十」的齋制。「年三月十」是指三長齋月及十個齋戒日。差別是將原來的六齋日，再加上一、十八、二十四、二十八日等四天，成為「十齋日」。何以唐高祖會以「十齋日」取代「六齋日」呢？根據劉淑芬的研究認為，可能是由於唐朝的皇室尊奉老子，崇信道教，而將道教約在六世紀形成的「十齋日」，用來取代佛教的「六齋日」。[65]唐代從高祖武德二年（619）開始，就這樣普遍的在民間推行三長齋月及十齋日。這樣可以想見的，終唐之世，除了武宗滅佛期間外，有約二百九十年間，人民一年之中，將有一百多天，占全年的三分之一，是禁屠吃齋的。

第三節　清代的齋戒祭祀

唐宋以後，一直到明、清時期，中國的皇帝祭祀禮儀，基本上沒有多大的改變，齋戒沐浴以祭祀天地的觀念，一直沿襲下來未曾改變，只是愈來愈受重視也愈嚴謹，尤其是清代的皇帝對齋戒祀天的奉行，作的最為徹底。以下就清代有關齋戒祭祀方面的作法詳述之。

一、清朝皇帝對齋戒祭祀的重視

根據清代會典的記載，皇室安排齋戒的相關事宜，是件很費周張的大事：

---

[64] （宋）王溥，《唐會要》卷 41，〈斷屠釣〉（上海：上海古籍出版社，1991）。

[65] 劉淑芬，前引文，頁24。

凡齋戒，由禮部行文吏兵二部，轉行文武衙門，將應入齋
戒職名，於祭祀前十日，開送太常寺。宗室鎮國將軍以下，
奉恩將軍以上；宗室覺羅都統以下，參領輕中都尉佐領以
上；文職宗室覺羅尚書以下，員外郎並員外郎品級官以
上，均由宗人府開送。八旗滿洲蒙古漢軍公侯伯以下，輕
中都尉佐領以上；滿漢文職大學士以下，員外郎並員外郎
品級官以上，均由吏部開送。漢缺武職冠軍使，由鑾儀衛
參將遊擊由軍覺領衙門開送。[66]

以上是用於清代祭天地的大祀時，除皇帝之外，必須參與齋戒的
文武官員，而為了有效持行齋戒儀式，還另設有「查齋官」、「查
壇官」各一員。前者是稽查各衙門官齋戒的待行情形，後者是稽
查壇內官齋戒的情形，可見對於齋戒的重視。

　　清代的齋戒制度是因襲明代而來，在未入關前，並沒有如此
莊重繁瑣的齋戒儀式。「清順治八年，定大祀致齋三日，中祀致
齋二日，各衙門均設齋戒木牌。」[67]大祀的三日，皇上其中二日
是在大內致齋，另一日則在壇內齋宮致齋。當皇上在齋宮致齋
時，所有陪祀各官員，也要一起「赴壇齋宿」。康熙年間，對於
齋戒又有一些嚴格規定：

康熙二十三年題准，陪祀致齋各官，有期服者，一年不得
與齋戒。大功小功緦麻在京病故者，一月不得與齋，在京
聞訃者，十日不得與齋戒。[68]

---

[66] 《欽定大清會典事例》卷四一五，〈禮部一二六，祭統〉，頁635。
[67] 《欽定大清會典事例》卷四一五，頁636。
[68] 《欽定大清會典事例》卷四一五，頁636。

到了雍正五年（1727），為了更有效的持行齋戒制度，將原本只有二位的齋戒稽查員，增加到十多位：

> 雍正五年諭：壇廟祭祀，理宜潔淨齋戒。嗣後命御史二人，各部院衙門司官二人，每旗賢能官各一人，內務府官二人，三旗侍衛二人，前往壇內稽察。其齋戒臨近時，將旗下大臣職名具奏，朕酌量遣往稽察。[69]

可以看出齋戒制度，在清順治以來，就非常受到重視，並設有嚴格的稽察辦法。要能參與齋戒，除了必須有相當的官品外，而且不得聞訃或參與喪事。因為那樣是代表身體不淨，不夠潔淨就失其誠敬莊嚴之心，所以不得參與齋戒。

清雍正時期，似乎對於齋戒一事特別重視。除重申於齋戒期間，必須確實檢束身心，竭誠致敬外，還特別於殿庭安設「銅人」，坐臥之處亦書「齋戒牌」。雍正十年（1732）諭：

> 國家典禮，首重祭祀。每齋戒日期，必檢束身心，竭誠致敬，不稍放逸，始可以嚴格昭事而格神明。朕遇齋戒之日，至誠至敬，不但殿庭安設銅人，即塑臥之處，亦書齋戒牌，存心儆惕，須臾勿忘。至內外大小官員，雖設齋戒牌於官署，但恐言動起居之際，稍有褻慢，即非致齋嚴肅之義。[70]

由雍正皇帝重視齋戒的態度上可以了解，齋戒在祭祀上，也有其宗教性的意涵。目的在對祭祀的神明，表達誠敬之心，似乎是愈

---

[69] 《欽定大清會典事例》卷四一五，頁 636。
[70] 《欽定大清會典事例》卷四一五，頁 636。

嚴格的齋戒制度，愈能表達對神明的誠敬之意，相信將獲得更多
神明的庇佑。另外，雍正皇帝如此嚴格的要求群臣行齋戒禮，或
許也有藉此達到檢束群臣身心，加強皇權統治的用意。這一點可
由雍正所言，為何要設齋戒銅人及齋戒牌的目的看出：

> 考明代祀典，凡陪祀及執事之人，有懸祀牌之例。今酌定
> 齋牌之式，令陪祀各官佩著心胸之閒，使觸目儆心，恪恭
> 罔懈。並得彼此觀瞻，益加省惕，其於明禋大典，益昭虔
> 潔。著傳諭各部院八旗並直省文武官一例遵行。[71]

設想每一位陪祀齋戒的官員，人人在胸前都掛著一塊「齋戒牌」，
雖有觸目儆惕的作用，但看了也未免太制式化了點。雍正帝認為
這樣可收彼此觀瞻，益加省惕的效果，在行祭祀禮時，益昭虔潔。
所以從雍正朝以後，凡是齋戒名單內的陪祀官員，在禮部將名單
開送太常寺後，隨即發送「齋戒牌」。

　　此外，雍正帝還將相沿已久，在齋宮「吹角嚴鼓」的樂聲，
也一併禁止，以昭肅穆。雍正十四年（1736）的聖諭中明示：

> 朕於兩郊大祀，先御齋宮，以齊一思慮。記曰：齋者耳不
> 聽樂。孔子曰：三日齋，一日用之，猶恐不敬，二日伐鼓
> 何居，言不敢散其志也。今齋宮宵漏下，鳴畫角嚴鼓以為
> 節，雖異於宮懸合奏，而吹角鼓鼜，軍中之容，其所謂專
> 致其精明者與，此蓋相沿前明弊典未更，後此嚴更鼓角，
> 不當用之齋次。[72]

---

[71]　《欽定大清會典事例》卷四一五，頁636。
[72]　《欽定大清會典事例》卷四一八，頁681。

雍正帝認為「吹角鼓鼙」這種行之於齋宮的音樂，有失齋戒的靜肅，不易齊一思慮，是之前明朝所相沿下來的弊典，應予更正，以後凡行齋戒，於齋宮時，一律禁用。由此可見雍正帝對齋戒之嚴謹。

二、齋戒祭祀的內容

（一）齋必變食

《論語‧鄉黨》：「齊必變食，居必遷坐」。齊即齋字，古人在齋戒時，為求達到潔淨的目的，通常是不茹葷、不飲酒，故謂之變食。清順治八年（1651），在定齋戒禮制時就規定：「祀前十日，錄齋戒人名冊致太常，屆日不讞刑獄，不宴會，不聽樂，不宿內，不飲酒、茹葷，不問疾、弔喪，不祭神、掃墓。有疾與服勿與。」[73]不飲酒、茹葷，未必全然是素食。根據大陸學者李元龍的考證，所謂齋戒不茹葷，並非如佛教界的齋戒吃素，而是不吃所謂的五葷菜，包括有蔥、蒜、韭、薤、興渠等五種菜，因為這五種葷菜吃了容易產生口臭，有不潔的感覺。[74]但受到佛教傳入中國的影響，歷代有些皇帝確實奉行了齋戒素食的作法，例加南北朝時代的梁武帝提倡「斷酒肉」的持戒觀念，自己也親身奉行。清代的乾隆皇帝也是個例子，在每年四月八日的浴佛節，乾隆皇帝會親自吃素齋戒。四月初，乾隆皇帝即親下諭旨，規定四月初七日起，后妃止葷添素。宮內各處佛堂，都要供上素菜五

---

[73] 《清史稿》卷82，〈禮志五十七〉，《二十五史》第十二冊。

[74] 　李元龍，〈關於祭天齋戒飲食禁忌之探求〉，收錄於全國明清檔案資料目錄中心編，《清代天壇暨祭天文化研究檔案資料匯編》第十九冊。

品，素菜有卷籤、山藥、麵筋、香蕈、鍋渣等五種。根據《皇帝
進膳底檔》的記載，乾隆二十年（1755）四月七日是：「萬歲爺、
皇后各用供一桌。素菜十三品，（其中）麵卷三品、麵筋三品、
卷籤二品、山藥二品、豆腐乾三品」。[75]因此，在清代的皇室中，
特別在清宮御膳房設立專門的「素局」，負責皇帝在吃素期間的
飲食。清宮素局的素飲料理非常精緻美味，能製作 200 多種的素
菜。後來在北京就有一家源出於宮庭御膳房素局的「全素劉」素
菜館，號稱能烹製宮中的 200 多種名素菜。採用的主要原料為麵
筋、腐竹、香菇、口蘑、木耳、玉蘭片、竹筍等 70 多種，湯料
也有十多種，全是素菜葷做，別俱一格。[76]

康熙二十六年（1687），由於連年乾旱成災，皇帝照例要齋
戒祈穀，於是康熙帝下詔曰：「今茲仲夏，久旱多風，陰陽不調，
災孰大焉。用是減膳撤樂，齋居默禱。雖降甘霖，尚未霑足。皆
朕之涼德，不能上格天心。政令有不便於民者更之，罪非常赦不
原者咸赦除之。」[77]所謂減膳齋居，就是行齋戒，潔淨自己以祭
天祈雨。

（二）居必遷坐

行齋戒時，飲食上要持齋不茹葷、戒酒，而且不得參加宴會，
不能聽音樂，不宿內、不問疾、弔喪，不祭神、掃墓等，可見是
相當嚴格的規定。因此，為了徹底執行，與便於齋官的管理。祭

---

[75] 轉引自苑洪琪，《中國的宮廷飲食》（臺北：臺灣商務印書館，1998 年 9
月），頁 191。

[76] 王仁湘，《飲食與中國文化》（北京：人民出版社，1999 年 1 月），頁
43。

[77] 《清史稿》卷七，〈聖祖本紀〉。

祀之前皇帝要住進齋宮，陪祀的諸大臣要在壇外齋宿。此乃符合
《論語》所言，行齋戒者「居必遷坐」的禮儀。以清代祭祀天地
的大祀為例：

> 大祀天地，皇帝於大內致齋二日，壇內齋宮致齋一日。王
> 以下公以上，均於府第齋戒二日，壇外齋宿一日。宗室奉
> 恩將軍以上，在該衙門齋戒二日，壇外齋宿一日。八旗滿
> 州蒙古漢軍輕車都尉佐領以下，滿漢文職員外郎並員外郎
> 品級官以上，武職漢軍冠軍使參將遊擊以上，均在部院衙
> 門及各該衙門齋宿二日。外任來京官文職道府以上，武職
> 協領副將以上，在附近地方齋宿二日。前祀一日，各赴壇
> 外齋宿。如遣官恭代王公不齋戒，各官在署致齋三日。[78]

可見一次祭祀天地的典禮，幾乎是上至中央下至地方的文武官員
全動起來，人人必須持齋、戒酒等。皇帝要在齋宮致齋，陪祀人
員要在祭壇外齋宿，所有參與人員，像是一場大拜拜，想必也是
熱鬧非凡。但整個過程是莊嚴肅穆，馬虎不得的。就以乾隆十九
年（1754）十一月九日的祭天壇為例，所有陪祀人員的齋戒名冊
如下表：[79]

---

[78] 《欽定大清會典事例》卷四一五，頁 637。
[79] 全國明清檔案資料目錄中心編，《清代天壇暨祭天文化研究檔案資料匯
編》第一冊，頁 028~033。

乾隆十九年十一月初九日祭

天壇齋戒冊

大 學 士 忠 勇 公	傅　　恒	（齋戒）
大　　學　　士	來　　保	（齋戒）
	史 貽 直	（齋戒）
	陳 世 倌	（齋戒）
協辦大學士署尚書	阿 克 敏	（齋戒）
協辦大學士尚書	蔣　　溥	（齋戒）
學　　　　　　士	介　　福	（齋戒）
	赫　　赫	（齋戒）
	世　　貴	（齋戒）
	夢　　麟	（學差）
	塔 永 阿	（齋戒）
	奉　　寬	（齋戒）
	錢 維 城	（齋戒）
	李 清 芳	（齋戒）
	程 景 伊	（齋戒）
	金 德 瑛	（咳嗽不齋戒）
侍 讀 學 士	明　　德	（齋戒）
滿 票 簽		
侍　　　　　讀	舒 興 何	（服制）
	多 爾 濟	（痔瘡）
	德 明 圖	（生瘡）
	福 章 阿	（腹瀉）
	滿　　寶	（感冒）
	巴 延 三	（軍機處班）
漢 票 簽		
侍　　　　　讀	馬　　景	（齋戒）
	孫 紹 基	（感冒）
滿 本 堂		
侍 讀 學 士	額 爾 登 布	（齋戒）
	阿　　桂	（齋戒）
侍　　　　　讀	納 錫 泰	（生瘡）
	尼 唐 阿	（感冒）
	德 克 進	（齋戒）

		額爾登布（齋戒）
漢本堂		
侍　讀　學　士	士佟世德	（齋戒）
	曹　瑜	（齋戒）
	馬　璘	（阿奇書房）
	圖　山	（齋戒）
侍　　　　　讀	王承基	（期服）
	佟世衡	（齋戒）
	福明安	（感冒）
蒙古堂		
侍　讀　學　士	僧　圖	（齋戒）
	七　什	（齋戒）
侍　　　　　讀	查　錫	（齋戒）

以上表列總計有四十位內官，除期服、生病或出差者外，皆齋戒
為陪祀人員。

（三）齋宮與齋戒銅人

　　齋宮是皇帝祭祀天地前，清淨齋戒之處所。明代的「齋宮」
是在圜丘壇外垣內西南，東向。清代的齋宮則設於圜丘壇西北
面，東向。齋宮「正殿五楹，陛三出，中級十有三，左右各十五。
左設齋戒銅人，右設時辰牌。後殿五楹，左右配殿各三楹。內宮
牆方百三十三丈九尺四寸。中三門，左右各一。環以池，跨石梁
三。東北鐘樓一，外宮牆方百九十八丈二尺二寸，池梁如內制。」
[80]設於齋宮內的齋戒銅人，主要是源於明太祖的建制。由於明太
祖很重視祭祀天地的禮儀，洪武二年（1369），特命學士朱升等
撰齋戒文曰：

　　　　戒者，禁止其外。齋者，整齊其內。沐浴更衣，出宿外舍，

---

[80] 《清史稿》卷八十二，〈禮志第五十七〉。

不飲酒，不茹葷，不問疾，不弔喪，不聽樂，不理刑名，
此則戒也。專一其心，嚴畏謹慎，苟有所思，即思所祭之
神，如在其上，如在其左右，精白一誠，無須臾間，此則
齋也。大祀七日，前四日戒，後三日齋。」[81]

明太祖為了徹底執行齋戒祭祀之禮，特別在洪武二年（1369）下
詔曰：「凡祭祀天地、社稷、宗廟、山川等神，為天下祈福，宜
下令百官齋戒·若自有所禱於天地百神，不關民事者，不下令。」
又曰：「致齋以五日七日為期，太久人心易怠止。臨祭，齋戒三
日，務致精專，庶可格神明。」[82]洪武三年（1370），太祖為了
更有效的督促百官，在齋戒期間確實遵守規定，特地鑄造「齋戒
銅人」立於齋所。

三年諭禮部尚書陶凱曰：「人心操舍無常，必有所警，而
後無所放。」乃命禮部鑄銅人一，高尺有五寸，手執牙簡，
大祀則書致齋三日，中祀則書致齋二日於簡上，太常司進
置齋所。[83]

自明太祖以後，「齋戒銅人」一直沿襲下來，成為齋戒時的精神
表徵，具有督促作用。此外，明太祖又在洪武五年，「命諸司各
置木牌，以警褻慢，刻文其上曰：『國有常憲，神有鑒焉。』凡
祭祀，則設之。又從陶凱奏，凡親祀，皇太子宮中居守，親王戎
服侍從。皇太子親王雖不陪祀，一體齋戒。」[84]此即所謂的「齋

---

[81] 《明史》卷四十七，〈禮志第二十三〉。
[82] 《明史》卷四十七。
[83] 《明史》卷四十七。
[84] 《明史》卷四十七。

戒牌」。齋戒牌的建制，也為清代所沿襲。滿清在入關後不久，
為了鞏固統治權力的合法性，在京師原明代祭祀天地的壇壝上，
修建「圜丘壇」、「方澤壇」及「齋宮」，並隆重的舉行祭祀天
地之禮。

清代在行齋戒禮制時，第一項即是進「齋戒牌」與「齋戒銅
人」。《清會典》規定：「齋戒牌木制，飾以其紙，以清漢文書
齋戒日期。銅人立形，手執齋戒銅牌。」皇帝在齋宮齋戒時，齋
戒牌與齋戒銅人設於乾清門二日，在天壇齋戒時，則設於天壇齋
宮，銅人設於無梁殿前月臺上銅人亭內。[85]

三、齋戒祭祀的時機與服儀

清代的皇帝，在一年之中要舉行多少次的齋戒祭祀禮，應可
統計的出來。先就齋戒的時機而言，分為大祀致齋三日，及中祀
致齋二日兩類。所謂「大祀」包括有：祭圜丘、方澤、祈穀、雩
祀、太廟、社稷等六項。「中祀」則包括祭祀日、月、歷代帝王、
先師孔子、關帝、文昌帝君、先農、先蠶、天神、地祇、太歲等
項。關於祀期方面，根據《清會典事例》的記載整理如下：
大祀（致齋三日）如下：

> 祭圜丘（每年一次）：順治元年定每歲冬至日，祀天於圜
> 　　　　　　　　　　丘。
> 祭方澤（每年一次）：每歲夏至日，祭地於方澤。
> 祈　穀（每年一次）：每歲正月上辛日，祈穀於上帝。如

---

[85] 周慶生，〈清代祭天文化述略〉，收錄於全國明清檔案資料目錄中心編，
《清代天壇暨祭天文化研究檔案資料匯編》第十九冊。

立春在上辛日後，則以次辛。

祭太廟（每年四次）：四孟時饗。孟春擇上旬吉日，夏秋
　　　　冬均以孟月一日。

祭社稷（每年二次）：春秋二仲月，以上戊日祭。

雩　祀（不定期）：雩祀即是祈雨，視需要而安排，事前
　　　　由卜日者，豫卜吉期，固無特定的日期。

中祀（致齋二日）如下：

太　歲（每年二次）：孟春擇日及歲除前一日。

先　醫（每年二次）：春二月冬，十一月，以上甲日祭。

歷代帝王（每年二次）：春秋二仲月擇日致祭。

先師孔子（每年二次）：春秋二仲上丁日。

城　隍（每年一次）：定每年八月，擇日致祭。

祭日、月（每年各一次）：春分日卯時祭日，秋分日酉時
　　　　祭月。

關帝廟（每年三次）：除五月十三日致祭外，更增春秋二
　　　　祭。

先　農（每年一次）：仲春亥日。

文昌廟（每年二次）：二月初三日及仲秋卜吉致祭。

先　蠶（每年一次）：季春巳日。

上述所列，係明定於《清會典事例》中，每年固定的祭祀活動，
總計有大祀九項，中祀十項，以大祀致齋三天，中祀致齋二天來
計算，一年中共須齋戒六十一天。這還不包括不定期舉行的祈雨
祭祀，及重要的宗教節日。例如每年四月八日的浴佛節，乾隆皇
帝就非常重視。四月初，乾隆皇帝即親下諭旨，規定四月初七日

起，后妃止葷添素。宮內各處佛堂，都要供上素菜五品，素菜有卷籤、山藥、麵筋、香蕈、鍋渣等五種。根據《皇帝進膳底檔》的記載，乾隆二十年（1755）四月七日是：「萬歲爺、皇后各用供一桌。素菜十三品，（其中）麵卷三品、麵筋三品、卷籤二品、山藥二品、豆腐乾三品」。[86]

　　若根據清人金鶚的統計，一年之中的齋期，共約有一百二十日。他說：

> 天子宗廟四時之祭，每祭皆齊十日。冬至圜丘祭天，夏至方澤祭地，寅月祭南郊，申月祭北郊，仲夏大雩帝，季秋大饗帝於明堂，孟冬祀五帝亦各齊十日。仲春、仲秋祭社稷，春秋分朝日夕月，與四類五神四望山川之祭各宜齊三日。又四時迎氣耕藉，及群小祀皆宜齊。其中有可相并而省。一年齊期，約有百二十日。[87]

　　至於皇帝及大臣在齋戒期間的服儀，也有詳細的規定。根據《清會典事例》的記載：「齋戒期內，懇請御藍袍青褂。其陪祀及執事之王公大臣官員，穿貂褂紅青褂朝珠。其無執事及不陪祀之王公大臣官員，俱穿紅青褂不掛朝珠。」[88]這是嘉慶帝在嘉慶七年（1802），特別諭令軍機處大臣，會同禮部，仔細考察歷來齋戒時的服儀後，由慶桂等奏稱後所核定。此後，這樣的齋戒服

---

[86] 轉引自苑洪琪，《中國的宮廷飲食》（臺北：臺灣商務印書館，1998 年 9 月），頁 191。

[87] 金鶚（清）：《求古錄禮說》（臺北市：藝文印書館，民 56 年），〈齊必變食說〉。

[88] 《欽定大清會典事例》，頁 648。

儀，就簡稱為「素服」。咸豐五年（1855）八月八日，正逢社稷
壇大祀禮，照例皇上要先期致齋三天，咸豐帝特別下了諭旨謂：
「朕御素服，冠綴纓緯，帶齋戒牌。初六日大祭後，及初七初八
日，朕俱御常服戴緯帽，其省牲及陪祀執事各員，初五日齋戒期
內，均著素服冠綴纓緯。初六日大祭後，及初七初八日均戴緯帽
常服不挂朝珠。」[89]在齋戒期內，皇上及所有陪祀的大臣，都須
穿著素服，一直到齋戒期滿才能穿著常服。

四、清代齋戒制度的功能

　　清代皇室的齋戒觀念是與國家的重要祭典相結合，故多少帶
有一點國家信仰的內涵。至於民間的齋戒觀，則多與宗教信仰相
結合，如佛教持齋戒殺之修行觀即是，固民間的齋戒多為嚴謹的
素食持戒。而清代皇帝的齋戒，因已形成一種既定的制度，任何
一位皇帝都必須行禮如儀，沒多少選擇的餘地。正因為是一種制
度上的運作，淡化其宗教信仰的內涵，所以在行齋戒禮時，皇帝
不全然吃素戒殺，不若民間持齋戒殺之嚴謹。這也顯出官方與民
間對「齋戒」的認知上，有明顯的差異。清代皇帝對齋戒祭祀的
重視，目的可能在凸顯對祭祀的重視，並借以呈現誠敬祭祀之
意，也有強化其統治政權正統性的作用；其次，借齋戒制度的推
行，皇帝可嚴格要求臣下遵行，也有助於對大臣們的駕御統治。
這方面可由清代皇帝對齋戒的作法來論述：

（一）凸顯對祭祀的誠敬之意：

　　清代皇帝對齋戒的重視，可以雍正帝所言：「每齋戒日期，

---

[89]　《欽定大清會典事例》，頁639。

必檢束身心，竭誠致敬，不稍放逸，始可以嚴昭事，而格神明。」為代表。所謂「格神明」，指的是祭祀天地神明時，以誠敬之心去感動神明，才能得到庇佑，這是祭祀最重要的目的所在。為達到這個目的，潔淨齋戒以檢束身心、竭誠致敬，不得稍有放逸，都是必要的作法。為了以身作則，雍正皇帝說他自己是，「每遇齋戒之日，至誠至敬，不但殿庭安設銅人，即坐臥之處，亦書齋戒牌，存心儆惕，須臾勿忘。」設齋戒銅人的目的，是要時時刻刻提醒，必須謹守齋戒規定，整束身心，不敢稍有放鬆。皇帝如此要求自己，嚴格遵行齋戒，自然有作給天下臣民看，以表示皇帝很重視祭祀，目的在凸顯正統性，及得授天命的內涵。這也是為何順治皇帝入主中國後，即要重修天壇，並在明代既有的基礎上，作更大的擴充，並隆重的舉行祭天地之禮，想必其目的也在此。

（二）便於對臣下的統治：

雍正皇帝每當齋戒時刻，定要嚴格的要求「內外大小官員，雖設齋戒牌於官署，但恐言動起居之際，稍有褻慢，即非致齋嚴肅之義。」不只皇帝自己行齋戒，連內外大小官員也都要一起行齋戒。當皇帝在前一日進駐齋宮時，陪祀的大臣也要跟著在壇外齋宿，各地方官則是在各地的衙門齋戒二日。如此由中央到地方一致的執行齋戒，很有齊一大家心志的作用，皇帝也可借此要求所有官員，以顯皇帝的威令。雍正皇帝就很善於借此要求參與齋戒的官員，雍正諭令曰：「今酌定齋牌之式，令陪祀各官佩著心胸之間，使觸目儆心，恪恭罔懈，並得彼此觀瞻，益加省惕。」為了嚴格執行，雍正帝還要每位參與陪祀的官員，要在身上佩帶「齋戒牌」，好讓大家相互督促，觸目儆心，彼此觀瞻，為的是

怕陪祀官員懈怠，未真齋戒而馬虎了事。雍正帝為何要如此嚴厲
要求官員，應有借此齋戒之機會，責令官員以顯君威的作用。

（三）彰顯皇帝真誠愛民之德意

　　清代的皇帝經常要行祭天地、祈穀、常雩禮、祭先農、祭先
蠶等祈求豐收，國泰民安。當行這些祭祀禮前，皇帝定要嚴肅的
齋戒自己，以顯示皇上對這件事的真誠，也是間接昭告天下臣
民，皇上是真心誠意的為民祈福，故而要齋戒以示其誠。同時，
借著對內外官員的齋戒要求，也是在提醒所有官員，要時時以真
誠來治民。對於未認真執行齋戒的官吏，則被視為是不敬重其
事，治民不力的官員。為了徹底執行，嘉慶帝就曾諭令：「嗣後
凡應行齋戒人員，俱著晝夜住宿公所，不准潛回私宅。其派出查
齋之員，於日間稽查一次，夜間稽查一次，如有不到者，即行指
名奏參，以儆曠怠。」[90]想必有地方官員未齋宿公所，所以嘉慶
帝要下諭旨，重申禁令。何以要如此嚴格要求官員齋戒，在皇上
的看法中，奉行齋戒已不純粹只是祭祀的事，而是代表這些官員
是否齊心一志，是聽命於中央的好官吏。因為一位真正愛民的官
吏，一定肯真心為民齋戒祈福，就像皇上真誠齋戒為民祈福一般。

（四）嚴肅禁令以顯威儀

　　齋戒祭祀，有些類似宗教信仰的戒儀。清代皇帝在行齋戒期
間，有一套既定的禁戒令，所有行齋戒的人都必須遵守。根據《大
清會典事例》中，有關清代皇帝所頒布的齋戒禁令，可整理成以
下幾項：

---

[90]　《欽定大清會典事例》，頁 651。

①齋戒之日，不理刑名。

②不辦政事，但有要事仍辦。

③不問疾、不吊喪。

④不入內寢。

⑤不聽音樂。

⑥不飲酒、不食蔥、韭、蒜、渠、薤五葷菜。

⑦不祈禱、不祭神。

⑧不掃墓。

⑨有炎艾體氣殘疾瘡毒者，不與齋戒；或有期服者，一年不與齋戒。

⑩大功、小功緦麻，在京者一月不與齋戒；聞訃者十日不與齋戒。

⑪王公大臣，年逾六十者，或齋戒而不陪祀，或不齋戒，許其自行酌量。

所有參與齋戒的人，都按照這套禁令運作，自然容易收到齊一心志的作用。皇帝可以此來要求臣下，收束身心，莊重其事。禮部官也借此來規範皇帝，必須依齋戒禮來實行，一切以達到祭祀參與者的虔誠、聖潔、嚴謹為目的。

綜合本章的論述可以了解，中國遠自三代以來即有「齋戒祭祀」的傳統，齋戒時必須潔淨身心以示誠敬，不茹葷酒，不近女色，等於是一種相當嚴謹的素食及生活起居的限制，所以說中國可視為最早有素食思想的地方。佛教在印度傳教時期，並沒有嚴格的素食戒律，佛教之所以會將素食列為基本的戒規，是得力於南朝梁武帝推廣〈斷酒肉文〉所致。其後唐代的皇帝，由皇帝所推行的「年三月十」規定，算來一年之中竟有多達一百多天是要吃齋的。到了清朝，以勤政聞名的清代皇帝，在齋戒祭祀上，也

顯得特別看重。

　　齋戒，原本只是古代君王在祭告天地時，齋戒沐浴，潔淨自己，以示誠敬的一項作法。到了清朝，已發展成一套繁複的儀規，讓所有參與祭祀者去遵循，所以筆者認為，應已構成是一項制度的運作，謂之「齋戒制度」。這項制度對皇帝的生活起居與飲食，政府的統治運作，乃至國家的信仰等方面，都產生很大的影響。就生活起居而言：如上述分析，一年中有近六十天的齋戒期，凡所有行齋戒者，所謂「齋必變食、居必遷坐」的規定，在飲食生活起居上，都有所改變。清代的皇帝除以身作則，身體力行外，還設各項齋戒稽察官、齋戒牌、齋戒銅人等，以確保齋戒之執行。因此，這項制度的運作，是和政府的統治緊密結合，皇帝可借齋戒來管制官員，有助於皇帝的威令之建立。皇帝及官員也可借齋戒制度的運作，以顯出對真誠愛民的德治。天壇、方澤及齋宮的建制，代表國家信仰的具體內涵，皇帝及陪祀大臣的齋戒祭祀，也有鞏固國家信仰及主體價值的作用。

　　然而，值得反思的是，清代皇帝對齋戒制度的重視，並不代表在面對民間齋戒者的態度上，都會給予容忍。有很多民間宗教信奉者，都是素食持齋，他們是被皇帝下令嚴厲取締的一群。在清代的官方檔案中，有記錄的一些民間教派如齋教、羅教、老官齋教、江南齋教、白蓮教、青蓮教、大乘教、龍華會----等，幾乎全是奉行吃素齋戒的一群，他們被當成國家的亂源，而給以強力的鎮壓，並統一稱之為「齋匪」。民間持齋吃素者，基本上都有戒殺放生的信仰，同樣也是在奉行齋戒，卻被政府視為十惡不赦的一群盜匪，官方與民間對齋戒觀的差異性，是在探討整個中國特有的「齋戒制度」時，值得注意的事。

第三章

民間宗教齋戒信仰之形成

　　唐宋以後，除了佛教僧團之外，另一個真正將持齋吃素落實
在教團修行上，作為一項主要的戒律，是「民間宗教」。如前所
述，本文所謂的「民間宗教」，是指唐宋以來，中國民間的一種
自發性的宗教結社，它普遍流行於社會底層，為非純粹佛、道兩
教之外的多種民間教派之統稱。[1]中國的民間宗教，有時也被稱
為「秘密宗教」[2]。這是因為這些民間宗教教派，基本上都是採
秘密傳佈的方式，在民間廣為流傳，由於是秘密的聚會傳教，最
為當政者所忌諱，無不視之為「邪教」、「妖教」、「教匪」等
類，加以嚴厲的取締。

　　民間宗教自明代中後期至清代，一直在民間廣為流傳，教派
名目繁多，傳佈範圍廣闊，對當政者來說，它始終是下層社會的
一項問題。這些教派中，有相當多的比例是屬吃齋教團，亦即是
奉持齋戒的信仰。有關民間宗教齋戒信仰的形成，大致是受到民
間道教、摩尼教、白蓮教及羅教的影響。其中尤其是羅教，對往
後明清的民間宗教的齋戒信仰，影響最大。也就是說，其後的吃
齋教團，或多或少都受到羅教的影響。分述如下：

---

[1]　韓秉方，〈中國的民間宗教〉，收錄於湯一介主編《中國宗教：過去與現
　　　在》（北京：北京大學出版社，1992 年 10 月），頁 163。

[2]　戴玄之，《中國秘密宗教與秘密會社》（臺北：臺灣商務印書館，民國
　　　79 年）。

第一節　民間道教的齋戒信仰

一、初期的民間道教

　　自梁武帝推行斷酒肉令以後，中國佛教的僧團漸次接受這項清規，而且視為理所當然。其影響所及，連道教徒也有不少採持齋、獨身的修行方式。雖然早在東晉時期的葛洪，即有欲修神仙術，必須持長齋，絕葷菜的說法：

> 乘蹻須長齋，絕葷菜，斷血食，一年之後，乃可乘此三蹻耳。其高下去留，皆自有法，勿得任意耳。若不奉其禁，則不可妄乘蹻，有傾墜之禍也。[3]

所謂的「乘蹻」是指能舉足高飛的仙術，依葛洪的說法，要修煉成具有「乘蹻」的仙術，持長齋、絕葷菜是必要的條件，如此修滿一年以上，才有可能成就。葛洪的主張似乎沒有使大部份的道教徒奉行，直到梁武帝在僧團大力推行斷酒肉時，道教徒的持齋、獨身修行，至多還只是個人的行為，沒有像佛教是整個僧團都一起奉行。要有整個道教僧團像佛教一樣，一起奉行齋戒的情形，是要等到宋朝全真教的興起，才算是有一個以吃齋、獨身為修行戒規的道教僧團成立。不過，其他不少的道士，卻還是娶妻生子，葷酒不拘的。康樂就舉例來說：當時全真教的創始人王重陽，其實也是仿效佛教的出家，長住道觀、獨身、素食，作為改革道教的第一步。全真道在北方大為盛行時，南方的正一教也是

---

[3]　王明，《抱朴子內篇校釋》（北京：中華書局，1988 年 7 月第 3 刷），頁 275。

道教的一個支派，傳自江西龍虎山張天師一系，此派系就沒有奉
行獨身、素食的戒律，這就是因為道教本身的分歧性所致。[4]

東漢五斗米道的禁殺與禁酒

追溯中國民間宗教的源頭，學界一般是以出現於東漢末年的
民間道教，作為第一個形成的民間宗教。[5]當時出現有兩支民間
道教，一是張陵於東漢順帝年間，在四川鵠鳴山所創立的「五斗
米道」；另一是由巨鹿人張角於東漢靈帝熹平年間，在華北創立
的「太平道」。張陵的五斗米道，在三國時人魚豢所著的《典略》
中有具體的描述：

> 熹平中，妖賊大起，三輔有駱曜。光和中，東方有張角，
> 漢中有張脩。駱曜教民緬匿法，角為太平道，脩為五斗米
> 道。太平道者，師持九節杖為符祝，教病人叩頭思過，因
> 以符水飲之，得病或日淺而愈者，則云此人信道，其或不
> 愈，則為不信道。脩法略與角同，加施靜室，使病者處其
> 中思過。又使人為姦令祭酒，祭酒主以老子五千文，使都
> 習，號為姦令。為鬼吏，主為病者請禱。請禱之法，書病
> 人姓名，說服罪之意。作三通，其一上之天，著山上，其
> 一埋之地，其一沉之水，謂之三官手書。使病者家出米五
> 斗以為常，故號曰五斗米師。實無益于治病，但為淫妄，
> 然小人昏愚，競共事之。後角被誅，脩亦亡。及魯在漢中，
> 因其民信行脩業，遂增飾之。教使作義舍，以米肉置其中

[4] 康樂，《佛教與素食》，頁 120~121。
[5] 馬西沙、韓秉方，《中國民間宗教史》（上海：上海人民出版社，1992
年 12 月），頁 1。

> 以止行人；又教使自隱，有小過者，當治道百步，則罪除；
> 又依月令，春夏禁殺；又禁酒。流移寄在其地者，不敢不
> 奉。[6]

其中提到依據〈月令〉，春夏有禁殺、禁酒的規定。韓秉方的研
究指出，五斗米道在正月初五、七月七日、十月五日等三會日，
要依日齋戒，呈章嘗會。另在五臘日（正月初一、五月五日、七
月七日、十月一日、十二月五日）時，也可齋戒沐浴，祠先人，
朝真行道。此外，家有疾厄時，可請德賢道士三人、五人、十人
不等。須設立壇，先三日清齋，後三日言功。供食一如齋食，不
得葷穢。[7]可見五斗米道已有在一些特定的日子，或是個別家庭
的特別須求時，以禁殺齋戒的方式，舉行法事來祈福。

　　至於張角創立的太平道，在《後漢書‧皇甫嵩傳》中，有簡
要的記載：

> 初，鉅鹿張角自稱「大賢良師」，奉事黃老道，畜養弟子，
> 跪拜首過，符水咒說以療病，病者頗愈，百姓信向之。角
> 因遣弟子八人使於四方，以善道教化天下，轉相誑惑。十
> 餘年閒，眾徒數十萬，連結郡國，自青、徐、幽、冀、荊、
> 楊、兗、豫八州之人，莫不畢應。遂置三十六方。方猶將
> 軍號也。大方萬餘人，小方六七千，各立渠帥。訛言「蒼
> 天已死，黃天當立，歲在甲子，天下大吉」。[8]

---

[6] 《三國志‧魏書》卷八，〈張魯傳〉，《二十五史》第二冊（上海：上海
　　古籍出版社，1995 年 12 月），頁 1098。

[7] 馬西沙、韓秉方，《中國民間宗教史》，頁 6。

[8] 《後漢書》卷一○一，〈皇甫嵩朱雋列傳〉，《二十五史》第二冊，頁

張角的太平道，崇尚巫術符咒，並以此為人治病驅邪。此外，也有設置義舍，禁飲酒等作法，但未有特別強調齋戒的教義。

就初期的民間道教團體來看，並未真正是以齋戒作為全體信眾的教法。後來的發展，則是漸次形成在一些特定的日子，或是特定的需求時所作的「齋醮」，這可視為具有道教特色的齋戒法。因此，若要論及道教的齋戒信仰，應以「齋醮」為考察的對象。

二、道教的齋醮

「齋醮」是一種道教祭祀神祇的儀式。「齋」以潔淨禁戒為主，「醮」以祭神為義。[9]嚴格說來，道教的齋醮並不同於一般在日常生活中所奉行的齋戒信仰，而是在特定的日子裡，為了祭祀神祇所進行的一種齋醮儀式。道教在何時形成「齋醮」的儀式，一般認為在東漢道教創立之後，「醮」就已成為道教祭祀儀式的名稱，發展衍生出內容豐富、種類眾多的醮儀，再與齋法相互補充，組成道教祀神的齋醮儀式。[10]由於古人在祭祀前，必須清潔身心，誠摯以祭祀，方能取悅鬼神，達到祭祀的目的。所以道教在講求祭祀神祇的禮儀時，自然要加入這些齋戒沐浴以祀鬼神的觀念，來強調這些祭祀的神聖性。道教的《太上太真科》釋「齋」字說：「齋者，齊也，潔也，淨也。」[11]宋蔣叔輿說：「燒香行

243。

[9] 胡孚琛主編，《中華道教大辭典》，〈齋醮條〉（北京：中國社會科學出版社，1995 年 8 月），頁 506。

[10] 張澤洪，《道教齋醮符咒儀式》（成都：巴蜀書社，1999 年 4 月），頁11。

[11] 《道藏》第六冊（文物出版社、上海書店、天津古籍出版社聯合出版，1988年）下同，頁 1004。

道，懺悔謝愆則謂之齋；誕真降聖，乞恩請福則謂之醮。齋醮儀軌不得而同。」[12]實際上「齋」和「醮」在道教的儀軌中還是有所區別的。根據唐杜光庭《道門科範大全集》[13]所收，既有齋儀，也有醮儀，兩種儀式的科範有區別。如醮儀中有三獻茶、酒，齋儀則無。但兩者皆有發爐、復爐、宣詞、禮方、存神燒香等。明代以後，齋、醮兩種科儀，基本上已很相近。到了清代，所編《廣成儀制》中常是齋醮合稱，兩者的科範已是大同而小異。[14]

齋醮的種類

道教修齋的種類繁多，基本上是繼承古人於祭祀前，必先齋戒的作法，所強調的是「齋戒沐浴，則可以祀上帝。」的祭祀部份，將之用於祭祀道教信仰的各類神祇。所以金允中《上清靈寶大法》曰：「廣成先生曰，醮者祭之別名也。」[15]《疑耀》云：「齋與醮，義異而事同。」[16]可知，不論是齋或醮，都是祭祀的事。因此，道教的修齋醮，為何目名很多，就是因為祭祀的、儀式、對象、主祭者之不同，及所要達到的祭祀目的有異，所以有各種的區分。舉宋朝呂元素輯錄的《道門定制》為例，其中共有齋法 27 種，而主要者有 10 品，分述如下：

---

[12] （宋）留用光傳授；（宋）蔣叔輿編次，《無上黃籙大齋立成儀》卷十六，《正統道藏》第十五冊（臺北：新文豐出版，民國 74 年），下同。

[13] （前蜀）杜光庭刪定，《道門科範大全集》，《正統道藏》第五十三冊。

[14] 《無上黃籙大齋立成儀》，同前註。

[15] 金允中編，《上清靈寶大法》卷 39，〈散壇設醮品上‧敘醮〉，《正統道藏》第 53 冊。

[16] （明）張萱撰，《疑耀》卷 7，〈齋醮〉（臺北：臺灣商務印書館，民國 72 年）。

太一齋：十神太一主之。帝王修奉，展禮配天。

九天齋：九天生神帝主之。匡護國家，保制劫運。

金籙齋：上元天官主之。保佑帝王，安人鎮國。

玉籙齋：中元地官主之。保佑六官，輔寧妃后。上以為帝
　　　　王之齋，或大臣藩鎮，為國祈禳，亦許修奉。

黃籙齋：下元水官主之，事關上元，中元二官。普資家國，
　　　　遍濟存亡，開度七祖，救拔三塗。

盟真齋：宗廟遷拔及臣下拔亡，皆可兼奉。

洞淵齋：以北帝為主。祛除疫癘，掃蕩邪氣。

九幽齋：然燈破暗，解救亡魂。

五鍊齋：道士修行之人，滅度修設。滅度遷神，安靈拔罪。

正一齋：傳度經籙，授法付道。傳神傳籙，崇正除邪。[17]

可以看出來，每一種名目的齋法，各有所主，其功能也不同。因此，道教因祭祀不同所形成的齋法繁多，根據劉枝萬的整理，道教的「齋」法大致有五種分類：《本相經》的二分法、《混元皇帝聖紀》的三分法、《道門大論》的六分法、《玄門大論》的十二分法及歲時雜齋等，共計有五十九種不同名目的齋法。[18]

　　至於醮儀方面，根據《上清靈寶大法》的記載，至少也有四十二等之多。《上清靈寶大法》卷十二說：

　　按古儀四十二等醮，其第二十四等曰北斗醮，今此立玄樞

---

[17]　（宋）呂元素集成，《道門定制》卷 6，〈齋品〉，《正統道藏》第 53
　　冊。

[18]　劉枝萬，〈中國修齋考〉，氏著《中國民間信仰論集》（臺北：中研院民
　　族學研究所，專刊之 22，民國 83 年），頁 22~23。

靈壇，中設北極帝座，前列眾真，環以北斗、南斗，而其
行用，近乎北斗醮矣。[19]

這四十二種醮法，在唐宋時期已形成。到了明代，周思得著《禮
成醮謝門》，共收有八十九種醮，其醮儀分為五品：開度正醮儀
品、開度各幕三獻品、祈禳正醮儀品、各幕三獻品、祈禳諸真醮
儀品。[20]可見醮儀也是因祭儀之不同，有愈分愈多的現象。

三、道教齋戒信仰的内涵

　　如前所述，道教齋醮的特色，雖是在於祭祀的儀法，然也很
重視持守齋戒以祀神祇的觀念。因此，早期的道教十分重視
「齋」，並將「齋戒」與修行相結合。南朝劉宋時期陸脩靜的《洞
玄靈寶五感文》就說：「道以齋戒為立德之根本，尋真之門戶。」
[21]將齋戒視為修行的第一步。《雲笈七籤》卷三十七〈齋戒〉也
說：

> 齋各具本經儀格，故學道不修齋戒，徒勞山林矣。夫齋者，
> 正以清虛恬靜，謙卑恭敬，戰戰兢兢，如履冰谷。若對嚴
> 君丹誠謙若，必祈靈應，檢敕內外，無使喧雜。行齋之人，
> 特忌斬衰孝子，新產婦人，月信未斷，及痰疥癘疾等，並
> 不得昇齋堂庭壇。[22]

---

[19]　金允中編，《上清靈寶大法》卷12，《正統道藏》第52冊。

[20]　張澤洪，《道教齋醮符咒儀式》頁32。

[21]　（劉宋）陸脩靜集，《洞玄靈寶五感文》，《正統道藏》第55冊。

[22]　《雲笈七籤》卷37，〈齋戒〉（北京：書目文獻出版社，1995年，7月），
　　　頁273。

學道如果不持齋戒，就會徒勞而無功；而且持齋之人，必要戰戰兢兢，如臨深淵如履薄冰，怕的就是會開齋破戒。這樣的觀念，是將修行與齋戒相當合，與佛教的說法並無兩樣。南朝的劉宋時期，《三天內解經》卷下也說：

> 夫為學道，莫先乎齋，外則不染塵垢，內則五藏清虛，降真致神，與道合居，能修長齋者，則合道真，不犯禁戒也。故天師遺教，為學不修齋直，冥冥如夜行不持火燭，此齋直應是學道之首。夫欲啟靈告冥，建立齋直者，宜先散齋，必使宿食臭腥消除，肌體清潔，無有玷穢，然後可得入齋。[23]

同樣是將持守齋戒看成是學道的第一步，而且最好是修長齋，不食臭腥，使內外都清淨不染。這樣的修持觀念，顯然比後來梁武帝提倡齋戒禁斷酒肉的觀念更早，其內涵也相通。不過，道教早期的經典，言及修齋之事，多指舉行祭祀儀式前的齋戒。而且非常的重視齋戒，如上所述，認為學道修真不持齋，猶如在暗夜中行走而不持火燭，將茫茫不得路徑，焉能與神靈感應交通?《太上虛皇天尊四十九章經》說：「齋戒者，道之根本，法之津梁，子欲學道，清齋奉戒，念念正真，邪妄自泯。」[24]道教的齋戒，在實際的奉行修持上，還分成三種，各有不同的作法和品等。《雲笈七籤‧齋戒》分述三種不同的齋戒曰：

> 一者設供齋，以積德解愆。

---

[23] 徐氏（劉宋）撰，《三天內解經》下卷，《正統道藏》第 48 冊。
[24] 《太上虛皇天尊四十九章經》，《正統道藏》第 2 冊。

　　二者節食齋，可以和神保壽，斯謂祭祀之齋，中士所
行也。

　　三者心齋，謂疏瀹其心，除嗜欲也；澡雪精神，去穢
累也；掊擊其智，絕思慮也。夫無思無慮則專道，無嗜無
欲則樂道，無穢無累則合道。既心無二想，故曰一志焉，
蓋上士所行也。[25]

顯然道教的齋戒信仰，比較重視「心齋」，認為守心齋才能達到
無思無慮、無嗜無欲、無穢無累的修心目的，這是上士所行的。
其次的「節食齋」，就是戒葷、酒，著重在飲食上的守戒，類似
古人在祭祀前的齋戒沐浴。其下是「設供齋」，著重在祭祀時的
擺素供品，比較屬形式上的齋供，故為下士所行。

　　民間道教到唐宋以後，各類的齋醮儀法與齋戒信仰的內涵，
都已大為完備。但如前所述，直到宋代，道教「全真道」在北方
的金朝興起後，道教才有正式的吃齋教團產生。全真教團奉行的
教制教規很嚴謹，規定道士必須出家住道觀，清修不許蓄妻室，
齋戒不許吃葷酒等的戒律。這對往後道教的發展產生很大的影
響，雖然當時南方的正一道和全真道就完全不同，既不奉行清
修，也未吃齋，但由於全真道曾在北方盛行，其後的道教宮觀，
只要是道士住內修真的道觀，大都採行全真道較嚴謹的戒規，吃
齋也是基本的戒律。舉例言之，清咸豐六年（1856）有全真道第
一大叢林的北京白雲觀，貼出《執事榜》即《清規榜文》，就針
對道士違戒情形制定了二十三種處罰條例。其中就有一條是：「茹

---

[25]　《雲笈七籤》卷37，〈齋戒〉，頁273。

葷飲酒，不顧道體者，逐出。」[26]此外在民間的道士，就比較隨俗，除了齋醮期間都必須奉行齋戒外，平時就沒那麼嚴的謹的修行戒律，甚至多為未吃齋者。

第二節　摩尼教與喫菜事魔

一、摩尼教入華

　　摩尼教是產生於西元三世紀，古波斯薩珊王朝時期的一種宗教。創立者摩尼（Mani）乃是在西元二百五十年左右，出生於Echatana 的一位身份很高的教士。[27]摩尼自稱在二十四歲時，一再受到天使的啟示，要在人間傳授新的教義，因而創立了摩尼教。該教是在瑣羅亞斯德教的理論基礎上，吸收了基督教、諾斯替教、佛教等的教義思想而形成自己的信仰。它的主要教義是「二宗三際論」，並有一套獨特的戒律和寺院制度。西元三至十五世紀，一直在亞、非、歐等地區流傳，約在六至七世紀間傳入中國。[28]

　　關於摩尼教及其傳入中國的問題，學界已有不少的研究探

---

[26]　黨聖元、李繼凱，《中國古代道士生活》（臺北：臺灣商務印書館，民國 87 年），頁 137~138。

[27]　Edward Mcnall Burns、Robert E.Lerner、Standish Meacham, Western Civilizations, Tenth Edition（New York: W.W. Norton & Company, Inc. 1984）P.67.

[28]　《中國大百科全書·宗教卷》，〈摩尼教〉條（上海：上海人民出版社，1988 年 11 月），頁 272。

討。舉其要者有：林悟殊《摩尼教及其東漸》[29]、王國維〈摩尼教流行中國考〉[30]、陳垣〈摩尼教入中國考〉[31]、王見川《從摩尼教到明教》[32]、牟潤孫〈宋代摩尼教〉[33]、孫培良〈摩尼教及其東西傳播〉[34]、沙畹、伯希和〈摩尼教流行中國考〉[35]、吳晗〈明教與大明帝國〉[36]、矢吹慶輝《摩尼教》[37]、竺沙雅章〈喫菜事魔について〉[38]、深谷富二郎〈マニ教に就いて〉[39]等等。關於摩尼教入華的年代，首先是由蔣斧[40]根據《長安志》的記載，提隋時摩尼教已傳入中國的看法；其後羅振玉提出摩尼教在晉代流行中國的主張。法國學者沙畹、伯希和提出的看法認為，摩尼

[29] 林悟殊，《摩尼教及其東漸》（臺北：淑馨出版社，1997 年 8 月）。

[30] 王國維，〈摩尼教流行中國考〉，《亞洲學術雜誌》第 11 期，1921 年。收入其《觀堂集林》第四冊，（北京：中華書局），頁 1167~1190。

[31] 陳垣，〈摩尼教入中國考〉，《國學季刊》第 1 卷，第 2 號，1923 年 4 月，頁 203~239。

[32] 王見川，《從摩尼教到明教》（臺北：新文豐出版公司，1992 年）。

[33] 牟潤孫，〈宋代摩尼教〉，《輔仁學誌》第 7 卷 1、2 期，1938 年，頁 125~146。

[34] 孫培良，〈摩尼教及其東西傳播〉，《西南師範學院學報》1979 年第 4 期，頁 29~37。

[35] 馮承鈞譯 沙畹、伯希和撰，〈摩尼教流行中國考〉，《西域南海史地考證譯叢八編》（北京：中華書局，1958 年），頁 43~100。

[36] 吳晗，〈明教與大明帝國〉，《清華學報》第 13 卷，1941 年，頁 49~85。收入氏著《讀史劄記》（北京：三聯書局，1956 年），頁 235~270。

[37] 矢吹慶輝，《摩尼教》（東京：岩波書店，昭和十一年）。

[38] 竺沙雅章，〈喫菜事魔について〉，《青山博士古稀紀念宋代史論叢》（東京，1974 年），頁 239~262。

[39] 深谷富二郎，〈マニ教に就いて〉，《史觀》21 冊，昭和十六年。

[40] 蔣斧，〈摩尼教流行中國考略〉，載《敦煌石室遺書》，1909 年。

教是在唐武則天延載元年（694）時傳入中國，[41]所根據的是《佛祖統紀》的記載：這一年「波斯國人拂多誕持《二宗經》偽經來朝。」[42]此說一度成為學者所接受的看法。後來，林悟殊則在〈摩尼教入華年代質疑〉一文中[43]，將歷來對此說提出質疑的看法作綜合，並呼應柳存仁先生的看法[44]，認為摩尼教應是在唐武則天之前就已傳入中國。其他還有張星烺[45]及重松俊章[46]等人也是持相同的看法，但是如林悟殊所言：「要給摩尼教入華時間劃一個準確的年代是困難的，但我們覺得，中國內地可能在四世紀初便已感受到摩尼教的信息了。」[47] 對於在唐武則天延載元年（694）之前，摩尼教已傳入中國的看法，則未有明確年代的提出。近來劉南強（S.N.C.Lieu）[48]試圖就此一問題尋求解答，他是根據《閩書‧方域志》所提「唐高宗朝慕闍行教中國」[49]的記載，當作摩

---

[41] 此說是根據宋代釋志磐所撰《佛祖統紀》中的記載而來。主張此說的有法國學者沙畹、伯希和，及我國的學者陳垣等人。

[42] 宋‧志磐，《佛祖統紀》卷三十九，收入《大正新修大藏經》，編號二〇三五，第四十九冊。

[43] 林悟殊，〈摩尼教入華年代質疑〉，收入於氏著《摩尼教及其東漸》。

[44] 柳存仁，〈唐代以前拜火教摩尼教在中國之遺痕〉，見氏著《和風堂文集》（上海：上海古籍出版社，1991 年）。

[45] 張星烺，《中西交通史料彙編》（北京：中華書局，1978 年）。

[46] 重松俊章，〈唐宋時代 末尼教 魔教問題〉，《史淵》，1963 年 12 期，頁 85~143。

[47] 林悟殊，前揭書，頁 57。

[48] Lieu, S.N.C., "Manichaeism in the late Roman Empire and Medieval China, a Historical Survey." Manchester,1985., Tubingen1992.

[49] 明‧何喬遠，《閩書》卷七，〈方域志〉。明崇禎二年刊本。

尼教入華的年代。劉氏的立論，也得到王見川[50]認同，綜合各方面的史料分析來看，此一說法是較為可信的一個論點。

二、摩尼教的齋戒信仰

根據摩尼在世時對教徒所定的一系列清規戒律來看，可簡單的概括為「三封」及「十誡」。所謂「三封」是指：口封、手封和胸封。口封是在飲食和言語方面的戒律，即不吃酒肉，不說謊言；手封是對行為的戒制，即不在暗中作壞事；胸封是對思想及慾望的戒制，即要戒制淫慾。另外的「十誡」是指：不拜偶像、不妄語、不貪欲、不殺生、不奸淫、不偷盜、不欺詐或托言魔術、不二心或疑念、不怠惰及每日四次或七次祈禱、實行齋戒及懺悔。這三封及十誡之中，最重視的是齋戒不殺生及不淫慾。[51]摩尼教的一首讚美詩中，有以下的一段：

> 尊敬聖靈，樂於齋戒，祈求和施捨，樂於遵守不說謊，不殺生，不吃肉的律則，樂於遵守潔淨，安貧的律則，尊敬謙讓，仁慈。[52]

這些嚴謹的戒律，在摩尼教的組織中，是從「選民」以上的人員都必須嚴格的遵守。選民階層是在最基層的眾多「聽者」中，挑選出的基本幹部，其上是「執事」，執事之上是「長老」，長老之上是「主教」，主教之上是「法師」，法師之上是「教主」。

---

[50] 王見川，《從摩尼教到明教》（臺北：新文豐出版社，民國 81 年 1 月），頁 134~140。

[51] 《中國大百科全書·宗教卷》，〈摩尼教·清規戒律條〉，頁 273。

[52] 引自王見川，《從摩尼教到明教》，頁 111。

[53]這種層層而上的教階制度中，選民階層是被挑選出來的最基層幹部，他的條件就是要能奉行「三封、十誡」。所以摩尼教徒齋戒吃素的情形很普遍，凡是基層幹部以上的，都要吃齋持戒，這對摩尼教來說，已經成為一種修持上的特徵。

摩尼教之所以如此重視齋戒不殺生及清修不淫慾，這與其最基本的「二宗三際」的信仰有關。二宗是指：世界原本就是光明與黑暗，善與惡的二元世界。三際是指：初際、中際和後際，即過去、現在和未來。中國摩尼教典籍《摩尼光佛教法儀略》中〈出家儀〉一節中，有以下的解釋：

> 初辨二宗：求出家者，須知明暗各宗，性情懸隔；若不辨識，何以修為？
>
> 次明三際，未有天地，但殊明暗；明性智慧，暗性愚痴；諸所動靜，無不相背。
>
> 中際者，暗既侵明，恣情馳逐；明來入暗，委質推移。大患冒離于形體，火宅顧求于出離。勞身救性，聖教固然。即妄為真，孰敢聞名？事須辯析，求解脫緣。
>
> 後際者，教化事畢，真妄歸根；明既歸于大明，暗亦歸于積暗。二宗各復，兩者交歸。[54]

根據二宗三際的說法，這個世界有兩個截然相反的本原，一為光明王國，一為黑暗王國，這兩個本原在初、中、後三際有三個不同時期的表現。初際時，世界尚未形成，而且光明與黑暗是分開

---

[53] 王見川，前揭書，頁 108。

[54] 《摩尼光佛教法儀略》，〈出家儀〉，引自樓宇烈、張志剛主編，《中外宗教交流史》（長沙：湖南教育出版社出版，1999 年 7 月），頁 143。

的；中際時，黑暗攻擊光明的國度；後際時期，再恢復到原來初
際的情景，但光暗分開，黑暗妖魔將永遠被囚禁，再也不能入侵
光明世界。[55]然而目前仍是屬於中際時期，要到這個世界毀滅
時，才標示著中際的結束，後際的開始。

摩尼教的特點就在於這種絕對的善惡二元論，及對現世的悲
觀看法。認為這個世界是以魔鬼的身體所創造，而人類是魔鬼最
可憎的化身的產物。光明分子被人的肉身所囚禁，為了使世界復
得光明，人要持守三封及十誡。因此，摩尼主張清修，為了要讓
囚禁在身中的光明分子（即善的成分）得到解放，他嚴禁摩尼教
僧侶結婚，因為結婚會產生新的生命，這意味著使光明分子再度
受囚禁；他要信徒不得傷害動物，甚至植物，因為動植物裡邊包
含著光明分子，所以每位信徒都應奉行齋戒吃素；他要信徒信守
十誡，懺悔信教前犯過的十種不正當行為，因為這些行為有礙於
靈魂的得救。[56]

摩尼教教義中「清修獨身」及「齋戒吃素」的目的，是為了
讓身中的光明分子得到釋放，因此摩尼教特別重視這二項戒律。
我們可以就一所摩尼寺院的建制來看，就能略知一二。在《摩尼
光佛教法儀略》的〈寺宇儀第五〉中，有描繪了一座摩尼寺的藍
圖如下：

> 經圖堂一，齋講堂一，禮懺堂一，教授堂一，病僧堂一。
> 右置五堂，法眾共居，精修善業，不得別立私室廚庫。每

---

[55] 廖素霞、陳淑娟譯，Mircea Eliade 著，《世界宗教理念史》卷二（臺北：
城邦文化出版，2001 年 12 月 20 日），頁 369~373。

[56] 林悟殊，《摩尼教及其東漸》，〈摩尼的二宗三際論及其起源初探〉，頁
25。

日齋食，儼然待施，若無施者，乞丐以充。唯使聽人，勿畜奴婢及六畜（即馬、牛、羊、豬、狗、雞）等非法之具。[57]

從一座摩尼教的寺院可以看出，住在寺院內的僧侶，每日要齋食、誦經、禮懺等功課是不可少的。

三、喫菜事魔

摩尼教在唐代開始大為傳播，但也不是那麼順利，唐開元二十年（732），唐玄宗下敕令禁斷摩尼教：「末摩尼本是邪見，妄稱佛教，誑惑黎元，宜嚴加禁斷。」[58]然而這次的禁令並未能禁絕摩尼教，到了天寶十四年（755）「安史之亂」的爆發，又給了摩尼教以另一種方式，重新在唐朝大為傳播。原因是唐王朝為了解燃眉之急，不只一次的請兵回紇，終於敉平安史之亂。這樣的借兵行動，給了以摩尼教為國教的回紇，一個很好的機會，再次將摩尼教帶回來中國傳播。而唐王朝為了給回紇有利的誘因，當然也不能阻止回紇的摩尼教。於是，摩尼教憑仗著回紇的奧援，重新獲得了在唐公開傳教設寺的許可。此後，一直到會昌三年（843）武宗對摩尼教大加迫害為止，這將近一百年的時間裡，根據林悟殊的研究認為：「合法傳播的摩尼教主要還是限於寺院式的宗教活動，教徒的主要成分還是中亞人，還不是以漢族

---

[57] 林悟殊譯，劉南強（Samuel N.C.Lieu）著，〈摩尼教寺院的戒律和制度〉，收錄於氏著，《摩尼教及其東漸》，頁112。

[58] 唐·杜佑，《通典》卷四十注（王永興等點校，北京：中華書局，1988年12月1版）。

的下層百姓為基礎。」[59]

　　會昌三年（843），唐武宗對摩尼教的迫害是非常嚴厲的，其影響也是非常大的。據《僧史略》的記載：

> 會昌三年，敕天下摩尼寺并廢入官。京城女摩尼七十二人
> 死。及在此國回紇諸摩尼等，配流諸道，死者大半。[60]

這次的迫害讓摩尼教徒「死者大半」，這或許有些言之過重，但也顯見這次的打擊是相當嚴重的。然而摩尼教並未就此滅絕，反而是「未盡根荄，時分蔓衍」[61]，開始轉入地下，被廣大的下層民眾所信奉，漸演化為民間秘密宗教。

　　當摩尼教由寺院走入更廣泛的民間，成為下層民眾的秘密信仰後，官方對它的了解與掌握也愈加困難。由於「吃素」一直是摩尼教的一大特徵，這一點顯然未因時空的不同而有所改變，於是隨著摩尼教的融入民間，在中國的下層社會開始出現集體吃齋的民間宗教信仰者，就像佛教徒以寺院為核心的集體齋戒吃素，民間宗教也開始有群體齋戒吃素的信仰團體出現。這一批批以吃齋為信仰的民間宗教，出現在唐宋以後的下層社會，引起了當政者的關注，官方就以「喫菜事魔」來形容它，民間也改以明教來稱呼。

　　從會昌三年官方禁斷摩尼教後，到約一百年後梁貞明六年

---

[59] 林悟殊，〈宋代明教與唐代摩尼教〉，氏著，《摩尼教及其東漸》，頁146。

[60] 宋・贊寧，《大宋僧史略》卷下，〈大秦末尼〉條，收錄於《大正新脩大藏經》第54冊。

[61] 同上註。

（926），爆發了「陳州母乙之亂」，這是第一個以吃素為信仰的民間群體，所涉及的叛亂。五十多年後的北宋太平興國五年（980），贊寧撰《僧史略》，評述此一反亂事件時，將其定為摩尼教徒之亂。他說：

> 梁貞明六年，陳州末尼黨類，立母乙為天子，累討未平。及貞明中，誅斬方盡。後唐石晉，時復潛興，推一人為主，百事稟從；或畫一魔王踞坐，佛為其洗足。[62]

這樣的說法一直被佛教徒所延用，到了南宋景定咸淳年間（1270）的釋志磐編撰《佛祖統紀》時，對於這一段的記載也是說：

> 梁貞明六年陳州末尼聚眾反，立母乙為天子。朝廷發兵擒母乙，斬之。其徒以不茹葷飲酒，夜聚淫穢，畫魔王踞坐，佛為洗足，云佛是大乘，我法乃上上乘。其上慢不法有若此。[63]

至於母乙之亂是否真為摩尼教之亂，學界對此已有所質疑。[64]王見川則是根據《舊五代史》的記載：「陳州里俗之人，喜習左道，依浮屠氏之教，自立一宗，號曰上乘；不食葷茹，誘化庸民，揉雜淫穢，宵聚晝散。」[65]推論母乙之亂只是至個外來成分的佛教

---

[62] 宋・贊寧，《大宋僧史略》。

[63] 宋・釋志磐，《佛祖統紀》卷五四（揚州市：江蘇古廣陵古籍刻印社，1992年）。

[64] 劉南強（Lieu, S.N.C.）首先對此提出質疑，見氏著 Manichaeism in the late Roman Empire and Medieval China, a Historical Survey.，前揭書。

[65] 《舊五代史》卷十，《二十五史》第六冊（上海：上海古籍出版社，1995年12月），頁4865。

異端團體所為。[66]

如果「母乙之亂」非真摩尼教徒所為，那最直接和摩尼教有關的記載，就算是一些被稱為「喫菜事魔」的民間信仰團體了。吳晗對何以會用喫菜事魔來形容摩尼教，有如下的解釋：

> 陳州末尼所奉為魔王，又素食。魔王蓋即魔尼，以明教有明王出世之說，而摩尼又稱明使也。------其教又為歷來政府及佛徒所嫉，佛徒每斥異己為魔，易摩為魔，斥為魔王，為魔教，合其齋食而呼之，則為吃菜事魔。[67]

從文獻上來看，宋代有不少「喫菜事魔」的記載出現。官方文獻中最早使用喫菜事魔一詞，是見於宋宣和三年（1121）閏五月七日，尚書省的上言：

> 契勘江浙喫菜事魔之徒，習以成風，自來雖有禁止傳習妖教刑賞，既無止絕喫菜事魔之文，即州縣監司，不為禁止，民間無由告捕。遂致事魔之人，聚眾山谷，一日竊發，倍費經畫。若不重立禁約，即難以止絕，乞修立條。[68]

十三年後的紹興四年（1134）五月，起居舍人王居正的奏本也說：

> 伏見兩浙州縣，有喫菜事魔之俗。方臘以前，法禁尚寬，而事魔之俗，猶未至於甚熾。方臘之後，法禁愈嚴，而事魔之俗愈不可勝禁。------凡事魔者，不食肉。而一家有事，

---

[66] 王見川，《從摩尼教到明教》，頁 194~197。

[67] 吳晗，〈從摩尼教到明教〉，頁 243。

[68] 清・徐松輯，《宋會要輯稿》一六五冊，〈刑法二〉，禁約。（北京：中華書局，1957 年）。

> 同黨之人皆出力以相賑卹。蓋不食肉則費省，費省故易
> 足；同黨則相親，相親故親卹而事易濟。[69]

這是在唐會昌禁教後約三百年，可以看出來在江浙一帶的喫菜事魔現象已很普及。雖然說被官方認定為喫菜事魔的妖教，不盡然全是摩尼教，但可以肯定的是有一大部份是與摩尼教（即明教）有關。《佛祖統紀》中即說到：

> 嘗考夷堅志云，喫菜事魔，三山尤熾。為首者紫帽寬衫，
> 婦人黑冠白服，稱為明教會。所事佛衣白，引經中所謂「白
> 佛言，世尊」。取金剛經一佛二佛三四五佛，以為第五佛。
> [70]

所以日本學者竺沙雅章教授就說：「喫菜事魔，作為宋代代表性的邪教，是官方所嚴加鎮壓的秘密宗教，人們稱之為明教，視為入傳中國的摩尼教的一宗。」[71]雖然這麼說，但竺沙雅章特別強調，「即使記載中言為喫菜事魔，亦不能一概斷定為摩尼教。」[72]

雖然說當時被稱為「喫菜事魔」的民間信仰教團，不能一概以摩尼教視之，但顯然有一大部份是與摩尼教華化後的「明教」，有很密切的關係。這些喫齋教團的信仰活動情形，在宣和二年

---

[69] 宋・李心傳，《建炎以來繫年要錄》卷七六（臺北：新文豐出版社，民國74年）。

[70] 宋・釋志磐，《佛祖統紀》卷四八。

[71] 竺沙雅章，〈喫菜事魔について〉，收入《青山博士古稀紀念宋代史論叢》（東京，1974年9月），頁259。

[72] 同上註。

（1120）十一月的一篇官方的記載中，有很仔細的描述：

> 一溫州等處狂悖之人，自稱明教，號為行者。今來明教行
> 者，各於所居鄉村，建立屋宇，號為齋堂，如溫州共有四
> 十餘處，並是私建無名額佛堂。每年正月內，取曆中密日，
> 聚集侍者、聽者、姑婆、齋姐等人，建設道場，鼓扇愚民
> 男女，夜聚曉散。一明教之人，所念經文及繪畫佛像，號
> 曰《訖思經》、《證明經》、《太子下生經》、《父母經》、
> 《圖經》、------等經佛號。[73]

有齋堂的設置，是摩尼教的特徵之一，可見這些明教徒，平常聚
在一起時，必然是吃齋的，而單單溫州一帶，共有四十餘處被官
方發現，可見其流傳的盛況。吃的是素菜，拜的是摩尼教特有的
神佛，很容易讓人以喫菜事魔稱呼之。所以後來在紹興七年
（1137）的一篇奏言中，就將溫州一帶的吃齋教團，稱之為喫齋
事魔：

> 宣和間，溫、臺村民多學妖法，號喫菜事魔。鼓惑聽眾，
> 劫持州縣。朝廷遣兵蕩平之後，專立法禁，非不嚴切。訪
> 聞近日，又有姦猾，改易名稱，結集會社。或名白衣佛會，
> 及假天兵，號迎神會。千百成群，夜聚曉散，傳習妖教。
> [74]

這些喫菜教團，會被稱為白衣佛會，一定是有外表穿著白衣所
致，這也與摩尼教的最高神「大明尊」（或稱摩尼光佛），身著

---

[73] 清·徐松輯，《宋會要輯稿》一六五冊，刑法二，禁約。
[74] 同上註。

白色法衣有關；另外，雖稱佛會，但非佛教徒，有千百成群，夜
聚曉散的聚眾，顯然為當政者所疑懼，除以傳習妖法視之，並給
于嚴切的取締。

　　實際上，這類的喫菜事魔的教團，不只是溫州等地有，在其
他各地諸路，也都大有人在。所以宣和三年（1121），當局就下
令，命「諸路事魔聚眾燒香等人，所習經文，令尚書省索取名件，
嚴立法禁，行下諸處禁毀。令刑部遍下諸路州軍，多出文榜，于
州縣城郭鄉村要會處，分明曉諭。」[75]可見當時在北宋後期的社
會，一定有不少的喫齋事魔的教團，在福建、江浙一帶秘密流行。
到南宋時期，由於社會的動亂加劇，喫齋事魔的活動也更加活
躍。南宋太原人莊綽撰《雞肋編》中，就有以下的記述：

> 事魔食菜法禁甚嚴，有犯者家人雖不知情，亦流於遠方，
> 以財產半給告人，餘皆沒官，而近時事者益眾。1.云自福
> 建流至溫州，遂及二浙。睦州方臘之亂，其徒處處相煽而
> 起。2.聞其法，斷葷酒，不事神佛祖先，不會賓客，死則
> 裸葬。------[76]

此外，任職南宋高宗尚書左丞，曾擔任福州知縣兼福建安撫使的
葉夢得，在《避暑錄話》一書中也提到：

> 近世江浙有事魔喫菜者，云其原出五斗米而誦《金剛經》，
> 其說皆與今佛者之言異，故或謂之金剛禪。[77]

---

[75]　同上註。

[76]　宋・莊綽，《雞肋編》上卷（上海：上海書店，1990 年）。

[77]　宋・葉夢得，《避暑錄話》卷四，《筆記小說大觀》三十八編，第三冊（臺

南宋的王質在《雪山集》一書中也提及：

> 臣往在江西見其所謂食菜事魔者，彌鄉互里，誦經焚香。
> 夜則闃然而來，旦則寂然而亡。其號令之所從出而語言之
> 所從授則有宗師。宗師之中有小有大而又有甚小者。其徒
> 大者或數千人，其小者或千人，其甚小者亦數百人。其術
> 則有雙修，二會、白佛、金剛禪，而其書則又有《佛吐心
> 師》、《佛說涕淚》、《小大明王出世開元經》、《括地
> 變文》、《齊天論》、《五來曲》。其所以為教戒傳習之
> 言亦不過使人避害而趨利，背禍而向福。[78]

還有南宋御史中丞廖剛著《高峰文集》一書，則提到：

> 今之喫菜事魔，傳習妖教，正此之謂。臣訪聞兩浙江東西，
> 此風方熾。倡自一夫，其徒至於千百為群，陰結死黨。犯
> 罪則人出千錢或五百行賕，死則人執柴一枝燒焚，不用棺
> 槨衣衾，無復喪葬祭祀之事，一切務減人道。[79]

另外《宋會要輯稿》中也有這樣的記載：

> 浙右有所謂道民，實喫菜事魔之流，而竊自託於佛老，以
> 掩常議。既非僧道又非童行，輒於編戶之外，別為一族。
> 姦淫污穢甚於常人，而以屏妻孥斷葷酒為戒法。貪冒貨賄

北市：新興書局，民74年）。

[78] 宋・王質，《雪山集》卷三，〈論鎮盜疏〉，收錄於，《文淵閣四庫全書》
第1149冊（臺北：臺灣商務印書館，民國72年）。

[79] 宋・廖剛，《高峰文集》卷二，〈乞禁妖教劄子〉（上海：商務印書館，民
23-24年），《四庫書珍本》初集，集部，別集類；1438-1444。

甚於常人而建祠廟、修橋樑為功行。一鄉一聚，各有魁宿。
平居暇日，公為結集曰燒香、曰燃燈、曰設齋、曰誦經。
千百為群，倏聚忽散，撰造事端，興動工役，彙緣名色，
斂率民財，陵駕善良，橫行村畽。[80]

綜合以上幾條史料的記載來看，南宋時期在福建、浙江、江西一
帶，有不少的喫菜事魔的教團在民間社會流傳，雖然學界的探
討，認為這些喫菜事魔的教團不全然是摩尼教，[81]但從其特徵來
看，應該與摩尼教的信仰有關。諸如斷葷酒、不事神佛祖先、不
會賓客、死則裸葬，及所誦的經典等是。但其他如燒香、燃燈、
設齋、誦經等，又是與一般的民間信仰相同。所以我們可以了解
一點，這時期的摩尼教應是深入民間，且進一步的華化成明教，
並與本有的民間宗教相融合。韓秉方就認為它的影響一直到後來
白蓮教的演化，他說：

> 此時，在社會下層，暗地裡活動著摩尼、白雲和白蓮三個
> 教派，它們由於都受到朝廷的鎮壓這一共同命運，所以便
> 逐漸驅使它們互相接近，互相融合，以至最後匯歸一體，
> 演化成歷史上有名的白蓮教。[82]

摩尼教本身是一種外來的宗教，卻很成功的在宋代的民間社
會，廣泛的流傳，這是由於摩尼教能走入民間社會，與民間信仰
相結合，成功的華化成明教，並影響到往後明清時期民間宗教的
發展。雖然後來摩尼教及明教的名稱已不多見，但它的教義思

---

[80] 清・徐松輯，《宋會要輯稿》一六五冊，刑法二之一三〇。
[81] 王見川，《從摩尼教到明教》，〈第七章：明教與喫菜事魔〉。
[82] 馬西沙、韓秉方，《中國民間宗教史》，頁94~95。

想，卻深深的滲透到各民間教派之中，**繼續發揮它的影響力**。

第三節　彌勒、彌陀信仰與民間教團

中國民間宗教在其形成與發展的過程中，佛教的影響是很大的。佛教自兩漢之際傳入中國，經東漢、三國、魏晉，至南北朝時代，民間開始有佛教化的教團產生。是一種不同於以往，以出家人及寺院為主體的修行方式，而是大開方便法門，容納未出家民眾加入的教團型態出現。南北朝時代的大乘教、彌勒教，及南宋初年的白雲宗、白蓮教等即是代表。前者是以彌勒人間淨土的救世思想為信仰，後者則以彌陀淨土為信仰核心。

一、彌勒信仰與人間淨土

彌勒信仰首次傳入中土，是在東漢末年，由僧人安世高譯的《大乘方等要慧經》。其後，西晉時期的竺法護譯《彌勒下生經》，彌勒淨土的思想開始有較完整的介紹。[83]南朝齊梁間，「彌勒下生」說，開始演化成彌勒佛是繼釋迦佛之後，要來下生的未來佛。目前彌勒佛正在兜率宮，準備下生成佛，在龍華樹下召開龍華三會，世界將變為天堂，廣博嚴淨，豐樂安穩，只有享樂，沒有痛苦。這樣的人間淨土救世思想，對當時戰亂中的人民，一定具有相當的吸引力。首先是梁武帝大通元年（527），佛教徒傅翕（傅大士），就利用這一教義創立了彌勒教，自稱是從兜率宮來的彌勒佛，自號「當來解脫善慧大士」，要到世上來挽劫救難，濟渡

---

[83] 馬西沙、韓秉方，《中國民間宗教史》，頁33。

群生，因而很受民眾的歡迎。[84]

彌勒教的特徵，在於教徒多係一般民眾，而非出家眾，所穿的衣服一律以白色為主，故有「素冠練衣」之說。相傳彌勒佛在初發心修行時，即是以慈氏為姓，特別強調慈心不殺，不茹葷酒。因此，彌勒教的特徵就是素冠白衣、吃素。隋煬帝大業六年（610）元旦，記載了一群自稱彌勒佛的教徒，企圖入宮奪取政權的事。《隋書‧煬帝紀》曰：

> 有盜數十人，皆素冠練衣，焚香持花，自稱彌勒佛，入自建國門，監門者皆稽首。既而奪衛士杖，將為亂，齊王暕遇而斬之。於是，都下大索，與相連坐者千餘家。[85]

所描述的特徵來看，很可能就是彌勒教，而且看來已在民間廣為流傳，所以牽連的人，單單在京師所在處，就有千餘家之多。雖有許多彌勒教徒被捕，但後續的彌勒教動亂案件卻未停止。三年後的大業九年（613），又有彌勒教徒宋子賢自稱彌勒佛出世，起來作亂。《隋書‧五行志》記：

> 唐縣人宋子賢，善為幻術，每夜樓上有光明能變作佛形，自稱彌勒出世，------遠近惑信日數百千人。遂潛謀作亂，將為無遮佛會，因舉兵襲擊乘輿。事泄，鷹揚郎將以兵捕之。------并坐其黨與千餘家。
>
> 其後，復有桑門向海明，於扶風自稱彌勒佛出世，潛謀逆亂。人有歸心者，輒獲吉夢，由是人皆惑之。三輔之

---

[84] 濮文起，《中國民間秘密宗教》（臺北：南天書局，1996 年 8 月），頁 11。

[85] 《隋書‧煬帝紀》卷三，《二十五史》第五冊，頁 10。

士翕然稱為大聖，因舉兵反，眾至數萬，官兵擊破之。[86]

由宋子賢及向海明的兩個案例來看，是否真為彌勒教徒，還很難定論。由於上述的記載看不出有彌勒教徒的特徵，即「白衣素食」，唯一和白色有關的是向海明的建年號為「白鳥」，但也很難據此就斷定是彌勒教的崇白特徵，應有更多的史料來佐證。所以有可能是因兩人略有法術，吸引無知的民眾來投拜，而當時正流行彌勒救世的淨土思想，於是兩人就假借彌勒出世來蠱惑群眾，也是不無可能的事。

彌勒教一直到唐代中葉仍極盛行，且影響的層面更大，以致唐玄宗三年（715），曾敕令禁止彌勒教。《禁斷妖訛等敕》上說：「此有白衣長髮，假託彌勒下生，因為妖訛，廣集徒侶，釋解禪觀，妄說災祥。」[87]此次的禁斷，令彌勒教不再公開傳教，但私底下的傳教活動仍然進行者。到武宗會昌滅佛後，彌勒教進一步受到壓抑，直到宋仁宗慶曆七年（1047），才又有王則假彌勒出世為名，舉兵起義[88]，再後就很少看到有類此的記載了。其實，這是因彌勒教本身開始和後起的民間宗教合流所致，其後的「彌勒下生、明王出世」口號，就是與摩尼教混同的表徵。[89]而另一個後起的佛教淨土教團「白蓮教」，與彌勒教混合後，繼承了彌勒教的淨土思想，一樣是崇尚白色，素冠白衣，也是吃齋。只是由於信仰的彌勒佛，因一再被當政者查禁與取締，漸為阿彌

---

[86]　《隋書・五行志》卷二三，《二十五史》第五冊，頁88。

[87]　（宋）宋綬編，《唐大詔令集》卷113，（臺北：鼎文書局，民國61年）。

[88]　詳見濮文起，《中國民間祕密宗教》，頁13。

[89]　汪娟，《唐代彌勒信仰研究》（中國文化大學中國文學研究所碩士論文，民國79年6月），頁216。

陀佛信仰所取代，在教團的組成方式上，也和彌勒教相同是以非
出家眾為主，這些因素即是白蓮教在南宋以後大盛的主因。

二、彌陀信仰與白蓮教

　　另一個產生在南宋，也同樣主張齋戒不殺生、戒酒、素食的
民間教團，影響的深遠不亞於摩尼教和彌勒教，它是指源於佛教
淨土宗的「白蓮教」。白蓮教可視為是佛教淨土宗走入民間，讓
一般非出家眾也能加入，借由師徒式的教團組織，所結合而成的
一種，不同於傳統以寺院為核心的佛教僧團的型態，而是類似民
間宗教的教團組織，所以它可視為是佛教淨土宗民間宗教化的產
物。日人野口鐵郎在《明代白蓮教史の研究》一書中，談到白蓮
教的基本特質時，認為白蓮教是從佛教阿彌陀佛信仰所衍生出來
的一派，它是以居士為主，以淨土信仰為中心的一種「淨業教
團」，一種提倡禁欲的善業和茹素齋戒的民間宗教結社。[90]大陸
學者濮文起對白蓮教所下的定義是比較完整的，他說白蓮教是：

> 南宋時期誕生的民間秘密宗教。它發軔于東漢末年的太平
> 道與天師道，先是擷取佛教傳入中國後興起的白蓮社、彌
> 勒教、淨土宗、大乘教、三階教、南禪宗等宗派簡便易行
> 的教義，又與回到民間的摩尼教合流，同時汲取儒家和道
> 家的某些思想，經過千年融合與演化，到南宋時期基本定
> 型的民間秘密宗教。[91]

---

[90] 野口鐵郎，《明代白蓮教史の研究》，（東京：雄山閣出版，昭和 61 年
　　 2 月 20 日），頁 18。

[91] 濮文起，《中國民間秘密宗教辭典》，〈白蓮教條〉（成都：四川辭書出

按這樣的說法，白蓮教幾乎是融合了當時的民間宗教各派，在南宋時期形成的一個民間秘密宗教。

（一）白蓮懺堂的淨業教團

南宋高宗紹興三年（1133），吳郡僧人茅子元在吳郡濱山湖創立淨業教團「白蓮懺堂」。在《佛祖統紀》中，對此有所描述：

> 白蓮菜者，高宗紹興初，吳郡延祥院僧弟子元，依倣天臺出圓融四土圖、晨朝禮懺文、偈歌四句、佛念五聲勸男女修淨業，戒護生為尤謹，稱為白蓮導師。有以事魔論於有司者，流之江州，其徒展轉相教，至今為盛。良渚曰，此三者皆假名佛教以誑愚俗，猶五行之有沴氣也。今摩尼尚扇於三山，而白蓮白雲處處有習之者。大氐不事葷酒，故易於裕足；而不殺物命，故近於為善。愚民無知皆樂趨之，故其黨不勸而自盛，甚至第宅姬妾，為魔女所誘入其眾中，以修懺念佛為名，而實通姦穢，有識士夫宜加禁止。[92]

這樣的教團和以往的佛教寺眾，最不的同處在於容許一般非出家人參加，說是「愚民無知皆樂趨之」，可見這些以修淨業為名的教團，必定廣受歡迎。它們的特徵是：不事葷酒，不殺物命，修懺念佛等。而由於有一般的俗眾參加，所以佛門中人對茅子元開此方便法門，似乎頗有意見。志磐著《佛祖統紀》就把它歸為「事

版社，1996 年 10 月）頁 8。

[92] 宋・志磐，《佛祖統紀》，收在《大正新脩大藏經》第四十九冊，編號二〇三五。

魔邪黨」，並加以嚴厲的批判。於是白蓮懺堂被當政者所取締，茅子元被判妖妄惑眾之罪，流放江州。

雖然茅子元被流放，白蓮懺堂也被取締解散，但是「白蓮」一詞，卻從此彰明於天下。[93]而白蓮懺堂的聚眾念佛模式，也由此化明為暗，走入民間，與民間秘密宗教合流，形成往後元、明兩朝，廣大流傳的「白蓮教」。

（二）白蓮教的齋戒信仰

根據白蓮教的主要經典《廬山蓮宗寶卷》的內容來看，白蓮教在初期形成後的教義，與佛教淨土宗並無多大的差別，在淨業的主張方面也是不外乎持齋戒殺，奉行五戒，修十善果等。在〈受持戒法〉篇中有如下的記載：

> 初受三皈，次持五戒，漸修十種善法，圓滿三聚律儀。根熟則全持，根生則分受。年有三善，月有六齋。如或五戒難行，且除酒肉二味；十重易犯，且持不殺一門。輕塵積嶽，墜露添流，一滴下崖，終歸大海。故《涅槃經》云：「佛在世日，以佛為師；佛滅度後，以戒為師。」《梵網經》云：「戒如明日月，亦如瓔珞珠，微塵菩薩眾，由是成正覺。」所以龍無犯殺之心，狼有持齋之意。比丘苦節，至於繫草護鵝；居士病緣，終不飲酒食肉。[94]

整個修持淨業重點的「五戒」，即是佛教所說的不殺生、不偷盜、

---

[93] 濮文起，《中國民間秘密宗教》，頁 23。

[94] 元・普度，《廬山蓮宗寶鑑》，收入楊訥編，《元代白蓮教資料彙編》（北京：中華書局，1989 年 6 月），頁 25。

不邪淫、不妄語、不飲酒。另一重點是「十善法」，即不殺生、
不偷盜、不邪淫、不妄語、不兩舌、不惡口、不綺語、不貪欲、
不瞋恚、不邪見等十項。在這五戒、十善中，可以看《蓮宗寶卷》
尤其強調要不殺生，持齋戒除酒肉。另外在〈慈心不殺〉篇中，
也有明確的闡述：

> 卵胎濕化，飛走蟲魚，皆未來諸佛之流，或過去多生父母。
> -------殊不知斷其命者是出佛身血，食其肉者寧非父母之
> 身，造殺害之深尤，斷慈悲之種性，生前福壽暗裡消磨，
> 死後沉淪刀山劍樹，還作雞豬魚兔次第填償，至此宰割烹
> 炮，因果相似。諦觀食肉，可謂寒心，縱售易於屠門，亦
> 難逃於重罪。菩薩寧當破骨，終不食噉眾生，是以白兔焚
> 身而仙人不顧也。草尚不拔，肉豈容噆？遠彼庖廚，有聞
> 聲不忍之訓；養他出賣，同口殺心食之尤。大聖垂慈，所
> 以制戒，永斷殺生，其德大也，修淨土人故當持守。可謂
> 不貪香餌味，始是碧潭龍。[95]

上述是關於為何要持齋吃素戒殺生的理論闡述，看來這些觀念主
要還是佛教的因果觀，其中吃肉「斷慈悲種性」是《涅槃經》的
思想[96]；另外，食肉者會「生前福壽暗裡消磨，死後沉淪刀山劍
樹，還作雞豬魚兔次第填償，至此宰割烹炮，因果相似。」的說
法，即是將吃肉視為邪惡的事，會受到因果的報應。最後再強調
先聖制定戒律，永斷殺業的用意。此外，為了宣揚持齋素食的理

---

[95] 元・普度，《廬山蓮宗寶鑑》，頁 26。

[96] 詳見 徐立強，《梁武帝制斷酒肉之主張與中國佛教素食文化之關係》，
華梵大學東方人文思想研究所碩士論文，民國 89 年 5 月，頁 23。

念，白蓮教的另一部重要的著作《廬山白蓮正宗曇華集》一書中有〈食素頌〉一篇，內容提到：

> 我見奉長齋，終朝吃菜滓。不食魚兔肉，只食淡姜瓜。舌上生甘露，心田發善芽。通身清淨了，現出白蓮花。
>
> ------
>
> 堅持齋戒有何埃，淨極心花豁爾開。舉口便知禪悅味，個中受用善中來。
>
> 一生素飯絕纖埃，長養靈胎道眼開。不信但看三世佛，皆因積種善根來。
>
> 一廚素飯絕纖埃，鉢碗巾單自展開。飽後更無餘食想，身心清淨業何來。白飯如珠絕點埃，十聲佛罷鉢盂開。莫言不是諸天供，香積廚中製造來。凡夫火宅本沾埃，硬把道人門戶開。識得眾生元是佛，慈悲不殺奉如來。[97]

強調奉行齋戒，吃素以達到身心清淨絕纖埃的目的，這與前一章談到中國自古以來的齋戒觀念相符合。只要身心清淨了，心田自然能發出善芽、現出白蓮。這樣將吃齋與修行相結合，已是當時佛教與民間宗教共同的特徵。為了強調齋戒的重要性，就反面來論述，《曇華集》中另有一篇〈食葷頌〉云：

> 我見世途惡，作業不思量。豬吃死人肉，人吃死豬腸。豬不嫌人臭，人反道豬香。覷破回頭看，蓮花生沸湯。
>
> 食葷畢竟惹塵埃，性地多貪打不開。螺螄蚌蟹雜鵝

---

[97] 元·果滿編，《廬山白蓮正宗曇華集》收入楊訥編，《元代白蓮教資料彙編》，頁 217。

鴨，都是腥羶臭穢來。穢污藏身滿體埃，得人餧飼口先開。
看他牛馬豬羊犬，都是前生作業來。空行水陸帶纖埃，只
為貪心不放開。莫謂眾生無識性，呼之畢竟轉身來。埋頭
愛去混塵埃，帶角披毛性不開。癡漢又將他食噉，輪回何
日得休來。食噉眾生滿口埃，性天業覆不能開。思量惡道
沉輪苦，早向菩提路上來。[98]

相對於吃齋可得身心清淨，吃肉則是「穢污藏身滿體埃」；吃齋
是積種善根，吃肉則是惡道沉輪；吃齋是長養靈胎道眼開，吃肉
則是輪回何日得休來。這些相對的說法，將吃肉說成是一件罪大
的惡事，吃肉者會輪回生死，吃齋者就能登上菩提路超生了死，
這樣的觀念基本上已為往後吃齋的宗教性內涵定調。

（三）元代的白蓮教

白蓮教自南宋茅子元創白蓮懺堂以來，終南宋之世並未受到
任何的取締，這段時期可謂穩定的發展期，到了元代的白蓮教，
就呈現出蓬勃發展的態勢。元代的白蓮教總的來看，主要有兩大
發展趨勢：一是以茅子元正宗自居，承繼與實踐其教義，在政治
上採取與元政府合作的態度；另外是一些本非白蓮教徒，擷取了
一些白蓮教義及作法，雜揉彌勒下生的觀念，也名為白蓮教，走
的是下層民眾運動路線，完全背離茅子元創教的宗旨，在政治上
是採反抗元政權的態度。[99]

在元代，屬前者的白蓮懺堂已大量出現，並且發展成為一門

[98] 元‧果滿編，《廬山白蓮正宗曇華集》，頁216。
[99] 馬西沙、韓秉方，《中國民間宗教史》〈第四章：佛教淨土信仰的演進與
白蓮教〉，頁137。

獨立的宗教，即白蓮教。根據《蓮社萬緣堂記》的記載：

> 佛教入中土由東漢始，溢為蓮教由東晉始，分為豐郡萬緣
> 堂則由至元己卯歲始也。遠公開蓮社，更十數代，歷十數
> 百載，遠矣而寖盛。南北混一，盛益加焉，歷都過邑無不
> 有所謂白蓮堂者，聚徒多至千百，少不下百人，更少猶數
> 十，棟宇宏麗，像設嚴整，乃至與梵宮道殿匹敵，蓋誠盛
> 矣。斯堂特其一焉耳。初，州東之偏有勝地曰萬家岡，南
> 城吳氏世業也。有鄉民曰覺全君，蓮社道人也，斷葷血持
> 經法五世矣。[100]

如果照上述看來，元代的白蓮懺堂遍及各地，信徒數以萬計，白
蓮堂也愈蓋愈宏偉，其盛況是可以想見的。而且也有人歷經五
世，都是斷葷血持齋的白蓮道人，一代傳一代，歷久不衰。

另外，在元代期間，屬第二種情況的也相當多，韓山童起兵
之亂為例，《元史》中有如下的記載：

> 〈至正十一年五月〉初，欒城人韓山童祖父，以白蓮會燒
> 香惑眾，謫徙廣平永年縣。至山童，倡言天下大亂，彌勒
> 佛下生，河南及江淮愚民皆翕然信之。福通與杜遵道、羅
> 文素、盛文郁、王顯忠、韓咬兒復鼓妖言，謂山童實宋徽
> 宗八世孫，當為中國主。福通等殺白馬、黑牛，誓告天地，
> 欲同起兵為亂，事覺，縣官捕之急，福通遂反。山童就擒，
> 其妻楊氏，其子韓林兒，逃之武安。[101]

---

[100] 劉壎，〈蓮社萬緣堂記〉收入《元代白蓮教資料彙編》，頁 256~257。
[101] 《元史》卷四二，〈順帝紀〉五，收入《二十五史》第九冊，頁 114。

可見韓山童的祖父時，還是位純粹的白蓮教徒，參加白蓮會。到了韓山童時，就參雜了一些民間宗教的信仰，尤其是彌勒下生的思想，而且在謀亂起兵時，殺白馬、黑牛以祭天，顯然已不是白蓮教原知所主張的不殺生，持齋的作法。類似的白蓮教名義所進行的反亂活動，整個元朝九十年間有相當多起，整理如下：

〈表 3-1〉：元代白蓮教事件統計表

年　　代	內　　　　　　容	備　　註
世祖至元十七年 （1280）	杜萬一在江西領導白蓮教起義，自稱天王，改元萬乘，參加者數萬。	這是白蓮教的第一次起事。
成宗大德四年 （1300）	高仙道在廣西以白蓮教組織起義，參加者數以千計。	
仁宗皇慶二年 （1313）	白蓮教得到朝廷承認和保護，可以公開傳教，建立寺廟，并蠲免錢糧。	
英宗至治二年 （1322）	朝廷下詔「禁白蓮佛事」，「諸以白衣善友為名，聚眾結社者禁之」。	
順帝至元三年 （1337）	二月，河南陳州人棒胡（胡閏兒），持彌勒佛小旗為號，在河南信陽州發動白蓮教起義。起義後「建年號，發布宣敕」，河南行省左丞慶童領兵討之。	
順帝至元四年 （1338）	六月，江西袁州爆發山周子旺領導的白蓮教起義，從者五千，每人背心皆書佛字，周子旺自稱周王，自立年號，元朝派兵鎮壓，周子旺被殺。	
順帝至正十一年 （1351）	五月，北方白蓮教首韓山童，劉福通在潁州發動白蓮教大起義，旨在推翻元朝統治。韓山童被捕犧牲，劉福通立其子韓林兒為小明王，國號大宋，改元龍鳳，建立起農民政權。	
順帝至正十一年 （1351）	八月，南方白蓮教首彭瑩玉協助徐對輝在蘄州發動白蓮教大起義，推立徐壽輝為帝，國號天完，改元治平，建都蘄水。	
順帝至正十六年 （1356）	白蓮教徒朱元璋率領農民起義軍攻下集慶，稱吳國公。	

順帝至正二十年（1360）	徐壽輝被害後，其屬將明玉珍自立為「隴蜀王」，在重慶建立政權，以白蓮教為國教，國號夏，年號天統。	
順帝至正二十五年（1365）	湖北白蓮教徒蘭丑兒假稱彭瑩玉，鑄造印章，設置官吏，起兵反抗朱元璋的鎮壓。	
順帝至正二十六年（1366）	韓林兒被朱元璋沉殺於瓜州江中。	

註：本表系根據濮文起編〈中國民間秘密宗教大事記〉[102]整理而成。

　　上表關於白蓮教的事件中，最大的一起反亂事件，是發生在順帝至正十一年的白蓮教大起義。導火線是元朝政府強徵民夫堵塞黃河決口，導致河南、河北十五萬民夫怨聲載道，潁州的韓山童及其弟子劉福通等人利用這個機會，在黃河故道中埋下一個獨眼石人，造讖語說：「莫道石人一只眼，此物一出天下反。」果然石人被挖出，一下子就鼓動成千上萬的民夫起來。韓山童在白鹿莊誓師起兵，因頭裹紅巾，號稱「紅巾軍」，又因其燒香拜彌勒佛，又稱「香軍」。[103]

　　然而，根據馬西沙的研究認為，韓山童家族從來就不是白蓮教徒，沒有任何史料證明這個家族信仰彌陀淨土或組織白蓮懺堂，亦無白蓮教徒道號。所以馬氏認為，比較有可能的應是彌勒教會，因為當地從唐宋以來，一直流行著彌勒下生信仰「香會」，也就是「香軍」。[104]由此可推論，元代以來的諸多民間宗教結社的反亂事件，對官方來說，很可能有不少是不分真實與否，一概以「白蓮教」統稱之。這些走上反抗當政者的反亂運動，和原始

---

[102] 濮文起編，《中國民間秘密宗教辭典》，〈中國民間秘密宗教大事記〉整理合而。

[103] 詳見濮文起，《中國民間秘密宗教》，頁 29。

[104] 馬西沙、韓秉方，《中國民間宗教史》，頁 148~150。

白蓮懺堂主要是以念佛、持齋、戒殺、求往生淨土為主的信仰，已有很大的不同。其後在明代也是一樣，有更多被稱為白蓮教的反亂事件發生。

（四）明代的白蓮教

由於朱元璋本身曾是白蓮教徒，起義後也曾利用南北兩支紅巾軍，即與白蓮教有關的力量，來推翻元朝。所以朱元璋深知白蓮教的造反力量，因此在他登基不久，便立即採納李善長的建議，頒布取締白蓮教的禁令：

> 凡妄稱彌勒教、白蓮社、明尊教、白雲宗等會，一應左道亂正之術，煽惑人民，為首者絞，為從者各杖一百，流三千里。[105]

然而，白蓮教並沒有因為這樣而斂跡，反而在明代更加的蓬勃發展。日人野口鐵郎根據《明實錄》中有關白蓮教事件的統計，整個明朝共計有 270 次之多。其中最多是明萬曆有 67 次，其次是明嘉慶有 44 次，再來是天啟年間的 40 次，主要是集中在明朝的中後期。若就地域來看，河北的 44 次最多，其次是陝西的 28 次，再來是山西的 26 次，都是集中在華北一帶。[106]

明代白蓮教的教派活動，幾乎貫串整個明代的歷史，然而明代的白蓮教與南宋茅子元創教時期的白蓮教已大不相同，其中最大的改變是在信仰的內涵上，由阿彌陀佛的淨土信仰，走向彌勒

---

[105] 明・吳元年訂，《明律集解・附例》卷 12（臺北：成文出版社，民國 58 年）。

[106] 野口鐵郎，《明代白蓮教史 研究》，頁 32。

佛的救世信仰。另外，就是教派的型態也愈來愈複雜，由於其中的一些支派走上與明政府對抗的路線，更加深當局對白蓮教的疑慮，也構成了整個明代最嚴重的社會問題。而白蓮教不斷被當政者取締，「白蓮教」就成了惡名昭彰的代名詞，於是明代中葉以後，一些新興的教派少有以白蓮教一詞命名的，更多不同名目的新興教派開始出現。其中較有代表性，對後來清代民間宗教具深遠影響的有：羅教、無為教、大乘教、黃天道、紅陽教、長生教、龍華會等。尤其以羅祖創立的羅教，反其所沿生出來的支派，對後來的影響最大。

第四節　羅祖的無為教與齋堂

羅教的產生，一般都認為是受到佛教禪宗思想的影響，而羅祖本人的宗教思想中，對彌勒教及白蓮教又都有嚴厲的批判，可見羅祖本人是想走一條不同以往的路。徐小躍就指出：「事實上，它（羅教）是介乎正統佛教和民間宗教兩者之冒的一種新型宗教思想體系。」[107]羅教對明清以來的民間宗教影響很大，尤其是在齋戒素食的修行觀上，羅教可說是後來明清眾多民間教派發展的重要源頭，羅祖教在一開始創教就主張絕對的素食修行觀，這方面應是深受佛教齋戒信仰的影響。

一、創教與初期的發展

羅教的創始者羅夢鴻（羅因），生於明英宗正統七年（1442），

---

[107] 徐小躍，《羅教‧佛學‧禪學：羅教與《五部六冊》揭秘》（浙江：江蘇人民出版社，1999 年 2 月），頁 10。

祖籍山東萊州府即墨縣，家境清貧，世代隸軍籍。根據〈祖師行
腳十字妙頌〉所記，羅祖是胎裡素，且「離母胎，不食葷，菩薩
臨凡。」[108]從小就吃齋的羅祖，對宗教信仰與修行似乎特別感興
趣，加上三歲喪母，七歲喪父的家變打擊，使他在成長過程中，
一直有追求人生大事究竟解脫的想法。經過一番辛苦的追尋，羅
夢鴻在四十歲那一年，明成化十八（1482）年十月十八日悟道，
正式創立了羅教。[109]

（一）無為教與大乘教

　　「羅教」的創始者羅祖，即羅夢鴻。創教地點在北直隸的密
雲衛，該地為明代北方的軍事重鎮，也是江南漕運軍糧水道的集
散點。羅祖曾是位運糧軍人，在悟道明心後開始傳道，其間就在
密雲衛、古北口、司馬臺、悟靈山、江茅峪一帶講道，渡化的對
象有不少是漕運的軍人，這些糧運軍人還有守備軍人，就成了早
期羅教的主要成員。[110]羅祖在傳道四十五年後過世，死於明嘉靖
六年（1527），享年八十五歲。羅祖死後，羅教分裂成兩大支派，
即無為教與大乘教。其實羅祖在世時，羅教即以無為教著稱，大
乘教是由無為教分出的支派。[111]

---

[108] 林立仁整編，《五部六冊經卷》，〈苦功悟道卷〉（臺北：正一善書，民
　　國 83 年 6 月），頁 12。

[109] 馬西沙、韓秉方，《中國民間宗教史》，〈第五章　羅教與五部經典〉，
　　頁 165~173。

[110] 馬西沙，〈羅教的演變與青幫的形成〉，收入王見川、蔣竹了編，《明清
　　以來民間宗教的探索：紀念戴玄之教授論文集》（臺北：商鼎文化出版，
　　1996 年 8 月 15 日），頁 1~3。

[111] 詳見 馬西沙、韓秉方，《中國民間宗教史》，〈第六章　羅教與青幫〉。

「無為教」，是羅祖教的正宗。其教由羅祖兒子佛正繼承，並由其後裔傳承達十代之久。無為教承繼羅祖的宗風，有時又稱為羅教。其信徒以漕運水手居多，在明代後期，羅教在河北、山東、山西、河南等省迅速傳布，並沿著橫貫南北的大運河，傳播到江蘇、浙江、福建和江西等東南沿海一帶。羅教的主要經典是羅祖口述，由弟子記錄整理成冊的《五部六冊》經書。這五部經書是指：《苦功悟道卷》、《嘆世無為卷》、《破邪顯正鑰匙卷》、《正信除疑無修證自在寶卷》、《巍巍不動泰山深根結果寶卷》。其中的《破邪顯正鑰匙卷》是一部兩冊，其餘皆各一冊，故稱為《五部六冊》。[112]

（二）羅祖庵堂的建立

由於羅教對吃齋的重視與強調，凡是信奉羅教者，必然會以吃齋作為修行上的基本條件。羅祖為了推廣教義及吸收信徒，且信眾也需要有一個共同吃齋修行的場所，於是有了「庵堂」的產生，最早的庵堂是羅祖在密雲縣傳道時所建立。根據直隸總督那彥成於嘉慶二十一年（1816）間，派員至密雲縣調查，詢問年老鄉民後得知，當年羅祖在當地開始傳道時，在距古北口二十五里之司馬臺堡外建造講臺，講經說法，自稱羅道。[113]所建造的「講臺」，應是最基本的一座信徒聚會場所，內部少不了會有佛像及經典的佈置，除作為羅祖講經說法的場所外，作會吃齋必然也是少不了的重要活動。

---

[112] 詳見馬西沙、韓秉方，《中國民間宗教史》，〈第五章 羅教與五部經典〉。

[113] 《軍機處錄副奏摺》，嘉慶二十一年三月二十一日，直隸總督那彥成奏摺。
轉引自馬西沙、韓秉方，《中國民間宗教史》，頁247。

羅祖所建的「講臺」，經常用來講經說法，吃齋誦經，所以又稱為「經堂」。羅祖所傳的道理，不純為儒、釋、道三家的任何一家，因而當時的人就稱之為「羅道」。清代的筆記小說《蟲鳴漫談》也講到羅祖傳道時的情形，說他：「奉佛甚虔，茹齋持戒而不祝髮。居室生子，無異平民，人便之，從者頗眾。」[114]羅祖奉佛甚虔，這與他早年曾拜和尚為師，學習佛理有關，後來他「悟道」以後，以清淨無為創教，[115]以不同於佛教的修持方式，逐漸發展出影響後世深遠的羅教。

　　自清代雍正七年（1729），各省的羅教祖多次遭到取締鎮壓，以致後來的羅教徒為了逃避迫害，紛紛將教名更改。於是有一字教、老官齋教、無為教、大乘教、三乘教、龍華教、糍粑教、金幢教、觀音教等名目產生。這些教派的共同特徵就是「吃齋」，所以官方多以「齋教」或「齋匪」稱之。以下就清代時期主要的幾個支派分析如下：

二、佛廣的無為教經堂

　　羅祖死後，羅祖教開始廣為發展。根據《祖師行腳十字恩情妙頌》的記載提到，羅祖死後有：「建石塔，十三層，晃耀騰騰。有三口，現住世，佛正佛廣。老祖母，掌庵居，照舊傳燈。」[116]可見羅祖在世的傳教必然相當成功，死時地方官員還為他立塔紀

---

[114] 清・采蘅子，《蟲鳴漫談》卷一，收錄於《筆記小說大觀》一編；7.（臺北：新興書局，民國 67 年）。

[115] 《史料旬刊》第十五輯，江蘇大乘無為二教案，彰寶奏摺。

[116] 《祖師行腳十字恩情妙頌》，引自馬西沙、韓秉方，《中國民間宗教史》（上海：上海人民出版社，1992 年 12 月），頁 249。

念。另外，接續羅教傳承的工作，是羅祖的妻子（老祖母）及兒子（佛正）、女兒（佛廣），由妻子負責掌教，原本的講臺經堂的傳道據點，此時稱為「庵居」。羅祖的妻子掌教後，道務繼續發展，分出去的第一間庵堂，可能是女兒佛廣所設，佛廣先是嫁給同教的王善人，之後又出家為尼，到盤山建立無為庵。直隸總督那彥成在嘉慶廿一年間，到盤山搜查後奏稱：

> 惟查盤山東麓怪子峪有無為庵一座，于庵內起獲無為居士羅公畫像一軸，《通明寶卷》、《傳燈心印寶卷》、《佛說圓覺寶卷》各二本。尼僧性空供，師父告之，無為居士羅公即系羅祖。該庵開山始祖法名佛廣，系羅祖之女，在盤山出家為尼。[117]

無為庵中供奉羅祖像，可見佛廣是承襲父親的羅教正宗，又稱為「無為教」。初期的庵堂是以寺廟的形態出現，住在裡面的尼僧，外表看起來也和佛教的寺院尼僧無異，一般人不注意是難以分辨的，這或許就是羅教能綿延流傳好幾代，直到清代中葉才被全面取締的原因。

無為教經堂的經營

清政府一直到乾隆三十三年（1768）間，才發現這支已流傳二百多年的羅教支派「無為教」。因有僧人性海在蘇州一帶，傳習「無為教」而被查獲。供出此無為教是由羅教教主羅夢鴻的女兒佛廣所流傳，是羅教的正宗謫傳。清政府根據性海的口供，在

江蘇一帶查獲無為教的庵堂多處，無為教的庵堂多以經堂稱之，
計有西來庵經堂、閤庵經堂、樓下經堂、朱文顯堂、陳文高堂、
姜漢如堂、傅浩然堂、郭肇中堂、性海堂等十處。

　　當時這些經堂主要是作為漕運水手們存頓的處所，信徒的組
成就以漕運水手為主。當這些經堂被清政府取締時，正值水手們
的回空休息期，所以總計有七十多人，住宿在經堂內而被逮捕。
[118]值得注意的是，由性海的供詞得知，這些經堂收受新入教者的
獻納金特別高，達每人銀一、二兩。根據《漕運則例纂》記載：
「嘉白等十幫，重運頭工銀六兩五錢，舵工銀五兩三錢，水手每
名四兩」，回空時「舵工銀一兩七錢，水手每名銀一兩三錢。」
[119]一年來回各一次，加起來一名水手的待遇是五兩三錢銀子，可
說相當微薄。一、二兩的入教費，相當於一般水手年工薪所得的
1/3，顯然過於偏高，如果不是這些水手們另有額外的經濟收入，
就是檔案的記載有誇大之嫌。

　　經堂的另一項主要收入，是每年冬至時的大型法會，信眾各
出銀一錢及七八分的齋供錢，參加念經禮拜。[120]江蘇無為教的經
堂，在財源的收入上，顯然比較充裕。馬庵經堂的占地很廣，建
蓋房屋十九間；老堂的西來庵，也建有八間的房屋。這些經堂提
供給水手棲息時，不收取住宿費，只酌收飯食費，可知其經費必
然相當的充裕，否則不易維持。

---

[118]　《史料旬刊》，第十五輯，乾隆三十三年十月一日，彰寶奏摺。

[119]　（清）楊錫跋，《漕運則例纂》卷九，〈舵手身工〉（揚州市：江蘇廣陵
　　　古籍刻印社，1990 年）。

[120]　《史料旬刊》，第十五輯，同前註。

三、廣立庵堂

　　佛廣的夫婿王善人指的是何人，目前並沒有看到清楚的記載，檔案只記載王善人另派流傳大乘教，[121]無為教及大乘教即是羅教初期向外傳佈的兩支主力。從明末到清初，羅教一直在北方廣為流傳，同時也沿著運河向南方傳播。清政府直到雍正年間，才首次發現這個龐大的秘密宗教組織，雍正五年（1727），羅教的第七代傳人羅明忠因水手犯案而牽連被捕，根據羅的供詞，提到當時羅教的庵堂分佈情況是：[122]

庵　　堂	地　　　點	主　持　人
米 家 庵	山東登州府	孫洪載
翁 姓 庵	浙江杭州府城外	湯白菜
錢 姓 庵	浙江杭州府城外	廖本元
潘 姓 庵	浙江杭州府城外	錢串子、馮志偉
王 姓 庵	保定府	
李 姓 庵	天津州獨柳村	
徐 姓 庵	正定府富城驛	
閻 姓 庵	蘇州府北關	
呂 姓 庵	涿州	
施 藥 庵	河間府交河縣靳家莊	孫聚之
茶 棚 庵	東安縣董莊村	王九道

羅明忠是羅教的第七代教主，他一直在北京、密雲一帶傳教，並與江南漕運水手保持著密切的關係。[123]上述十一處庵堂，由羅明忠所供出來，是清政府首次發現有眾多的羅教庵堂，外表看似一

---

[121] 《史料旬刊》，第十五輯，江蘇大乘無為二教案，彰寶奏摺。

[122] 《宮中檔雍正朝奏摺》第十四輯，頁697。雍正7年10月13日，劉世明奏摺。

[123] 馬西沙、韓秉方，《中國民間宗教史》，序言，頁252。

般的廟寺，實際上是個已流傳二百年多年的秘密教派。由於官方尚未能弄清楚真相，不知道它是一個龐大的地下宗教王國，對為首者的處份還很輕，羅明忠以家中尚有老母親需要奉養為由，獲得減刑。但所供出的十一處庵堂，雍正皇帝卻很重視，雍正五年（1727）下了一道諭旨：「凡有羅教庵院地方，行文該督撫，將當日建造之由，并現今庵內或止做會，或另有用處，及庵內居住者係何等之人，逐一查明報部。」[124]清政府開始注意到這個龐大的地下宗教王國，逐步展開調查工作。

雍正皇帝下達的調查令，在浙江一帶確實有了具體的報告。浙江巡撫李衛，於雍正五年（1727）末向雍正奏稱：「浙幫水手皆多信奉羅祖邪教，浙省北關一帶有零星庵堂，住居僧道老民在內看守。其所供神佛，各像不一，皆系平常廟宇，先有七十二處，今止三十餘所。」[125]浙幫主要是漕運水手所組成，庵堂是漕運水手回空時的休息處，最盛時有七十多處，可以想見其盛況。庵堂的外觀看起來與平常廟宇無別，所以清政府一直不以為意，得以延續傳教有一百多年。

二年後（雍正七年），官方根據羅明忠所供，派員至山東登州「米家庵」訪查，另外又查獲寧海州由李正和所負責的「皈山庵」，並取出羅教的五部六冊經卷。[126]此外，也在江西的南安、贛州、吉安、瑞州、南昌、撫州等府，查獲王耀聖等一百二十三人又僧人海照等六十八名信奉羅教，作會吃齋誦經。官方一共收

[124] 瞿宣穎纂輯，《中國社會史料叢鈔》甲集（臺北市：臺灣商務印書館，民61年），頁467。

[125] 瞿宣穎，前揭書，頁460。

[126] 《雍正朝朱批奏摺》，雍正七年八月廿八日，費金吾奏摺，頁462。

繳了經卷四十一部，「各該府咸稱查出之人，在城者習手藝，在鄉者務耕作，止在家吃素修行，又名大成教、三乘教，並無匪為。其經卷有：淨心、苦工、去疑、泰山、破邪五部，名色皆雜引釋道言語湊成。」[127]這次的發現，官方還弄不清楚與前次無為教案是同出一源的關係，所以處理的方式還很寬，江西巡撫謝旻奏報處置的結果：「臣仰體皇上化導愚民之聖心，將王耀聖等暫行取結保釋，令其改邪歸正，僧人令改崇佛教。」[128]

同年，清政府又在福建、浙江、江西三省的汀州府、泉州郡、漳州郡、處州府慶雲縣、撫州府等處，陸續發現有羅教徒及庵堂。「汀州府知府王德純訪出羅教張維英、聶君龍等，並起有經卷佛圖等項，又供出浙江處州府慶雲縣，有同教姚細妹一犯；江西撫州府有請經之陳萬善一犯。又稱福建之泉、漳兩郡羅教更多。」[129]至此清政府開始注意到事態的嚴重性，但當時所發現的庵堂也只是一小部份，更多的庵堂是分佈在運河沿岸，由漕運水手所信仰的羅教庵堂。為此雍正皇帝在這一年（七年八月二十八日）下聖諭：「將羅教庵院概行拆毀，其生事之徒按其犯蹟問擬，其無犯蹟而止出家居住庵院者，俱量行責儆勒令還俗，交與該管官安插約束，令鄉長等人于月朔帶同恭聽宣講聖諭廣訓。」[130]不過情況似乎沒多大影響，雍正帝一連串的聖諭處置羅教，羅教依然在各地廣為發展。

羅教從明代後期到清代後期，長達三百年的歷史，歷經好幾

---

[127] 史料旬刊，〈羅教案〉，雍正七年 12 月 6 日，謝旻奏摺，頁天 49。
[128] 同上註。
[129] 史料旬刊，〈羅教案〉，雍正七年 10 月 21 日，史貽直奏摺，頁天 49~50。
[130] 《雍正朝朱批奏摺》，雍正七年八月廿八日，頁 462。

代人的傳承，依然是發展的很好，這實在有超乎想像的發展韌
性。更重要的是由羅教所傳衍，或是與羅教有淵源關係的教派，
在清代有不少。例如：大乘教、無為教、東大乘教、善友會、聞
香教、齋教、老官齋教等都是，這些教門的共同特徵就是吃齋，
此與羅教主張吃齋修行的傳統有關。

　　總結本章的分析，中國民間宗教的齋戒信仰，就其形成的因
素而言：筆者認為至少是來自四項傳統的影響，一是形成於東漢
末年的民間道教，及道教的齋醮祭祀禮儀。這部份對民間宗教齋
戒祭神的觀念，有其直接的影響。其次是摩尼教，在唐代由西域
傳入中土，到唐代的中後期，摩尼教因官方的禁教，轉而流入民
間，採秘密的方式繼續傳衍，對民間的宗教信仰也有相當程度的
影響。尤其是摩尼教素有吃齋的戒律，這由當時許多「吃菜事魔」
的記載可以看出端倪。雖然學界的看法，未必全然將這些吃菜事
魔者視為摩尼教徒，但可以肯定和摩尼教一定有關係，它對後來
民間宗教吃齋信仰的形成，也必然有其相當程度的影響。其三是
來自佛教民間化後的彌勒教團及彌陀教團，它的特色在於容許在
家眾的參與，而且也是以吃齋作為基本的戒律。彌勒教團是以彌
勒佛為信仰中心的教派，彌勒在佛教中被稱為未來佛，祂將在釋
迦佛之後來人間成佛。由於彌勒從一發心開始，即是以慈心不殺
為主要的戒律，故以慈字為姓，嚴格奉行吃齋修行的方式。彌陀
教團，提倡念佛往生淨土，由於容許一般世俗的非出家眾加入，
形成和傳統以寺廟為信仰核心的佛教不同，而是一種世俗的民間
教團。最早的彌陀教團是南宋茅子元所創立的「白蓮懺堂」，白
蓮懺堂後來被官方所取締，但並未就此消失，反而轉到下層的民
間發展，形成傳播久遠的白蓮教。初期的白蓮教，一開始即秉持
佛教的傳統，以吃齋念佛為宗旨，這對後來民間宗教的齋戒信

仰，也有相當程度的影響。

　　真正和清代民間宗教齋戒信仰有最直接關係的，要算是「羅教」了。羅教產生於明代中後期，創始者羅祖（羅夢鴻）本人即是位吃長齋者，其所創立的無為教，特別重視吃齋修行的戒律。羅教及其流衍的教派，是清代民間宗教的主流，因此，羅祖強調的吃齋修行觀，對後來清代民間宗教的齋戒信仰，必然有很直接的影響。有關羅教主張的齋戒內容，及羅教衍生教派的探討，將於後面幾章中詳細論述。

第四章

清代民間的吃齋教團

　　清代時期的民間秘密宗教是相當活躍的，教派林立，名目繁多。蔡少卿根據中國第一歷史檔案館的記載作統計，有多達 215種不同名目的教派。[1]其中一些教派是經過明、清長時期的幾代發展，而衍生出許多不同名目的教派。更多的是教派與教派之間的相互影響，彼此融合，形成「經非一卷，教非一門」[2]的複雜局面，各自在不同的地域，各自發展出自己的一片天。這其中有多少教派是以吃齋為基本信仰的呢？以下先就檔案中所見的記載，分清代的初期順治至康熙年間，中期乾隆至嘉慶，及後期道光至宣統等三個階段來論述。

　　所根據的檔案資料，主要有：《明清檔案》[3]、《清太宗文皇帝實錄》、《清世祖章皇帝實錄》[4]、《清德宗實錄》[5]、《清宣宗實錄》[6]、《皇清奏議》[7]、《起居注冊》、《宮中檔康熙朝奏摺》[8]、《宮中檔雍正朝奏摺》[9]、《宮中檔乾隆朝奏摺》[10]、

[1]　詳見蔡少卿，《中國秘密社會》（杭州：浙江人民出版社，1989 年 3 月），頁 6~7。

[2]　《軍機處錄副奏摺》，嘉慶十九年四月十三日，浙江巡撫李奕疇奏摺。

[3]　《明清檔案》第六、七、三十五冊（臺北：中央研究院，民國七十五年）。

[4]　（清）佚名，《清世祖章皇帝實錄》（善本，史部，稿本）。

[5]　（清）覺羅勒德洪，《清德宗實錄》（臺北：華聯出版社，民國 53 年）。

[6]　（清）覺羅勒德洪，《清宣宗實錄》（臺北：華聯出版社，民國 53 年）。

[7]　（清）佚名，《皇清奏議》（善本，史部，清鈔本）。

[8]　《宮中檔康熙朝奏摺》，（臺北：國立故宮博物院，民國六十五年）。

[9]　《宮中檔雍正朝奏摺》第 1-34 輯（臺北：國立故宮博物院，1977-1980年）。

[10]　《宮中檔乾隆朝奏摺》第 1-75 輯（臺北：國立故宮博物院，1982-1988年）。

《宮中檔嘉慶朝奏摺》[11]、《剿捕檔》[12]、《上諭檔》[13]、《清中期五省白蓮教起義資料》[14]、《欽定剿平三省邪匪方略》[15]、《外紀檔》[16]、《軍機處檔・月摺包》[17]、《奏摺檔》[18]、《乾隆朝上諭檔》[19]、《清代檔案史料叢編》[20]、《雍正朝漢文硃批奏摺彙編》[21]、《軍機處錄副奏摺》[22]、《硃批奏摺》[23]、《欽定平定教匪紀略》[24]、《辛亥革命前十年民變史料》[25]、《曹順起義史料匯編》[26]、《中國民間宗教史》[27]、《真空家鄉：清代

[11] 《宮中檔嘉慶朝奏摺》第 1-34 輯（臺北：國立故宮博物院，1995 年）。

[12] 《剿捕檔》（臺北：國立故宮博物院藏）。

[13] 《上諭檔》方本（臺北：國立故宮博物院藏）。

[14] 中國社會科學院歷史研究所清史室編，《清中期五省白蓮教起義資料》（南京：江蘇人民出版社，1981 年 2 月）。

[15] 《欽定剿平三省邪匪方略》（臺北：國立故宮博物院，內府朱絲欄寫本）。

[16] 《外紀檔》（臺北：國立故宮博物院藏）。

[17] 《軍機處檔・月摺包》（臺北：國立故宮博物院藏）。

[18] 《奏摺檔》（臺北：國立故宮博物院藏）。

[19] 中國第一歷史檔案館編，《乾隆朝上諭檔》（北京：檔案出版社，1991 年）。

[20] 中國第一歷史檔案館編《清代檔案史料叢編》第 3、9、12 輯（北京：中華書局）。

[21] 中國第一歷史檔案館編《雍正朝漢文硃批奏摺彙編》（上海：江蘇古籍出版社，1989-1991 年）。

[22] 《軍機處錄副奏摺》（北京：中國第一歷史檔案館藏）。

[23] 《硃批奏摺》（北京：中國第一歷史檔案館藏）。

[24] 《欽定平定教匪紀略》（臺北：國立故宮博物院藏，朱絲欄寫本）。

[25] 中國第一歷史檔案館、北京師範大學歷史系編選，《辛亥革命前十年民變史料》上下冊（北京：中華書局，1985 年）。

[26] 喬志強，《曹順起義史料匯編》（太原市：山西人民出版社，1957 年）。

民間秘密宗教史研究》[28]、《中國會道門》[29]、〈中國民間秘密
宗教大事記〉[30]、〈滿洲老檔譯件論證之一〉[31]等。

第一節　初期的吃齋教團

　　明末蓬勃發展的民間宗教，並未因明清的更迭而受到影響，
主要的教派大都延續到清朝。由於入關前後的清政府忙於征戰，
亦無暇顧及這方面的問題，反而讓民間宗教有一段平靜的發展
期。從順治到康熙朝的六、七十年間，官方檔案中記載到的民間
宗教，詳見〈附表一：清代檔案所見民間宗教教派活動統計表〉
所示：順治到康熙總計有二十一種不同名目的民間教派，其中屬
於有齋戒信仰的吃齋教團，共計有東大乘教、大成教、善友會、
白蓮教、無為教、天圓教、大乘教、黃天道、混元教、羅祖教、
聞香教、收元教、五葷道收元教、弘陽教等十五種。其中尤其是
聞香教系統相關聯的大成教、善友會、東大乘教、大乘教等幾個
教門為主要。另就分佈的地點來看，主要是集中在直隸、山東、
山西、江蘇、廣東等四省。

　　其次，有關雍正一朝官方記載到的民間教派活動，除了大成
教之外，還有不少的教派，整理如〈附表一：清代檔案所見民間

---

[27] 馬西沙、韓秉方《中國民間宗教史》。

[28] 莊吉發《真空家鄉：清代民間秘密宗教史研究》（臺北：文史哲出版社，
民國91年6月）。

[29] 邵雍，《中國會道門》。

[30] 收入濮文起，《中國民間秘密宗教辭典》（成都：四川辭書出版社，1996
年10月）。

[31] 載於孟森，《明清史論著集刊》（臺北：南天書局，民國76年5月）。

宗教教派活動統計表〉所示：雍正一朝共計有三十種教門。其中
屬吃齋教團的計有：一字教（龍華會）、三元會、三皇聖祖教、
三乘會、大成教、大乘教、白蓮教、收元教、長生教、清淨無為
教、混元教、混沌教、無為教、順天教、黃天道、橋樑教、羅祖
教、龍華會等十八種。若就活動的地點來看，主要是集中在：直
隸、山東、山西、江西、浙江、江蘇等幾省。以下先就檔案所見，
這些主要的吃齋教團活動的情形，整理成簡表如下表 4-1：

〈表 4-1 清初順治至雍正年間民間吃齋教團宗教活動簡表〉

年代	地點	教派名稱	內　　　　　容
順治 3 年	直隸	善友會、大成教	高明自順治二年五月內吃齋，趙萬銀自二月內吃齋，趙應亨自九月內吃齋。各又入會聽信在逃饒陽縣姓孔不知名一人為師傅，俱飯依為大成教門。[32]
順治 17 年	廣東	大成教	馮正保供稱：小的是順天人，在天津衛營內隨王入廣，從來一向吃齋，因是拾貳年間，與這周師傅相遇，講起大成教來，小的愚人就十分信他。[33]
雍正 2 年	直隸刑臺縣	順天教	此教始於劉言基之會祖劉才運，與要國卿周定國李寡婦之夫等家之祖，昔年同入中巖寨，托稱修行持齋起會，倡為順天教名色。[34]

---

[32] 中國第一歷史檔案館藏：順治三年七月二十八日，郝晉〈揭貼〉。

[33] 《明清檔案》第三十五冊（臺北：中央研究院，民國 75 年 10 月），頁
B20097。順治十七年正月初八日，廣東巡按張問政揭帖。

[34] 《宮中檔雍正朝奏摺》第二輯（臺北：國立故宮博物院，民國 66 年 12
月），頁 740。雍正二年六月十二日，直隸巡撫李維鈞奏摺。

雍正 2 年	直隸刑臺縣	順天教	劉言基等皆係莊農，因祖代相繼，恬不為怪。其子生員劉延祚，**並不持齋**，深知其父非屢勸不從其志，蓋在圖取香錢以為利藪。故父假而不肯歸也，今各知悔悟，情願**開齋**散教，改邪歸正。[35]
雍正 3 年	浙江溫州府	邪教	此黨根由已有五六十年，祖父相傳，原先止係邪教名曰教門，**喫齋拜佛**，至近年方有合符金銀龍牌葫蘆等事。[36]
雍正 5 年	陝西長子縣	齋公教（龍華會）	小的原忌葷吃齋是實，並沒有做犯法的事，家裡也沒有什麼經卷。[37]
雍正 6 年	山東昌邑縣	三元會空字教	據楊文等供稱是天主堂，**喫本命齋**。據高擇善等供是三元會空字教。[38]
雍正 7 年	山東東平州	三元會空字教	據供牛三花拉以**喫齋念佛**、修善祈福，并超渡人祖宗，醫治人疾病為由，哄誘鄉愚騙取香錢。[39]
雍正 7 年	福建	羅教、無為教	此教是羅明忠的祖上羅威就在正德年間傳下來的，封為無為教，誦的是一部苦心悟道經，**吃齋點燭**。問其教主是誰，答云教是羅祖所傳。[40]

---

[35] 《宮中檔雍正朝奏摺》第二輯（民國 66 年 12 月），頁 740~741。同上註。

[36] 《宮中檔雍正朝奏摺》第四輯（臺北：國立故宮博物院，民國 67 年 2 月），頁 452。雍正三年六月二日，浙按察使甘國奎奏摺。

[37] 《雍正朝漢文硃批奏摺彙編》第十冊，（蘇州：江蘇古籍出版社，1991年）頁 383。雍正五年八月十六日，山西巡撫高成齡奏摺。

[38] 《宮中檔雍正朝奏摺》第十一輯（臺北：國立故宮博物院，民國 67 年 9 月），頁 101。雍正六年八月十四日，巡察山東等處湖廣道監察御使蔣洽季奏摺。

[39] 《宮中檔雍正朝奏摺》第十三輯（臺北：國立故宮博物院，民國 67 年 11 月），頁 663。雍正七年七月二十一日，河東總督田文鏡奏摺。

[40] 《宮中檔雍正朝奏摺》第十四輯（臺北：國立故宮博物院，民國 68 年 2 月），頁 698。雍正七年七月二十一日，福建巡撫劉世明奏摺。

雍正7年	福建	羅教、無為教	又問入這教有何用處呢？據稱我們有年紀，怕果報，修來世投托人世，**喫齋念佛**為事，並無別的用處。[41]
雍正7年	江西南安贛州	大成教、三乘教	查出之人在城者習手藝，在鄉者務耕作，止在家**喫素修行**，又名大成教、三乘教，並無匪為。[42]
雍正8年	江西南贛吉參府	羅教	各縣內實有民人習尚羅教，每縣多者數拾餘人，少者拾餘人。有即在於住屋，供經唸誦，稱為經堂，亦有在於鄉僻小庵，供經唸誦者。間有婦女亦從此教，大率**持齋**唸經，舉相附和，尚無聚眾生事，倡首鼓惑之徒。[43]
雍正10年*	蘇州陽湖縣	大成教	供稱前因伊子周文惠，在糧船上做裁縫。路過天津，遇有大成教頭周士成，授以此教。每逢上元、中元、下元等日，眾人各出分金做會，**茹素誦經**。除去會費之外，湊銀十兩或五兩，寄送天津去與周士成拜懺，並無造作妖言等。[44]
雍正10年*	蘇州陽湖縣	大成教	小的看的是羅門經，**喫長齋**，勸人為善。每年各處的人來做會拜懺，原要費幾十兩銀子，餘剩的積貯在那裡，做些好事等。[45]

---

[41] 《宮中檔雍正朝奏摺》第十四輯，同上註，頁 698

[42] 《雍正朝漢文硃批奏摺彙編》第十三冊，（蘇州：江蘇古籍出版社，1991年）頁 447。雍正七年十二月六日，江西巡撫謝旻奏摺。

[43] 《宮中檔雍正朝奏摺》第十五輯（臺北：國立故宮博物院，民國 68 年 1 月），頁 677。雍正八年二月十二日，江西南贛總兵官劉章奏摺。

[44] 《宮中檔雍正朝奏摺》第十九輯（臺北：國立故宮博物院，民國 68 年 5 月），頁 803。雍正十年閏五月初一日，署蘇州巡撫喬世臣奏摺。

[45] 《宮中檔雍正朝奏摺》第十九輯，同上註，頁 804

雍正 10 年	直隸	大成教	於順治年間其來日久,以輪迴生死誘人修來世善果,**吃齋念經**,男女混雜,彼此不避。[46]
雍正 12 年	江西	羅教	**喫齋誦經**,集眾作會之舉,各郡邑俱有此等人。始則勸人行善,或云報答天地之德,或云報答父母之恩,以致無知村愚,不論老幼男女,靡然傾信。[47]
雍正 13 年	安徽南陵縣	三乘會、滋粑教	父親在日,小的跟著**喫齋念經**,父親死後就是小的行教。也有人來念經拜佛施捨,小的沒有給過人的法名。[48]
雍正 13 年	安徽南陵縣	三乘會、滋粑教	潘玉衡念經供的是彌勒佛,又叫笑羅漢。從上燈時念經到五更時候,將滋粑切開男女各吃一塊,吃畢各散去睡,女的往後樓去,男人都在前樓歇。潘玉衡是在後樓歇的,大凡逢佛菩薩生日都來在他家裡,念經吃齋。有與他銀子或三錢或五錢實是有的。[49]
雍正 13 年	安徽南陵縣	三乘會、滋粑教	劉天相供------小的父親從前因瞎了眼,夏公旭勸小的父親**吃齋**,後小的父親故了,夏公旭又勸小的吃齋,小的也跟夏公旭**喫過齋**,並未入教,如今小的久已不吃齋了。------[50]

---

[46] 《雍正朝漢文硃批奏摺彙編》第二十三冊,(蘇州:江蘇古籍出版社,1991年)頁 709。雍正十年十一月二十九日,直隸總督李衛奏摺。

[47] 《雍正朝漢文硃批奏摺彙編》第二十六冊,(蘇州:江蘇古籍出版社,1991年)頁 919。雍正十二年九月一日,江西巡撫常安奏摺。

[48] 《史料旬刊》第十一期,(臺北:國風出版社,民國五十二年六月)天373,雍正十三年五月十二日,江南總督趙弘恩等奏摺。

[49] 《史料旬刊》第十一期,天 374。同上奏摺。

[50] 《史料旬刊》第十一期,天 375。同上奏摺。

雍正13年	安徽南陵縣	三乘會、滋粑教	胡宗仁供，夏公旭是小的外公，小的父親死的早，母親叫小的吃了三年**報恩齋**。前年三年齋滿就開了齋，久已吃葷的了，並不曾入教。[51]
雍正13年	安徽南陵縣	三乘會、滋粑教	夏德先供：犯生父親先年無子，求了觀音才生犯生，取名觀音保。自小多病，堂伯夏公旭勸小的吃齋的，犯生吃了三年報恩齋，久已沒吃齋了，並沒入潘玉衡的教。[52]

由上表所示，就所記錄的教派活動來看，除了大成教仍是這個時期的主要教門外，另外比較活躍的教派就是羅教，及其支派無為教和大乘教。它們齋戒信仰的活動情形，分述如下：

一、善友會與大成教

「大成教」，一個在清初被官方多次查獲，具代表性的吃齋教團，也是順治朝很主要的民間宗教。根據馬西沙的研究指出：事實上，大成教與善友會、東大乘教、大乘教、弘陽教都和明代後期的聞香教有淵源關係，而聞香教又是羅祖教的一支流派，所以清初的這些教派彼此都有很密切的關係。[53]聞香教自明末天啟二年（1622），徐鴻儒領導的大乘教起義後，經過一番轉折，到了清初改以「善友會」及「大成教」的名目，繼續在民間廣為流傳。「善友」一詞的稱呼，一直都是聞香教中對一般信眾的稱謂，

---

[51]　《史料旬刊》第十一期，天 375。同上奏摺。

[52]　《史料旬刊》第十一期，天 375。同上奏摺。

[53]　詳見馬西沙、韓秉方，《中國民間宗教史》，第十章〈從聞香教到清茶門教〉。

馬西沙即據此來論證清初的「善友會」即是聞香教。[54]清兵入關前的崇德年間，禮部奉聖旨，有一篇在滿文老檔案中記載，關於曉諭諸善友的內容：

> 自古僧以供佛，道以祀神。近有善友，非僧非道，一無所歸，實系左道也。且人能盡其生，即能盡其死。既無怨尤，齋素何用？真有怨尤，齋素何益？與其善口，不若善行。俗云：「行善者天降以福。」善原在心，非徒惜口腹之謂也。
> [55]

提到的「善友」非僧非道，顯然是個民間秘密教團，被稱為「左道」，即是聞香教的教徒。聖諭中強調「無怨尤，齋素何用？有怨尤，齋素何益？」可見這些善友會的教徒，平日一定是個吃齋的教團，所以官方要特別據此來勸導。先是在崇德七年（1642）五月間，有善友會的會首李國梁等多人，因密告而被捕。滿文老檔〈聖訓‧屏異端〉對此有清楚的記載，當時總計有約三百人被捕，其中為首的十六人被處斬殺。[56]為此事件，在聖諭中也有特別再提到：

> 今善友廉養民、李國良等，合群結黨，私造印札，邪說誑民，攻乎左道，紊亂綱常，凡同黨三百餘人，俱定死罪。蒙皇上寬宏，止誅為首十六人。自今以後，除僧道外，凡老少男婦齋素之事，俱行禁止。如有仍前齋素者，或為他人所首，或為部人查獲，必殺無赦，該管各牛錄章京及本

---

[54] 同上註，頁 579~585。

[55] 孟森，〈滿文老檔譯件論證之一〉，載《明清史論著集刊》，頁 350。

[56] 孟森，〈滿文老檔譯件論證之一〉，頁 349~350。

　　主，不行查究者，一例治罪，特諭。[57]

這樣的聖諭是非常嚴厲的，不只是立誅為首者十六人，更規定一
般老百姓，自今以後凡非僧道者，俱不得吃齋，如有私自吃齋者，
必殺無赦。這樣嚴格的規定，可說是歷來所未見的。顯見清兵在
入關前即對吃齋的民間教團深感疑慮，而用吃齋作為判定的標
準，這顯然也是受善友會有吃齋特徵的影響所致。

　　聞香教在清初除了「善友會」之外，還有就是以「大成教」
的名目，繼續廣為傳衍。順治三年（1646）七月間，清政府拿獲
大成教徒趙高明、趙萬銀、趙應亨等人，根據他們所招供的內容
來看：

> 高明自順治二年五月內吃齋，趙萬銀自二月內吃齋，趙應
> 亨自九月內吃齋。各又入會聽信在逃饒陽縣姓孔不知名一
> 人為師傅，俱皈依為大成教門。每□三次叩頭，一報天地，
> 二報皇王，三報父母，燒香避事。妄稱將來兵火臨頭，消
> 災免厄。高明又不合請孔道到家，抄下《九蓮經》、《定
> 劫經》、《黃石公御攬集》等邪書，在家蓄藏，原非創纂。
> 邪書中有十足小月是個趙字，高明姓趙，妄信邪說。[58]

由上述可以看出，大成教應是一個主張吃齋的教團，一般人加入
一段時間後就會開始吃齋。另外，所提到的三部主要經書，應是
當時大成教平時使用的經典。其中的《九蓮經》，指的就是《皇
極金丹九蓮正信皈真還鄉寶卷》的簡稱。這部經相傳為一貫道九

---

[57]　孟森，〈滿文老檔譯件論證之一〉，頁350。

[58]　中國第一歷史檔案館藏：順治三年七月二十八日，郝晉〈揭貼〉。轉引自
　　　馬西沙、韓秉方《中國民間宗教史》，頁587。

代祖黃德輝所著，日人澤田瑞穗也認為是黃九祖所著。[59]但馬西沙的考證則認為，此經應是聞香教王氏所造，為王姓累代傳教所用的經書。[60]此經〈無量天真顯道品第十三〉中有一段關於修行大道的要件提到：

> 祖師答曰：你大眾近前來聽吾指點，修行大道，你各人沐
> 手拈香對天發願，授持三皈五戒，依我十件大事，我才傳
> 與你佛法理性。修行不論行住坐臥，天門常開，地戶永閉，
> 專意觀息，神不外遊，氣不耗散。[61]

所謂的三皈，是指皈依佛、法、僧三寶；五戒是指不殺生、不偷盜、不邪淫、不妄語、不飲酒。此與一般的佛教戒律無異，守五戒等於就是要吃齋，所以大成教徒基本上都是要如此奉行的。

隔年的四月間，清政府在山西絳州，又拿獲大成教首鄭登啟，稱大成教師，在稷山縣馬壁峪的山頂廟內，「以答醮為由，糾聚邪賊同謀作亂。」此次鄭登啟連同其他同伙共計有二十餘人被捕。[62]

事隔十二年後的順治十六年（1659），大成教再次在廣東被查獲，可見其傳播已遠至最南方。此次查獲大成教首為周裕，「自稱大成教主，傳授七珍八寶，妖言四佈，誘人領香聚會。」[63]周

---

[59] 澤田瑞穗，《增補寶卷　研究》（圖書刊行會，1975 年）。

[60] 馬西沙、韓秉方，《中國民間宗教史》，頁 612~613。

[61] 《皇極金丹九蓮正信皈真還鄉寶卷》，〈無量天真顯道品第十三〉收入《寶卷初集》第八冊，頁 249~250。

[62] 《明清檔案》第六冊（臺北：中央研究院，民國 75 年 6 月）頁 B3277。順治四年十月二十七日，山西巡撫祝世昌題本。

[63] 《明清檔案》第三十五冊（臺北：中央研究院，民國 75 年 10 月）頁

裕到了廣東傳大成教，其中住在城裡的馮正保是周裕的主要門
徒，被授予「領眾師傅」，一但周裕離開城裡時，就由馮正保代
理教務，馮正保被捕後的口供說：

> 小的是順天人，在天津衛營內隨王入廣，從來一向吃齋，
> 因是拾貳年間，正這周師傅相遇，講起大成教來，小的愚
> 人就十分聽信他。小的住在城裡頭，替他勸化些人入教是
> 實，周師傅如過嶺去了，小的在廣城裡替他主教，叫人聚
> 會領香，要斂錢糧都是實情，不敢欺瞞等情。[64]

原本就吃齋的馮正保，一遇上主張吃齋的大成教主，當然是一拍
即合，馬上投入教內，並成為大成教在廣州城裡的主要領導。周
裕在廣東傳教的方式，是「到人家裡，聚會領香，要斂錢糧。」
[65]其後廣東巡按張問政將周裕、馮正保及另一位盛啟明等三人發
廣州府監候。

　　其後，大成教在康熙一朝的六十一年間，目前未有任何官方
文獻的記載發現。一直到雍正元年（1723），才又在山東查獲大
成教的蹤跡，山東巡撫陳世倌在雍正二年（1724）的一份奏摺中
提到：

> 查閩東省邪教有大成教、無為教、羅教、空子等名。大抵
> 以燒香諷經為事，以修真養命為說，引誘愚夫愚婦入其教
> 中，便可消禍獲福。於是無知之徒為所蠱惑，甘心歸奉，
> 每名每月納錢數十文，以作供養。立有會首，代為收斂，

B20097。順治十七年元月初八日，廣東巡按張問政揭帖。

[64] 同上註

[65] 同上註

　　而蹤跡詭秘。[66]

由上述可以了解，大成教與其他幾個教派一樣，經順治、康熙兩
朝，依然是逢勃的在民間發展，而一向以統治嚴刻著稱的雍正帝
一上臺，就展現出嚴格取締民間秘密宗教的作風，作為清初主要
教派之一的大成教，當然不能例外的要受到嚴酷的打擊。尤其是
在雍正九年（1731）至十年（1732）之間，分別在直隸、江蘇、
湖北、河南等地，雍正皇帝重重的打擊了這些民間宗教。雍正九
年（1731），清政府在湖北黃州府拿獲大成教要犯：「管廷訓即
管天申，彭又文，學習邪教。又在伊家前後搜獲銅劍、符書、圖
印、細符、紙符等件。據管天申供，習大成教，係彭又文、彭皇
次所傳。」[67]隔年（雍正十年）正月，在常州府陽湖縣地方，再
次拿獲大成教重要教首周士成。據被捕的周天祚供稱：

> 前因伊子周文惠，在糧船上做裁縫。路過天津，遇有大成
> 教頭周士成，授以此教。每逢上元、中元、下元等日，眾
> 人各出分金做會，茹素誦經。除去會費之外，湊銀十兩或
> 五兩，寄送天津去與周士成拜懺，並無造作妖言等語。[68]

可知大成教在一些重要的節日，有集資做會，茹素誦經的情形。
另外，據周士成的供詞則說：

---

[66] 《宮中檔雍正朝奏摺》，第三輯（臺北：國立故宮博物院，民國六十七年
　　一月），頁175。雍正二年九月十二日，山東巡撫陳世倌奏摺。

[67] 《宮中檔雍正朝奏摺》第十七輯（臺北：國立故宮博物院，民國六十八年
　　三月），頁899。雍正九年四月初六日，魏廷珍奏摺。

[68] 《宮中檔雍正朝奏摺》第十九輯（臺北：國立故宮博物院，民國六十八年
　　五月），頁803。雍正十年閏五月初一日，喬世臣奏摺。

這大成教，小的聽得從前師父周尚禮說是一個名叫石伸起
首的，後傳與董自亮、呂九九、陳耀馭、周應魁、張玉含、
周尚禮、周士秀，遞相傳流下來。------小的看的是羅門經，
喫長齋，勸人為善。每年各處的人來做會拜懺，原要費幾
十兩銀子，餘剩的積貯在那裡，做些好事等。[69]

上述可知，大成教至雍正年間已傳了幾代，一直都持續在發展。
所看的經典羅門經，應是指羅教的五部六冊。喫長齋，本來就是
其傳統的修持主張。到了同年的十一月間，直隸總督李衛奏稱，
大舉查獲大成教首，係一位王姓的旗人武舉。經過一番的審訊，
李衛的奏摺對當時大成教的傳教活動，有很清楚的描述：

> （大成教）始於順治年間，其來日久。以輪迴生死誘人修
> 來世善果，吃齋念經，男女混雜，彼此不避。每月朔望，
> 各在本家獻茶上供，出錢十文或從厚數百文，積至六月知
> 六日，俱至次教首家，念經設供，名為晾經。將所積之錢
> 交割，謂之上錢糧，次教首轉送老教首處，謂之解錢糧，
> 或一、二年一次，各有數百金不等，其所誦之經，有《老
> 九蓮》、《續九蓮》等名色。[70]

大成教除了上元、中元、下元等幾個重大的節日，聚集各地的信
徒做會茹素誦經外，平時也利用每月的初一、十五，聚集附近的
信徒，至本家中吃齋、念經、設供。而且還按時送文錢給教首化

---

[69] 同上註，頁 803~804
[70] 中國第一歷史檔案館編《雍正朝漢文硃批奏摺彙編》（上海：江蘇古籍出
　　 版社，1989–1991 年）第 23 冊，雍正 10 年 11 月 29 日，直隸總督李衛奏
　　 摺，頁 709

用，謂之上錢糧、解錢糧，所念的經典是《九蓮經》，指的即是前述的《皇極金丹九蓮正信皈真還鄉寶卷》。

大成教經過雍正九年、十年的幾次大掃盪，至此以後在清代，就少有大成教的記載，有可能是化名成另一教派繼續傳教活動，也有可能是就此消聲斂跡了。

二、羅教在安徽的支派「糍粑教」

羅教除了第三章所述，以庵堂、經堂的形式呈現外，也有羅教徒在自家中設立「佛堂」的方式。雍正十三年（1735）間，江寧布政使李蘭，在安徽省查獲羅教的支派「糍粑教」，在境內傳教。有「合肥之已故夏公旭等；南陵之王子玉等；宣城之董君瑞等；無為之王子開等；巢縣之榮德明等；銅陵之吳彬然等，各為其徒授以法名，凡入教者給以銀錢名曰種根，以此誘取貲財，怙惡已久。」[71]「信徒愈多財源就愈多」，這是任何教派發展的不變定律。吸收新的信徒入教時，拜師禮總少不了要有「獻納金」，這種「束修之禮」在中國的傳統社會裡，被認為是很合理的事。羅教吸收新信徒的拜師禮，要繳交不等的「種根銀子」。夏公旭等六人，最早是拜潘千乘（又名潘茂芳）為師，潘是位羅教徒，在自家中設立佛堂傳教。由於常在佛殿上以糍粑供佛，所以人稱「糍粑教」。

潘千乘開設的佛堂，供奉著笑羅漢（彌勒佛），作為平時喫齋念經的處所。潘千乘經營佛堂的方式，主要是以吃齋念經祈福為名招收信徒，每次向新入教者收取「種根銀子」，每名約三至

---

[71] 《史料旬刊》第十一輯　雍正十三年五月十二日　趙弘恩、趙國麟摺。

五錢。其次，根據檔案的記載，潘千乘在地方上還「以念經治病
為名騙人的錢用」，時常有些婦女前來求念經治病，遇有重病者
則是到他家去念經。每次念完經，總會得到一些報酬，如果病情
因而好轉，得到的酬謝也會多些。然而最多的財源收入方式，是
利用佛菩薩的生日，約信眾回來佛堂作會念經吃齋，所有回來參
加的信眾，至少都要給齋供錢三錢至五錢不等，回來的人愈多，
收入也愈多。

　　潘千乘死後，教權傳給潘的兒子潘玉衡。雍正十三年（1735）
教案發生時，潘玉衡被捕，根據潘玉衡的弟子夏公祥的供詞說：

> 潘茂芳原是教主，潘茂芳死後，就是他兒子潘玉衡了。小
> 的哥子上年害病，二月十八日叫姪子夏玉三去請潘玉衡，
> 來同小的女婿王之惠跟著念經保病。小的因病在家並不曾
> 去，小的只雍正八年三月初三日，往潘玉衡家去念過一回
> 經。看見潘玉衡念經供的是彌勒佛，又叫笑羅漢，從上燈
> 時念到五更時候，將糍粑切開，男女各吃一塊，吃畢各散
> 去睡。女人往後樓去，男人都在前樓歇，潘玉衡是在後樓
> 歇的。大凡佛菩薩生日，都來在他家裡念經吃齋，有與他
> 銀子或三錢或五錢，實是有的。[72]

這一段供詞很細密的供出，羅教的支派「糍粑教」在當地活動的
情形。潘玉衡承繼父親潘千乘的教業，在地方上從事念經治病、
作會吃齋的活動，借此賺取不少的錢財。

---

[72] 《史料旬刊》第十一輯　同上註。

第二節　中期的吃齋教團

　　清代在乾隆、嘉慶兩朝約九十年間，民間宗教依然是蓬勃的
發展，且日益紛雜，出現了更多的新興教門，和層出不窮的教案，
也為後世留下為數不少的珍貴檔案。為便於了解，先就乾隆年間
的教案整理如〈附表一：清代檔案所見民間宗教教派活動統計表〉
所示：有關乾隆一朝的民間教門，共計有六十九個。其中可確認
是吃齋的教團，計有：一字教、三元會、三陽教、三益教、大乘
教、大乘無為教、五盤教、天圓教、未來真教、未來教、白陽教、
白蓮教、收元教、收源教、收緣會、老官齋教、西天大乘教、西
來教、空字教、金童教、在理教、悄悄會、長生教、紅陽教、清
淨無為教、混元紅陽教、混元教、喫素教、無為教、無極教、黃
天道、圓頓教、源洞教、榮華會、燃燈教、儒門教、橋樑會、龍
華會、彌勒教、儒門教、羅祖三乘教、羅祖教等，共計有四十二
種，大都為清代主要的一些教門。其餘的二十七種教門，除了八
卦教及其相衍生的教派外，大部份是不能確定是否為吃齋，而且
都是比較少見的一些教門。再就教門活動的分佈來看：主要是集
中在直隸、山東、山西、河南、江蘇、安徽、江西、陝西、湖北
等省。

一、乾隆朝吃齋教團的齋戒活動

　　就檔案所見，乾隆朝主要吃齋教團活動的情形，整理成簡表
如下表 4-2：

〈表 4-2 清代乾隆年間民間吃齋教團宗教活動簡表〉

年代	地點	教派名稱	內　　　　　　容
乾隆 13 年	福建	老官齋教	據稱建安、甌寧地方，有老官齋一教。平素誘人喫齋從教，詭言可以成佛。其喫齋之時，每月一、二次或數十人或近百人，至期聚集率以為常。------在建安縣離城五六十里之北坪地方，聚集多人念經喫齋，因將伊法師拘拿三人監禁，奸民等于正月初四等日起意劫獄。[73]
乾隆 13 年	福建	老官齋教	凡入會男婦，俱以普字為法派命名，入會吃齋之人，鄉里皆稱為老官，遂傳其教為老官齋。[74]
乾隆 13 年	福建	老官齋教	甌寧地方有老官齋一教，平素誘人吃齋信教，詭言可以成佛。其吃齋之時，每月一、二次，或數十人或近百人。[75]
乾隆 13 年	福建	老官齋教	無論男婦皆許入會吃齋，入其教者概以普字為法派命名，其會眾俱稱為老官。閩省建甌二縣男婦從教吃齋者甚多。[76]
乾隆 13 年	福建	老官齋教	愚夫愚婦平日吃老官齋者，各處皆有。即建甌二縣各村莊吃齋之人實繁有徒，其聚謀為逆情事，雖同一齋堂之人，實有全然不知者。------[77]

---

[73] 《史料旬刊》第二十七期，天 964，乾隆十三年三月三日，大學士納親奏摺。

[74] 《軍機處檔・月摺包》第 002027 號，（臺北：國立故宮博物院），乾隆十三年三月八日，福建陸路提督武進陞奏摺。

[75] 《軍機處檔・月摺包》第 002029 號，（臺北：國立故宮博物院），乾隆十三年三月九日，大學士納親奏摺。

[76] 《史料旬刊》第二十七期，天 966，乾隆十三年三月十四日，福州將軍新柱奏摺。

[77] 《史料旬刊》第二十七期，天 971，同上奏摺。

乾隆 13 年	福建	老官齋教	凡係吃齋之人，不問同行與否，亦有一概擒解者。各村素日吃齋，愚民人人自危，群思奔避遠方。--------[78]
乾隆 13 年	浙江	老官齋教、子孫教、長生道	邪教惑民最為人心風俗之害，其理竊取佛教之說，別立名號，或幻稱因果，或假託修持，勸人食素誦經，燒香結會。[79]
乾隆 13 年	福建	老官齋教	其邪說始於羅教，自明代以來流傳已久，曾經雍正年間查禁，而迄今不改。其姚氏子孫仍往各處代取法名，總以普字為行，每一名送香資三錢三分，愚民奉若神佛，姚氏視若世業。因其僅只吃齋，勸人行善，地方官亦不加查禁。[80]
乾隆 13 年	福建	老官齋教	僅只吃齋勸人行善，地方官亦不加查察。[81]
乾隆 13 年	福建	老官齋教	僅只吃齋，並未同伙及不知謀情由。[82]
乾隆 13 年	直隸	收元教	涉燒香吃齋，念經聚會，即時捕拏，嚴究不赦。[83]
乾隆 13 年	福建	老官齋教	建甌一處，雖鄉愚無知，僅止吃齋從教，終屬藏污聚匪之事。苟非撥本塞源，去惡務盡，勢必仍為後患。[84]

---

[78] 《史料旬刊》第二十七期，天 971，同上奏摺。

[79] 《軍機處檔·月摺包》第 002069 號，（臺北：國立故宮博物院），乾隆十三年三月二十五日，浙江巡撫顧琮奏摺。

[80] 《史料旬刊》第二十八期，地 31，乾隆十三年三月二十七日，大學士納親奏摺。

[81] 《軍機處檔·月摺包》第 002124 號，（臺北：國立故宮博物院），乾隆十三年四月七日，大學士納親奏摺。

[82] 《軍機處檔·月摺包》第 002145 號，（臺北：國立故宮博物院），乾隆十三年四月九日，閩浙總督喀爾吉善奏摺。

[83] 《軍機處檔·月摺包》第 002218 號，（臺北：國立故宮博物院），乾隆十三年三月二十三日，直隸總督那蘇圖奏摺。

[84] 《軍機處檔·月摺包》第 002261 號，（臺北：國立故宮博物院），乾隆

乾隆 10 年	山西長治縣	混沌教	乾隆十年三月內，長治縣北關村大會，小的二月半就前去擺攤賣針。二十五日，遇見賣烏綾王會，是直隸沙河縣人，同在一處擺攤，說起他是吃齋的人，他因有病，小的說會治病，還有老師付傳的妙法。初三日會散了，就一同到小的家，小的領他在神前磕頭，就將運氣念無字真經的法子教他。------小的又教他要三皈五戒才得成正果，一皈佛、二皈法、三皈僧、一戒不殺牲、二戒不偷盜、三戒不邪淫、四戒暈酒、五戒不誑語。[85]
乾隆 13 年	四川	大乘教	本名曾鳳科于乾隆三年前往四川遇見唐登芳，勸令入教吃齋，取名瑞芳，但並未同唐登芳進京。------于乾隆三年三月間，在四川拜唐登芳為師入張保太的大乘教吃齋，取名瑞芳。[86]
乾隆 13 年	湖南	大乘教	自乾隆十一年查拿大乘邪教之時，已嚴敕各縣自大乘邪教之外，凡一切私立教名，燒香吃齋，聚眾做會之徒，俱一律查禁。[87]
乾隆 13 年	雲南	大乘教、羅教	近來各處罪徒，借燒香喫齋為名，陰行勾結者頗多。朕前降旨，原不專為大乘一教，可再傳諭各督撫等羅教一案，務須加意查辦杜絕株嗣。[88]

十三年四月二十八日，福建巡撫潘思榘奏摺。

[85] 中國人民大學歷史系，中國第一歷史檔案館合編，《清代農民戰爭史資料選編》第三冊（北京：中國人民大學出版社，1983 年），頁 271。
[86] 《軍機處檔·月摺包》第 002377 號，（臺北：國立故宮博物院），乾隆十三年五月二十日，江西巡撫開泰奏摺。
[87] 《軍機處檔·月摺包》第 002535 號，（臺北：國立故宮博物院），乾隆十三年六月二十七日，湖南巡撫楊錫紱奏摺。
[88] 《軍機處檔·月摺包》第 002874 號，（臺北：國立故宮博物院），乾隆十三年八月二十四日，四川巡撫紀山奏摺。

乾隆 13 年	江西	老官齋教、羅教	高田地方有吃齋念經之姚文謨，密拏到案，並於伊處起有印綾一幅。[89]
乾隆 13 年	福建	羅教、老官齋教	齋堂每月朔望，聚會念經吃齋。[90]
乾隆 14 年	貴州	羅教	每歲三月朔日起至初十日止，什百成群，全集寺觀，先期宿壇齋戒。[91]
乾隆 14 年	福建	老官齋教	嚴飭地方官留心查訪，凡有一切吃齋，以禮佛為名，形跡可疑之人，密加訪察，立即密拏，嚴拏究訊。[92]
乾隆 14 年	福建	羅教	從前喫齋入教之人，寧化長汀兩縣，查訪存沒姓名，以及現在開葷改教，尚未理實根源。[93]
乾隆 14 年	江西	羅教	閩省有齋犯五十餘名，現在已獲二十一名。其寧化齋犯業經勒令開葷還俗，齋堂盡行拆毀。------若鄉曲小民，持齋拜佛，念經禮懺，所在有之。------凡屬持齋之人，悉令開葷，經堂悉令拆毀。[94]

---

[89] 《軍機處檔·月摺包》第 003733 號，（臺北：國立故宮博物院），乾隆十三年十二月十二日，江西巡撫開泰奏摺。

[90] 《軍機處檔·月摺包》第 003826 號，（臺北：國立故宮博物院），乾隆十三年十二月二十五日，閩浙總督喀爾吉善奏摺。

[91] 《軍機處檔·月摺包》第 003870 號，（臺北：國立故宮博物院），乾隆十四年一月十一日，貴州巡撫愛必達奏摺。

[92] 《軍機處檔·月摺包》第 004045 號，（臺北：國立故宮博物院），乾隆十四年二月二十六日，唐綏祖奏摺。

[93] 《軍機處檔·月摺包》第 004341 號，（臺北：國立故宮博物院），乾隆十四年五月十七日，福建陸路提督武進陞奏摺。

[94] 《軍機處檔·月摺包》第 004550 號，（臺北：國立故宮博物院），乾隆十四年七月十四日，閩浙總督喀爾吉善奏摺。

乾隆 14 年	湖南	羅教	**吃齋念經**，化緣度日。[95]
乾隆 14 年	江西湖廣	羅教	該犯堅供習學羅教，**吃素念經**，並無邪教匪類。[96]
乾隆 17 年	山西	無為教、橋樑會	**持齋立會**，邪教惑民，變為風俗人心之害。歷年諭旨，飭行地方官，嚴查禁止在案。[97]
乾隆 17 年	山西	無為教、橋樑會	關氏故父關綸民在日，於康熙年間素習與人念經治病之事，迨後關氏嫁與胡昌思為妻，昌思自幼務農，十八歲時病患癩瘡，係關綸民念經治愈，因而**信佛持齋**，其時尚無念經立會情事。[98]
乾隆 18 年	山西長子縣	混沌教	小的平日剃頭算卦，賣針營生。又會參禪說偈運氣，念無字真經，燒香占病。三十歲上，有本村王奉祿是個教門，勸人**吃齋說偈**，遂拜他為師。[99]
乾隆 18 年	山西長治縣	混沌教	小的第二兄弟跟著小的父親**吃長齋**。他每日在佛前供清茶一杯，吃著飲食先要供佛，并不同小的一教。他不收徒弟不傳經卷，只是自己**修齋**。[100]

[95] 《軍機處檔・月摺包》第 004787 號，（臺北：國立故宮博物院），乾隆十四年八月二十七日，湖北巡撫唐綏祖奏摺。

[96] 《軍機處檔・月摺包》第 004784 號，（臺北：國立故宮博物院），乾隆十四年八月二十七日，湖北巡撫唐綏祖奏摺。

[97] 《軍機處檔・月摺包》第 008180 號，（臺北：國立故宮博物院），乾隆十七年四月十二日，山西巡撫阿思哈奏摺。

[98] 《宮中檔乾隆朝奏摺》第三輯（民國七十一年七月），頁 485。乾隆 17 年 7 月 28 日，山西巡撫阿思哈奏摺。

[99] 中國人民大學歷史系，中國第一歷史檔案館合編，《清代農民戰爭史資料選編》第三冊，頁 270。

[100] 中國人民大學歷史系，中國第一歷史檔案館合編，《清代農民戰爭史資料選編》第三冊，前揭書，頁 273。

乾隆 18 年	山西長治縣	混沌教	司禮供：小的是長治縣西坡村人，五十六歲了，是氈匠手藝。雍正五年春間有個杜三勸小的吃齋，說修個來生好處，世上騎騾騎馬的人都是前生修來的。[101]
乾隆 18 年	山西長治縣	混沌教	曹茂臣供：小的今年七十四歲了，是長治縣北和村人，做氈帽營生。從小**天戒不吃葷**。[102]
乾隆 18 年	山西長治縣	混沌教	楊氏供：馮進京是小的男人。他平素吃齋念**佛**，勸人行好是有的，並沒招集多人夜來明去的事。------小的**不吃齋**，自小到老沒受過一日好處，氣得耳聾了。小的男人性情不好，與小的是不相和的，有話也不對小的說。[103]
乾隆 18 年	山西長治縣	混沌教	劉氏供：小的四十七歲了，是司禮的女人。小的**不吃齋**，男人從前原吃齋，如今開葷多年了。[104]
乾隆 18 年	浙江	羅教、龍華會	有傳習羅教自稱龍華會之曹進侯，**茹素納錢**，哄誘民人。-------周喜吉供稱，今年七十二歲，係伊妻父李必達傳下，念羅教經**吃齋行善**。[105]
乾隆 18 年	浙江	羅教、龍華會	如入會男婦，僅止念**佛吃齋**，並無別故，並自行投首者，取具的保詳請 發落。[106]

---

[101] 中國人民大學歷史系，中國第一歷史檔案館合編，《清代農民戰爭史資料選編》第三冊，頁 274。

[102] 中國人民大學歷史系，中國第一歷史檔案館合編，《清代農民戰爭史資料選編》第三冊，頁 275。

[103] 中國人民大學歷史系，中國第一歷史檔案館合編，《清代農民戰爭史資料選編》第三冊，頁 275。

[104] 中國人民大學歷史系，中國第一歷史檔案館合編，《清代農民戰爭史資料選編》第三冊，頁 275~276。

[105] 《史料旬刊》第二十四期，天 861，乾隆十八年七月十九日，浙江巡撫雅爾哈善奏摺。

[106] 《史料旬刊》第二十四期，天 862，同上奏摺。

乾隆18年	浙江	羅教、老官齋教、龍華會	曹進侯等倡立龍華會邪教，招引男婦入會**吃齋誦經**，營兵亦有入會誦經者，其法名皆以普字排行。[107]
乾隆28年	直隸	黃天道、收元會	現在李遲年等，俱係伊兄裔孫，且曾經**喫齋做會**，亦應按律治罪。[108]
乾隆28年	直隸	黃天道	王進賢供出伊在昌平，有常時來往，**喫齋念經**。-------據各犯所供，雖俱不知有鉤鑄等詞，然其中有家藏經卷數部者，亦有雖不念經**素日喫齋**者。[109]
乾隆28年	直隸	黃天道	施一貴、--------等，無藏有經卷字跡，但平素**俱曾喫齋**，且與王進賢往來，又李文忠供出之劉才、李德福亦**俱曾喫齋**，應各照違制律杖一百，於本地方枷號一個月示眾，滿日折責發落。[110]
乾隆28年	浙江	天圓教	徐周柄俱從楊維中學習**喫素誦經**，並於各犯家中搜出《金剛彌陀經》、及懺圖冊，訊係彌勒邪教支派。[111]
乾隆28年	浙江	天圓教	如訊明止係**喫齋誦經**，並無斂錢傳播等事，即分別予以懲創，照例完結，不必輾轉株連。[112]
乾隆28年	浙江	天圓教	歸安縣尤錫章訪獲**喫齋誦經**之何良貴、孫子文等。究問經懺來由，據供傳自舒思硯之徒

---

[107] 《史料旬刊》第二十四期，天862，同上奏摺。

[108] 《宮中檔乾隆朝奏摺》第十八輯（民國七十二年十月），頁379，乾隆二十八年四月五日，兆惠等奏摺。

[109] 《宮中檔乾隆朝奏摺》第十八輯（民國七十二年十月），頁455，乾隆二十八年四月十四日，兆惠等奏摺。

[110] 《宮中檔乾隆朝奏摺》第十八輯（民國七十二年十月），頁457，同上奏摺。

[111] 《宮中檔乾隆朝奏摺》第十八輯（民國七十二年十月），頁543，乾隆二十八年七月二十二日，浙江巡撫熊學鵬奏摺。

[112] 《宮中檔乾隆朝奏摺》第十八輯（民國七十二年十月），頁544，同上奏摺。

			張揚雲，遞傳至吳雲龍，雲龍故後，俱交金予懷收藏。[113]
乾隆 28 年	浙江	天圓教	若祇係**吃齋祈福**，並無聚眾授徒情事，原可照例完結。[114]
乾隆 33 年	浙江	羅教、大乘教	每年糧船回空，各水手來菴居住者，每日給飯食銀四分。平日僅止一、二人管菴，並無輾轉煽惑，教誘聚眾之事，皈教之人有**喫素念經**者，亦有**不喫素不念經**者。經名苦工、破邪、金剛、正信等項名目，並無不法邪語。[115]
乾隆 33 年	江蘇	長生教、果子教	有朱華章等住居長生菴，倡立長生教，誘人**喫齋誦經**，並以果品供佛，分送燒香之人，妄稱可以延年，又名果子教等語。[116]
乾隆 33 年	江蘇	大乘教、無為教	該管堂之人，非僧非道，藉稱各有宗派，開堂施教。平日**茹素誦經**，招徒傳授，并與無籍水手，往來存頓。[117]
乾隆 33 年	江蘇	大乘教、無為教	每歲冬至，在教之人齊集堂內，將傳下經卷誦念禮拜。各出銀一錢及七、八分以為**齋供**，平時**喫素修行**，並無別項邪術。[118]

[113] 《宮中檔乾隆朝奏摺》第十八輯（民國七十二年十月），頁615，乾隆二十八年八月六日，尹繼善等奏摺。

[114] 《宮中檔乾隆朝奏摺》第十八輯（民國七十二年十月），頁648，乾隆二十八年八月八日，浙江學政錢學城奏摺。

[115] 《史料旬刊》第十二期，天405，乾隆三十三年九月十日，浙江巡撫覺羅永德奏摺。

[116] 《史料旬刊》第十三期，天449，乾隆三十三年九月十八日，江蘇巡撫彰寶奏摺。

[117] 《史料旬刊》第十五期，天525，乾隆三十三年十月一日，江蘇巡撫彰寶奏摺。

[118] 《史料旬刊》第十五期，天526，乾隆三十三年十月一日，同上奏摺。

乾隆 33 年	江蘇	長生教	前明萬曆年間,有已故之汪長生,創造齋堂,念佛吃素,相沿日久,聚集多人。[119]
乾隆 33 年	浙江	羅教	水手亦不盡歸羅教之人,而每年平安回次,則各出銀五分,置備香燭素供,在菴酬神。向來守菴之人,是日念經數卷,其水手中歸教念經者,亦即隨之。[120]
乾隆 34 年	江蘇	長生教、大乘教、無為教、龍華會	江蘇民俗每以茹素誦經為名,開堂設教,煽惑愚民,輾轉傳授,蔓延無已,最為閭閻之害。臣於上年秋間,訪獲蘇城各經堂,崇奉大乘、無為邪教,又於常鎮地方,訪有舊時龍華教遺孽,當將各教流傳經卷邪書,及入教人犯悉數搜挐,嚴行究審。[121]
乾隆 34 年	江蘇	長生教	汪長生之教,或誘人喫齋禮佛,聚會燒香,或藏匿應劫邪經,持誦抄傳,或造賣陰司路引,誆騙財物,皆名為長生教。[122]
乾隆 34 年	直隸	紅陽教	大興縣李國聘之祖李文茂在日,曾入紅陽教,存有經卷。李文茂之子李尚珍,亦隨吃齋。乾隆十一年奉禁之時,李文茂已身故,李尚珍亦即開葷,但未將經卷銷燬。[123]
乾隆 34 年	浙江	長生教	據嘉興府屬之秀水嘉興二縣,查獲郡城彌陀菴之于文益,及在家奉教之王懷德等,均係持齋拜懺之人。[124]

---

[119] 《史料旬刊》第十三期,天 451,乾隆三十三年十月十三日,浙江巡撫覺羅永德奏摺。

[120] 《史料旬刊》第十二期,天 408-409,乾隆三十三年十一月三十日,閩浙總督崔應階奏摺。

[121] 《宮中檔乾隆朝奏摺》第三十三輯(民國七十四年一月),頁 167,乾隆三十四年元月二十二日,江蘇巡撫彰寶奏摺。

[122] 《宮中檔乾隆朝奏摺》第三十三輯,頁 167,同上奏摺。

[123] 《史料旬刊》第十五期,天 579,乾隆三十四年二月十二日,直隸總督楊廷璋奏摺。

[124] 《史料旬刊》第十五期,天 528,乾隆三十四年三月十九日,浙江巡撫覺羅永德奏摺。

乾隆 34 年	浙江	長生教	汪長生即汪普善，在西安縣地方。於前明萬曆年間創建齋堂，勸人**吃齋念佛**，謂可卻病延年。伊表姐姜徐氏即姜媽媽，亦用此說勸導婦女，名為長生教。汪長生死後，即葬於齋堂左邊之無影山。[125]
乾隆 34 年	浙江	長生教	**吃素飯教**，菴內所供係觀音、彌勒、韋馱，所念係心經、金剛等經。來菴拜懺之人係陸添餘、--------------等。每次各出米一升錢十二文給于文益，買備香燭菜蔬，**共食素齋**一頓而散。[126]
乾隆 34 年	湖廣	未來教、三元會	聞沙市地方有人**吃齋做會**，惑眾斂錢，會同營員親往查緝，隨拿獲李純佑，並在伊家搜出末劫、定劫兩經，及護道榜文符票等項。[127]
乾隆 34 年	湖廣	未來教、三元會	有已故江陵縣民賀坤，**平日吃齋**，家藏三官、觀音、雷祖、玉皇、金剛、還鄉、末劫、定劫等經八部。勸人**茹素念經**祈福免災，并于每年三月初三、五月十三、九月初九等日做會一次，未來會名。[128]
乾隆 34 年	浙江	長生教、天圓教	於初一十五**吃素念經**，各送岐山銀三錢六分，買受經懺各一部。[129]

---

[125] 《史料旬刊》第十五期，天 528，同上奏摺。

[126] 《史料旬刊》第十五期，天 529，同上奏摺。

[127] 《軍機處檔·月摺包》第 010731 號，（臺北：國立故宮博物院），乾隆三十四年十月四日，湖廣總督吳達善奏摺。

[128] 《軍機處檔·月摺包》第 010731 號，同上奏摺。

[129] 《軍機處檔·月摺包》第 011144 號，（臺北：國立故宮博物院），乾隆三十四年十二月一日，浙江巡撫永德奏摺。

乾隆 34 年	湖北	未來教	李純佑自幼來楚任荊州府江陵縣沙市地方習藝裁縫，旋聽鄧連桂勸引，隨從賀坤喫齋祈福，年久不迨。李純祺於乾隆三十一年十月間，赴荊探望，同住月餘，見李純佑不務本業，時常茹素，屢勸不改，反與口角。遂另寓府城，挑水營生，不復往來。迨賀坤物故，李純佑於呂法搖家，得見賀坤所遺末劫、定劫兩經，名色奇異，取圖惑眾騙財，借抄添改，妄加逆語，號為未來教。[130]
乾隆 36 年	山西	收元榮華會	查有保內民人卓分、顧尚友，每日念佛吃齋，恐其結會滋事，赴縣具拿。隨拘提二犯到案，究出本年一月內，有陽在成之兄陽在天，與河南桐柏縣民張成功，同到卓分家言談。以今年人口多災，勸令結錢做醮，并教令吃齋禮佛，念誦天元太保十字經。[131]
乾隆 36 年	河南	白陽教	乾隆二十二年十一月十一日，有直隸昌黎縣人王忠順，路過利山店法會，自稱彌勒佛轉世，係白陽教首，勸令入教吃齋，并引人入教可以超渡父母，自免災難，來世還有好處。[132]
乾隆 37 年	河南	白陽教	乾隆二十四年，王源九因無子嗣，同妻汪氏復行吃齋，當未歸教。及至二十九年九月間，直隸人王忠順來至王源九家，自稱彌勒佛轉世，係白陽教主。誘令王源九拜伊為師，並令勸人入教，可以消災獲福。[133]

---

[130] 《軍機處檔・月摺包》第 011148 號，（臺北：國立故宮博物院），乾隆三十四年十二月二日，湖北巡撫梁國治奏摺。

[131] 《軍機處檔・月摺包》第 014121 號，（臺北：國立故宮博物院），乾隆三十六年五月二十八日，安徽巡撫裴宗錫奏摺。

[132] 《軍機處檔・月摺包》第 015603 號，（臺北：國立故宮博物院），乾隆三十六年十二月十六日，富明安等奏摺。

[133] 《軍機處檔・月摺包》第 016433 號，（臺北：國立故宮博物院），乾隆三十七年三月二十六日，河南巡撫何煟奏摺。

乾隆 37 年	直隸	白陽教、大乘教、清淨無為教	鉅鹿縣人李祥生即李尚升，因其**患病喫齋**，王忠順即以**持齋**必順受戒為詞，誘令李尚升入教，李尚升即拜王忠順為師。[134]
乾隆 37 年	直隸	白陽教	乾隆三十四年正月內，在青雲店集上，與同縣人趙美公會遇，趙美公亦言及不時患病，未得良醫調治。屈得興即以有彌勒佛白陽教所傳八字傳誦，可以卻病，必須**喫齋燒香**方可傳授。趙美公信以為實，即於是日往邀屈得興到家，屈得興令其**焚香喫齋**，趙美公隨向屈得興叩頭受教。[135]
乾隆 37 年	江蘇	白陽教	此案周天渠周受南二犯，聽從王漢九奉教，又轉相勸誘葛方來、王經鮑、洪義**喫齋**，均合依左道惑眾為徒，例發邊遠充軍。[136]
乾隆 37 年	江蘇	白陽教、喫素教	據龔忝瑞供出**喫素**之龔秀坤、倪廷相、施長發、何二、曹耀祖等，當即按名查拿，一面搜查各犯家內，于龔秀坤家起出達摩指迷一本，懺訣一本，亦係邪教書籍。[137]
乾隆 39 年	廣東	妖言惑眾	除隨同馬王氏**吃齋祈福**輕罪不議外，林阿裕、陳阿諒--------十二名，均依謀叛，已行不分首從皆斬律擬斬立決。------馬阿魯籍母**持齋醫病**，妄思煽惑騙錢，則以善惡吉凶為詞，捏造謠誘人禳災祈福，應照妄布邪言，煽惑人心為首斬決。[138]

---

[134] 《軍機處檔·月摺包》第 016299 號，（臺北：國立故宮博物院），乾隆三十七年三月十二日，直隸總督周元理奏摺。

[135] 《軍機處檔·月摺包》第 016388 號，（臺北：國立故宮博物院），乾隆三十七年三月二十日，直隸總督周元理奏摺。

[136] 《軍機處檔·月摺包》第 016828 號，（臺北：國立故宮博物院），乾隆三十七年五月一日，署理江西巡撫薩載奏摺。

[137] 《軍機處檔·月摺包》第 017973 號，（臺北：國立故宮博物院），乾隆三十七年八月二十九日，高晉等奏摺。

[138] 《宮中檔乾隆朝奏摺》第三十四輯（民國七十四年二月），頁 225，乾隆

乾隆 43 年	山西	收源教、源洞教	每年三次作會念經，各送齋錢給與段文琳收用。[139]
乾隆 43 年	山西	收源教、源洞教	段文琳將景福奇所遺邪教歌曲收存，起意復行邪教。因素與陽曲縣人張成相識，於乾隆十三年至張成家，誘引招徒喫齋念經，張成即拜段文琳為師。[140]
乾隆 45 年	湖北	邪教	據黃三光供稱，伊故父黃如進在日，常誦兩咒，一係真空家鄉，無生父母，現在如來，彌勒我主。一係秉聖如來，三元奉聖，五氣歸宗，佛命當知救苦救難觀世音菩薩。每日三次向日光拜念，逢九喫齋，說可消災求福，伊亦隨同念拜，還有一抄本達摩傳。[141]
乾隆 45 年	河南	邪教	楊文煥狡匿真情，止認吃齋念佛。該縣胡元琢不加詳究，僅予杖責。[142]
乾隆 45 年	福建	羅祖大乘教	沈本源誑言崇奉羅祖大乘教，可以獲福消災，延年增壽，遂拜沈本源為師，吃齋修善。[143]

　　三十九年元月十二日，兩廣總督李侍堯奏摺。

[139]　《軍機處檔・月摺包》第 022056 號，（臺北：國立故宮博物院），乾隆四十三年十二月十六日，山西巡撫覺羅巴延三奏摺。

[140]　《軍機處檔・月摺包》第 022328 號，（臺北：國立故宮博物院），乾隆四十三年十二月二十六日，山西巡撫覺羅巴延三奏摺。

[141]　《軍機處檔・月摺包》第 028108 號，（臺北：國立故宮博物院），乾隆四十五年九月二日，湖廣總督富勒渾奏摺。

[142]　《軍機處檔・月摺包》第 028928 號，（臺北：國立故宮博物院），乾隆四十五年十二月二十七日，河南巡撫雅德奏摺。

[143]　《軍機處檔・月摺包》第 029249 號，（臺北：國立故宮博物院），乾隆四十五年十二月十六日，湖廣總督富勒渾奏摺。

乾隆 46 年	福建	羅教	僧人何圓------我自十八歲**吃齋拜師**，父名叫來全，我十九歲到浦城和里地方山菴出家。師父久已身故，這些羅教經卷，是師父與我的。後來自己抄寫，舊年菴堂失火，將舊經燒去，只存現在的。我於乾隆四十年上，又來到東源關新菴居住，舊菴裡住的是一個徒弟叫羅瞎子。[144]
乾隆 46 年	福建	羅教	四十五年三遙沈本源以棲止得所，即雇諶孝懇地種植，起意開堂設教。捏稱四月朔係羅祖生日，供奉牌位，揚士珍---------等先後拜沈本源為師，**受戒吃齋**，各送香錢自一百五、六文至四百文不等。[145]
乾隆 46 年	福建	羅教	四十三年，復有寧化人伍文標，攜資交與賴思春，**隨同喫齋**，以度殘喘，俱未信奉羅教，此賴思春等**在堂喫齋**之實情也。------有年邁無依之老丁，即袁子飛及病廢之東德陞，各帶養贍銀兩至菴，交與何圓一，**隨同喫齋**，以度餘年。[146]
乾隆 46 年	湖北	羅教	據應城縣知縣王崮高宣稱，訪有縣民陳其才等，**吃齋招徒**。------已故周圓如以大乘教有五報，是報覆載照臨水土養育引進恩；又有五戒，是戒殺生偷盜淫邪誆語酒肉等。**入教吃齋**遵奉五報、五戒，可以邀福消災。[147]

---

[144] 《軍機處檔‧月摺包》第 030025 號，（臺北：國立故宮博物院），乾隆四十六年三月十六日，閩浙總督陳輝祖奏摺。

[145] 《軍機處檔‧月摺包》第 030319 號，（臺北：國立故宮博物院），乾隆四十六年四月十八日，福建巡撫富綱奏摺。

[146] 《軍機處檔‧月摺包》第 030319 號，同上奏摺。

[147] 《軍機處檔‧月摺包》第 031258 號，（臺北：國立故宮博物院），乾隆四十六年七月三日，湖廣總督舒常奏摺。

乾隆 46 年	湖北	羅教	雖**吃齋入教**，並未傳徒，應與先經**吃齋入教**，未曾傳徒，然後開齋之邱士達-------等，罪減一等，杖一百，徒三年。[148]
乾隆 46 年	湖北	羅教	據供乾隆二十五、六年間，有外甥陳佑相，至家問知周圓如身故，遺有經像託伊向劉氏取往應城是實。該府縣隨於各家搜查，俱無經像，查訊地鄰該村，亦無**吃齋入教**之人。[149]
乾隆 47 年	山東	羅教	該州民人王福、劉佩、李士登、李子敬等，**持齋捧誦**羅教邪經。先後拏獲王福等九犯，搜起經卷錄供稟報。------王福籍隸亳州，種地為業，其故祖王源順，素常**吃齋念經**，曾覓得羅教邪經，並護道榜文收藏在家。----嗣王源順與劉文銳相繼亡故，王福父子俱未**持齋習誦**。至二十七年，王福以父病未痊，曾經**吃齋念經**，又劉佩之故母張氏，亦曾**吃齋念經**，遺有羅教邪經，並護道榜文解論等項。[150]
乾隆 47 年	山東	羅教	乾隆四十六年十二月內，王福、劉佩、李士登、李子敬等，因家有遺經，翼圖消災祈福，遂於每月朔望至王福家中，自備香燭，**持齋念經**。------王福等各家遇人患病，即在同教各家內**持齋念經**，以翼消災。[151]

---

[148] 《軍機處檔‧月摺包》第 032024 號，（臺北：國立故宮博物院），乾隆四十六年九月八日，湖廣總督舒常奏摺。

[149] 《軍機處檔‧月摺包》第 032024 號，同上奏摺。

[150] 《宮中檔乾隆朝奏摺》第五十三輯（民國七十五年九月），頁 218~219，乾隆四十七年九月二十九日，署理兩江總督薩載奏摺。

[151] 《宮中檔乾隆朝奏摺》第五十三輯，同上奏摺。

乾隆 48 年	江西	大乘教	素識貴溪縣人吳子祥,給與勸世懺語一本、大乘大戒經一本,並令**持齋念誦**,悔過求福。伊即照本念熟,嗣因族人萬勝榮、萬卓然患病,伊亦**勸令喫齋**,口授勸世懺語,令其誦經。[152]
乾隆 48 年	山西	紅陽教	民人渠閏甫訊於乾隆四十五年,拜本村王增元為師,**喫齋念經**,有王毓山、閻青廷、郭永都等,併同會十餘人,於每年七月初四做會一次,供奉飄高老祖,持誦觀音普門品經。[153]
乾隆 49 年	山東	坤卦教	李坤先平日鋸賣羅圈及販粉皮生理,從未見其行教收徒,亦不禬其在南宮縣收徒傳教之事。詰訊李坤先之妻段氏,堅稱伊夫平日並**不念經吃素**,不知伊夫向會拳腳,數年前有邢姓等向其學過拳腳。[154]
乾隆 49 年	山西	紅陽教	直隸省拿獲山西平遙縣民人渠閏甫,供出**吃齋念佛**,賣房買經。現有伊師王增元在籍,係紅陽邪教等情。[155]
乾隆 49 年	直隸	邪教	元士信供稱,王盧氏之夫王日新在日,曾用符燒化替人治病。伊遂拜王日新為師,王日新死後,其妻王盧氏亦**吃齋**,用符治病。[156]

---

[152] 《軍機處檔・月摺包》第 034124 號,(臺北:國立故宮博物院),乾隆四十八年十月九日,山西巡撫郝碩奏摺。

[153] 《宮中檔乾隆朝奏摺》第五十八輯(民國七十六年二月),頁 433,乾隆四十八年十一月二十七日,山西巡撫農起奏摺。

[154] 《宮中檔乾隆朝奏摺》第五十九輯(民國七十六年三月),頁 95~96,乾隆四十九年一月十三日,山東巡撫明興奏摺。

[155] 《軍機處檔・月摺包》第 036027 號,(臺北:國立故宮博物院),乾隆四十九年三月二十九日,山西巡撫農起奏摺。

[156] 《軍機處檔・月摺包》第 036429 號,(臺北:國立故宮博物院),乾隆四十九年四月二十七日,直隸總督劉峨奏摺。

乾隆 50 年	湖北	收元教	孫貴遠于乾隆三十三年八月初二日，在李從呼家鑽磨，李從呼言及伊奉收元教，**吃齋念經**，可以消災免禍，孫貴遠即給錢百文，拜師入教。李從呼口傳「南無天元太保阿彌陀佛」十字，又「十門有道一口傳，十人共士一子丹，十口合同西江月，開弓射箭到長安」咒語，令其念誦。[157]
乾隆 52 年	直隸	收元教	據供收圓等經，均係伊祖存留，救度經實止上卷一本。伊父董可亮並不識字，委不知來自何處，迨該犯粗知文義，**自幼吃齋唪誦**，代人念經消災除病。[158]
乾隆 52 年	山西	收元教	直隸督臣劉峩咨開據蠡縣查獲該縣民人董敏，與完縣民人郭林等，有**持齋念經**等事，並於家內取出勸善歌單。[159]
乾隆 52 年	山西	收元教	縣民郭林亦**自幼吃齋**，向與內邱縣在逃之劉進心結為善友，劉進心曾告知山西長子縣有刊刷歌單，以四張為一副，兩張為合同，兩張為靈文，生時唪誦，可以獲福，死後一半燒化，一半放在胸前，即可成為善人。-------郭林先將歌單攜回，與董敏撞遇，彼此談及**吃齋念佛**等事，并詢知歌單來歷。[160]

[157] 中國第一歷史檔案館編《清代檔案史料叢編》第九輯，（北京：中華書局，1983 年）頁 173，乾隆五十年四月十一日，湖廣總督特成額等奏摺。

[158] 《宮中檔乾隆朝奏摺》第六十輯（民國七十六年四月），頁 463，乾隆五十二年二月二十七日，直隸總督劉峩奏摺。

[159] 《宮中檔乾隆朝奏摺》第六十輯（民國七十六年四月），頁 463，乾隆五十二年二月三十日，山西巡撫勒保奏摺。

[160] 中國第一歷史檔案館編《乾隆朝上諭檔》第十四冊，（北京：檔案出版社，1991 年），頁 722，乾隆五十二年三月二日，和珅等奏稿。

乾隆 52 年	直隸	收元教	五十一年四月內,柳進心與完縣人郭林撞遇,道及吃齋念佛,遂相交好。是年六月間,柳進心復遇郭林,令其散賣歌單,并告係教首田金臺遺傳,以四張為一副,總名合同男女,唪誦可以消災得福。[161]
乾隆 52 年	山西	白蓮教、收元教	據該司在於各該犯家內逐細搜查,並無不法經卷字跡,審明亦無持齋念經之事。------張冉公於雍正六年倡立白蓮邪教,破案問擬斬決正法。其子張開林等免議,均在長子縣傭工度日,並未踵行邪教,亦未持齋念經。------有子孫現在者,逐一查訊,委無持齋念經等事。但均係匪犯子孫,必須嚴加約束,庶免出外滋事。[162]
乾隆 52 年	山西	邪教子孫	今該省舊案俱已辦竣,其匪犯子孫,雖現尚無持齋念經等事,但必須嚴加約束,庶免外出滋事。[163]
乾隆 55 年	江西	大乘教	已故貴溪縣民吳子祥,編造經懺拜誦斂錢,案內從犯吳子祥,先于乾隆四十八年間,編造大乘大戒經本,喫齋念佛斂錢授徒。[164]
乾隆 59 年	安徽	混元教、三陽教	竊臣等先後馳抵太和,遵奉諭旨,督飭查拿劉之協一犯并究餘黨,拿獲傳經授徒之阮儒各犯及吃齋供像之任梓等,連日督同司道親加研鞫。[165]

---

[161] 《宮中檔乾隆朝奏摺》第六十四輯(民國七十六年八月),頁 662,乾隆五十二年六月十二日,直隸總督劉峨奏摺。

[162] 《宮中檔乾隆朝奏摺》第六十四輯(民國七十六年八月),頁 723,乾隆五十二年六月二十四日,山西巡撫勒保奏摺。

[163] 《宮中檔乾隆朝奏摺》第六十五輯(民國七十六年九月),頁 82,乾隆五十二年七月二十一日,護理山西巡撫鄭源壽奏摺。

[164] 《軍機處檔·月摺包》第 042527 號,(臺北:國立故宮博物院),乾隆五十五年四月二十一日,江西巡撫何裕城奏摺。

[165] 中國第一歷史檔案館編《清代檔案史料叢編》第九輯,頁 220,乾隆五十九年十一月十二日,蘇凌阿等奏摺。

就上表所示，乾隆一朝六十年期間，民間宗教的教派活動頻
繁，其中與齋戒信仰有關的記載很多，大致上可以看出，主要是
羅教系統的教派及混沌教、長生教、黃天道等。分述如下

（一）江南齋教

如前第三章所述，羅教在創教祖師過世後，分成幾支流傳，
其中由殷繼南（二祖）、姚文宇（三祖）向江南傳播的一支，稱
為「江南齋教」或稱羅教。[166]就目前的資料看來，江南齋教首先
是在明嘉靖年間，出現於浙江處州一帶由二祖殷繼南所開創，稱
為「無極正派」[167]。殷祖傳教布道的區域，主要在浙江處州、縉
雲、臺州、松陽、武義、溫州、青田、金華、瑞昌、景寧、宣平
諸州縣，分布於浙江中部及沿海地區。在傳教上，殷祖建立了初
步的教階制度，封了二十八位「化師」，七十二位的「引進」，
二十八位的化師皆以「普」字派命法名。明萬曆十年（1582）殷
祖在溫州被官府所捕，同年八月四日被處死。[168]

二祖殷繼南過世後，先是由其女弟子普福化師瓊娘繼承教
權，但普福權威不足，信徒渙散，改由處州慶元縣人姚文宇繼掌
教權。三祖姚文宇生於明萬曆六年（1578），根據《太上祖師三
世因由總錄》（以下簡稱《三世因由錄》）的記載，姚祖是「三

---

[166] 馬西沙、韓秉方，前揭書，第七章〈江南齋教的傳播與演變〉。

[167] 淺井紀，〈羅教の繼承と變容──無極正派〉，《和田博開教授古稀記念
明清時代の法と社會》（汲古書屋，1993 年）；武內房司，〈臺灣齋教
龍華派的源流問題〉，收錄於江燦騰、王見川主編，《臺灣齋教的歷史觀
察與展望》（臺北：新文豐，民國 83 年 9 月），頁 7。

[168] 馬西沙、韓秉方，前揭書，頁 348。

十一，正遇師，中途引化。三歸依，持淨戒，參悟無身。」[169]
姚文宇是在三十一歲時皈依殷祖，到明天啟三年（1623），正式
接掌教權。姚祖掌教時期，浙江的教務更為宏展，齋教的信徒也
最多，並向江南各地廣為傳布。《三世因由錄》詳列了姚祖派下，
按中左右「禮、義、廉、恥、孝、忠、和」七代，開展出一百二
十枝「化師」，[170]可見其盛況。

　　姚祖所開創出的一大遍道場，傳布的情況，就目前的研究所
見，約當在明清之際，傳布到江西、福建兩省，其後即快速的向
江蘇、安徽、湖北、湖南、廣西等省流傳。[171]由姚祖所開創的教
團，又稱為「靈山正派」[172]。清雍正七年（1729）間，清政府在
浙江處州府查獲，疑似姚文宇派下教首姚細妹，並經此追查出當
時在福建之泉漳兩郡有更多的羅教徒，令清政府大為驚恐，嚴令
按察使必須詳加密查。[173]同年十二月，江西巡撫謝旻奏稱，發現
福建汀州府的羅教，也是由姚系所傳。是由已身故的姚煥一傳給
兩兒子姚元藻、姚繩武，元藻兩兄弟經往福建汀州府賣布生理
時，將羅教傳至汀州府。[174]有清一代，江南齋教是流傳於長江以
南各省最大的教派，所引發的教案不斷，也留下了不少的檔案記
載。

---

[169] 《太上祖師三世因由總錄》，收入《明清民間宗教經卷文獻》第六冊，頁
　　　297。

[170] 《太上祖師三世因由總錄》，頁 287~290。

[171] 馬西沙、韓秉方，前揭書，頁 340。

[172] 武內房司，前引文，頁 7。

[173] 《史料旬刊》第二期，〈羅教案史貽直摺〉。

[174] 《史料旬刊》第二期，〈羅教案謝旻摺〉。

　　乾隆十八年（1753）間，清政府在浙江寧波府查獲羅教徒周
慶吉，周在當地是羅教的掌教者，法名普棟。根據周慶吉的供詞
說：

> （周慶吉）今年七十二歲，係伊妻父李必達傳下，念羅教
> 經吃齋行善。浙江祖師姚文宇法名普善，是羅祖轉世，在
> 處州慶元縣松源東隅地方悟道，又悟坐功，頭一層功夫名
> 小乘，念廿八字偈語；第二層功夫名大乘，一百八字偈語；
> 上乘沒偈語。單是坐功學小乘，送香資三分三厘；大乘一
> 錢二分；上乘一兩，以六錢七分供佛，三錢三分送老祖堂。
> [175]

周慶吉是當地羅教的掌教者，有權傳授坐功，分小乘、大乘、上
乘三層功夫，依不同的學習位階，受學者要送香資錢，分成三分
三厘、一錢二分、一兩三等。平時跟著周慶吉吃齋作會的弟子主
要有十九人，他們沒有另立教堂，就以周慶吉的齋堂為聚會的集
中點。周慶吉傳坐功的收入，有一部份需上繳在溫州的老祖堂，
此老祖堂是由姚文宇所留傳。

（二）老官齋教

　　就目前學界的研究，一般都認為齋教是源於明代後期，由羅
夢鴻（亦稱羅因）所創的羅教。[176]羅教在創教祖師過世後，分成
幾支留傳，其中由殷繼南（二祖）、姚文宇（三祖）向江南傳播

---

[175]《史料旬刊》第廿四期，〈羅教案〉，乾隆十八年七月十九日，雅爾哈善
　　摺。
[176]詳見馬西沙、韓秉方，前引書，第七章〈江南齋教的傳播與演變〉。

的一支，稱為江南齋教或稱羅教。福建的齋教，即是源於江南齋教這一支派而來。這方面可以載玄之先生〈老官齋教〉一文為代表[177]，文中對此次老官齋教舉事的經過，有較深入的探討。

浙江處州一帶，是個窮鄉山僻的地方，卻是羅教向江南傳播的蘊育處。由此處向江南一帶流傳的羅教，在官方檔案中就稱為「老官齋教」。據福州將軍新柱摺奏稱：

> 老官齋教係羅教改名，即大乘教，傳自浙江處州府慶元縣姚姓，遠祖普善遺有三世因由一書，托言初世姓羅，二世姓殷，三世姓姚。見為天上彌勒，號「無極聖祖」，無論男婦，皆許入會吃齋。入其教者，概以普字為法派命名，其會眾俱稱老官。閩省建、甌二縣從其教吃齋者甚多。[178]

姚祖齋教「靈山正派」，自清初傳入福建省以來，建、甌二縣即是主要的傳教領地，這裡的齋教徒被稱為「老官」，官方的檔案中就稱為「老官齋教」。福建的齋教，即是由這個系統傳承下來。乾隆年間，建、甌二縣西北的交界處有五座齋堂，分別是：[179]

> 「齋明堂」：設於止移立，會首陳光耀即普照。
> 「千興堂」：位於後周地村，會首江華章即普才。
> 「得遇堂」：位於芝田村，會首魏華勝即普騰。
> 「興發堂」：位於七道橋，會首黃朝尊即黃朝莊。
> 「純仁堂」：位於埂尾村，會首王大倫。

---

[177] 載玄之，《中國秘密宗教與密秘社會》（臺北：臺灣商務印書館，民國79年12月），頁840~852。
[178] 《史料旬刊》第二十七期，〈老官齋案新柱摺〉。
[179] 《史料旬刊》第二十七期，〈老官齋案新柱摺〉。

這些齋堂是福建齋教的傳教核心，直接由姚祖的派下所領導。「各
堂入會男婦，每逢塑望，各持香燭赴堂念經聚會，每次人數多寡
不等，慶元縣姚姓後裔姚普益、姚正益每年來閩一次，各堂入會
吃齋之人，欲其命名者，每名給銀三錢三分，以供普善香火。」
[180]姚祖的後裔姚普益、姚正益兩人，即是福建齋教的領導，負責
人事的提拔及命名。所謂命名，必須是參加過「圓關」法會後的
信徒，才由化師以「普」字來命名。每命名一人次收費三錢三分，
與入教時的種根銀相當。

聚眾念經點蠟引發暴動

　　福建省建、甌兩縣的老官齋教徒，在乾隆十三年（1748）發
生一次暴動，震驚了清政府，也才在官方檔案中留下記錄。根據
乾隆十三年（1748）正月二十六日福州將軍新柱奏摺：事發的經
過是在乾隆十二年（1747）十一月間，齋明堂的堂主陳光耀，在
鎮子街上搭了一個篷場，公然「聚集多人，念經點蠟」，鄉長陳
瑞章稟報了甌寧縣丞程述祖，當局拿獲陳光耀等五人，監禁在
縣。此事引發當地各齋堂的驚恐，眾人商議的結果，是讓法名「普
少」的老官娘，捏稱坐功上天，得師父「囑咐今應彌勒下降治世」
為借口，聚集眾齋徒，準備入城劫獄，救出陳光耀等人。

　　乾隆十三年（1748）正月十二日，普少開始坐功上天，假托
神讖語，宣稱彌勒佛要入府城捉拿妖魔，誘哄群眾一齊入城。於
是魏現、黃朝尊等分路糾集人馬，十五日各持兵器，招迎菩薩進
城。這個消息傳出，四鄉民心為之搖動，各家扶老攜幼，紛紛入
山藏匿。起事的齋教徒，舉著各類的旗幟，分別寫著：「無極聖

---

[180]同上註。

祖，代天行事」、「無為大道」、「代天行事」、「勸富濟貧」、
「招軍」等等。整個起事過程，在十六、十七日官府派兵三百名
鎮壓後，很快就落幕，數天內參加起事者被搜捕殆盡。此次起事
戰死和事後捕殺者，共計一百三十多人。[181]

　　這次福建老官齋教的起事，引起當局高度的重視，於是展開
福建全境的調查，發現有很多的齋堂及秘密教門，幾乎遍布福建
全省。是年六月福建巡撫喀爾吉善在一份奏摺中，描述了閩省部
份地區民間教派活動的情形，整理如下表〈4-3〉：[182]

〈表4-3〉乾隆十三年（1748）福建省民間教派活動的分布情形

地區（府、縣）	教派名稱	活動情形	備註
興化府：莆田縣 仙游縣	金童教	供奉觀音大士，男婦聚會吃齋	金童教即金幢教，屬羅教的分支
邵武府：邵武縣	天主教 大乘教	在家內吃齋崇奉，並無經堂	
建寧縣	羅教	齋堂二處	
汀州府：長汀縣	羅教 大乘門、一字門	齋堂十四處	
寧化縣	羅教	供奉觀音齋堂十三處	
清流縣		齋堂十三處	
歸化縣	大乘門	齋堂十三處	
連城縣	觀音大乘門	齋堂二處	
武平縣	觀音大乘門	齋堂六處	
建寧府：建安縣	羅教	齋堂四處	
松溪縣	羅教	齋堂一處	

---

[181] 《硃批奏摺》乾隆十三年正月二十六日福州將軍新柱奏摺；《史料旬刊》
　　　第二十七期新柱奏摺。
[182] 《史料旬刊》第二十九期喀爾吉善等摺

	崇安縣	觀音大乘門	齋堂一處	
延平府：南平縣		羅教	齋堂一處	
福寧府：霞浦縣		羅教	齋堂一處	
臺灣府：諸羅縣		羅教	齋堂二處	
每處在堂吃齋者，自二三十人至十餘人不等。平日所為不過誦經禮懺，更有廢疾衰老，無所依倚之人，藉以存活者。				

資料來源：《史料旬刊》第二十九期喀爾吉善等摺。

〈表4-3〉所示，調查的七府十六縣，除一座天主教堂外，幾乎全是齋教的齋堂。這樣的情況一直延續到清末，福建天主教會編印《閩省會報》說：江西、福建交界的幾個府縣，約有齋教徒一百多萬人。[183]可見清代自乾隆以來，福建的齋教一直都很盛行。

「念經點臘」即是齋教的齋供作會，除了念經祈福之外，還要擺上很多的素齋敬神禮拜，凡所有參加者，皆須繳交一定的上供錢，法會結束時大家一起吃頓齋飯而散。此種法會在齋堂的經營上，是很重要的一項財源，參加的人愈多，收入也愈多。

（三）浙江的「長生教」

差不多與此同時，跨連江蘇與浙江的太湖一帶，也查獲有喫齋誦經的長生教齋堂多處。根據江蘇巡撫彰寶的奏摺稱：

> 吳江縣盛澤鎮地方有長生邪教，已獲金文龍一名。----供有朱華章等住居長生庵，倡立長生教，誘人喫齋誦經，並以果品供佛，分送燒香之人。妄稱可以延年，又名果子教等語。當即將在庵之朱華章、金文龍、萬永法等拿獲，搜出

---

[183] 福森科，《瓜分中國的鬥爭和美國的門戶開放政策》，頁91~92。引自連立昌，前揭書，頁99。

刊抄經卷一百九本，又究出被誘男婦共二十餘人。立即委
員分往嚴拿，按名就獲，臣隨將各犯押帶回省，督同臬司
等嚴加細究，據供其教係已故之姚廷章、倪天祥所傳。倪
天祥得於浙江衢州府之汪普善，其汪普善受教於汪長生，
現有汪長生墳墓在衢州府。西安縣汪堡墩墩旁有長生庵，
亦名齋堂，有陸姓齋公接待往來之人，陳姓齋公供奉汪長
生畫像。又浙江嘉興縣南門外何庵，有陸天宜，及嘉興縣
城內府學前彌勒庵，有濮子惠，俱是長生教齋公等語。[184]

關於長生教的淵源，有幾種說法。一是長生教教主汪普善係姚文
宇的大弟子，根據《三祖行腳因由寶卷》所載，姚文宇是羅教的
第三祖，姚祖繼承二祖殷繼南，統一浙江的各派羅教組織。大弟
子汪長生（普善），由於眾廣心高，乃脫離羅教，另立科規，建
立了長生教，[185]所以長生教也算是羅教的分支。它的一些基本組
織結構，還是依據羅教而來。另外是根據浙江巡撫覺羅永德的說
法：長生教是「前明萬曆年間，有已故之汪長生，創造齋堂，念
佛吃素，相沿日久，聚集多人。」[186]大陸學者濮文起的研究則認
為，長生教的創立，是在明天啟七年（1627年），由黃天道第十
祖，浙江衢州府西安縣人汪長生所創。[187]馬西沙也認為，長生教
主要是受黃天道的影響，就其經典《眾喜粗言寶卷》的內容來看，

---

[184] 《史料旬刊》第十三輯，〈浙江長生教案〉，乾隆三十三年九月十八日，
彰寶摺，頁天449~450。
[185] 馬西沙、韓秉方，前揭書，頁349。
[186] 《史料旬刊》第十三期，天451，乾隆三十三年十月十三日，浙江巡撫覺
羅永德奏摺。
[187] 濮文起，《中國民間秘密宗教辭典》，頁28。

長生教應是黃天道的支派。[188]濮、馬兩人的說法應較為可信。

　　至於長生教的傳教內容，根據江蘇巡撫彰寶的說法：「汪長
生之教，或誘人喫齋禮佛，聚會燒香，或藏匿應劫邪經，持誦抄
傳，或造賣陰司路引，誆騙財物，皆名為長生教。」[189]可見長生
教同樣是主張信徒必須齋戒素食，也以庵堂與齋堂作為道務運作
的中心。浙江巡撫覺羅永德就長生教的庵堂情形說：

> 吃素飯教，菴內所供係觀音、彌勒、韋馱，所念係心經、
> 金剛等經。來菴拜懺之人係陸添餘、--------------等。每次
> 各出米一升錢十二文給于文益，買備香燭菜蔬，共食素齋
> 一頓而散。[190]

　　長生教的庵堂，每年有固定作會拜懺念經的時間，分別是正
月初一、三月初三、六月初六、九月初九、十一月十七等五日。
回來參加的信徒，每人各出米一升，錢十二文，以備香燭菜蔬之
用，法會結束時，共食素齋一頓而散。[191]這是長生教庵堂很主要
的經費來源，長生教很重視念經拜懺，聲稱可以卻病延年，獲得
長壽，故謂之長生教。所念的經以佛教的《心經》、《金剛經》
為主，同時集合愈多人一起念經拜懺，認為效果愈好，所以多在
莊嚴的庵堂內舉行，念經完後大家一起吃齋飯，謂之「長生齋」。

　　長生教的庵堂與羅教的齋堂不同，信徒的組成不以漕運水手

---

[188] 馬西沙、韓秉方，前揭書，頁475~476。
[189] 《宮中檔乾隆朝奏摺》第三十三輯（民國七十四年一月），頁167，乾隆
　　三十四年元月二十二日，江蘇巡撫彰寶奏摺。
[190] 《史料旬刊》第十五期，天529，乾隆三十四年三月十九日，浙江巡撫覺
　　羅永德奏摺。
[191] 《史料旬刊》第十五輯，〈浙江長生教案〉。

為主，而是一般的鄉民大眾，庵堂吸引信徒的方式，就以勸人吃齋念佛，可卻病延年為由，與鄉民社會的基本需求相結合，扮演起一種特殊的社會功能。除了在庵堂舉行念經法會外，一般的信徒也可在自家中，成立臨時的長生齋念佛會。乾隆年間，浙江嘉興縣的長生教信徒王懷德，因他的哥哥王明懷生病多日，就邀同村人金敘壬、楊敘良一同來王明懷家共起念佛長生齋會。往後這個念佛長生齋會，就固定利用每年的正月初一、三月初三、九月初九三次，在王明懷家念佛作會，一次參加的人員約十位，各出錢米以為香燭飯食之費，一直到乾隆二十六年（1761）王明懷病故去世為止。[192]

（四）混沌教

乾隆十八年（1753），官方在山西長子縣查獲的「混沌教」，又稱「混元教」，也是個吃齋的教團。為首的馮進京，自稱「未來佛」，清政府在他家中搜出三部經卷，分別是《李都御參岳山救母出苦經》、《立天卷》及《勸人寶卷》等。[193]根據馮的供詞說：

> （馮進京）小的平日剃頭算卦，賣針營生。又會參禪說偈運氣，念無字真經，燒香占病。三十歲上，有本村王奉祿是個教門，勸人吃齋說偈，遂拜他為師。他傳小的兩道偈語：化言化語化良人，同進天宮證佛身，修行圓滿正果位，

---

[192] 《史料旬刊》第十五輯，〈浙江長生教案〉。

[193] 馬西沙、韓秉方，《中國民間宗教史》，第二十一章〈收元教、混元教的傳承與演變〉，頁 1267。

　　　勝積寶貝共黃金。[194]

可知混沌教是以勸人吃齋傳偈語的方式，吸收信徒。馮進京又說：

> 小的這教名為混沌教，混者混然元氣，沌者悟明心。男子
> 學成就是混天佛，女人學成就是沌天母。小的工夫已到，
> 就是混天佛了，這《李都御救母經》、《立天卷》，是祖
> 母傳留下來的，小的祖父幾輩都是齋公。[195]

「齋公」的意思一定是吃長齋的人，這種人常會在地方上被稱為
齋公。馮進京入教吃齋後，遇上同是吃齋的人，就會拉他也入教。
馮進京說：

> 乾隆十年三月內，長治縣北關村大會，小的二月半後就前
> 去擺攤賣針。二十五日，遇見賣鳥綾王會，是直隸沙河縣
> 人，同在一處擺攤，說起他是吃齋的人，他因有病，小的
> 說會治病，還有老師付傳的妙法。初三日會散了，就一同
> 到小的家，小的領他在神前磕頭，就將運氣念無字真經的
> 法子教他，說做成了有效驗，將來可以成佛作祖。他替小
> 的磕一個頭，小的又教他要三皈五戒才得正果，一皈佛、
> 二皈法、三皈僧，一戒不殺牲、二戒不偷盜、三戒不邪淫、
> 四戒葷酒、五戒不誑語。[196]

這段口供很清楚的說明了，民間宗教吸收信眾的一種方式。以擺

---

[194] 中國人民大學歷史系，中國第一歷史檔案館合編，《清代農民戰爭史資料
選編》第三冊，頁270。
[195] 《清代農民戰爭史資料選編》第三冊，頁271。
[196] 同上註。

攤賣針為生的馮進京，遇上同是吃齋的王會，就特別談的來，自
然是邀請他加入混沌教。入教的方式是要受三皈五戒，其中的戒
葷酒就是一項，作為入教門的主要依據。馮進京的家人也是同樣
入教吃齋的，只是不同於他的教門。馮進京的供詞說：

> 小的第二兄弟跟著小的父親吃長齋，他每日在佛前供清茶
> 一杯，吃著飲食先要供佛，并不同小的一教。他不收徒弟、
> 不傳經卷，只是自己修齋。小的兒子是個酒肉的人，不能
> 入教的。小的女人并沒在外傳授徒弟。[197]

馮進京的家人可能原本就是吃長齋的，只是父親和二兄信的教門
與他不同。此外，根據馮進京的夫人楊氏的供詞，也可進一步了
解馮家吃齋修道的情況：

> 馮進京是小的男人，他平素吃齋念佛，勸人行好是有的，
> 并沒招集多人夜來明去的事。這裡也沒多的徒弟，杜三、
> 司禮、曹茂臣從前拜過男人為師，近來杜三、曹茂臣久不
> 來了。[198]

可見馮進京平時以吃齋念佛、勸人行善為修行的功課，雖說沒有
招收多的徒弟，但也常有人來找，拜他為師。以其中一位叫司禮
的供詞來看，他說：

> 小的是長治縣西坡村人，五十六歲了，是氈匠手藝。雍正
> 五年春間有個杜三勸小的吃齋，說修個來生好處，世上騎

---

[197] 《清代農民戰爭史資料選編》第三冊，頁 273。

[198] 《清代農民戰爭史資料選編》第三冊，頁 275。

騾騎馬的人都是前生修來的。[199]

杜三是以吃齋修來世好因果為由，勸司禮入教吃齋，從雍正五年（1727）到乾隆十八年（1753），已經吃齋有 26 年了。這些人都拜馮進京為師，形成以馮為核心的吃齋教團。這樣的情形前後延續下來也有二十多年，一直到乾隆十八年（1753）被官方查獲取締為止。

二、嘉慶朝吃齋教團的齋戒活動

再就嘉慶朝來看，雖只有二十五年，但民間宗教的教派活動頻繁，留下來的檔案記錄綿綿密密，可以看出其蓬勃發展的情形。為便於了解，先就嘉慶年間的教案整理如〈附表一：清代檔案所見民間宗教教派活動統計表〉所示：在嘉慶朝民間教派的活動相當活躍，總計有五十二種教門。其中屬吃齋教團的有：一炷香紅陽教、三元教、三元會、三益教、三陽教、大乘教、三乘教、五盤教、牛八教、弘陽教（紅陽教）、未來真教、天門真教、白陽教、無為教、白蓮教、收元教、收圓教、西天大乘教、榮華會、悄悄會、清茶門教、清淨門教、清淨無為教、混元教、陰盤教、陽盤教、滋粑教、圓頓教、聞香教、龍天教、龍華會、羅教等三十二種。這此吃齋教團大多是乾隆朝時期已有，在嘉慶時期依然蓬勃發展。至於嘉慶朝教派活動的主要地區，集中在直隸、山東、山西、河南、湖北、江西、江蘇、安徽、四川、甘肅等省。

再就檔案所見，這些主要的吃齋教團活動的情形，整理成簡

---

[199] 中國人民大學歷史系，中國第一歷史檔案館合編《清代農民戰爭史資料選編》第三冊，前揭書，頁 274。

表如下表 4-4：

〈表 4-4 清代嘉慶年間民間吃齋教團宗教活動簡表〉

年代	地點	教派名稱	內容
嘉慶 13 年	浙江	誦經惑眾	據仙居縣知縣李炳南稟稱，該縣訪有縣民陳志連等集眾，**持齋念經騙錢情事**，當即會同營員督率兵役，拿獲首犯陳志連及借屋設堂之潘維貴，給與經本之應中梅，代為書寫之潘文谷等共十八名。[200]
嘉慶 18 年		一炷香紅陽教	十一年夏間，我族曾祖杜九，即海康找我到他家，勸我行**好喫齋**，戒食牛肉，入他的紅陽會，每月初一、十五燒一炷香。我問他有何好處，他說可以增福延壽，我就信了。[201]
嘉慶 19 年*	山西	清茶門紅陽教	王汝諧之繼父王憶邦系長門，王烈系二門，伊父王栗系三門。世傳**吃齋行教**，不食蔥蒜。王紹英并無師傅，每日向太陽供水一杯，磕頭三次，名為清茶門紅陽教。[202]
嘉慶 19 年*	山西	清茶門紅陽教	嘉慶四年十一月間，王紹英復至陽城縣，勸郭寶妙------等，**吃齋入教**，收為徒弟。得過郭奉文等齋供錢，每次一、二千不等。------十年十月間，王紹英復至陽城北音村，在延克伸家居住。惟時鄉間男婦有愿**吃齋求福**，療病求子，不愿入教者，王紹英只得受**齋供錢**自三、五十文至三、二百文不等。[203]

---

[200] 《宮中檔嘉慶朝奏摺》第二十輯（臺北：國立故宮博物院），頁 338，嘉慶十三年七月十八日，浙江巡撫阮元奏摺。

[201] 《軍機處檔·月摺包》第 048482 號，（臺北：國立故宮博物院），嘉慶，奏者及年月日期不祥。

[202] 故宮博物院明清檔案部編 《清代檔案史料叢編》第三輯，（北京：中華書局，1979 年 11 月），頁 2。嘉慶十九年閏二月十八日，山西巡撫衡齡奏摺。

[203] 故宮博物院明清檔案部編 《清代檔案史料叢編》第三輯，同上註，頁 2。

嘉慶 19 年*	山西	清茶門紅陽教	查此案內，僅只聽從吃齋，給予齋供錢文，并未習教之男婦人等，為數不少。------據鳳臺縣民人孟官震等，陽城縣民人常有瑞等僉稱：被愚弄求福，曾經吃齋，實未習教，自聞王紹英、孟爾聰等犯案後，均知悔悟，改悔食葷，不敢再蹈前轍，自罹重罪等語。該縣等恐系捏飭，復當面與以葷腥之物，共相取食，目擊情形，實系一律改悔，并飭造改悔男婦冊，取具鄉地甘結，由縣加結，呈送前來。[204]
嘉慶 19 年		白陽教	曹孫氏供：上年夏天，我聽見男人與小曹二說話，提起白陽會，我問男人什麼叫白陽會，男人說也不要喫齋也不要燒香，是行好的事情，就勸我入他們的會。我說，既不喫齋燒香，如何算得行好，我不願入會。[205]
嘉慶 20 年	陝西	圓頓教	據商州知州王恭修稟報，訪知山陽縣地方有王潮陽素習圓頓教，在家茹素念經。------王潮陽籍隸安徽遷居陝西山陽縣種地度日。乾隆五十九年拜圓頓教已故蔣三元為師，寫立投詞在佛前焚燒，蔣三元為其取復盛堂名，傳給經卷，各自在家吃齋念經。[206]
嘉慶 20 年	陝西	圓頓教	華尚友等九十餘人，亦因王潮陽等燒香念經可以消災邀福，俱陸續入教，並未取有堂名，均各在家吃齋念經，惟每年正、七、十月十五日，王潮陽在家埋懺入教者，各出香錢多寡不等，俱交王潮陽收受。[207]

[204] 故宮博物院明清檔案部編 《清代檔案史料叢編》第三輯，同上註，5-6。

[205] 中國第一歷史檔案館編，《嘉慶道光兩朝上諭檔》第十九輯（廣西師範大學出版，2000 年 11 月），頁 869，嘉慶十九年十一月十八日，曹孫氏供詞。

[206] 《宮中檔嘉慶朝奏摺》第二十一輯，（臺北：國立故宮博物院，民國八十三年）頁 637，嘉慶二十年四月二十四日，陝西巡撫朱勳奏摺。

[207] 《宮中檔嘉慶朝奏摺》第二十一輯，頁 638，同上奏摺。

嘉慶 20 年		清茶門教	嘉慶八年六月十三日，我在我妻父楊易榮家，會見我妻子的母舅戴添幅與胡丙秀、蔡奉春同到我家，勸我**喫齋**。------叫我於初一十五日，**喫齋虔誦咒語即可免災**，再正月十五日、十二月三十日，俱要出錢一百文，送到他們家去香做會。[208]
嘉慶 20 年	河南	離卦教	從河南武安縣谷山黃姑庵道士施老頭子為師，入離卦教。施老頭子令跪地發誓，弟子受老爺的戒，如**開齋破戒**，身化膿血，教念遵信佛法，真空家鄉無生父母，現在如來語。[209]
嘉慶 20 年	福建	陰盤教、陽盤教	杜世明起意騙造邪言，糾夥傳播，說起舊有陰盤陽盤二教名目，暗存天地二字，有願入陰盤教者，抄傳經本，**吃齋念經**；有願入陽盤教者，傳授開口不離本，出手不離三手訣口號，各犯充從。[210]
嘉慶 20 年	江西	大乘教、三乘教、羅祖教	江西向有大乘教即三乘教又名羅祖教，始則**喫齋祈福**，繼則藉此傳徒斂錢，其中半係手藝營生之人，向皆稱為齋匪，其教以普字取名，有五戒及一步至十步名目，并經卷等項。[211]
嘉慶 20 年	安徽	白蓮教	阜陽河徑山地方有名李珠之人，素日喫齋形跡可疑，該府等即會同潁州營遊擊王慶元，選帶兵役星馳前往查拏。[212]

---

[208] 《宮中檔嘉慶朝奏摺》第二十二輯，（臺北：國立故宮博物院，民國八十三年）頁 637，嘉慶二十年六月十三日，陝西巡撫朱勳奏摺。

[209] 《宮中檔嘉慶朝奏摺》第二十二輯，（臺北：國立故宮博物院，民國八十三年）頁 576，嘉慶二十年六月十五日，兩江總督百齡奏摺。

[210] 《宮中檔嘉慶朝奏摺》第二十二輯，（臺北：國立故宮博物院，民國八十三年）頁 823，嘉慶二十年六月二十九日，閩浙總督汪志伊等奏摺。

[211] 《宮中檔嘉慶朝奏摺》第二十三輯，（臺北：國立故宮博物院，民國八十三年）頁 35，嘉慶二十年七月五日，兩江總督百齡奏摺。

[212] 《宮中檔嘉慶朝奏摺》第二十三輯，（臺北：國立故宮博物院，民國八十

嘉慶 20 年	湖北	大乘教	訪得該縣等所屬地方，有民人**持齋念經傳徒**習教情事，隨會同將習教之桂自榜------等八名口，先後拘獲。桂自榜供稱：我十四年十一月間，兄弟桂自有同杜大有，都到儀徵貿易，我勸他們**喫齋**，將傳的教轉傳了他們。[213]
嘉慶 20 年	江西	大乘教	據署鄱陽縣知縣王泉之具稟，奉飭查挐齋匪，訪得東門外有**喫齋念經**之人，會營挐獲虞彩、鍾秀行等二起，起獲經本等項，訊係普字派名傳習步數，并追獲虞彩供出傳徒之鄧漢興一併解省審辦等情。[214]
嘉慶 20 年	江蘇	圓明教	常自稱為彌勒佛下世，前願未了，是以又借體重生了完前願。又稱現在世界係五濁惡世，彌勒佛治世，天下皆**喫素**，即換為香騰世界。[215]
嘉慶 20 年	江蘇	圓明教	該婦於十餘年前，與已故之李繼貞立有圓明教，**不忌葷酒**，其時習者甚多，後因語無靈驗，聽者少。[216]
嘉慶 20 年	直隸	清茶門、清淨門教	據馬慧裕等奏挐獲省城**喫齋誦經**民人樊萬等，供有直隸灤州人王姓，三年來楚一次勸令**吃齋**，名清淨門。[217]

三年）頁 38，嘉慶二十年七月五日，兩江總督百齡等奏摺。

[213] 《宮中檔嘉慶朝奏摺》第二十三輯，（臺北：國立故宮博物院，民國八十三年）頁 331，嘉慶二十年七月二十三日，湖廣總督馬慧裕奏摺。

[214] 《宮中檔嘉慶朝奏摺》第二十三輯，（臺北：國立故宮博物院，民國八十三年）頁 525，嘉慶二十年八月六日，江西巡撫阮元奏摺。

[215] 《宮中檔嘉慶朝奏摺》第二十三輯，（臺北：國立故宮博物院，民國八十三年）頁 762，嘉慶二十年八月二十二日，兩江總督百齡奏摺。

[216] 《宮中檔嘉慶朝奏摺》第二十三輯，（臺北：國立故宮博物院，民國八十三年）頁 763，嘉慶二十年八月二十二日，兩江總督百齡奏摺。

[217] 中國第一歷史檔案館編，《嘉慶道光兩朝上諭檔》第二十輯（廣西師範大學出版，2000 年 11 月），頁 562，嘉慶二十年十月二十七日，馬慧裕等奏報。

嘉慶 20 年	湖北	清茶門教、清淨門教	拿獲省城吃齋誦經民人樊萬興等，供有直隸濼州人王姓，三年來楚一次，勸令吃齋，名清淨門。[218]
嘉慶 20 年	湖北	清茶門教、清淨門教	拿獲在楚傳教之王秉衡，供系直隸盧龍人，原住濼州石佛口。伊家長齋已七、八代，所傳紅陽教，又名大乘教，無為教，別號清淨門。[219]
嘉慶 20 年	湖北	清茶門教、清淨門教	至戴佐典、徐定金，再三究詰，堅供或因母病故吃齋三年，或因無子，許愿吃齋，後因服滿生子，久已開齋，并沒拜人為師及傳徒的事。[220]
嘉慶 20 年	江蘇	清茶門教	教名清茶會，又名清淨門，供奉觀音，吃齋禮拜。王殿魁來時，送給盤費銀錢。吳長庚向開棕厞店，曾令店徒葛有玉吃齋。張國智供詞同吃齋拜佛，并不拜王殿魁為師。其陳李氏，常泳順與葛有玉，均曾經吃齋。查驗佛像經卷，尚無違悖字樣。[221]
嘉慶 20 年	直隸	清茶門教	據供為清茶門教，世代流傳，相沿已久，教人三皈五戒。三皈系一皈佛，二皈法，三皈師。五戒系一戒不殺生，二戒不偷盜，三戒不邪淫，四戒不暈酒，五戒不誑語。每逢朔望，早晚燒香，供獻兩種茶。[222]
嘉慶 20 年	直隸	清茶門教	訊據王添弼供稱：本名王長生，伊繼父王維

---

[218] 故宮博物院明清檔案部編，《清代檔案史料叢編》第三輯，前揭書，頁 10，嘉慶二十年十一月二十六日，湖廣總督馬慧裕奏摺。

[219] 故宮博物院明清檔案部編，《清代檔案史料叢編》第三輯，同上奏摺，頁 11。

[220] 故宮博物院明清檔案部編，《清代檔案史料叢編》第三輯，同上奏摺，頁 16。

[221] 故宮博物院明清檔案部編，《清代檔案史料叢編》第三輯，前揭書，頁 23~24，嘉慶二十年十二月初十日，江蘇巡撫張師誠奏摺。

[222] 故宮博物院明清檔案部編，《清代檔案史料叢編》第三輯，頁 27。嘉慶二十年十二月十四日，直隸總督那彥成奏摺。

			善在日，先因目疾**持齋**，乾隆五十九年有王姓過客至伊家借宿，為伊取號王添弼，王姓與伊繼父**吃齋**，宿兩夜而去。[223]
嘉慶 21 年	直隸	三元教	每逢會期均赴裴元通家湊出錢文，交裴云布**買備素供**。恐被外人看見，俟至夜晚燒香上供，習念咒語，供畢分食，坐功運氣。其餘尋常日期，裴景義等或三五人聚在一處，或各人在家學習運氣，並無一定。[224]
嘉慶 21 年	湖北	清茶門教	世習白蓮邪教，後改為清茶教，別號清淨法門。妄稱與圖系燃燈、釋迦、未來諸佛掌教，未來佛即彌勒佛，將來降生於石佛口王姓家內，遂藉此誘人入**教吃齋**，給伊家線路錢文，以作根基，來世即有好處。凡入其教者，須遵三皈五戒，并稱之為爺，向其禮拜，端坐不起。傳教者并用竹筷點眼耳口鼻等處，名為盧木點杖，插在瓶內供奉，以為故後到陰司吃齋憑據。[225]
嘉慶 21 年	湖北	清茶門教	凡皈依他吃齋的，可避刀兵水火之劫，免墮輪迴，不入四生六道。每逢初一、十五，令各犯等各自在家敬神，用青錢十文供佛，名為水錢，收積一處，候各人師父來時收去。每逢起身時，另送盤纏錢，不拘多少，名為線路錢，說是一線引到他家，為來世根基。供養了他飯食，轉世歸還，可得富貴。[226]
嘉慶 21 年	河南	清茶門教	據張爾坦、鄭明新、常進賢、劉端等各供：

---

[223] 故宮博物院明清檔案部編，《清代檔案史料叢編》第三輯，頁 57，嘉慶二十年十二月二十五日，兩江總督百齡等奏摺。

[224] 《軍機處檔·月摺包》第 047948 號，（臺北：國立故宮博物院），奏者及日期不詳。

[225] 故宮博物院明清檔案部編，《清代檔案史料叢編》第三輯，頁 63，嘉慶二十一年一月二十八日，湖廣總督馬慧裕等奏摺。

[226] 故宮博物院明清檔案部編，《清代檔案史料叢編》第三輯，同上奏摺，頁 65。

			伊等入教吃齋，原圖自己獲福，不敢傳惑別人圖利，是以本家父兄弟內尚有不入教之人，實無傳徒斂錢情事。[227]
嘉慶 21 年	湖北	清茶門教	王泳太一犯，向在楚省傳教，------凡皈依吃齋者，可避刀兵水火之劫。各送給水錢、線路錢，為來世根基，可以富貴。其傳受三皈五戒時，用竹筷點眼，不觀桃紅柳綠；點耳，不聽妄言雜語；點鼻，不聞不外香臭；點口，不談人惡是非。要磕七個頭，四個都報天地、日月、水火、父母恩，兩個是拜佛，一個是拜師。并說他祖上現在天掌盤，有聚仙宮在西方。吃齋的故後，度往享福等語。[228]
嘉慶 21 年	直隸	清茶門教	訊據該處保正張德明供稱，從前保內有姓鄒人，年約五十餘歲，系狐身搭住張婆蓬屋，剃頭營生，并不知其何名。聽得張婆曾說，平日吃齋，人皆呼為老齋公，已于嘉慶十七年間病故。[229]
嘉慶 21 年	直隸	清茶門教	訊據丁志宣供稱：年四十一歲，平日種地，又賣卜度日。嘉慶五年，因母病吃齋。七年內，有江陵縣熊口人張純幗同族孫丁祖銀，勸小的吃清茶門教，小的就拜張純幗為師，傳三的三皈五戒，小的給過根基錢二百文。[230]
嘉慶 21 年	直隸	清茶門教	去年夏間，丁祖銀寄信來，叫小的（丁志宣）到他家，又遇見直隸王姓同張純幗都在他

[227] 故宮博物院明清檔案部編，《清代檔案史料叢編》第三輯，頁 73，嘉慶二十一年三月八日，河南巡撫方受疇奏摺。

[228] 故宮博物院明清檔案部編，《清代檔案史料叢編》第三輯，頁 77，嘉慶二十一年三月二十九日，直隸總督那彥成等奏摺。

[229] 故宮博物院明清檔案部編，《清代檔案史料叢編》第三輯，頁 89，嘉慶二十一年六月，湖廣總督馬慧裕奏摺。

[230] 故宮博物院明清檔案部編，《清代檔案史料叢編》第三輯，同上奏摺，頁 89~90。

			家，他留小的吃了飯，就各自回來。次日又遇見丁祖銀，小的向他勸說你們若不**開齋**，我就要具呈首告，將來鬧出事，怕連累我。他們不聽，小的就做了呈稿，想要出首，又恐受累，尚未敢呈遞。現有天門縣官起出呈稿可據。小的實只拜張純幗為師，習清茶門教，并未拜王姓為師，後已**開齋改悔**。[231]
嘉慶21年	湖北	大乘教	訪得縣民蔡大信，**平日喫齋**，恐係邪教，隨即委在縣緝匪之白湖鎮巡撿余淮坦將蔡大信拏獲，並起獲大乘苦功悟道等經卷。[232]
嘉慶21年	湖北	大乘教	乾隆五十二年間，有宗三廟居住之齋公楊倫，勸該犯皈依大乘教，**喫齋消災獲福**。該犯隨拜楊倫為師，僅止喫齋，並未傳給經語，每逢四月初八，七月十五等日，與當時同教之戴注泰------隨同楊倫念經。[233]
嘉慶21年	上海	無為教	將徐幗泰並伊弟徐殿華拏獲，查該犯住屋內有佛堂一間，供設佛龕佛像香爐經卷，全行起獲，訊據該犯供認吃**素念經**聚眾斂錢屬實，查無別項不法情事。[234]
嘉慶21年	上海	無為教	徐幗泰即徐漆，籍隸上海，訓蒙，家內設佛堂，喫素燒香。初未習教，嘉慶元年八月，徐幗泰會遇昔存今故之上海縣人陸雲章，談及曾從已故之崇明縣人陳元伯為師，習無為教吃**素念經**，可以消災獲福。[235]
嘉慶21年	山西	清茶門紅陽	陳潮玉之母韓氏娘家，向從已獲發遣之孟爾

---

[231] 故宮博物院明清檔案部編，《清代檔案史料叢編》第三輯，同上奏摺，頁90。

[232] 《軍機處檔‧月摺包》第 047553 號，（臺北：國立故宮博物院），嘉慶二十一年五月十八日，湖廣總督馬慧裕奏摺。

[233] 《軍機處檔‧月摺包》第 047553 號，同上奏摺。

[234] 《軍機處檔‧月摺包》第 048454 號，（臺北：國立故宮博物院），嘉慶二十一年六月十六日，兩江總督百齡等奏摺。

[235] 《軍機處檔‧月摺包》第 048454 號，同上奏摺。

		教	聰故父孟達孝,習清茶門紅陽教。每日早晚朝天供奉清水一杯,磕頭二次,朔望供齋燒香,口誦一柱真香上金爐,求獲福免災殃。免遇三災共八難,保佑大小多平安。[236]
嘉慶 21 年	山西	清茶門紅陽教	韓氏自幼跟隨習教,于歸陳建以後,因陳建向其禁阻,不復供茶禮拜,仍行吃齋念佛。陳建屢勸不能,迨嘉慶八年,陳潮玉由豫得病歸里,韓氏見陳潮玉患病,勸陳潮玉吃素習教養病,陳潮玉依允,潮氏口授偈言,並於早晚供茶磕頭,朔望燒香念偈等事。[237]
嘉慶 22 年	陝西	牛八教	據鳳縣、寶雞縣查獲茹素念經之民人,楊得才、李生花、張強,民婦李趙氏四名。口訊因患病供佛誦經茹素,並無傳教不法情事,均各當堂具結改悔,共計男婦三十六名。[238]
嘉慶 22 年		紅陽教	嘉慶九年間,(王尚春)我父親也入紅陽教,拜張廷端為師。我十五歲時患心疼病,叫王寡婦醫治,他用茶葉熱水給我飲服,我的病好就拜王寡婦為師。我二十四歲娶了本縣劉家莊任的劉三之女為妻,後我父母叫我女人入教吃齋,燒一炷香坐功,他不肯我打過他幾次,我女人就入教拜我父親為師。[239]
嘉慶 22 年		紅陽教	(嘉慶)十七年間,張廷端病故,我父親接稱教首,每日晚上燒一炷香,坐功念咒。------我父親共有徒弟五六十人,我記不真名姓,每月到我家聚會一次,燒香念咒,我同女人因不識字,沒有學咒,每年六月初六日,在

[236] 《軍機處檔·月摺包》第 048498 號,(臺北:國立故宮博物院),嘉慶二十一年七月十三日,山西巡撫衡齡奏摺。

[237] 《軍機處檔·月摺包》第 048498 號,同上奏摺。

[238] 《軍機處檔·月摺包》第 051807 號,(臺北:國立故宮博物院),嘉慶二十二年八月十七日,護理陝西巡撫徐炘奏摺。

[239] 《軍機處檔·月摺包》第 052685 號,(臺北:國立故宮博物院),嘉慶二十二年八月十七日,英和等奏摺。

			本村韓祖廟內，晒經一次，教中人俱來燒香念經，每人出錢一百餘文給我父親**辦齋**。[240]
嘉慶 22 年	直隸	紅陽教	據供伊（王尚春）十五歲時患心痛病症，求教首王寡婦醫治，王寡婦聲稱病好須要**拜師喫齋**，可免發病，若不拜伊為師，病發難愈。伊病痊後，就拜王寡婦為師。[241]

由上表所述，可以看出嘉慶朝主要的吃齋教團，要算是「清茶門教」了。有關此一教派的研究，馬西沙在《中國民間宗教史》的第十章〈從聞香教到清茶門教〉[242]，及喻松青的〈清茶門教考析〉[243]一文，已有清楚的探討。以下就檔案所載，有關該教吃齋信仰的情形作探討。

清茶門教

根據馬西沙的研究，清茶門教是源於明末王森所創的聞香教。聞香教在清初又稱為「東大乘教」。後來由於躲避官方的取締，才又將東大乘教改名為清茶門教。清茶門教在清代中葉時傳播最盛，遍及直隸、山西、河南、湖北、江西、江蘇等地，其源頭為灤州石佛口盧龍縣安家樓的王森家族。清代官方對清茶門教的取締，主要是集中在清嘉慶朝，尤其在嘉慶十九（1814）至二十一年（1816）間，嚴厲掃蕩清茶門教，也因此留下不少的檔案記錄。

---

[240] 《軍機處檔·月摺包》第 052685 號，同上奏摺。

[241] 《軍機處檔·月摺包》第 053065 號，（臺北：國立故宮博物院），嘉慶二十二年九月二十日，曹振鏞奏摺。

[242] 馬西沙、韓秉方，前揭書，頁 549~610。

[243] 喻松青，〈清茶門教考析〉，收入《明清史國際學術討論會論文集》（天津：天津人民出版社，1982 年）。

根據在山西陽城縣查獲教首王紹英的供詞,得知這是一個由來已久,「世傳吃齋行教,不食蔥蒜。」[244]的吃齋教團。山西巡撫衡齡的奏摺說:「王紹英并無師傅,每日向太陽供水一杯,磕頭三次,名為清茶門紅陽教。」[245]王紹英無師傅,意思說他是當地清茶門教的教首。有關王紹英吃齋傳教的情形,也有清楚的奏報:

> 嘉慶四年十一月間,王紹英復至陽城縣,勸郭寶妙故父郭奉文、王克勤故父王進禮、已故延霍氏、延克伸,并現獲之成萬鈞等,吃齋入教,收為徒弟。得過郭奉文等齋供錢,每次一、二千不等。------十年十月間,王紹英復至陽城北音村,在延克伸家居住。惟時鄉間男婦有愿吃齋求福,療病求子,不愿入教者,王紹英只得受齋供錢自三、五十文至三、二百文不等。惟梁襆保、曹達顯、孟松山、王淇、梁志保、郭寶妙均愿入教,王紹英即收為徒。[246]

這是一個以王紹英為首的吃齋教團,在鄉民社會間,以吃齋入教的方式,勸人入教,也收了不少的徒眾。另外,王紹英以「辦齋供佛」的方式來吸引信眾,並收授齋供錢,一次從三十文到二百文不等。王紹英自嘉慶四年(1799)至十一年(1806)間,在陽城縣傳教,看似有不少的信眾加入。十一年的正月間,王的妻子病故,於是透過延克伸為媒,續娶延栓子之女延氏為繼室。結果「王延氏因王紹英不食蔥蒜,向其查問,王紹英將伊世代吃齋傳

---

[244] 《清代檔案史料叢編》第三輯,頁2。

[245] 同上註。

[246] 故宮博物院明清檔案部編《清代檔案史料叢編》第三輯,同上註,頁2。

教之言告述，并勸令入教，王延氏未允，王紹英旋即回籍。」[247]
有意思的是王紹英去到延栓子家，迎娶延氏為續室，延氏因發現
王是吃齋之人，不敢和王紹英一併回去，大概是因為害怕入教吃
齋所致。二年後的嘉慶十三年（1808），王紹英再度回來陽城縣，
再度的勸令王延氏入教吃齋求福，王延氏才應允。此後，王紹英
在陽城縣的傳教似乎頗為順利，一直到嘉慶十九年（1814），被
官方查獲時為止，發現有很多鄉民參與了王紹英的辦齋供佛，連
鄰近的鳳臺縣也有不少的信眾。山西巡撫衡齡的奏摺就說：

> 查此案內，僅只聽從吃齋，給予齋供錢文，并未習教之男
> 婦人等，為數不少。------據鳳臺縣民人孟官震等，陽城縣
> 民人常有瑞等僉稱：被愚弄求福，曾經吃齋，實未習教，
> 自聞王紹英、孟爾聰等犯案後，均知悔悟，改悔食葷，不
> 敢再蹈前轍，自罹重罪等語。該縣等恐系捏飾，復當面與
> 以葷腥之物，共相取食，目擊情形，實系一律改悔，并飭
> 造改悔男婦冊，取具鄉地甘結，由縣加結，呈送前來。[248]

清政府處理的方式很值得玩味，對於吃齋之人，若是知所悔改，
會當面取來葷腥之物，令其共相取食，如此開齋之後，並具結保
證不再犯，才給予收行。如此山西陽城縣的清茶門教，算是告一
段落。

隔年（嘉慶二十年），在湖北的省城內，又破獲了以樊萬興
為首的清茶門教。湖廣總督馬慧裕奏言：

[247] 同上註。
[248] 故宮博物院明清檔案部編《清代檔案史料叢編》第三輯，同上註，5-6。

> 拿獲省城吃齋誦經民人樊萬興等，供有直隸灤州人王姓，
> 三年來楚一次，勸令吃齋，名清淨門。查與灤州石佛口習
> 教王姓相類，當令那彥成派員查緝。------灤州石佛口王
> 姓，世傳清茶門邪教，又名清淨門，在江南、山西屢經犯
> 案。[249]

經由樊萬興，清政府追查出此一教門的源頭，來自灤州石佛口的
王姓族人，也就是王森所傳的聞香教。清政府就樊萬興的供詞追
查出的信眾，共有十七人。這些人常有聚會吃齋誦經的情事，其
中的李起貴供詞就說：

> （李起貴）江夏人，年四十六歲，在武勝門即俗名草北門
> 外居住。父親名李良從，原是打鐵生理，母親熊氏，俱久
> 已身故。小的自幼在外跟官，在京聚妻，于七年上才攜眷
> 回家。父母在日，本俱吃齋，聽說是清淨門。[250]

另一位王之玉的供詞也說：「江夏人，年三十三歲，在武勝門外
居住，父親王世中，母親李氏，俱已身故。父親在日種菜園營生，
父母當年均吃清淨門齋，小的也隨父母吃齋。」[251]另一位同是江
夏人，年五十五歲的楊玉麟，也說：「父親在日，俱吃清淨門齋。
------十二年，劉光宗（楊玉麟的表兄）回家，在江夏四皇殿住。
他說他的師父王大鼻子，即是小的父親的師父，勸小的吃清淨門
齋，小的就拜劉光為師。」[252]還有年歲八十的陳堯，他的供詞說：

---

[249] 《清代檔案史料叢編》第三輯，頁10。
[250] 《清代檔案史料叢編》第三輯，頁12。
[251] 《清代檔案史料叢編》第三輯，頁13。
[252] 同上註。

「本名陳大谷因排行第六，人多稱我作老么。先年在漢陽西門外
種菜園，平日吃齋念佛。」[253]些供詞中，都會提及吃齋的事，可
見官方對吃齋的重視，這是因為吃齋一直是官方用來作為判定的
依據。

　　此外在漢口也有一群奉行清茶門教的吃齋教團，官方在查拿
時的訊問，很值得注意：「當經飭令漢陽縣裴行恕，按保甲煙戶
冊簿，即日拿獲。問其姓名雖同，而住址與生理均不相符，再三
究問，堅供實無吃齋情事。」[254]訊問的內容主要是有無吃齋，作
為認定是否為民間宗教信徒的依據。後來清政府根據王之玉的供
詞才得知在漢口的教首方四，一向是吃清淨門齋。方四的供詞說：

> 該犯本名方忠獻，又名方四海，排行第四，年七十二歲，
> 江西安義縣人，在漢口開香舖生理。因年老無子，許愿吃
> 齋，後生一子，名方義隆，現年十三歲。[255]

方四是因無子而許愿吃齋，這是民間普遍存在的作法。結果許愿
真有靈驗，方四生了一子，從此方四就吃齋禮佛，非常的發心。
同樣的情況也是，戴佐典與徐定金兩人，他們的供詞也是說：「再
三究詰，堅供或因母病故吃齋三年，或因無子，許愿吃齋，後因
服滿生子，久已開齋，并沒拜人為師及傳徒的事。」[256]這些人的
供詞，或許是為了脫罪，故意將吃齋說成是報恩了愿，這應是一
般人所認定的吃齋較好的說法。但也可就此了解，吃齋這件事具

---

[253] 《清代檔案史料叢編》第三輯，頁 15。
[254] 《清代檔案史料叢編》第三輯，頁 16。
[255] 同上註。
[256] 同上註。

有的關鍵性，不然這些民間宗教的信徒，也不必這樣大費周章的解釋，何以他們會要吃齋的理由。

同樣的在江蘇省的江寧，也查獲有清茶門教的教首王殿魁。王在江寧一帶傳教，勸人吃齋入教，也形成了一個吃齋的教團。根據江蘇巡撫張師誠的奏摺曰：

> 訊據吳長庚供稱：王殿魁先于乾隆五十六年來寧，伊現存祖母吳張氏拜王殿魁為師。嘉慶三年，王殿魁又來江寧，該犯吳長庚亦拜為師。教名清茶會，又名清淨門，供奉觀音，吃齋禮拜。王殿魁來時，送給盤費銀錢。吳長庚向開棕屜店，曾令店徒葛有玉吃齋。張國智供詞同吃齋拜佛，不拜王殿魁為師。其陳李氏，常泳順與葛有玉，均認曾經吃齋，查驗佛像經卷，尚無違悖字樣。[257]

可知王殿魁幾次來江寧傳教，於是有吳長庚等人，拜王殿魁為師，吃齋習教。以上這些檔案的記載，皆是源於灤州石佛口所傳衍下來的清茶門教，其傳教的情況大都是以勸人吃齋入教為主，所以清政府在察查清茶門教時，也是依據這個原則來處理，就是看有無吃齋，如果曾經吃齋或是吃長齋者，通常都會是官方所查緝的對象。再就另一方面來看，由於吃齋的關係，人際關係會跟著產生改變，生活圈子會變成以教首為核心，所形成的一個吃齋教團。這方面將於第六章再詳述。

---

[257] 《清代檔案史料叢編》第三輯，頁 24。

第三節　後期的吃齋教團

　　清代後期的道光、咸豐、同治、光緒、宣統等朝代，共計有九十年。其間凡嘉慶朝盛行的教派，到了道光年間依然活躍，尤其是八卦教及其支派最盛。另外，道光一朝最大的教派之一，是青蓮教，發展之迅速、傳佈之廣大，可謂前所未見。而光緒一朝最引人注目的莫過於十七、十八年間，熱河的金丹教大起義，還有青、紅幫及哥老會等幫會勢力，在清末也在此時期大為盛行，這些都是值得關注的。根據〈附表一：清代檔案所見民間宗教教派活動統計表〉所示：就道光年間的教派活動來看，共有五十種不同名目的教門，其中屬吃齋教團的計有：三乘教、三陽教、大乘教、五盤教、天竹教、弘陽教、未來教、白陽教、白蓮教、圓頓教、收元教、金丹教、青蓮教、長生教、燈花教、收源會、混元門、敬空會、清淨無為大乘教、混元教、棒棒會、青紅教、黃天道、聞香教、清茶門教、潘安教、老安教、龍華會、江南齋教、羅教等三十種教門。再就教派活動分部的地點來看，主要是集中在直隸、山東、四川、江西、山西、河南、浙江、湖北、湖南、雲南、廣西等省份。

　　另再就咸豐、同治、光緒、宣統等幾朝的民間宗教活動情形來看，根據〈附表一：清代檔案所見民間宗教教派活動統計表〉所示：若扣除秘密會黨之外的教門共計有四十七個，其中屬吃齋教團者有：一字教、一貫道、三華堂、三乘教、三華堂、末後一著教、先天道、有恒堂、西華堂、金丹教、青蓮教、紅陽教、紅燈教、混元門、普渡道、無生門教、黃天道、萬全堂、瑤池道、燈花教、龍華會、彌陀教、彌勒佛教、齋教、歸根道等共二十五個教門。若就教派活動的地點來看，主要分佈在：山東、四川、

江西、河南、直隸、湖北、湖南、貴州、熱河等地。

再就檔案所見，這些主要的吃齋教團活動的情形，整理成簡表如下表 4-5：

〈表 4-5〉清代道光至宣統年間民間吃齋教團宗教活動簡表

年代	地點	教派名稱	內容
道光 7 年		紅陽教	道光元年六月，張甫明病故。二年間，因與民婦趙普氏，並民人陳印等十八人治病罔效，隨傳授趙普氏等供奉菩薩牌位，**吃准提齋**。伊等久後病漸就痊。四年十月，該犯復將辛存仁所授經卷焚香誦讀。[258]
道光 8 年	四川	青蓮教	現有楊守一勸人修道，傳習經卷，**吃齋念誦**，可以消災獲福，到處傳播。[259]
道光 8 年	四川	青蓮教	訪獲新都縣民人楊守一等，**茹素念經**，坐功運氣，立會傳徒。並陳育盛等十四名，同挈投首等情。[260]
道光 8 年	四川	青蓮教	楊守一籍隸新都縣，平日算命營生，買有道教性命圭旨及唱道真言各一本，茹素念誦，並習坐功運氣。------五月初間，有貴州龍里縣人袁無欺來川，售賣土紬。-----得知楊守一喫齋念經，即言伊有一種開示真經，須供奉飄高老祖，並無生老母牌位，每日燒香念誦，可以消災獲福。[261]
道光 12 年		紅陽教	紅陽會谷老家供有飄高老祖圖像，每年五月十七日、九月十七日，孟六等各出京錢一百餘

---

[258] 《軍機處檔·月摺包》第 055254 號，（臺北：國立故宮博物院），道光七年三月二十五日，富俊奏摺。

[259] 《軍機處檔·月摺包》第 060196 號，（臺北：國立故宮博物院），道光八年五月二十七日，四川總督戴三錫奏摺。

[260] 《軍機處檔·月摺包》第 060885 號，（臺北：國立故宮博物院），道光八年六月十六日，四川總督戴三錫奏摺。

[261] 《軍機處檔·月摺包》第 060885 號，同上奏摺。

			文，送交谷老燒香**上供吃齋**，念誦源流經、明心懺各散。孟六、彭會、康四即在外為人治病念誦，求佛祖看病下葯等語。[262]
道光 12 年		紅陽教、敬空會	每年正月十五、二月十九、四月初八、十月十五等日，在該村龍王廟內，望空向故尼敬空禮拜，念誦經卷，為村人祈福。李自榮向村人零星湊錢**辦供喫齋**，其出錢人均未入會。------人皆稱李自榮為紅陽道人。[263]
道光 12 年	直隸	紅陽教、收源會	訊據李二供稱，伊因病吃齋，並未習教。吳三亦非伊徒，宋萬恒供稱，伊教讀度日，賈青雲曾隨伊讀書，實非紅陽教會。[264]
道光 12 年		混元教	（張景山）據供稱，伊早年拜劉仲玉為師，入混元教**喫齋**念經，並代人治病。嘉慶十七年六月間，劉仲玉囑伊接管教務，伊應允將混元老祖神像及經卷等物領回供奉。彼時同教有孫文士失領眾人行禮，名為領眾；孫文志經理上供香燭，名為壇主；楊俊陳設經卷，名為經主；段明楊約束眾人，名為管眾；尹廷樞管教眾人**喫齋**，名為調眾；陳顯旺買辦祭品，名為供主；段龐舜催人辦供，名為催眾。[265]
道光 13 年	浙江	羅教	姚文蔚自前明曾習羅孟浩所傳羅教，收有傳燈蠟敕單，勸人入**教持齋**，騙取錢文。傳徒均以普字取名，經非一卷，教不一名，如大乘教即與羅教異派同源。[266]

---

[262] 《上諭檔》（方本），（臺北：國立故宮博物院），道光十二年元月二十九日，曹振鏞奏稿。

[263] 《上諭檔》（方本），（臺北：國立故宮博物院），道光十二年二月二十八日，曹振鏞奏稿。

[264] 《上諭檔》（方本），（臺北：國立故宮博物院），道光十二年二月三十日，曹振鏞奏稿。

[265] 《上諭檔》（方本），（臺北：國立故宮博物院），道光十二年六月六日，曹振鏞奏稿。

[266] 《軍機處檔‧月摺包》第 065516 號，（臺北：國立故宮博物院），道光

道光 13 年		天竹教	王同林供------我見王元亨住屋內點著香燭，擺設素供，有素識的戴義、劉榮、徐興芳、劉運新四人在屋內。我妻父王元亨同使妾，並妻弟王泳清等男婦，約有八九人，給戴義等四人磕頭。------說是習行天竹教，行好不患災病說。[267]
道光 14 年	直隸	清淨無為大乘教	王進與其子王黑，供佛諷經傳習清淨無為大乘教，勸令周承宗入教行好，可以消災獲福。周承宗即拜王進為師，隨同茹素誦經，並未予有誓戒。------周榮貴即授以戒語，口稱一不殺生為仁，二不偷盜為義，三不邪淫為禮，四不葷酒為智，五不誑語為信。[268]
道光 14 年	直隸	紅陽教	王進和供稱，伊係直隸民人，自幼因多病喫齋，先未學習邪教，道光四年出關探親，來至開原地方傭工，七年回到原籍，始聽從同屯民人王平諾學習紅陽教。[269]
道光 14 年	直隸	紅陽教	董文魁等素係紅陽教，茹素誦經，妄稱可以消災邀福，與亦已身故之崔顯庭、丁良弼互相傳習，均以授茶看香占病為由，引誘愚民，因歷時已久，未知此教興自何人。[270]
道光 25 年	陝西	青蓮教	道光二十四年四月間，曾在本省南部縣拜李一原為師，學習龍華會，又名青蓮教，持齋念經。

十三年九月三十日，閩浙總督程祖洛等奏摺。

[267] 《軍機處檔・月摺包》第 066092 號，（臺北：國立故宮博物院），道光十三年十二月十二日，耆英等奏摺。

[268] 《軍機處檔・月摺包》第 067073 號，（臺北：國立故宮博物院），道光十四年二月十七日，直隸總督琦善奏摺。

[269] 《軍機處檔・月摺包》第 067173 號，（臺北：國立故宮博物院），道光十四年二月十八日，寶興奏摺。

[270] 《軍機處檔・月摺包》第 068482 號，（臺北：國立故宮博物院），道光十四年七月六日，直隸總督琦善奏摺。

			十一月間，李一原付給符籙，令伊至陝傳徒。[271]
道光 25 年	湖南	青蓮教	據供稱：伊兄安養吾又名安昇浩，曾在湖北扶乩入教，派名安依成。伊隨伊兄吃齋誦經，行好求福，並未習教，後因染患疾病，開齋改悔，亦未傳徒。[272]
道光 25 年	湖北	青蓮教	張善成在家設立佛堂，同徐元中朔望拜佛禮懺，坐功運氣。張善成曾給過安依成銀五十兩。藍寬恕先在張善成炊飯後，亦聽從入教喫齋，打坐運氣。[273]
道光 25 年	江西	青蓮教	挈獲張尚延一名，並在其家搜出經卷等件。提訊張尚延供認吃素誦經，事神習教不諱。[274]
道光 25 年	江蘇	青蓮教	劉瑛即回家，阮元明拜伊為師，取名性初。又為阮吉祥取名克悟，阮陳氏亦即隨同茹素誦懺。劉瑛又到湖北壇內見該處過於招搖，心恐事洩，即託故回來改悔開齋。------阮元明歸勸其父母，開齋出教，阮元明歸勸父母未允，伊即自行改悔開齋。[275]
道光 25 年	湖北	青蓮教	據江陵縣知縣昇太棻，會同委員訪獲傅安桂------等八名。並起出經卷書本信件，訊據傅安桂、王大桂、王士興供，俱聽從葛依元勸令喫齋，拜四川人張玉堂為師，給與經本念誦，學習三皈五戒。[276]

---

[271] 《軍機處檔‧月摺包》第 073319 號，（臺北：國立故宮博物院），道光二十五年三月十九日，調補江蘇巡撫李星沅奏摺。

[272] 《軍機處檔‧月摺包》第 073615 號，（臺北：國立故宮博物院），道光二十五年三月二十七日，湖南巡撫陸費瑔奏摺。

[273] 《軍機處檔‧月摺包》第 073555 號，（臺北：國立故宮博物院），道光二十五年四月九日，湖廣總督裕泰奏摺。

[274] 《軍機處檔‧月摺包》第 073719 號，（臺北：國立故宮博物院），道光二十五年四月十日，兩江總督壁昌奏摺。

[275] 《軍機處檔‧月摺包》第 073719 號，同上奏摺。

[276] 《宮中檔道光朝奏摺》第十四輯，頁 158，道光二十五年四月十五日，湖

道光 25 年	湖南	青蓮教	道光二十三年二月內，安依成說有四川人謝致良之師，湖北沔陽州人彭超凡，即彭依法來省。**素吃長齋**，坐功運氣，邀伊一同往見，彭依法勸令**茹素坐功**，可以病延年，伊就與安依成同拜彭依法為師。[277]
道光 25 年	雲南	青蓮教	據供各因許愿**喫齋念佛**，街鄰婦女漸相聯結，因名為清淨道，每逢會期，俱來禮拜，各出錢數十文不等。並無不法等事，查該犯婦等，如果僅止念經**喫素**，何必定期會聚，且容男女往來，當即按起各犯婦等。[278]
道光 25 年	廣西	青蓮教	據鄧依真即鄧良玉供稱，四川南部縣人。道光十七年在本縣拜已故謝永光為師，供奉無生老母，**吃齋念經**。二十四年二月二十九日，伊在順慶府會遇素識習教之范臻，即范依果，告知李一元及陳依精等，派人分赴各省傳教，定有五十字派。十以元秘精微道法專真果成為名號，五以溫良恭儉讓為名號。[279]
道光 25 年	湖南	青蓮教	據張致讓即張俊，又名克廣供稱，湖南善化縣人。------二十四年二月間，安依成邀伊至湖北壇上與陳依精、林依秘、彭依法相見，勸依吃齋，並教伊咒語，令其坐功運氣，默叩無生老母，依即拜彭依法為師。------伊旋于十月間來省租賃白鶴廟房屋，作寓行醫，還便傳徒。隨有善化人范貽福來寓求醫，伊勸允吃齋拜伊為師，因咒語記憶不全，並未轉傳。[280]

廣總督裕泰等奏摺。

[277] 《宮中檔道光朝奏摺》第十四輯，頁 176~177，道光二十五年四月十八日，湖南巡撫陸費瑔奏摺。

[278] 《宮中檔道光朝奏摺》第十四輯，頁 180，道光二十五年四月十九日，兼護雲貴總督雲南巡撫吳其濬奏摺。

[279] 《宮中檔道光朝奏摺》第十四輯，頁 281~282，道光二十五年四月二十八日，廣西巡撫周之琦奏摺。

[280] 《軍機處檔·月摺包》第 074433 號，（臺北：國立故宮博物院），道光

道光 25 年	湖南	青蓮教	據張亮供張致讓是伊堂兄，二十三年三月，伊在鄉遇見彭依法，勸伊吃齋敬神，可以卻病延年，伊就拜彭依法為師。------文先瓊、文先祿、郭春秀、楊作錦堅供，平日曾吃散齋，並未拜師入教。[281]
道光 25 年	山西	龍華會、青蓮教	該犯蘇丹桂曾在湖北入龍華會，茹素念經。七月間來至山西鳳臺縣松林寺居住，後被寺僧攆逐，旋至趙隆廣、趙沅良、時永慶及其在逃之趙隆富為徒等情。[282]
道光 25 年	山西	龍華會、青蓮教	據供稱：伊實即蘇克武，係陝西府谷縣人，年三十四歲，行醫度日。道光十二年間，伊在廣東軍營防堵猺匪出力，得有六品軍功頂戴。二十四年三月，伊到湖北武昌府，遇見彭依法，說起吃齋念經。彭依法說他們是龍華會，曾在漢陽府設有無生老母乩壇，入教之人可免災難，伊希圖免災，就拜彭依法為師。[283]
道光 25 年	湖南	金丹大道（青蓮教）	訪獲習教匪犯楊林，據供湖南衡州府常寧縣人，從師同縣人廖德，吃齋誦經，供奉無生老母，學習坐功煉氣，名金丹道。------楊林供稱：年四十四歲，湖南常寧縣人。道光二十三年三月內，伊至本縣楊柳沖人廖德家內，廖德勸伊吃長齋，默叩無生老母，並教伊坐功運氣，可以卻病延年，名為金丹大道。伊聽信即拜廖德為師，傳習十報懺語。[284]
道光 25 年	湖南	金丹大道	廖德即廖舉鰲，據供於道光十三年捐納，從九

二十五年五月二十九日，湖南巡撫陸費瑔奏摺。

[281] 《軍機處檔·月摺包》第 074433 號，（臺北：國立故宮博物院），同上奏摺。

[282] 《宮中檔道光朝奏摺》第十五輯，頁 119，道光二十五年七月二十三日，山西巡撫梁萼涵奏摺。

[283] 《宮中檔道光朝奏摺》第十五輯，頁 120，同上奏摺。

[284] 《宮中檔道光朝奏摺》第十五輯，頁 246，道光二十五年八月四日，湖南巡撫陸費瑔奏摺。

		（青蓮教）	品職銜。二十三年與周燦即周健會遇，談及金丹道教，須鍊氣歸神，可以卻病延年，勸伊**喫齋入教**，聽信即拜周燦為師，傳授十報十懺語句，練習坐功運氣，禮拜無生老母。[285]
道光25年	雲南	金丹大道（青蓮教）	查周位倫已經陝西拏獲，臣前在陝省訊據該犯自稱摘光祖師，傳習金丹大道。另為一教坐功運氣，核與滇省訪譚致富等供相符。查各該犯分教由教依精等設立雲城乩壇，彼此互相爭利，而滇南向多瘴疫瘵疾，民間**茹素較多**。該犯等藉消災延壽為詞，分教爭來煽惑鄉愚，實屬目無法紀。[286]
道光25年	雲南	金丹大道（青蓮教）	孫可功與夏致溫各送香資銀五兩，拜林依秘為師，林依秘教令供奉無生老母，**茹素念經**，並抄給三皈五戒，十恩十懺等經卷習誦。[287]
道光25年	廣西	青蓮教	陳汶海又假託聖賢仙佛轉世，捏造**喫齋行善**，可以獲福延年，不遭水火劫難。陳汶海復同彭超凡、郭建汶等，在湖北漢陽地方與李一沅設立乩壇，捏稱無生老母，係瑤池金母，畫像懸供，名為雲城。[288]
道光25年	廣西	青蓮教	徐萬昌鄧依真既年老多病，又不善語言，難以傳教。伊即承認因省中無人敬信，即於十一月內自赴陽朔縣上步嵐地方，寄居觀音廟，會遇廟祝李芝進，並村民賓科甲，談及均**喫花齋**敬神求福。徐萬倡乘機告知前來傳教，並將無生

			老母降乩等詞向告，李芝進、賓科甲聽信，即拜徐萬倡為師。[289]
道光27年	廣西	棒棒會、青紅教	據供稱：雷再浩勾結李世得，在新寧之黃陵崗，聚眾拜會，分立青紅兩教。青係茹齋，紅係吃葷食，均屬湖南粵西交界山內，匪徒名分青紅兩教，實係一教，統名棒棒會。[290]
咸豐1年	湖南	金丹教	道光二十九年五月間，清泉縣人陽方銀，於三十年三月間，先後聽從昔存今故之吳克修，勸**吃長齋**習金丹教。各出錢六、七百文，均拜吳克修為師，吳克修傳以坐功運氣，默叩無生老母，並鈔給三皈五戒等經，攜回諷誦。[291]
咸豐1年	湖南	結會習教	湖南與兩粵毘連鄉曲小民，耳目之染濡已久，心思之陷溺尤深，凡拜會結盟及習教喫齋，幾於滔滔皆是。[292]
咸豐2年	四川	青蓮教	楊癸甲令尹唱園將經文讀熟，各自傳徒騙錢使用。商同將青蓮教名目改為龍華會，無生老母改為瑤池金母，分處傳誘。嗣楊癸甲因念**經茹素**係屬常談，人不輕信，復編造不久魔王下界，彼時有水火刀兵瘟疫大劫，男婦如肯出給錢文，拜伊為師，念經茹素，即可免災獲福。儻奉行不力，死後必墮地獄之言，到處傳布。[293]
光緒10年	江蘇	末後一著教	王繼太在逃之父王覺一，即王希孟，又名王養浩。在家賣卜**持齋有年**，四十歲後因見左手掌

---

[289] 《宮中檔道光朝奏摺》第十五輯，頁845，同上奏摺。

[290] 《軍機處檔‧月摺包》第079893號，（臺北：國立故宮博物院），道光二十七年十月二十六日，廣西巡撫鄭祖琛等奏摺。

[291] 《咸豐朝宮中檔》第二輯，頁670，（臺北：國立故宮博物院），咸豐元年十一月九日，湖廣總督程矞采奏摺。

[292] 《咸豐朝宮中檔》第二輯，頁867，（臺北：國立故宮博物院），咸豐元年十一月二十七日，湖廣總督程矞采奏摺。

[293] 《咸豐朝宮中檔》第四輯，頁678，（臺北：國立故宮博物院），咸豐二年九月一日，四川總督徐澤醇奏摺。

			紋形似古字，即自稱係古佛降生，並言夢見菩薩令其傳道，當即設立教名，始稱先天無生教，後改為末後一著教，勸人入**教持齋**。[294]
光緒 10 年	河南	彌勒佛教	據詹沅洪供稱，伊父詹明德在日，**喫齋**念經，拜劉萬金為師。劉萬金自稱彌勒佛轉世，傳係彌勒佛教，勸伊父傳徒斂錢。伊父病故，劉萬金不復再至伊家。[295]

就上表所示，道光一朝最主要吃齋教團莫過於青蓮教，其齋戒信仰的活動分析如下。

青蓮教

有關青蓮教的探討，莊吉發的〈清代青蓮教的發展〉[296]，馬西沙的〈一貫道的源流與變遷〉[297]及淺井紀的〈道光青蓮教案について〉[298]是代表作，已就青蓮教的淵源及發展經過，有清楚的論述。淺井紀的研究認為，青蓮教又叫「齋匪」，是清代白蓮教的一派。[299]莊吉發則是根據故宮軍機處檔指出，青蓮教的由來，似與龍華會有關。[300]以下專就青蓮教的齋戒信仰活動，分析探討。

青蓮教真正引起清政府注目，是在道光八年（1828）的楊守

[294] 《軍機處檔·月摺包》第 126978 號，（臺北：國立故宮博物院），光緒十年五月二日，兩江總督曾國荃等奏摺。

[295] 《軍機處檔·月摺包》第 128833 號，（臺北：國立故宮博物院），光緒十年七月八日，河南巡撫鹿傳霖奏摺。

[296] 莊吉發，〈清代青蓮教的發展〉，《大陸雜誌》卷 71 期 5，民國 74 年。

[297] 馬西沙、韓秉方，《中國民間宗教史》，〈第十八章 一貫道的源流與變遷〉。

[298] 淺井紀，〈道光青蓮教案について〉，《東洋史學》11 期，1976 年。

[299] 淺井紀，〈道光青蓮教案について〉，《東洋史學》11 期，1976 年。

[300] 莊吉發，〈清代青蓮教的發展〉，《大陸雜誌》卷 71 期 5，民國 74 年。

一、徐繼蘭教案。四川總督戴錫三的曰：「現有楊守一勸人修道，傳習經卷，吃齋念誦，可以消災獲福，到處傳播。」[301]清政府在四川查獲以楊守一為首的吃齋教團，楊以吃齋誦經，可以消災獲福為由，吸收一批信眾，名為「青蓮教」。勸人吃齋念經是楊守一主要的傳教方式，戴錫三說他是「捏稱刀兵災難，勸人吃素念經。」[302]又說：「新都縣民人楊守一等，茹素念經，坐功運氣，立會傳徒。並陳育盛等十四名，同拏投首等情。」[303]這次查獲以楊守一及陳育盛為首的吃齋教團，共有十四名。引起清政府的高度重視，於是循線追查，查出楊守一的青蓮教是來自貴州龍里縣的袁無欺。戴錫三的奏摺說：

> （道光七年）五月初間，有貴州龍里縣人袁無欺，來川售賣土紬，亦至楊守一舖內算命。因楊守一所言多中，袁無欺常往坐談，遂稱相好。袁無欺得知楊守一吃齋唸經，即言伊有一種《開示真經》，須供飄高祖並無生老母牌位，每日燒香唸誦，可以消災獲福，如能學習，伊肯相傳。楊守一欣然願學，即拜袁無欺為師，隨給抄寫《開示真經》一本，袁無欺旋即回籍。是月二十三日，徐繼蘭、蔣玉章、余青芳又至楊守一處所閒談。楊守一即起意傳徒作會斂錢使用。先以念經求福之言問探，徐繼蘭等皆以為然。楊守一即將袁無欺傳授經卷，令其供牌念誦，可以消災獲福並

---

[301] 《軍機處檔‧月摺包》第 060196 號，（臺北：國立故宮博物院），道光八年五月二十七日，四川總督戴三錫奏摺。

[302] 同上註。

[303] 《軍機處檔‧月摺包》第 060885 號，（臺北：國立故宮博物院），道光八年六月十六日，四川總督戴三錫奏摺。

盛稱其經精妙。誘令徐繼蘭等從伊學習，徐繼蘭等允從。楊守一因寓所窄狹，約定二十五日在徐繼蘭家拜師作會念經。至期楊守一前往相會，徐繼蘭、蔣玉章、余青芳各送一千文當拜楊守一為師。楊守一將《開示真經》及《唱道真言》給予閱看。曾聞供奉飄高老祖係屬犯禁，遂以《唱道真言》為青華道祖講道之書，用黃紙書寫青華老祖並無生老母兩位供奉，即取名為「報恩會」。並將《開示經》改稱《恩書》，掩人耳目且引人入會，眾皆依從，供設牌位燒香念經。----旋於閏五月初十日，經該地方文武員弁訪同帶領兵役前往查拿。徐繼蘭等當時就獲，楊守一先因出外，聞風逃逸，即經派援兵役分投追捕。一面在楊守一家所搜獲《性命圭旨》一本，《唱道真言》一本，《開示經》一本。又在徐繼蘭家起出《開示經》一，黃紙寫青華老祖並無生老母牌各一個。[304]

這是在道光八年（1828）六月間查獲的案件，其實早在嘉慶年間，華北直隸地區已出現青蓮教的記載。所以馬西沙認為青蓮教並非袁無欺（即袁志謙）所創立，只是由他帶到四川傳播。[305]如上述檔案的記載，可以很楚的看出，當時袁志謙到四川傳道的情形。

楊守一本人平時就是一位吃齋之人，戴三錫的了解說他是：「楊守一籍隸新都縣，平日算命營生，買有道教性命圭旨及唱道真言各一本，茹素念誦，並習坐功運氣。」[306]楊守一在得授袁無欺傳授的青蓮教後不久，即為清政府所查獲，楊守一被正法。但

[304] 《軍機處檔・月摺包》第060885號，同上奏摺。

[305] 馬西沙、韓秉方，前揭書，頁1122~1124。

[306] 《軍機處檔・月摺包》第060885號，同上奏摺。

在前一年（道光七年），同是新都縣人的陳汶海（或稱陳依精）
及南部縣人李一元（或稱李一原、李一沅、李依微），皆拜楊為
師，「傳習青蓮教，供奉無生老母，持齋戒殺，念誦〈三皈五戒〉、
〈十報十懺〉、〈開示真經〉等寶卷，學習坐功運氣。」[307]陳、
李兩人，是楊守一死後，四川青蓮教的重要首領，並經由兩人將
青蓮教向外傳播，成為一個擴及全省的大教派。道光二十五年
（1845），四川總督寶興就所查獲的青蓮教徒奏稱：「教犯李一
沅輾轉傳徒，遣令分赴湖北、陝西、甘肅各省傳教等情。」[308]
道光二十五年（1845）另的一份奏摺也說：

> 道光二十四年四月間，曾在本省（四川）南部縣拜李一原
> 為師，學習龍華會，又名青蓮教，持齋念經。十一月間，
> 李一原付給符籙，令伊至陝傳徒。[309]

可見李一元至少從道光七年（1827）至二十五年（1845）的十八
年間，在四川及陝、甘一帶傳教。至於陳汶海也是很重要的青蓮
教教首，他是後來一貫道道統傳承中的先天五老之一：

> 道光二十四年（1844）正月間，李一元至漢陽與陳汶海等
> 晤談，商約傳教。租住劉王氏空屋，設立乩壇，將無生老
> 母捏稱瑤池金母，請人畫出神像二幅，懸掛供奉，稱為雲
> 城，又名紫微堂。陳汶海復起意假託聖賢仙佛轉世，捏造

---

[307] 莊吉發，〈清代青蓮教的發展〉，頁 26。

[308] 《軍機處檔‧月摺包》第 073345 號，（臺北：國立故宮博物院），道光
二十五年二月二十八日，四川總督寶興奏摺。

[309] 《軍機處檔‧月摺包》第 073319 號，（臺北：國立故宮博物院），道光
二十五年三月十九日，調補江蘇巡撫李星沅奏摺。

喫齋行善可以獲福延年，不遭水火劫難等語作為乩筆判
出，以達摩為初祖，從前川省已正法的楊守一、徐建牧為
十三祖。[310]

陳汶海意圖復興青蓮教，相約李一元等人至湖北漢陽，設立乩壇
建立雲城，並以喫齋行善可獲福延年，不遭災劫為由，吸收信眾。
當道光二十五年（1845）四月間，清政府查獲陳依精（即陳汶海），
順勢追查後才嚇然發現，青蓮教已建構成一個龐大的組織，分別
由十位主要的教首所領導，稱為先天五行及後天五行，根據馬西
沙的研究整理，名單有：[311]

> 先天五行：
>> 法：彭依法，即依法子，原名彭超凡。
>> 精：陳依精，即依精子，原右陳汶海。
>> 成：安依成，即依成子，原名安添爵。
>> 秘：林依秘，即依秘子，原名林周官。
>> 道：劉依道，即依道子，原名劉瑛。
> 後天五行：
>> 元：鄧依元，即依元子，原名鄧依沅。
>> 微：李依微，即依微子，原名李一沅。
>> 專：朱依專，即依專子，原名柳清泉。
>> 果：范依果，即依果子，原名范臻。
>> 真：鄧依真，即依真子，原名鄧良玉。

---

[310] 莊吉發，〈清代青蓮教的發展〉，頁28。
[311] 馬西沙、韓秉方，《中國民間宗教史》，頁1131。

再就其傳教的活動來看，有不少的檔案記載了青蓮教齋戒信仰的情形。湖南巡撫陸費瑔的奏摺說：

> 據供稱：伊兄安養吾又名安昇浩，曾在湖北扶乩入教，派名安依成。伊隨伊兄吃齋誦經，行好求福，並未習教，後因染患疾病，開齋改悔，亦未傳徒。[312]

再經過一個多月的追查，陸費瑔對安依成的來龍去脈又有更清楚的了解，陸費瑔奏曰：

> 道光二十三年二月內，安依成說有四川人謝致良之師，湖北沔陽州人彭超凡，即彭依法來省。素吃長齋，坐功運氣，邀伊一同往見，彭依法勸令茹素坐功，可以病延年，伊就與安依成同拜彭依法為師。[313]

另外，湖廣總督裕泰的奏摺也說：

> 張善成在家設立佛堂，同徐元中朔望拜佛禮懺，坐功運氣。張善成曾給過安依成銀五十兩。藍寬恕先在張善成炊飯後，亦聽從入教喫齋，打坐運氣。[314]

而雲南巡撫吳其濬對雲南境內青蓮教的查訪，其奏摺中說到：

---

[312] 《軍機處檔·月摺包》第 073615 號，（臺北：國立故宮博物院），道光二十五年三月二十七日，湖南巡撫陸費瑔奏摺。

[313] 《宮中檔道光朝奏摺》第十四輯，頁 176~177，道光二十五年四月十八日，湖南巡撫陸費瑔奏摺。

[314] 《軍機處檔·月摺包》第 073555 號，（臺北：國立故宮博物院），道光二十五年四月九日，湖廣總督裕泰奏摺。

> 據供各因許愿喫齋念佛，街鄰婦女漸相聯結，因名為清淨
> 道，每逢會期，俱來禮拜，各出錢數十文不等。並無不法
> 等事，查該犯婦等，如果僅止念經喫素，何必定期會聚，
> 且容男女往來，當即按起各犯婦等。[315]

廣西巡撫周之琦查獲境內的青蓮教首鄧依真，其奏摺也說：

> 據鄧依真即鄧良玉供稱，四川南部縣人。道光十七年在本
> 縣拜已故謝永光為師，供奉無生老母，吃齋念經。二十四
> 年二月二十九日，伊在順慶府會遇素識習教之范臻，即范
> 依果，告知李一元及陳依精等，派人分赴各省傳教，定有
> 五十字派。十以元秘精微道法專真果成為名號，五以溫良
> 恭儉讓為名號。[316]

道光二十五年（1845）的五月間，陸費瑔再就其查獲的青蓮教奏
曰：

> 據張致讓即張俊，又名克廣供稱，湖南善化縣人。-------
> 二十四年二月間，安依成邀伊至湖北壇上與陳依精、林依
> 秘、彭依法相見，勸依吃齋，並教伊咒語，令其坐功運氣，
> 默叩無生老母，依即拜彭依法為師。------伊旋于十月間來
> 省租賃白鶴廟房屋，作寓行醫，還便傳徒。隨有善化人范
> 貽福來寓求醫，伊勸允吃齋拜伊為師，因咒語記憶不全，

---

[315] 《宮中檔道光朝奏摺》第十四輯，頁180，道光二十五年四月十九日，兼護雲貴總督雲南巡撫吳其濬奏摺。

[316] 《宮中檔道光朝奏摺》第十四輯，頁281~282，道光二十五年四月二十八日，廣西巡撫周之琦奏摺。

並未轉傳。[317]

同年的十月間，廣當巡撫周之琦，再就另一位青蓮教教首鄧依真傳道的情形奏曰：

> 徐萬昌鄧依真既年老多病，又不善語言，難以傳教。伊即承認因省中無人敬信，即於十一月內自赴陽朔縣上步嵗地方，寄居觀音廟，會遇廟祝李芝進，並村民賓科甲，談及均喫花齋敬神求福。徐萬倡乘機告知前來傳教，並將無生老母降乩等詞向告，李芝進、賓科甲聽信，即拜徐萬倡為師。[318]

這次在道光二十五年（1845）查獲的青蓮教案，令清政府大為震驚，並予以強力的掃蕩，除將主要的十位教首正法外，也大致將青蓮教的發展情形弄清楚。但似乎未將青蓮教整個除盡，咸豐二年（1852），四川在次發現了青蓮教的餘黨，四川總督徐澤醇奏曰：

> 楊癸甲令尹唱園將經文讀熟，各自傳徒騙錢使用。商同將青蓮教名目改為龍華會，無生老母改為瑤池金母，分處傳誘。嗣楊癸甲因念經茹素係屬常談，人不輕信，復編造不久魔王下界，彼時有水火刀兵瘟疫大劫，男婦如肯出給錢文，拜伊為師，念經茹素，即可免災獲福。儻奉行不力，

---

[317] 《軍機處檔・月摺包》第 074433 號，（臺北：國立故宮博物院），道光二十五年五月二十九日，湖南巡撫陸費瑔奏摺。

[318] 《宮中檔道光朝奏摺》第十五輯，頁 845，廣西巡撫周之琦奏摺。

> 死後必墮地獄之言，到處傳布。[319]

就上述的檔案記載來看，青蓮教一開始就是強調吃齋念經修行的法門，並以念經茹素，即可免災獲福為由，吸引信眾加入。而且傳播的很迅速，很快的由四川向其他地區流傳，最後竟成為清道光年間最主要的民間宗教。

第四節　清代民間吃齋教團的活動特徵

本節將針對上述的分析，就檔案所見各吃齋教團齋戒活動的特徵，作個統合性的分析。

一、入教（會）吃齋

清代的民間宗教普遍會要求信徒吃齋，通常的目的是作為入教之依據。換言之，要判定一個人是否真的信從此教門，就看他是否開始吃齋而定。所以有許多民間宗教的教首在各地傳教，就直接以勸令「入教吃齋」或以作會為由勸令「入會吃齋」作為主要的訴求。例如：大乘教徒曾鳳科，於乾隆三年（1738）初，在四川遇見了唐登芳，就勸令入教吃齋。唐登芳入教後，在同年三月間，即開始在四川招收信眾，同樣的也是要求入教吃齋及拜他為師。[320]另外，乾隆十三年（1748），令清政府震驚的福建老官齋教起義事件，即是因老官齋教經常以作會為名，吸引鄉民「入

---

[319] 《宮中檔咸豐朝奏摺》第四輯，頁 678，（臺北：國立故宮博物院），咸豐二年九月一日，四川總督徐澤醇奏摺。

[320] 《軍機處檔‧月摺包》第 002377 號，（臺北：國立故宮博物院），乾隆十三年五月二十日，江西巡撫開泰奏摺。

會吃齋」所致。根據福州將軍新柱對老官齋教作會的記載說：「無論男婦皆許入會吃齋，入其教者概以普字為法派命名，其會眾俱稱為老官。閩省建甌二縣男婦從教吃齋者甚多。」[321]有關此次老官齋教起義事件，將在本文第六章中詳細探討。

　　乾隆十八年（1753），在山西境內流傳的混沌教，也是個勸人入教吃齋的秘密教門。根據馮進京的供詞曰：

> 小的平日剃頭算卦，賣針營生。又會參禪說偈運氣，念無字真經，燒香占病。三十歲上，有本村王奉祿是個教門，勸人吃齋說偈，遂拜他為師。[322]

混沌教入教時，除了吃齋之外，還有傳偈語，以此作為入教的憑借。乾隆三十六年（1771）底，官方查獲的白陽教首王忠順，也有如下的記載：

> 乾隆二十二年十一月十一日，有直隸昌黎縣人王忠順，路過利山店法會，自稱彌勒佛轉世，係白陽教首，勸令入教吃齋，并引人入教可以超渡父母，自免災難，來世還有好處。[323]

可知白陽教首王忠順到處傳教的過程中，就是在勸人入教吃齋，還說了一些吃齋入教可以超渡父母，躲災避難的好處來引誘人入

---

[321] 《史料旬刊》第二十七期，天 966，乾隆十三年三月十四日，福州將軍新柱奏摺。

[322] 中國人民大學歷史系，中國第一歷史檔案館合編 《清代農民戰爭史資料選編》第三冊，前揭書，頁 270。

[323] 《軍機處檔·月摺包》第 015603 號，（臺北：國立故宮博物院），乾隆三十六年十二月十六日，富明安等奏摺。

教。同樣的乾隆四十六年（1781）間，湖廣總督舒常奏報，查獲羅教徒陳其才也是以入教吃齋為由，招收徒眾：

> 據應城縣知縣王崇高宣稱，訪有縣民陳其才等，吃齋招徒。------已故周圓如以大乘教有五報，是報覆載照臨水土養育引進恩；又有五戒，是戒殺生偷盜淫邪誑語酒肉等。入教吃齋遵奉五報、五戒，可以邀福消災。[324]

羅教的五戒中，就包括了不飲酒吃肉的持齋戒律，以此作為入教的依據。

　　嘉慶年二十一年（1816）間的清茶門教也有類似的情形。根據湖廣總督馬慧裕的奏報說：

> （王秉衡）世習白蓮邪教，後改為清茶教，別號清淨法門。妄稱與圖系燃燈、釋迦、未來諸佛掌教，未來佛即彌勒佛，將來降生于石佛口王姓家內，遂藉此誘人入教吃齋，給伊家線路錢文，以作根基，來世即有好處。凡入其教者，須遵三皈五戒，并稱之為爺，向其禮拜，端坐不起。傳教者并用竹筷點眼耳口鼻等處，名為盧木點杖，插在瓶內供奉，以為故後到陰司吃齋憑據。[325]

清茶門教是嘉慶朝主要的民間宗教，入教必須遵從三皈五戒，其中就有不葷酒的戒律。而且在盧木點杖的入教儀式中，還留有竹

---

[324] 《軍機處檔・月摺包》第 031258 號，（臺北：國立故宮博物院），乾隆四十六年七月三日，湖廣總督舒常奏摺。

[325] 故宮博物院明清檔案部編《清代檔案史料叢編》第三輯，頁 63，嘉慶二十一年一月二十八日，湖廣總督馬慧裕等奏摺。

筷作為將來到陰司吃齋的憑據，可見其對吃齋的重視。再就嘉慶二十二年（1817）間，一位紅陽教徒王尚春的供詞來看：

> 嘉慶九年間，（王尚春）我父親也入紅陽教，拜張廷端為師。我十五歲時患心疼病，叫王寡婦醫治，他用茶葉熬水給我飲服，我的病好就拜王寡婦為師。我二十四歲娶了本縣劉家莊任的劉三之女為妻，後我父母叫我女人入教吃齋，燒一炷香坐功，他不肯我打過他幾次，我女人就入教拜我父親為師。[326]

王尚春因心疼病被紅陽教首王寡婦治癒，而入教吃齋。但王妻的入教吃齋則是被強迫的，不從還要被打。這可能與紅陽教徒一但正式入教，就必須守吃齋戒律有關。類似入教吃齋的記載，一直到清末的「末後一著教」，教首王覺一傳教的情況也是：

> 王繼太在逃之父王覺一，即王希孟，又名王養浩。在家賣卜持齋有年，四十歲後因見左手掌紋形似古字，即自稱係古佛降生，並言夢見菩薩令其傳道，當即設立教名，始稱先天無生教，後改為末後一著教，勸人入教持齋。[327]

可以了解清代的民間宗教，傳教的過程中，勸人入教吃齋是許多吃齋教團的共同特徵。若非此種作法有其吸引力，當不致於被這些教團當作主要的傳教方式。

---

[326] 《軍機處檔·月摺包》第 052685 號，（臺北：國立故宮博物院），嘉慶二十二年八月十七日，英和等奏摺。

[327] 《軍機處檔·月摺包》第 126978 號，（臺北：國立故宮博物院），光緒十年五月二日，兩江總督曾國荃等奏摺。

二、齋供錢的收受

民間宗教教首吸引徒眾入教吃齋，借此得收受「齋供錢文」或「香資錢」，也是齋戒主張的一項很重要因素。在入教吃齋者的宗教活動中，獻供、燒香、禮佛等聚會活動是常有的事，目的在借此凝聚原有的信眾，及吸收新加入的信眾。這類的宗教活動通常由教首主持，參加者或多或少會繳交齋供錢或是香錢，以作為供佛之用，其實大都是交給了教首。例如：雍正二年（1724）在直隸查獲的順天教徒劉言基，他的兒子劉延祚說自己並不持齋，而他的父親持齋信教，他「深知其父非屢勸不從其志，蓋在圖取香錢以為利藪。」[328]由於有利可圖，所以劉延祚屢勸其父開齋散教，皆難聽從。乾隆十三年（1748），清政府在查禁羅教的支派老官齋教時，才發現羅教從明代以來一直在民間流傳：

> 其邪說始於羅教，自明代以來流傳已久，曾經雍正年間查禁，而迄今不改。其姚氏子孫仍往各處代取法名，總以普字為行，每一名送香資三錢三分，愚民奉若神佛，姚氏視若世業。因其僅只吃齋，勸人行善，地方官亦不加查禁。
> [329]

表面上看來是勸人吃齋，入教行善，也沒什麼不法的行為，官方也就不太在意，所以長久以來一直在民間流傳。且每次入教吃齋或是請個法名，都要送些香資錢給教首，大概收入不錯，於是姚

---

[328] 《宮中檔雍正朝奏摺》第二輯（臺北：國立故宮博物院，民國 66 年 12 月），頁 740。雍正二年六月十二日，直隸巡撫李維鈞奏摺。

[329] 《史料旬刊》第二十八期，地 31，乾隆十三年三月二十七日，大學士納親奏摺。

氏家族就以此為世業，靠此即足以致富。另一個羅教所衍生的教
派「龍華會」也是如此，在乾隆十八年（1753）間，教首曹進侯
在浙江一帶以「茹素納錢，哄誘民人。」[330]為官方所查獲。

　　也有經常借辦「齋供」的名目，集合信眾作會的方式。乾隆
三十三年（1768），江蘇巡撫彰寶就奏稱：查獲的大乘教及無為
教是「每歲冬至，在教之人齊集堂內，將傳下經卷誦念禮拜。各
出銀一錢及七、八分以為齋供，平時喫素修行，並無別項邪術。」
[331]「齋供」即是辦理素齋的祭品，作為在佛堂上獻供之用，這是
由信徒自己分擔出錢的。乾隆三十四年間（1769），清政府查獲
的長生教及天圓教，則是利用初一、十五時，讓信徒回來吃素念
經，每次參加者各送教首銀三錢六分。[332]

　　有的教首甚至將入教與吃齋分開處理，若只願吃齋而不願入
教者，也可接受，為的只是能得到「齋供錢」。嘉慶十九年（1814），
山西巡撫衡齡查獲「清茶門紅陽教」的奏報中說到：

> 嘉慶四年十一月間，王紹英復至陽城縣，勸郭寶妙------
> 等，吃齋入教，收為徒弟。得過郭奉文等齋供錢，每次一、
> 二千不等。------十年十月間，王紹英復至陽城北音村，在
> 延克伸家居住。惟時鄉間男婦有願吃齋求福，療病求子，
> 不願入教者，王紹英只得受齋供錢自三、五十文至三、二

[330]《史料旬刊》第二十四期，天861，乾隆十八年七月十九日，浙江巡撫雅
　　爾哈善奏摺。
[331]《史料旬刊》第十五期，天526，乾隆三十三年十月一日，江蘇巡撫彰寶
　　奏摺。
[332]《軍機處檔・月摺包》第011144號，（臺北：國立故宮博物院），乾隆
　　三十四年十二月一日，浙江巡撫永德奏摺。

百文不等。[333]

原本加入清茶門紅陽教的齋供錢，每次一、二千文不等。但如果不願入教，只願參加齋供，吃齋祈福，這樣教首也可得到齋供錢自三、五十文至三、二百文不等。

對於這些只吃齋而未入教的鄉民，為數一定不少，以致清政府不得不分開處理，衡齡的奏摺中就說：

> 查此案內，僅只聽從吃齋，給予齋供錢文，并未習教之男婦人等，為數不少。------據鳳臺縣民人孟官震等，陽城縣民人常有瑞等僉稱：被愚弄求福，曾經吃齋，實未習教，自聞王紹英、孟爾聰等犯案後，均知悔悟，改悔食葷，不敢再蹈前轍，自罹重罪等語。該縣等恐系捏飾，復當面與以葷腥之物，共相取食，目擊情形，實系一律改悔，并飭造改悔男婦冊，取具鄉地甘結，由縣加結，呈送前來。[334]

由於僅吃齋而未入教者為數不少，清政府予以從輕處理，要求開齋及具結後了事。但值得注意的是，吃齋者雖未信教，也是要給教首齋供錢。這也可能成為當時推廣吃齋風尚的主因之一。

另外，嘉慶二十年（1815）在陝西查獲的圓頓教也有類似的作法，根據陝西巡撫朱勳的奏摺說：

> 華尚友等九十餘人，亦因王潮陽等燒香念經可以消災邀

---

[333] 故宮博物院明清檔案部編《清代檔案史料叢編》第三輯，（北京：中華書局，1979 年 11 月），頁 2。嘉慶十九年閏二月十八日，山西巡撫衡齡奏摺。

[334] 故宮博物院明清檔案部編 《清代檔案史料叢編》第三輯，頁 5~6。

福，俱陸續入教，並未取有堂名，均各在家吃齋念經，惟
每年正、七、十月十五日，王潮陽在家埋懺入教者，各出
香錢多寡不等，俱交王潮陽收受。[335]

同年在江西查獲的大乘教、三乘教及羅祖教，也都有類似的情形：

江西向有大乘教即三乘教又名羅祖教，始則喫齋祈福，繼
則藉此傳徒斂錢，其中半係手藝營生之人，向皆稱為齋
匪，其教以普字取名，有五戒及一步至十步名目，并經卷
等項。[336]

其後，在道光十二年（1832），查獲的紅陽教、敬空會，則是與
前述清茶門紅陽教的作法相似：

每年正月十五、二月十九、四月初八、十月十五等日，在
該村龍王廟內，望空向故尼敬空禮拜，念誦經卷，為村人
祈福。李自榮向村人零星湊錢辦供喫齋，其出錢人均未入
會。------人皆稱李自榮等為紅陽道人。[337]

另一個道光年間主要教派青蓮教的支派「金丹大道」，在雲南地
區傳教的情形也是：

孫可功與夏致溫各送香資銀五兩，拜林依秘為師，林依秘

---

[335]《宮中檔嘉慶朝奏摺》第二十一輯，（臺北：國立故宮博物院，民國八十
三年）頁638，嘉慶二十年四月二十四日，陝西巡撫朱勳奏摺。

[336]《宮中檔嘉慶朝奏摺》第二十三輯，（臺北：國立故宮博物院，民國八十
三年）頁35，嘉慶二十年七月五日，兩江總督百齡奏摺。

[337]《上諭檔》（方本），（臺北：國立故宮博物院），道光十二年二月二十
八日，曹振鏞奏稿。

> 教令供奉無生老母，茹素念經，並抄給三皈五戒，十恩十懺等經卷習誦。[338]

類似以上的案例實不勝枚舉，大致上不外乎借吃齋入教，謀取信眾的齋供錢或是香資錢，或多或少不等。顯然這會是民間宗教的教首，極力勸人入教吃齋的有利因素之一。

三、吃齋祈福消災

為吸引信眾入教吃齋，民間宗教教首在傳教的過程中，多會使用一些簡單易懂的道理來強調吃齋的重要性，最常用的莫過於吃齋可以得福報，免受各種的災難等的說詞。例如乾隆三十四年（1769），湖廣總督奏稱，有未來教三元會的信徒：

> 有已故江陵縣民賀坤，平日吃齋，家藏三官、觀音、雷祖、玉皇、金剛、還鄉、末劫、定劫等經八部。勸人茹素念經祈福免災，并于每年三月初三、五月十三、九月初九等日做會一次，未來會名。[339]

三年後的乾隆三十七年間（1772），河南巡撫何煟奏報所查獲的白陽教活動說：

> 乾隆二十四年，王源九因無子嗣，同妻汪氏復行吃齋，當未歸教。及至二十九年九月間，直隸人王忠順來至王源九

[338] 《道光朝宮中檔》第十五輯，頁 787，道光二十五年十月二十一日，雲南巡撫調任福建巡撫鄭祖琛奏摺。

[339] 《軍機處檔・月摺包》第 010731 號，（臺北：國立故宮博物院），乾隆三十四年十月四日，湖廣總督吳達善奏摺。

家，自稱彌勒佛轉世，係白陽教主。誘令王源九拜伊為師，
並令勸人入教，可以消災獲福。[340]

王忠順勸令王源九入教吃齋的說詞，就是可以消災獲福。另外在
乾隆四十五年（1780），查獲湖北的黃三光信奉不知名邪教，湖
廣總督富勒渾奏稱：

> 據黃三光供稱，伊故父黃如進在日，常誦兩咒，一係真空
> 家鄉，無生父母，現在如來，彌勒我主。一係秉聖如來，
> 三元奉聖，五氣歸宗，佛命當知救苦救難觀世音菩薩。每
> 日三次向日光拜念，逢九喫齋，說可消災求福，伊亦隨同
> 念拜，還有一抄本達摩傳。[341]

該教每月逢九日就是吃齋日，說是可以消災求福。

根據羅教的說法，吃齋祈福消災，是必須入教守五報、五戒
的關係。湖廣總督舒常對查獲的羅教有如下的奏報：

> 據應城縣知縣王嵩高宣稱，訪有縣民陳其才等，吃齋招
> 徒。------已故周圓如以大乘教有五報，是報覆載照臨水土
> 養育引進恩；又有五戒，是戒殺生偷盜淫邪誑語酒肉等。
> 入教吃齋遵奉五報、五戒，可以邀福消災。[342]

---

[340] 《軍機處檔・月摺包》第 016433 號，（臺北：國立故宮博物院），乾隆
三十七年三月二十六日，河南巡撫何煟奏摺。

[341] 《軍機處檔・月摺包》第 028108 號，（臺北：國立故宮博物院），乾隆
四十五年九月二日，湖廣總督富勒渾奏摺。

[342] 《軍機處檔・月摺包》第 031258 號，（臺北：國立故宮博物院），乾隆
四十六年七月三日，湖廣總督舒常奏摺。

五報恩和五戒，是民間宗教普遍奉行的戒律。只是原本佛教的五戒是不殺生、不偷盜、不邪淫、不妄語、不食酒。但民間宗教所遵守的五戒，通常是比佛教的五戒多增加了戒肉食，也就是包括吃齋戒殺在內，變成了最主要的戒律。乾隆年間山西的混沌教，入教要守三皈五戒，其五戒的內容中也有戒葷酒：

> 乾隆十年三月內，長治縣北關村大會，小的二月半就前去擺攤賣針。二十五日，遇見賣烏綾王會，是直隸沙河縣人，同在一處擺攤，說起他是吃齋的人，他因有病，小的說會治病，還有老師付傳的妙法。初三日會散了，就一同到小的家，小的領他在神前磕頭，就將運氣念無字真經的法子教他。------小的又教他要三皈五戒才得成正果，一皈佛、二皈法、三皈僧，一戒不殺牲、二戒不偷盜、三戒不邪淫、四戒葷酒、五戒不誑語。[343]

另外，乾隆五十年（1785）間，在湖北查獲的收元教，也是強調吃齋念經可消災免禍。湖廣總督特成額奏曰：

> 孫貴遠于乾隆三十三年八月初二日，在李從呼家鑽磨，李從呼言及伊奉收元教，吃齋念經，可以消災免禍，孫貴遠即給錢百文，拜師入教。李從呼口傳「南無天元太保阿彌陀佛」十字，又「十門有道一口傳，十人共士一子丹，十口合同西江月，開弓射箭到長安」咒語，令其念誦。[344]

---

[343] 中國人民大學歷史系，中國第一歷史檔案館合編，《清代農民戰爭史資料選編》第三冊（北京：中國人民大學出版社，1983年），頁 271。

[344] 中國第一歷史檔案館編《清代檔案史料叢編》第九輯（北京：中華書局，

民間宗教以吃齋念經，傳授口訣的方式傳教，實不在少數。其後，在嘉慶年間的清茶門教，強調吃齋可避刀兵水火之劫，更甚於其他各教派的說法。直隸總督那彥成的奏摺曰：

> 王泳太一犯，向在楚省傳教，------凡皈依吃齋者，可避刀兵水火之劫。各送給水錢、線路錢，為來世根基，可以富貴。其傳受三皈五戒時，用竹筷點眼，不觀桃紅柳綠；點耳，不聽妄言雜語；點鼻，不聞不外香臭；點口，不談人惡是非。要磕七個頭，四個都報天地、日月、水火、父母恩，兩個是拜佛，一個是拜師。并說他祖上現在天掌盤，有聚仙宮在西方。吃齋的故後，度往享福等語。[345]

根據清茶門教的說法，吃齋者生前可躲災避難，死後也可享福，這樣的說法應該是很被一般民眾所接受的。像是同一時期在湖北傳播的大乘教，也是以吃齋可消災獲福為由，向一般的鄉民傳教，吸引信徒入教。即是提到早在乾隆五十二年間（1787），「有宗三廟居住之齋公楊倫，勸該犯皈依大乘教，喫齋消災獲福。該犯隨拜楊倫為師，僅止喫齋，並未傳給經語，每逢四月初八，七月十五等日，與當時同教之戴注泰------隨同楊倫念經。」[346]像這樣有特定的吃齋日期者，通常都是配合齋供作會來吸引更多的信眾參加。另有在道光年間的紅陽教也是，根據直隸總督琦善

　1983 年），頁 173，乾隆五十年四月十一日，湖廣總督特成額等奏摺。

[345] 故宮博物院明清檔案部編，《清代檔案史料叢編》第三輯，頁 77。嘉慶二十一年三月二十九日，直隸總督那彥成等奏摺。

[346] 《軍機處檔‧月摺包》第 047553 號，（臺北：國立故宮博物院），嘉慶二十一年五月十八日，湖廣總督馬慧裕奏摺。

的奏摺說：

> 董文魁等素係紅陽教，茹素誦經，妄稱可以消災邀福，與
> 亦已身故之崔顯庭、丁良弼互相傳習，均以授茶看香占病
> 為由，引誘愚民，因歷時已久，未知此教興自何人。[347]

吃齋誦經的目的，同樣為的也是消災邀福，這樣的信仰在民間宗
教的吃齋觀來看，可說是很普遍的現象。一直道光年間的青蓮
教，這樣的吃齋觀點依然是主要的訴求。四川總督徐澤淳奏曰：

> 楊癸甲令尹唱園將經文讀熟，各自傳徒騙錢使用。商同將
> 青蓮教名目改為龍華會，無生老母改為瑤池金母，分處傳
> 誘。嗣楊癸甲因念經茹素係屬常談，人不輕信，復編造不
> 久魔王下界，彼時有水火刀兵瘟疫大劫，男婦如肯出給錢
> 文，拜伊為師，念經茹素，即可免災獲福。儻奉行不力，
> 死後必墮地獄之言，到處傳布。[348]

青蓮教是清道光年間最主要的民間宗教，顯然以念經吃齋，可以
躲災獲福的說法，一定是得到普遍的認同，到處傳佈，信教者頗
多。

四、吃本命齋

吃齋為了報恩是普遍的說法，比較特殊的是「吃本命齋」。

---

[347] 《軍機處檔‧月摺包》第 068482 號，（臺北：國立故宮博物院），道光
十四年七月六日，直隸總督琦善奏摺。
[348] 《咸豐朝宮中檔》第四輯，頁 678，（臺北：國立故宮博物院），咸豐二
年九月一日，四川總督徐澤醇奏摺。

雍正六年（1728）在山東查獲的三元會空字教，教義上吃的齋就叫「本命齋」。[349]三元會空字教，是清初流行於山東的民間秘密教門，教首牛三花子（又稱牛三花拉）。[350]牛三化拉被捕後，根據河東總督田文鏡的奏摺說：「據供牛三花拉以喫齋念佛、修善祈福，并超渡人祖宗，醫治人疾病為由，哄誘鄉愚騙取香錢。」[351]可見牛三花拉以吃齋念佛引人入教，「吃本命齋」可能是該教特別的一種說法。

五、聚眾吃齋念經

民間宗教經常借著舉辦法會的方式來凝聚信眾，法會的內容不外乎念經、齋供、講經說法等。乾隆十三年（1748）間，福建的老官齋教，每月就有一、二次，每次數十人至近百人不等的聚會。大學士納親王奏稱：

> 據稱建安、甌寧地方，有老官齋一教。平素誘人喫齋從教，詭言可以成佛。其喫齋之時，每月一、二次或數十人或近百人，至期聚集率以為常。------在建安縣離城五六十里之北坪地方，聚集多人念經喫齋，因將伊法師拘拿三人監禁，奸民等于正月初四等日起意劫獄。[352]

---

[349] 《宮中檔雍正朝奏摺》第十一輯（臺北：國立故宮博物院，民國 67 年 9 月），頁 101。雍正六年八月十四日，巡察山東等處湖廣道監察御使蔣洽季奏摺。

[350] 濮文起，《中國民間秘密宗教辭典》，〈空子教條〉，頁 133。

[351] 《宮中檔雍正朝奏摺》第十三輯（臺北：國立故宮博物院，民國 67 年 11 月），頁 663。雍正七年七月二十一日，河東總督田文鏡奏摺。

[352] 《史料旬刊》第二十七期，天 964，乾隆十三年三月三日，大學士納親奏

同一時期，浙工巡撫顧琮對境內的老官齋、子孫教、長生道的活動情形也有以下的奏報：

> 邪教惑民最為人心風俗之害，其理竊取佛教之說，別立名號，或幻稱因果，或假託修持，勸人食素誦經，燒香結會。[353]

食素誦經，燒香結會，正是一般民間宗教活動的特徵。乾隆十三年（1748）間，閩浙總督喀爾吉善奏報，福建的羅教及老官齋教的齋堂，是「每月朔望，聚會念經吃齋。」[354]乾隆十四年（1749），貴州巡撫愛必達奏報境內的羅教，每年三月初一至初十日，「什百成群，全集寺觀，先期宿壇齋戒。」[355]這種的齋戒作法，與當時乾隆皇帝祭天時，先宿齋宮的方式很相像，可能多少也是受到當政者重視齋戒以祀天的影響。另外，乾隆二十八年（1763），在直隸查獲的黃天道信徒王進賢，從他的供詞中可以了解：

> 王進賢供出伊在昌平，有常時來往，喫齋念經善友馬文朝、杜顯、施一貴、朱榮全-------據各犯所供，雖俱不知有鈎鑄等詞，然其中有家藏經卷數部者，亦有雖不念經素日

摺。
[353] 《軍機處檔•月摺包》第 002069 號，（臺北：國立故宮博物院），乾隆十三年三月二十五日，浙江巡撫顧琮奏摺。
[354] 《軍機處檔•月摺包》第 003826 號，（臺北：國立故宮博物院），乾隆十三年十二月二十五日，閩浙總督喀爾吉善奏摺。
[355] 《軍機處檔•月摺包》第 003870 號，（臺北：國立故宮博物院），乾隆十四年一月十一日，貴州巡撫愛必達奏摺。

　　喫齋者。[356]

平時和王進賢吃齋念經的是一群善友，但其中也有只吃齋而不念
經的。此外，比較有組織，採集體作會吃齋念經的，要屬糧船水
手所信奉的羅教了。乾隆三十三年（1768），清政府在浙江發現
許多羅教的齋堂，這些齋堂都是供糧船水手回空落腳之處，也是
集體作會吃齋念經的地方。根據巡永德的奏摺曰：

> 每年糧船回空，各水手來菴居住者，每日給飯食銀四分。
> 平日僅止一、二人管菴，並無輾轉煽惑，教誘聚眾之事，
> 飯教之人有喫素念經者，亦有不喫素不念經者。經名苦
> 工、破邪、金剛、正信等項名目，並無不法邪語。[357]

羅教是清代糧船水手的主要信仰，所建立的齋堂，對水手們而言
也很重要，這部份將於討論羅教的齋戒信仰時，再詳述。另外，
在江蘇的無為教及大乘教也是如此，根據江蘇巡撫彰寶的奏摺
說：

> 每歲冬至，在教之人齊集堂內，將傳下經卷誦念禮拜。各
> 出銀一錢及七、八分以為齋供，平時喫素修行，並無別項
> 邪術。[358]

---

[356] 《宮中檔乾隆朝奏摺》第十八輯（民國七十二年十月），頁455，乾隆二
　　　十八年四月十四日，兆惠等奏摺。

[357] 《史料旬刊》第十五期，天525，乾隆三十三年十月一日，江蘇巡撫彰寶
　　　奏摺。

[358] 《史料旬刊》第十五期，天526，乾隆三十三年十月一日，江蘇巡撫彰寶
　　　奏摺。

　　至於清政府對於民間吃齋念經的處理態度，基本上只要無斂錢傳教之事，即可從輕發落。乾隆二十八年（1763），在浙江查獲的天圓教，浙江巡撫熊學鵬的處理是：「如訊明止係喫齋誦經，並無斂錢傳播等事，即分別予以懲創，照例完結，不必輾轉株連。」[359]吃齋誦經和一般佛教的修持方式，並沒有多大的差別，只要不傳教斂錢，至多只是懲罰性的處治，沒有牽連他人。

六、吃齋修來生好處、延年益壽

　　也有以吃齋修來生好處的因果觀，勸令信眾吃齋的。乾隆十八年（1753）山西查獲的混沌教就是：「司禮供：小的是長治縣西坡村人，五十六歲了，是氈匠手藝。雍正五年春間有個杜三勸小的吃齋，說修個來生好處，世上騎騾騎馬的人都是前生修來的。」[360]這種因果觀顯然是受到佛教的影響。同樣信奉混沌教的曹茂臣，他的情況較為特殊，其吃齋的原因是由於出生後就吃不得葷，謂之「天戒」。曹茂臣的供詞說：「小的今年七十四歲了，是長治縣北和村人，做氈帽營生。從小天戒不吃葷。」[361]

　　此外，浙江的長生教，也是極力主張吃長齋，認為吃齋可以卻除病痛，延年益壽。浙江巡撫永德的奏摺說：

　　　　汪長生即汪普善，在西安縣地方。於前明萬曆年間創建齋

---

[359] 《宮中檔乾隆朝奏摺》第十八輯（民國七十二年十月），頁 544，乾隆二十八年七月二十二日，浙江巡撫熊學鵬奏摺。

[360] 中國人民大學歷史系，中國第一歷史檔案館合編，《清代農民戰爭史資料選編》第三冊，頁 274。

[361] 中國人民大學歷史系，中國第一歷史檔案館合編 《清代農民戰爭史資料選編》第三冊，頁 275。

> 堂，勸人吃齋念佛，謂可卻病延年。伊表姐姜徐氏即姜媽
> 媽，亦用此說勸導婦女，名為長生教。汪長生死後，即葬
> 於齋堂左邊之無影山。[362]

民間宗教的齋戒主張，大都由宗教信仰的觀點出發，像長生教這樣，以卻延年作訴求的，還有福建羅祖大乘教的教首沈本源。湖廣總督富勒渾說他是「誑言崇奉羅祖大乘教，可以獲福消災，延年增壽，遂拜沈本源為師，吃齋修善。」[363]。

　　還有一種方式，是借醫治身體的病痛，以達到吸收入教的目的。乾隆三十七年（1772）間，直隸總督周元理查報白陽教時，就提到：

> 乾隆三十四年正月內，在青雲店集上，與同縣人趙美公會
> 遇，趙美公亦言及不時患病，未得良醫調治。屆得興即以
> 有彌勒佛白陽教所傳八字傳誦，可以卻病，必須喫齋燒香
> 方可傳授。趙美公信以為實，即於是日往邀屆得興到家，
> 屆得興令其焚香喫齋，趙美公隨向屆得興叩頭受教。[364]

民間宗教的教首，假借治病來傳教的方式，是很普遍的現象。道光年間的青蓮教也是，湖南巡撫陸費瑔的奏摺曰：

> 據張亮供張致讓是伊堂兄，二十三年三月，伊在鄉遇見彭

---

[362] 《史料旬刊》第十五期，天 528，乾隆三十四年三月十九日，浙江巡撫覺羅永德奏摺。

[363] 《軍機處檔・月摺包》第 029249 號，（臺北：國立故宮博物院），乾隆四十五年十二月十六日，湖廣總督富勒渾奏摺。

[364] 《軍機處檔・月摺包》第 016388 號，（臺北：國立故宮博物院），乾隆三十七年三月二十日，直隸總督周元理奏摺。

> 依法，勸伊吃齋敬神，可以卻病延年，伊就拜彭依法為師。
> ------文先瓊、文先祿、郭春秀、楊作錦堅供，平日曾吃散
> 齋，並未拜師入教。[365]

有的教派不只是吃齋治病，甚至是設有專門約束信眾吃齋的「調眾師」。道光年間的混元教即是一個代表：

> （張景山）據供稱，伊早年拜劉仲玉為師，入混元教喫齋
> 念經，並代人治病。嘉慶十七年六月間，劉仲玉囑伊接管
> 教務，伊應允將混元老祖神像及經卷等物領回供奉。彼時
> 同教有孫文士失領眾人行禮，名為領眾；孫文志經理上供
> 香燭，名為壇主；楊俊陳設經卷，名為經主；段明楊約束
> 眾人，名為管眾；尹廷樞管教眾人喫齋，名為調眾；陳顯
> 旺買辦祭品，名為供主；段龐舜催人辦供，名為催眾。[366]

入教吃齋可以卻病延年，這樣的觀念似乎頗為一般人所接受，有的人甚至是因病而吃齋，並未入教。根據曹振鏞的奏摺曰：

> 訊據李二供稱，伊因病吃齋，並未習教。吳三亦非伊徒，
> 宋萬恒供稱，伊教讀度日，賈青雲曾隨伊讀書，實非紅陽
> 教會。[367]

---

[365] 《軍機處檔·月摺包》第 074433 號，（臺北：國立故宮博物院），道光
二十五年五月二十九日，湖南巡撫陸費瑔奏摺。

[366] 《上諭檔》（方本），（臺北：國立故宮博物院），道光十二年六月六日，
曹振鏞奏稿。

[367] 《上諭檔》（方本），（臺北：國立故宮博物院），道光十二年二月三十
日，曹振鏞奏稿。

比較特殊的是紅陽教，治病的方式是要吃「准提齋」。道光七年
（1827）富俊的奏摺說：

> 道光元年六月，張甫明病故。二年間，因與民婦趙普氏，
> 並民人陳印等十八人治病罔效，隨傳授趙普氏等供奉菩薩
> 牌位，吃准提齋。伊等久後病漸就痊。四年十月，該犯復
> 將辛存仁所授經卷焚香誦讀。[368]

所謂的「准提齋」，應該也只是戒葷酒的吃齋，吃齋能治病的觀
念，需從醫學及健康的觀點來立論，這方面在民間宗教的吃齋觀
中，很少有清楚的論點，應該只是停留在單純的說法，而缺少完
整的立論。

　　綜合本章的論述，所根據的主要是清代官方的檔案記載。在
清代眾多的民間宗教教派中，有為數不少的教門是以吃齋作為共
同的特徵。就檔案的記載來看，清代中期以前的吃齋教團，是以
羅教及其相關的衍生系統為主。後期的吃齋教團，則以青蓮教及
金丹道為多。這些吃齋教團的信仰活動，也有其共通的特徵，大
致上不外乎以吃齋作為入教的依據，如老官齋教、混沌教、清茶
門教、末後一著教等。而大部份的吃齋教團，也都有收受齋供錢
的情形，不論是入教時的儀式，或是平時的辦齋供會，信徒都或
多或少要拿出齋供錢給教主。另外是絕大多數的吃齋教團，都會
將吃齋和祈福消災相結合，並以此來勸令信眾入教吃齋，如羅
教、未來教三元會、白陽教、混沌教、收元教、清茶門教等，都
有這樣的說法。再不然就是將吃齋與修來世好處劃上等號，並說

---

[368] 《軍機處檔・月摺包》第 055254 號，（臺北：國立故宮博物院），道光
　　七年三月二十五日，富俊奏摺。

可卻病延年。這方面主要是長生教，也許是教名的關係，特別強調吃齋可得長壽的觀點。但長生教的吃齋長壽說，與現代從醫學觀點強調吃素可健康長壽的說法不同，長生教是單純就吃齋可少生病，得長壽的一種說法。其實，若要全然了解清代吃齋教團的齋戒觀，檔案的記載是非常簡略的，一定必須配合民間宗教平時所用的寶卷經籍，作深入的探討才比較容易了解，這方面將在本文的下一章來論述。

第五章

民間宗教齋戒教義之探討

有關民間宗教裡齋戒信仰的研究，目前幾乎是沒有任何二手的研究成果可供參考。所幸在原始的檔案材料上，不乏有這方面的記載。尤其近來得力於《寶卷》的整理公布，在研究上已較為容易。大陸山西人民出版社所編《寶卷初集》四十冊共一百八十六部[1]，及臺灣王見川、林萬傳所編《明清民間宗教經卷文獻》十二冊一七〇部經卷[2]，共計三五六部民間宗教經卷，即是很好的研究材料。由於《寶卷》及《經卷》是研究民間宗教教義的主要依據，平時各教派的信眾，莫不以此作為誦讀的經典，所以寶卷經卷對信眾的影響不言可諭。但這些《寶卷》及《經卷》中有關齋戒的教義，有很多重複之處，甚至相互抄襲，所以本文在分析上，主要是以《明清民間宗教經卷文獻》所收錄的寶卷為主。

第一節　民間宗教的齋戒教義

一、檔案所見民間宗教的經卷書目

民間宗教所用的《寶卷》與《經籍》，目前雖已整理編印出版的有三百五十六部，但就整個明、清民間宗教所使用的經卷來看，佔所知的量不到四分之一。先就清政府查辦「邪教」檔案載的民間宗教經卷書目，整理如下〈表 5-1〉：

---

[1]　張希舜等主編，《寶卷初集》，40 冊（太原：山西人民出版社，1994 年）。

[2]　王見川、林萬傳主編，《明清民間宗教經卷文獻》（以下簡稱《經卷文獻》）第六卷（臺北：新文豐出版，1999 年 3 月）。

〈表 5-1〉檔案所見清代民間宗教各教派引用寶卷書籍名稱簡表

教派名稱	寶卷書籍名稱	備註
一炷香教	《排頭記》	1 部
八卦教	《八卦教首譜系圖》、《八卦教理》、《八卦圖》、《五女傳道書》、《六甲天元》、《太皇寶卷》、《孔明問子其》、《正丁二坤歌》、《性理大全》、《苦功悟道經》、《專治十八翻秘訣書》、《稟聖如來》、《儒流正宗》、《錦囊神仙論》、《通言翼》	15 部
三元教	《推背圖》、《萬法歸宗》	2 部
三乘教	《心經》、《本名經》、《金剛經》	3 部
三乘會（茲粑教）	《霧靈山碑文》	1 部
三寶大教	《無為經》	1 部
大成教	《九蓮經》、《定劫經》、《黃石公御覽集》、《老九蓮》、《續九蓮》	5 部
大乘教	《十二步經咒》、《十王經》、《十報經》、《三世因由》、《三官經》、《三教尊經》、《三教課誦》、《大乘十報經》、《大乘大戒經》、《大乘真經》、《大乘提綱》、《大乘經》、《小乘大乘經咒》、《五公經》、《天緣經》、《去邪歸正經》、《血湖經》、《孝義經》、《快樂隨佛經》、《明宗孝義經》、《明宗經》、《松源錄》、《法華咒》、《皇極金丹九蓮正信歸真還鄉寶卷》、《苦功悟道經》、《恩本經》、《破邪顯證鑰匙寶卷》、《意旨了然》、《酬恩孝義無為寶卷》、《嘆世無為卷》、《蠟敕引單》、《龍牌寶卷》、《醮科儀範》、《巍巍不動泰山深根寶卷》、《護道榜文》、《觀音懺》	36 部
五郎會	《皇極卷》	1 部
五盤教	《恩本經》	1 部
天竹教	《五女傳道書》、《錦囊寶卷》	2 部
天圓教	《延齡拔黃離塵寶懺》、《金天科儀》、《臨凡機語》	3 部
弘陽教	《九天應元雷聲普化天尊玉樞寶經》、《九科受戒書》、《九蓮經》、《十字經》、《三藏經》、《小字弘陽經》、《元始天尊北方真武妙經》、《元始天尊說濟渡血湖真經》、《太上三元賜福赦罪解厄	69 部 參　見

	消災延生保命妙經》、《太上玄靈北斗本命延生真經》、《太上全真清靜禮斗科儀》、《太上說消禳火災經》、《太陽真經報太看照之恩》、《太陽經》、《四京科應》、《弘陽玉華真經》、《弘陽妙道玉華真經隨堂寶卷》、《弘陽結果二品上經》、《弘陽經懺》、《伏魔經》、《佛說土地正神寶卷》、《佛說白衣菩薩送子寶卷》、《明心經》、《明宗經》、《治病符書》、《苦功悟道經》、《泰山東岳十王寶卷》、《祖明經》、《起香贊》、《高上玉皇經本行集經》、《掃心經》、《救苦懺文》、《清微江范功課經》、《混元弘陽大法祖明經》、《混元弘陽中華寶懺》、《混元弘陽血湖寶懺》、《混元弘陽明心寶懺》、《混元弘陽苦功悟道經》、《混元弘陽悟道明心經》、《混元弘陽經》、《混元弘陽嘆世真經》、《混元弘陽請祖母報恩覺願全部》、《混元弘陽飄高祖臨凡經》、《混元弘陽顯性結果經》、《報恩經》、《普門經》、《普賢普薩度華亭寶卷》、《菩薩送嬰兒經》、《陽宅起首》、《道岸前字》、《道場總抄》、《達本還元經》、《嘆世經》、《銷釋收圓行覺寶卷》、《銷釋混元大法祖明經》、《銷釋混元拔罪地獄寶懺》、《銷釋混元救苦升天寶懺》、《銷釋混元無上大道玄妙真經》、《銷釋混元無上拔罪救苦真經》、《銷釋混元無上普化慈悲真經》、《銷釋歸依弘陽覺願真經》、《銷釋歸依覺願妙道真經》、《積善求兒紅羅寶卷》、《隨堂經》、《臨凡經》、《關聖帝君濟世忠義經》、《飄高老祖經》、《護道榜文》、《顯性經》、《觀世音菩薩普門品經》	《清代弘陽教研究》[3]
弘陽會	《了言經》	1 部
白陽會	《九蓮經》、《收元經》、《收圓經》	3 部
先天教	《九蓮經》、《葯王經》、《龍華經》	3 部
收元教	《九蓮救度經》、《九蓮經》、《八卦圖》、《八	23 部

---

[3] 宋軍,《清代弘陽教研究》,〈第六章:弘陽教經卷與信仰〉(北京:社會科學文獻出版社,2002 年 2 月)。

	卦說》、《小兒喃孔子》、《五女傳道書》、《六甲天元》、《去疑經》、《收元經》、《收圓經》、《金丹還元寶卷》、《苦工經》、《泰山經》、《破邪經》、《祝由科》、《訓蒙說》、《掃心集》、《淨心經》、《萬法歸宗》、《稟聖如來》、《蒙訓四書》、《錦囊神仙論》、《雜鈔》	
收圓教	《收圓教執儀單》、《巡茶儀注單》、《定劫寶卷》、《皇極總圖》、《破邪顯正明心錄》、《普天門慶》、《結果寶卷》、《萬全天書》、《萬年時憲》、《群星冊》、《龍華定果冊》、《應劫寶卷》、《鑰匙寶卷》	13 部
收源教	《金剛經》、《華嚴懺》、《萬言詩注》、《彌勒出細》	4 部
西大乘教	《泰山東岳十王寶卷》、《清源妙道顯聖真君二郎寶卷》、《普度新聲救苦寶卷》、《銷釋大乘寶卷》、《銷釋收圓行覺寶卷》、《銷釋圓通寶卷》、《銷釋圓覺寶卷》、《銷釋顯性寶卷》	8 部
明宗教	《明宗牟尼注解祖經》	1 部
東大乘教	《銷釋接續蓮宗寶卷》	1 部
金丹門圓敦教	《金丹九蓮經》	1 部
金丹道	《九蓮寶贊》、《十報十懺》、《三皈五戒》、《東明律》、《風輪經》、《託天神圖》、《推背圖》、《願懺》	8 部
長生教	《十報經》、《下生寶經》、《四恩經》、《妙法蓮華經》、《金剛經》、《眾喜寶卷》、《普靜如來檢教寶經》、《圓明寶卷》、《彌勒佛地藏十王寶卷》	9 部
青陽教	《青陽經》	1 部
青蓮教	《九蓮寶贊》、《十二圓覺》、《十恩十懺》、《十參四報經》、《十報十懺》、《三皈五戒》、《三教經》、《斗牛宮普度規條》、《玉皇心印》、《乩詩寶光實錄》、《托天神圖》、《性命圭旨》、《東明律》、《注解心經》、《金丹口訣》、《威德咒》、《風輪經》、《修真寶傳》、《恩書》、《悟性儀節》、《悟性窮源》、《唱道真言》、《推背圖》、《梵王經》、《喻迷喚醒》、《無上妙品》、《無	36 部

	生老母圓懺》、《無生老母經》、《無生妙品》、《開示真經》、《慈航性理》、《劉香寶卷》、《龍華經》、《願懺經》、《懺悔經》、《靈犀玉璣璇經》	
悄悄會（圓頓教）	《數珠經》、《龍華經》、《傳法經》、《萬聖朝元》、《歸一經》、《靈感出細寶卷》	6 部
糍粑教	《太山經》、《正心經》、《正宗科儀》、《苦功經》、《破邪經》、《嘆世經》	6 部
清茶門教	《一心頂叩經》、《九蓮如意皇極寶卷真經》、《三官經》、《三皈五戒》、《三教經》、《三教應劫總觀通書》、《元亨利貞鑰匙經》、《孔子度元關》、《伏魔寶卷》、《老子度夫子》、《金科玉律戒文》、《金剛經》、《皇極金丹九蓮正信歸真還鄉寶卷》、《皇極寶卷真經》、《真武經》、《論百中經》、《銷釋木人開山寶卷》、《銷釋收圓行覺寶卷》、《銷釋圓覺寶卷》、《銷釋顯性寶卷》、《觀世音菩薩普度授記皈家寶卷》	21 部
清淨無為教	《破邪顯證經》、《嘆世無為經》	2 部
混元門教	《混元飄高祖臨凡經》	1 部
混元教	《上大人歌訣》、《大道問經》、《小道問經》、《立天卷》、《伏魔經》、《李都御參藥山救母出苦經》、《灶王經》、《洪陽經》、《娘娘經》、《泰山經》、《掃心寶卷》、《混元點化書》、《源流經》、《請神疏頭》、《諸葛子奇論》、《歷天卷》、《勸人寶鑒》	17 部
陰盤陽盤教	《恩本經》	1 部
無為教	《大乘真經》、《天緣經》、《太山寶卷》、《太初詩》、《出殯七靈科儀》、《正信寶卷》、《吉經》、《佛在靈山》、《佛說圓覺寶卷》、《直指見性語錄》、《皇極還鄉寶卷》、《苦功寶卷》、《苦行語錄寶卷》、《破邪寶卷》、《通明寶卷》、《傳燈心印寶卷》、《稟科文卷》、《嘆世寶卷》、《徹底窮源大學》、《應祖行腳寶卷》	20 部
黃天道	《八般大利寶》、《佛說扣天寶》、《佛說轄天寶訣文法》、《利生經》、《皇極寶卷》、《清淨經》、《普明古佛以留末後一著文華手卷》、《普	18 部

	明古佛遺留歸家寶偈》、《普明如來鑰匙寶卷》、《普明寶卷》、《朝陽三佛腳冊通誥唱經》、《朝陽天盤贊》、《朝陽遺留排天論寶卷》、《太陽開天立極億他諸佛歸一寶卷》、《虎眼禪師遺留唱經卷》、《冠天寶書》、《普明如來無為了義寶卷》、《普靜如來鑰匙寶卷》	
圓明會	《延齡寶懺》、《金天寶藏經》	2 部
圓頓教	《木人開山顯教明宗寶卷》、《古佛天真考証龍華寶經》、《金丹九蓮經》、《皇極經》、《銷釋三教收圓寶卷》、《銷釋接續蓮宗寶卷》、《銷釋淨土涅盤還鄉寶卷》、《銷釋萬法皈一寶卷》、《護道榜文》	9 部
榮華會	《十佛了道》、《十佛臨回》、《三陽應劫》、《皇極寶卷》、《劉伯溫書》、《靈機顯露》	6 部
聞香教	《三皈五戒》、《三教經》、《三教應劫總觀通書》、《皇極經》	4 部
震卦教	《告灶經》、《科範》	2 部
靜空教	《天仙聖母源流寶卷》、《靜空開心寶卷》	2 部
龍天教	《九品收元卷》、《法華經》、《法華懺》、《花山卷》	4 部
龍華會（老官齋教）	《立天後會經》、《三世因由》、《大小乘法引》、《護道榜文》	4 部
鴻鈞教	《北斗經》	1 部
離卦教	《掃心經》	1 部
羅祖大乘教	《五公經》、《西來法寶經》、《明宗教經》、《紅爐接續》、《羅祖記》、《羅祖護道真經》	6 部
羅祖教	《人天眼目經》、《正心除疑經》、《西來法寶經》、《明宗孝義經》、《金剛經》、《苦工經》、《苦功悟道卷》、《破邪顯證鑰匙經》、《嘆世無為經》、《撫教明宗》、《霧靈山人天眼目經》、《護道真言》、《大乘真經》、《正信除疑自在卷》、《巍巍不動泰山深根結果寶卷》	15 部

資料來源：根據莊吉發著《真空家鄉：清代民間秘密宗教史研究》〈第七章：

民間秘密宗教的寶卷及其教義〉[4]；暨車錫倫編著《中國寶卷總目》〈附錄一：清政府查辦邪教檔案載民間宗教經卷目〉[5]整理而成。

上述表 5-1 所示，是從清代官方取締民間宗教的檔案記錄中，有記載到的寶卷書目，按教派的不同作整理而成，總計約有四〇〇部經卷。其中有一部份已散佚，如果依照車錫倫《中國寶卷總目》的統計，目前海內外各家所收藏的《寶卷》，有 1579 種之多[6]。由此可見，見之於檔案記載的還不及所有的四分之一。雖說如此，但這其中也有些是主要的經卷，被多種教門所共同引用的，例如羅祖所著的《五部六冊》（即：《苦功悟道卷》、《歎世無為寶卷》、《破邪顯證鑰匙寶卷》上下冊、《正信除疑無修證自在寶卷》、《巍巍不動泰山深根結果寶卷》），就表 5-1 所示，有引用這些經卷的教派就有：大乘教、滋粑教、清淨無為教、無為教、羅教、八卦教、弘陽教、收元教等八種教派。另外就是《皇極金丹九蓮正信還鄉寶卷》（俗稱的《九蓮經》）所引用的教派更是不少，計有：大成教、收元教、白蓮會、弘陽教、先天教、清茶門教、大乘教、無為教、榮華會、黃天教等十種教門。由此可以了解，民間宗教的經卷有相互影響，相互應用的現象。甚至有內容相抄襲，只是經卷的書名不同；或是「同卷異名」的現象在寶卷文獻中也相當普遍。[7]

---

[4] 莊吉發，《真空家鄉：清代民間秘密宗教史研究》，頁 381~448。

[5] 車錫倫編著，《中國寶卷總目》，〈附錄一：清政府查辦邪教檔案載民間宗教經卷目〉（臺北：中央研究院中國文哲研究所圖書文獻專刊 5，民國 87 年），頁 276~286。

[6] 車錫倫，《中國寶卷總目》，頁 ix。

[7] 詳見 車錫倫，《中國寶卷總目》。

　　因此，為便於了解民間宗教齋戒信仰的內涵，將就現有所見的《寶卷》內容，其中有關齋戒信仰的主張，逐一列舉出來，並註明主要所屬教派，如〈附表三〉所示。

二、齋戒教義的主要內涵

（一）羅祖教的「吃齋修行」觀

　　梁武帝的斷酒肉令，成功的透過政治力量，為中國佛教的持戒吃齋立下的基礎。使得吃齋修行，漸成為佛教戒律中的教餐，其齋戒的修行內涵，也基本上是依循著梁武帝〈斷酒肉文〉中的闡述，而成為佛教不可動搖的觀念，影響所及，不只是出家人要齋戒素食，民間非佛教信仰者，也將齋戒素食視為是件很崇高的事。明清以來，流行於民間下階層，擁有廣大信仰群眾的秘密宗教，絕大多數也都主張齋戒素食的修行觀，奉行齋戒的嚴謹度，甚至不亞於正統的佛教。以產生於明代後期的羅祖教為例，它是後來明清眾多民間教派發展的重要源頭，羅祖教在一開始創教就主張絕對的素食修行觀，這方面也是深受佛教齋戒信仰的影響。

　　從小就吃齋的羅祖，在羅教經典《五部六冊》中，特別調了「吃齋修行」的觀念。羅祖認為，「吃齋」是能否了脫生死出離苦海的關鍵，他說：「食長齋，引領人齊出苦海，食酒肉，引領人永墮沉淪。」[8]「食長齋」是指發願每天三餐都食素，且不沾葷酒者，羅祖認為這種修行者，才能成為眾生出離生死苦海的引領人。如果一位持長齋者，中途背願破了戒（開齋），羅祖認為這是很嚴重的事，他說：

---

[8]　　《嘆世無為卷》，前揭書，頁 128。

　　可憐你，爺和娘，生死受苦。你破齋，爺和娘，永不翻身。
　　有父母，地獄裡，身受重苦。你開齋，把父母，送在無間。
　　你祖宗，地獄裡，身受重苦。你開齋，把父母，又送無間。
　　指望兒，食長齋，超度父母。你破齋，把父母，又送沉淪。
[9]

羅祖認為吃齋修行不只關係到自己能否了脫生死，也關係到自己
的父母能否超生了死。羅祖提出「食長齋」能超拔地獄裡受苦的
父母親，是與孝道的道德思想相結合，讓吃齋更具有其正當性。
　　至於那些人應該吃齋，羅祖認為所有的人，不分貴賤善惡，
都應吃齋。他說：

　　官人食齋千佛喜，引的眾官出苦輪。
　　惡人食齋千佛喜，引的惡人出苦輪。
　　善人食齋千佛喜，引的善人出苦輪。
　　你要開齋千佛惱，惱殺陰司十閻君。
　　有朝一日勾著你，永下地獄不翻身。
　　你開齋戒不打緊，引的眾人入苦輪。[10]

任何人，只要吃齋就能得到千佛的喜愛，反之，如果吃齋又開了
齋，就會得到千佛的惱怒。皈依齋教後，有立愿吃素的儀式，如
果中途破戒吃葷，就謂之「開齋」。開齋的情況是很嚴重的，按
羅祖的說法，會將眾人引入痛苦的輪迴中。
　　對於修行人，卻不斷酒肉者，羅祖斥之為愚痴迷種，是無法

---

[9]　《嘆世無為卷》，頁129。
[10]　《嘆世無為卷》，頁130。

返回淨土家鄉的，羅祖說：

> 有一等愚痴迷種，說迷人飲酒食肉，不參道，也得歸家。
> 迷人終日走著生死之路，又不知安身立命，又不知淨土家
> 鄉，他怎麼便得歸家？[11]

因此，對於吃齋修行者，羅祖認為是有真智慧的人。他說：

> 有智之人得了道，怎麼說？無智之人得了道，怎麼說？上
> 等有智之人，想無量劫，生死受苦無盡，又怕死後不得翻
> 身，永不開葷酒。下等無智之人，得了道，不想無量劫生
> 死受苦無盡，又不怕死後，永不得翻身。開了葷酒，叫做
> 下等之人，你不怕生死，開了葷酒。[12]

羅祖提倡的齋戒，是要奉行素食及禁酒，即不吃葷酒。對於已立
愿入齋者，羅祖則要特別告誡不可「開齋破戒」，否則一但開齋
者，將墮入地獄餓鬼道。他說：

> 良緣普勸眾人聽，莫作開齋破戒人；死墮陰司為餓鬼，那
> 時受苦自甘心。頭似太山十分重，腹如嚮海喉似針；永劫
> 不能聞漿水，舉步當作破車聲。與人開齋為餓鬼，自家開
> 齋重十分；擋住人天都受苦，你下地獄不翻身。[13]

　　以上有關羅祖對吃齋的重視與教義中，可以看出吃齋是修行
者最重要的一項戒律，它是能否了脫生死，培養真智慧，成為千

---

[11]　《正信除疑無修證自在寶卷》，前揭書，下卷，頁 17。
[12]　《正信除疑無修證自在寶卷》，下卷，頁 39。
[13]　《正信除疑無修證自在寶卷》，下卷，頁 41。

佛所喜的一項關鍵。

齋戒報恩、禁斷酒肉

後來的江南齋教，就是源於羅祖教，所以在齋教的教義中，也就特別重視吃齋的戒律。這一點可由其後齋教主要的戒經《大乘正教科儀寶卷》中，特別重視持齋受戒的規定看出來。《大乘正教科儀寶卷》是每位齋教徒日常誦唸的經卷，遇有重要的法會齋期，更是反復誦唸。其中有一段提到，信眾要吃齋受戒以報恩的觀念：

一報天地蓋載恩	天覆地載豈是輕
天降甘露普潤地	地發萌芽養眾生
吃齋受戒明禮義	報答天地蓋載恩
二報日月照臨恩	日月普照大乾坤
東出西沒無停息	週而復始放光明
吃齋受戒明心性	報答日月照臨恩
三報皇天水土恩	皇天水土養黎民
君王有道民安樂	八方能寧靜好修行
吃齋受戒行大道	報答皇王水土恩
四報爹娘養育恩	爹娘恩如大海深
十月懷胎娘受苦	三年乳哺母辛勤
父是天來母是地	不敬父母敬何人
上代古人行大孝	宣揚四海盡留名
若要兒孫孝順我	我今先孝二雙親
吃齋受戒行孝道	報答爹娘養育恩
五報祖師傳法意	普傳妙法度眾生

> 傳法之恩難酬報　時時恭敬報深恩[14]

對於天地君親師的五恩，都是要以吃齋受戒來報答，可知齋教對吃齋受戒的重視。而整個齋戒的內容，最重要的就是「禁斷酒肉」，《科儀寶卷》中有如下的規定：

> 你今跪在我聖祖蓮花臺前，所求何事？答：求了生脫死。
> 到好，我看世人只曉得貪名圖利，飲酒吃肉，那曉得生死
> 二字，皆因心地不明，故此未能醒悟。我今持醒說破你聽，
> 用心聽著。酒是穿腸毒藥，飲能亂性迷心，君子醉也亂胡
> 行，敗國亡家傷性命。五百大戒酒為尊，酒字說明，肉字
> 再講。肉字裡兩個人，裡頭不見外頭人，吃他半觔還八兩，
> 打轉輪迴人食人。酒肉兩字聽說分明，我說者膽戰，你聽
> 者心可以驚，所以立心勸化善男信女，不可貪圖口腹，迷
> 失當人。[15]

齋教對禁斷酒肉的主張，是「說者膽戰，聽者心驚」，是非常嚴格的。由於如此的重視與反復的強調，江南齋教雖是流傳日廣，分支派別日多，但在這項持齋受戒的基本教義上，不會有絲毫的改變。

（二）儒童老人齋戒述原

整個民間秘密宗教齋戒信仰的發展，雖深受佛教齋戒觀的影響，但由羅祖教立下吃齋修行的信仰觀後，到儒童素一老人彭依

---

[14] 《大乘正教科儀寶卷》，收入《明清民間宗教經卷文獻》第六冊，頁
377~378。

[15] 《大乘正教科儀寶卷》，頁379。

法（又稱彭超凡）著《齋戒述原》一書出現，算是民間宗教齋戒
信仰內涵之完成。彭依法是盛行於清道光年間的青蓮教祖之一。
根據官方檔案的記載：

> 道光二十三年二月內，安依成說有四川人謝致良之師，湖
> 北沔陽州人彭超凡即彭依法來省，素吃長齋，坐功運氣，
> 邀伊一同往見。彭依法勸令茹素坐功，可以卻病延年，伊
> 就與安依成同拜彭依法為師。[16]

可知彭依法是湖北沔陽州人，「素吃長齋，坐功運氣」，常勸人
茹素坐功，說可以卻病延年。彭依法也是後來一貫道中所說的先
天五老之一，一貫道是今天流行於臺灣及東南亞一帶，最大的一
支民間宗教，一貫道信徒普遍奉行吃齋修行的觀念，即是來自此
一傳統，而《齋戒述原》一書的內容，正是這一民間宗教齋戒信
仰觀的主要依據。

①持齋為學道第一要務

儒童老人在序言中，首先說明了「持齋戒殺」的重要性，他
說：

> 夫人要做天地間第一美事，莫如讀書，讀書中第一高人，
> 莫如學道，學道要存惻隱之仁，存仁則戒殺為先。學道須
> 離冤債之孽，離孽則持齋為務。[17]

民間宗教的持齋信仰，包括戒殺放生吃素戒酒及戒五葷菜（蔥、

---

[16] 《宮中檔道光朝奏摺》第十四輯，道光 25 年 4 月 18 日，陸費瑔摺。
[17] 儒童老人，《齋戒述原》，頁 671。

蒜、韭、薤、興渠等五種菜）等。儒童老人對齋戒的信仰觀念，應是沿襲羅祖教以來的信仰觀，只是更加強調其重要性，並列為學道修行的第一要務。他說：「余也幸遇奇緣，得一至人傳授孔門心法，命吾此時要持齋，要戒殺，余亦遵命。」[18]可見儒童老人自己是在拜師求道後，就開始奉行持齋戒殺的修持觀。

②持齋戒殺原為儒門所重

彭法祖自稱為儒童老人，又說是得授孔門心法，可見他所強調的是儒家的義理。至於儒家的理路中，又沒有如佛教的戒律，有明確齋戒喫素的主張，因此他先針對殺物祭神的問題提出解釋，他說：

> 今夫時當末法，我儒門有重持齋戒殺，世人多有不信者，蓋逐末而不務本，知終而不原始耳。大學云：物有本末，事有終始，知所先後，則近道矣。考之殺物，始於伏羲教人餵養六畜，供祭天地神明，以報其功德。後世天子，因祭天地，以功德大者殺牛；大夫因祭山川，以功德次者殺羊；士因祭五祀，以功德小者殺豕；至於庶人無功於世，無牲物可殺，祭先則蘋藻可供，養親則菽水承歡。[19]

儒童以殺牲祭神，目的在報其功德為理由，來解釋何以古人會有此項作法。這可能因為祭祀拜拜是民間普遍存在的習俗，而祭祀時又少不了要殺牲畜，如果要持齋戒殺，就得先改變此種觀念。他說：

---

[18] 同上註。

[19] 儒童老人，《齋戒述原》，頁 672。

蓋六畜前生必有惡孽，應遭今生天子大夫士之殺報，死後
冤解，天地神明慈悲廣大，即將祭牲孽罪，解釋超生脫苦。
一者，正六道輪迴應受之罪；二者，使人見殺畜報慘，借
以自儆莫壞天良，致變六畜；三者，使人欲食其肉，必求
有功德於世，非徒教人適口而充腸也。[20]

一方面是以因果報應的觀念來解釋，受殺牲畜祭祀可獲超生了
苦，另一方面也提出三項理由來說明，受殺的祭牲，有其應受的
作用。目的是要闡述，吾人不能因古來天子、士大夫等官員，有
殺牲祭祀的作法，就認為聖人沒有主張吃齋戒殺。

③殺生食肉的果報

對於為何要主張齋戒素食，儒童老人是從因果報應的觀點來
解釋，他說：

果有功德超度生靈，亦可受用。如無功德超度，食其肉者，
來生還報。故肉字裡面兩人，細思以人吃人，今世吃他八
兩，轉世還他半觔。殺其命者，臨終受苦，故牢字從牛，
獄字從犬，牛犬不戒，牢獄不免。請看屠夫，死不斷氣，
必要刀盆擺列床前，其氣方斷，此殺冤最重之報也。[21]

將「肉」字解為裡面兩人，代表人吃人，吃他八兩還他半斤，這
是民間宗教常見的講法，今日的一貫道講持齋的義意時，也是如
此一說。牢字從牛，獄字從犬，意思是說如果吃了牛肉及狗肉，
將來果報會受地獄之苦，就在所難免。如此一類的通俗說法，是

---

[20]　儒童老人，《齋戒述原》，頁 672。

[21]　儒童老人，《齋戒述原》，頁 672。

對下層庶民特有的說理方式。

④三期末劫年首要持齋

對於歷史上一些忠臣義士，如關羽者，雖殺人無數，但乃能成聖成神，受人民萬代景仰，其中的道理，儒童老人也有一番說法：

> 若忠臣義士雖殺身可以成神，其餘持齋戒殺，修身學道之人，不得錯殺。惟貪葷好殺誹謗正道之輩，每逢大劫，殺冤隨身，救苦神君不護，所以兵劫一臨，殺人千千萬萬也。[22]

至於儒家孔子在世時，並未主張持戒守長齋，儒童則認為是天時未到的關係。他說：

> 老子化項橐，傳道於孔子，而孔子慎齋戒，而不拘長齋戒，何故？因在三元午會之中，而未至於午末大劫時。孔當春秋，孟當戰國，人獸相食，一時難以變化，祇可權通化人，非不言齋，而長齋非其時。教以人倫，而命仁亦罕言，若要長齋，必待三期劫至。[23]

所謂「三元午會之中」，指的是民間宗教常用的天時算法，以一元會一萬零八百年，配合十二地支（子、丑、寅、卯、辰、巳、午、未、申、酉、戌、亥）劃分成十二等分的時間，孔子的時代認為是走到午、未會之間，故謂之午會之中。至於午末大劫，指的就是「三期末劫」，天時走到午會的末了，要進入未會時，天

---

[22]　儒童老人，《齋戒述原》，頁 673。

[23]　儒童老人，《齋戒述原》，頁 673。

地會有大的災劫來臨，故謂之三期末劫。儒童認為這時就應持長齋修行，才能躲劫避難，修成正果。

⑤持齋戒殺在修性復初

同樣的儒童老人也將持齋與修行當合起來，視持齋為修行的第一步，他說：「欲人修性返本，先當持齋齊心；欲人明善復初，首要戒殺存仁。」[24]此外，更從易經的觀點來解釋，持齋修行的重要性，他說：「易云：萬物相見乎離，離者午會也。故云吃齋要吃坎離齋，不吃坎離齋，咬菜根言超凡入聖之道，非天時不洩，非天命不傳也。」[25]至於什麼才算是「吃坎離齋」，儒童並未明講。不過持齋可達到純陽去陰的目的，儒童則有清楚的說明：

> 齋戒一二三月，如初一二三太陰生明之象；齋戒一二三
> 年，如十五六太陰圓滿之象。若人行不息，如群陰撥盡而
> 成純陽之象，質能純陽，可以人道；氣能純陽，可以成道。
> [26]

一二三應是代表數，不是只齋戒二三年就夠了，而是要力行不息，直到群陰撥盡，現出純陽為止。明清以來的民間宗教，常將修行比作是純陽去陰的功夫，陽代表清淨之氣，陰代表混濁之氣，清者為上，濁者為下，所以要能去陰存陽，才能向上提升。儒童將持齋戒殺說成可去陰存陽，即是要和修行的功夫相結合。

相較於羅祖在《五部六冊》中所言，顯然儒童老人對持齋戒殺的闡述，在內涵上又更為完整。

---

[24] 儒童老人，《齋戒述原》，頁 673。
[25] 儒童老人，《齋戒述原》，頁 673。
[26] 儒童老人，《齋戒述原》，頁 674。

第二節　民間宗教齋戒信仰的特徵

　　《寶卷》是明清以來民間秘密宗教所用的經典，藉由《寶卷》的記載，可具體的呈現出，民間秘密宗教的教義思想。通常這些經卷是民間宗教的信奉者，經常要誦念的內容，故其中的教義主張，對信奉者產生很大的影響力。就目前所見的寶卷來看，齋戒茹素，幾乎是共同強調的修行要項，舉其主要的齋戒觀，分析如下：

一、凡人吃酒肉造罪業

　　民間宗教的教義，總是將修道人與一般凡人，作明顯的對比劃分。經常是把不修道吃齋的人，說成是造罪業的人。《普明如來無為了義寶卷》曰：

> 法輪轉　無晝夜　普照群生
> 迷眾生　不認真　貪塵愛寶
> 殺生靈　喫酒肉　不肯回心
> 造罪業　重如山　難離苦海
> 串四生　六道轉　無盡無窮[27]

「串四生，六道轉」，指的是生死輪迴於四生（卵生、濕生、胎生、化生）、六道（天道、人道、阿修羅道、畜生道、地獄道、餓鬼道）之中，無法脫離苦海。《天緣結經寶卷》對四生之肉莫相吃的道理，有較清楚的闡述：

---

[27]　《普明如來無為了義寶卷》，收入《明清民間宗教經卷文獻》第六冊，頁142。

鱗者濕生的肉也，甲者化生的肉也，羽者卵生的肉也，毛
者胎生的肉也。四生之靈，皆因生前結了萬萬冤孽，生生
死死這殼出那殼入，遞轉輪迴不得了手。祖願慈悲遺留千
經萬典，苦勸眾生，這般四生之肉，莫相食噉。食噉者，
冤冤相報，劫劫填還，再得人身，難上又難。似須彌山滾
芥投針，水中撈工，一般今生，若再結冤債，世世難了業
障也。[28]

另一部《佛說利生了義寶卷》，則將世間人凡是不吃齋修道者，
都說成是迷真逐妄的造罪業者：

說陽世間一切男女，迷真逐妄頓失了西天靈性，不認真
空，不依佛道，專以苦造罪業。飲酒不怕迷混，吃肉不怕
生死，貪財不顧性命，好色不怕損傷。累作重罪，累墮幽
冥，累受苦腦，累串四生，無盡盡窮，無邊無量。[29]

《古佛天真收圓結果龍華寶懺》，進一步將世間的刀兵火劫，說
成是世間人不齋戒行善所造成的惡業：

天下眾生男女老少，自從靈山失散原來真寶，迷入貪嗔痴
愛不信佛法，不敬天地日月三光，不孝父母六親眷屬，貪
戀一切女色財寶，偷盜淫妄，飲酒食肉，昏迷神思，恣縱
身心，常行苦海，罪殃深重。因此有刀兵水火疫癘災凶禍
患纏繞，痛苦憂煎不能自安，死墮輪迴苦報，歷劫纏綿無

---

[28] 《天緣結經註解》，收入《明清民間宗教經卷文獻》第六冊，頁318。

[29] 《佛說利生了義寶卷》，收入《明清民間宗教經卷文獻》第五冊，頁422。

有出期。[30]

此外，《龍華寶懺》中也很清楚的說明，為何眾生吃肉害牲，會造下罪業，結下冤債的道理：

> 佛言大地眾生都有冤債纏繞，如有所繫何由解脫？只因不信佛法，口貪滋味，殺害生靈充亡口腹。不知人人愛命，物物貪生，口不能言，含冤負屈，痛苦莫伸。與你黃金千兩，誰肯將刀自割。積下無量無邊冤債，吃他半斤還八兩，殺他一命還他一命，生生世世無有休息，何得出期。[31]

為了貪圖口慾而殺害牲靈，就會與他結下冤債，吃多少將來就須還多少，這種教義在民間宗教裡是普遍存在的觀念。

三、智者吃齋積功德了生死

既然吃酒肉會造罪業，吃齋者就是可以積功德。《大乘意講還源寶卷》曰：

先註生	後註死	不分老少
閻羅王	有桿秤	較量人心
稱完了	問罪人	作何功德
把關隘	正五九	年年不停
忙展開	生死簿	從頭觀看
肯喫上	一日齋	也是功行

---

[30] 《古佛天真收圓結果龍華寶懺》，收入《明清民間宗教經卷文獻》第五冊，頁758。

[31] 《古佛天真收圓結果龍華寶懺》，頁762。

> 文簿上　盡都是　十惡不善
> 那有你　喫齋人　半個時辰[32]

只要吃一日的齋，就有一日的功，雖是很功利的說法，但對民間宗教的信仰者而言，是很容易被接受的觀念。《佛說利生了義寶卷》中，舉了佛陀的弟子富樓那為例說：

> 富樓那家豪大富，有家財金銀滿庫，他也曾修寺建塔，他也曾修橋路，他也曾濟貧拔苦，布施齋僧，喫齋把素。有一日，無常到了，一靈真性歸雲路，富樓那是他得果位，執掌著無為庫，至如今齊天大福，空王殿裡相伴佛祖。[33]

富樓那在世修行的情況，未必真如所言，但可看出民間宗教的教義裡，吃齋作善事，具有很大的功德，是一般所共同認定的觀念。

此外，吃齋修行也是了脫輪迴生死的重要條件。《十王寶卷》曰：

> 大地眾生，若要斷除罪孽，免卻輪迴，總要持齋修道，煆棄昏迷邪亂，悟通玄機效驗，時時降伏身心，刻刻定住玄門，參寂滅無為，覺窈冥有情，三心了卻，四相全無，打轉三關，通開八脈，此乃出世之道。[34]

這一切了脫生死的出世之道，都是由開頭的持齋修道開始，是為首要的條件。所謂的持齋修道，在《十王寶卷》中，是說成佛門

---

[32]　《大乘意講還源寶卷》，收入《明清民間宗教經卷文獻》第六冊，頁 357。
[33]　《佛說利生了義寶卷》，頁 466。
[34]　《十王寶卷》，收入《明清民間宗教經卷文獻》第七冊，頁 34。

與儒家兼修的方式，謂之：「佛門持齋儒家修，奉勸世上男和女，男女修來有根由；男人修成如來佛，觀音菩薩女人修；不修鐵床銅柱獄，聲聲哀告苦不休。」[35]

三、吃他半斤還八兩的因果觀

民間秘密宗教最常引用粗俗的因果觀，來強調吃齋修行的重要性。《佛說如如居士度王文生天寶卷》記載：

> 披著毛　帶著角　用命還債
> 活活的　刀頭死　以肉供人
> 你喫他　肉半斤　還他八兩
> 你喫了　十六兩　還他一斤
> 陽世間　殺生靈　無人管你
> 陰司裡　討命鬼　久等仇人
> 鑊湯地獄難忍難禁　滿眼淚紛紛
> 鬼使發怒鐵棒臨身　皮開肉綻
> 血水淋淋　聲聲叫苦　幾時出幽冥[36]

《佛說如如居士度王文生天寶卷》是描述王文修道得渡的過程，其中特別強調吃齋持戒的重要。認為在陽世間吃殺生靈，將來死後到了地獄，就會受到下油鍋等的果報，而且是在世吃他多少肉，將來在陰間就要還他幾斤肉，這種粗俗的因果觀，在民間宗教的經卷中，處處可見。《十王寶卷》中就提到：「肉字中間兩

---

[35]　《十王寶卷》，頁 37。

[36]　《佛說如如居士度王文生天寶卷》，收入《明清民間宗教經卷文獻》第六冊，頁 18。

個人，不識之人買來吞，喫他半斤還八兩，仔細思量人喫人。」
[37]《明宗孝義達本寶卷》中也提到：「善惡到頭終有報，殺一性
來還一生；你若害他他害你，喫他八兩還半斤；一還一報何日盡，
冤冤相報苦無窮。」[38]《羅祖派下八支因果經》曰：「殺戮牲靈
莫歡欣，先到地獄等仇人；你若殺他他殺你，吃他八兩還八觔。」
[39]另外，《佛說利生了義寶卷》對吃齋的因果道理，講得也很明
白：

> 世間男女不平心，祇吃生靈、祇吃生靈，吃他八兩還半斤，
> 誰肯饒人、誰肯饒人。他是前生造惡因，纏變畜生、纏變
> 畜生，你今吃他替他生，永墮沉淪、永墮沉淪。[40]

在《歸原寶筏》一書中，將殺害牲靈時的果報，也有一番清楚的
描述：

> 請思畜物殺時，斬之叫苦悲聲，亂跳亂舞想逃生，口叫噯
> 喲饒命，畜物體異性同，不過軀體異形，一死靈魂見閻君。
> 他能訴苦冤，稟十王依律判斷，將人陰德超生，不然等人
> 命歸陰，冤冤相報嚴緊。[41]

---

[37] 《十王寶卷》，收入《明清民間宗教經卷文獻》第七冊，頁 36。

[38] 《明宗孝義達本寶卷》，收入《明清民間宗教經卷文獻》第六冊，頁 215。

[39] 《羅祖派下八支因果經》，收入《明清民間宗教經卷文獻》第六冊，頁 591。

[40] 《佛說利生了義寶卷》，收入《明清民間宗教經卷文獻》第五冊，頁 423。

[41] 《歸原寶筏》，收入《明清民間宗教經卷文獻》第九冊，頁 27。

四、吃肉輪迴畜生難脫苦海

除了說吃齋可得福報，對於吃酒肉者，則會得到大的惡報。《如如老祖化度眾生指往西方寶卷》一書，描述如如老祖如何善說道理，度化一位殺豬屠戶的情形如下：

那如如	上前來	苦勸屠戶	開口說	聽不聽	與我無故
我且把	畜生身	因果說明	那畜生	訴不出	痛苦難忍
今日裡	殺一刀	血水流噴	是今生	現世報	刀山地獄
燒滾湯	刮去毛	剝皮地獄	用尖刀	剖開腹	分身地獄
取心肝	剜五臟	抽腸地獄	東一刀	西一刀	碎剮地獄
燒紅鑊	就下了	油鍋地獄	放在口	碎磨嚼	鋸解地獄
腹州城	轉一轉	深坑地獄	後來時	出蛭蟲	阿鼻地獄
他骨頭	狗拖去	惡狗地獄	想迷人	真不識	冤冤相報

[42]

如如老祖將殺生吃肉的過程，和各種地獄的慘狀相比擬，終於感化屠戶向善，放下屠刀，立地向佛吃齋修行，拜如如老祖為師，法號善悟。至於另外一部《銷釋混元弘陽血湖寶懺》中，則清楚說到：「不念佛號，墮黑暗地獄；飲酒吃肉，墮於糞坑地獄。」[43]清代紅陽教的教義，認為飲酒吃肉者，死後會墮入糞坑地獄。另一部《古佛天真收圓結果龍華寶懺》中，則是說吃肉殺牲者，會墮入油鍋地獄。〈懺度油鍋地獄第三十三〉曰：

---

[42] 《如如老祖化度眾生指往西方寶卷》，收入《明清民間宗教經卷文獻》第六冊，頁42~43。

[43] 《銷釋混元弘陽血湖寶懺》，收入《明清民間宗教經卷文獻》第六冊，頁862。

只見許多差叉鬼使，將一油鍋猛火燒煎，無數男女在旁悲
號啼哭。牛頭惡鬼將諸罪人，推入油鍋，浪翻滾沸，悲號
喊叫無有拯救。世尊慈憫讚嘆，閻君伏俯啟奏：此等罪人，
在世不敬太上好生之德，不念牲靈之苦痛，只圖口腹之肥
甘，將諸禽畜魚鱉，種種牲靈入於油鍋煎煮。今日墮此地
獄，骨肉焦枯，魂魄歸於冤報，劫內無有出期。[44]

用地獄裡恐佈的果報景象，來強調吃齋修善的重要性，這是民間
宗教教義裡很普遍的現象。光緒二十二年（1896）刻印的《消災
延壽閻王經》也說：「有一等，好殺生，貪圖滋味。終日裡，害
物命，鮮血灘淋。吃了他，肉半斤，定還八兩。到案下，來對審，
相報該應。叫夜叉，將罪犯，油鍋叉下。下油鍋，再撈起，另外
加刑。勸為人，切勿要，殺生害命。」[45]將殺牲吃肉者的下場，
說成會落入地獄裡的第二殿，遭到下油鍋的報應。

五、持齋念佛人的好處

　　灶君在民間信仰中，是一位司命人間善惡的神。每年年底的
十二月二十四日，灶君會上報玉皇大帝，世人在這一年來所作的
善惡功過，所以灶君與每個人的關係至為密切。於是民間秘密宗
教也藉由灶君的信仰，強調齋戒念佛的重要性。《福國鎮宅靈應
灶王寶卷》的一開頭就提到：「月月二十四，上方奏善惡，苦怕
深獲罪，吃齋早念佛。」[46]強調吃齋念佛的重要。在《灶王寶卷》

---

[44] 《古佛天真收圓結果龍華寶懺》，頁 809。

[45] 《消災延壽閻王經》，收入《明清民間宗教經卷文獻》第十冊，頁 11。

[46] 《福國鎮宅靈應灶王寶卷》，收入《明清民間宗教經卷文獻》第六冊，頁

的下卷，更以問答的方式，說明持齋念佛之人有何好處：

> 試看為聖作賢者　都是持齋念佛人
> 聖人一語價千金　遠超苦趣越紅塵
> 至道誠為乾坤柄　化生萬物祖源根
> 迅速光陰似飛梭　誰肯早早念彌陀[47]

為了強調持齋戒殺的重要，《灶王寶卷》第十九品〈戒止殺生品〉中，特別講到殺生害命受果報，而後懺悔改過，喫齋念佛的事例：

> 夫昔日萬曆年間，渤海有吳氏兄弟三人，一世打生，在郊外宿歇。忽然天降大霧甚惡，吳二背網遠行，路遇許多獐廊野鹿狐兔之類，及飛禽無數，一齊喊聲圍住，不能得脫，將頭面眼目啄的鮮血淋漓。吳二哀哭無所救免，只聞的說冤仇不報其恨難消。正喊叫中間，有一人騎駿馬而來，相隨二童喝曰不可，鞭稍搖動，其冤魂自散。吳二哭曰：公何人救我。答曰：吾東廚司命，因你廣殺生靈，每日烹煮殃累吾神，不能得脫。吳二哭曰：從此改過，不敢仍犯。神去也，吳二還家，告兄弟前事，三人改過，焚索網，作道場，一晝夜懺諸牲命，以解其冤。灶神次日作謝曰：吾今高轉也，兄弟三人盡皆喫齋念佛，是實麼。[48]

吳氏兄弟因廣殺生靈，每日在廚房烹煮，使灶君都受到連累。當吳二業力現前，遭到冤魂索討的惡報時，灶王特來相救，讓吳氏

74。
[47] 《福國鎮宅靈應灶王寶卷》，頁103。
[48] 《福國鎮宅靈應灶王寶卷》，頁118。

兄弟三人，有懺悔改過的機會，從此虔誠喫齋念佛。在這部《灶
王寶卷》中，灶王被描述成一位，勸化世人吃齋念佛的神。

　　一般民間宗教信奉者認為，持齋人或許日子過的清苦，但將
來必能得到很好的福報。《普靜如來鑰匙通天寶卷》曰：「持齋
人，受貧寒，黃菜淡飯；苦修行，得好處，還上天宮。」[49]「上
天宮」指的是超生了死，靈性得救回去理天，這是持齋人最大的
福報。在《十王寶卷》中，甚至將吃齋人的功德，說成不只自己
可得超生，也可以超昇自己的祖先。曰：「一子喫齋千佛喜，九
玄七祖盡超昇。」[50]

六、戒殺報本恩

　　戒殺報恩的觀念，也是民間宗教所強調的一項重要教義。《明
宗孝義達本寶卷》第八品〈戒殺報本品〉，有一段很具代表性的
描述：

> 佛言：我觀閻浮一切眾生，六道四生蠢動含靈，本是一蟲
> 發生，祗因當初差一念，至今現出萬般形。若卵生鵝、鴨、
> 飛禽；若胎生豬、狗、牛、羊；若濕生魚、鱉、蝦、蟹；
> 若化生蚊、蠓、蛆、蟲，各各皆有父母叔伯弟兄，內外眷
> 屬，物皆有之。假如有人屠宰殺牲，拿索綑縛，大叫悲聲，
> 利刀刺喉，血湧如泉，哀聲未絕，拔毛割肉，如是之苦，
> 智者何忍殺之。假如有人，架鷹放犬，剛叉藥箭，彈打鴉

---

[49] 《普靜如來鑰匙通天寶卷》，收入《明清民間宗教經卷文獻》第四冊，頁
　　 800。
[50] 《十王寶卷》，頁42。

鳥，傷其一牲，只見群獸東跑西擓，鴉鳥亂飛叫，切悲聲
如怨如恨，如是之苦，智者何忍殺之。咦！豈不聞鴉有反
哺之恩，鷹有次序之義，犬有展草之恩，馬有垂韁之義，
牛有耕種之恩，羊有跪乳之義。虎狼有父子，蜂蟻有君臣，
烏魚朝北斗，豺獺報本恩，睢鳩之有別，比物尚知禮義，
為人反不及乎。人是萬物之尊，最靈最貴是人，因何不覺
汝之父母，你之性命，於我性命，本來元是一氣發生。何
故將此類累殺害，割他肉補我身，我貪滋味他受苦疼，謂
此心不明也。因此，世不平也。[51]

強調萬物與我一體，此為佛教所言的「無緣大慈，同體大悲」的
道理。藉由萬物也懂報恩行義的道理，凸顯出身為萬物之靈的
人，不應作出殺牲害命的不恩不義之事，更應進一步吃喫念佛以
報天地父母之恩。此篇精要的論述，顯然是取材於佛教戒殺放生
的義理。類似喫齋報恩的觀念，在民間宗教的教義裡很常見。《太
上祖師三世因由總錄》曰：「天地包含萬物生，發現萬物養瞻人；
蓋載之恩難酬報，持齋念佛報天恩。」[52]《大乘正教明宗寶卷》
曰：「勸君持齋總報本，隨仙超昇上法船。」[53]《十王寶卷》曰：
「世人要報爹娘恩，喫齋念佛早修行。」[54]另外，獻香禮囋報重
恩，則是反覆唱念吃齋報恩的重要：

[51]　《明宗孝義達本寶卷》，〈戒殺報本品第八〉，收入《明清民間宗教經卷
　　　文獻》第六冊，頁214。
[52]　《太上祖師三世因由總錄》，收入《明清民間宗教經卷文獻》第六冊，頁
　　　243。
[53]　《大乘正教明宗寶卷》，收入《明清民間宗教經卷文獻》第六冊，頁456。
[54]　《十王寶卷》，頁52。

一炷信香　報答上蒼　天地蓋載　日月照臨
天降甘露潤乾坤　地發萌芽養眾生
蓋載之恩難酬報　喫齋念佛報重恩
日月兩輪往來旋　週而復始放光明
照臨之恩難酬報　喫齋念佛報重恩
再炷信香　報答皇王　文武護法　鎮國安邦
皇王洪福萬萬春　五穀豐登托仁君
水土之恩難酬報　喫齋念佛報重恩
三炷信香　報答爹娘　懷胎十月　乳哺三年
父母懷娠苦無窮　為男為女費辛勤
養育之恩難酬報　喫齋念佛報重恩[55]

吃齋報恩的教義中，特別是報答親恩的觀念，很容易被一般人所
接受，因為它正好與儒家傳統的孝道觀念相結合。

七、吃齋之人的基本戒律

酒、色、財、氣，是吃齋之人必要守的戒律。《太上祖師三
世因由總錄》曰：

酒色財氣四堵牆　多少賢愚在內藏
有人跳出牆兒外　便是長生不老方
酒色財氣是鐵圍　多少迷人暗受虧
誰能出得鐵圍去　現作清霄雲外人

------

[55]　《大乘正教明宗寶卷》，頁 460~461。

吃齋之人不戒酒，後世必遭刑笞杖，家事盡廢，離鄉別井，
故戒酒為先。吃齋之人不戒色，必是輪迴，不免後世容顏
醜陋，故以戒為貳。吃齋之人不戒財，世世妄為貪濫，禮
義不知，故以戒財為參。吃齋之人不戒氣，後世必成短命
身，忘官非口舌不能清吉，故此戒氣為四。[56]

民間宗教的教義，通常是將持齋列為最基本的戒律，所謂「及持
齋，須遵戒，三皈保守；蕩邪心，掃雜念，性淨神清。」[57]就是
這個道理。因此「持齋」不只是修行的必要，也是入聖門的第一
步。誠如《羅祖派下八支因果經》所言：「欲得復初者，先須齋
戒，從佛修因，如砌牆之基址也。若不齋戒，不稱善人。」[58]這
種的信仰觀念下，吃齋者會被定位成一位戒律嚴謹者，酒、色、
財、氣只是最基本的戒律。此外，佛門常說的五戒（殺、盜、淫、
妄、酒），也有眾多的民間秘密教派，將之奉為吃齋受戒者的基
本戒律。《古佛天真收圓結果龍華寶懺》曰：「不拘僧尼道俗俱
當信心受持，一不殺牲，二不偷盜，三不邪婬，四不誑言，五不
飲酒吃肉，若能精嚴謹守，便為最上上一乘。」[59]直接將第五戒
的酒戒，改為不飲酒吃肉的持齋戒。《普靜如來鑰匙通天寶卷》
亦言：「五戒者，一不殺生，二不偷盜，三不邪淫，四不酒肉，

[56] 《太上祖師三世因由總錄》，頁258~259。
[57] 《佛說皇極金丹九蓮證性還鄉寶卷》，收入《明清民間宗教經卷文獻》第
　　五冊，頁187。
[58] 《羅祖派下八支因果經》，收入《明清民間宗教經卷文獻》第六冊，頁
　　561。
[59] 《古佛天真收圓結果龍華寶懺》頁768。

五不妄言,此乃是三皈五戒。」[60]也是將五戒中的酒戒,加了不食肉的吃齋戒。另外,《科儀寶卷》曰:

> 吃齋受戒之人,先學那慈悲為本,方便為門,切記不可殺牲害命,此乃一戒明白。二戒不許你偷盜,乃是義也。
> -----
> 三戒不許邪淫,乃是禮也。------吃齋受戒之人,要學那前輩古人魯男子,閉戶不納;柳下惠坐懷不亂,才是真君子,方顯大丈夫。
> 四戒不許你誑語,乃是智也。------
> 五戒不許你開葷飲酒,乃是信也。[61]

此外,紅陽教也有〈十戒禮懺文〉的規定,亦是作為初學道者,吃齋修行的依據:

> 一戒不犯殺生命　　二戒不舉盜人心
> 三戒不犯邪淫病　　四戒真實不妄行
> 五戒除心不飲酒　　六戒清淨不食葷
> 七戒五辛皆掃盡　　八戒琴棋歌舞淨
> 九戒香薰衣不掛　　十戒忍辱要遵人[62]

---

[60] 《普靜如來鑰匙通天寶卷》,收入《明清民間宗教經卷文獻》第四冊,頁754。

[61] 《科儀寶卷》,收入《明清民間宗教經卷文獻》第六冊,頁421~422。

[62] 《銷釋混元無上拔罪救苦真經》,收入《明清民間宗教經卷文獻》第六冊,頁830。

八、持齋念佛可超陰靈

持齋念經可超拔地獄裡受苦的親人，這也是寶卷裡經常會被強調的觀念。《天緣結經寶卷》曰：

> 地獄者，地藏慈尊掌握，十殿之閻君所管。陰司之地獄罪者眾生，陽世所作眾罪，直到命終之後，打入地獄之中，受苦無窮。若有孝子賢孫，持齋向善，念佛看經，將九玄七祖，在獄中受苦，是然悉皆解脫，得判人身，出苦轉世，此等乃是子孫之大孝也。[63]

將持齋念經與孝親觀念相結合，認為孝子賢孫，就該持齋超度地獄裡的受苦祖先，如此更能凸顯持齋的神聖意義。

九、勸夫持齋論

《羅祖派下八支因果經》一書中，有一篇〈勸夫持齋論〉，講述妻子勸縱慾致病的丈夫持齋。其中以丈夫的立場，道出一般人對持齋茹素的看法：

> 夫曰：你不賢婦狼毒心，勸我戒酒猶可，叫我喫素，死在眼前。凡人受傷則補，不用肥甘補之，反以淡泊菜味削之，須臾命即休矣。今我之病，恨不得肥肉滋味當飯，若再來吃素，管教我萬病未瘥毫髮子，須臾又惹滿心憂。況吃素之人，乃餓鬼投胎，罪業未畢，老天教他受餓，累劫負債，

以了終日。[64]

作丈夫的雖然說死也不肯吃素，但經妻子及舅公的反復開導，終
於歡喜受，持齋皈依。其中有一段話是這樣說：

> 公曰：子何言其誕也。若殺他命，肥甘我腹，他何罪該殺，
> 你何能該食。獸禽雖賤，性命一般，形軀雖異，生死同之。
> 論語云：鳥之將死，其鳴也哀，人之將死，其言也善。家
> 禽六畜其戀性命，可想而知，故聞主喚，則知來，見主驅，
> 則知去，他的形體若愚人一般，在一日混一日，無良到，
> 甘心死，故縱仁人君子，知他性命，和我性命一般，所謂
> 人物性命同也。[65]

同樣是以物我一體，同體大悲的說法來立論，這是一般民間宗教
教義，常引用的論點。

十、齋戒以敬誦聖佛

民間秘密教派，雖禮敬的仙佛彼此不一，但皆強調齋戒以奉
佛的重要性，是其共同之處。《羅祖派下八支因果經》曰：

> 齋戒沐浴，則可以祀上帝。故知奉敬聖佛仙神，若無齋戒
> 沐浴，潔誠致敬，則不惟失禮，且有冒瀆之憾，一般信者，
> 豈可不守禮法乎哉！當奉敬祀之期，深願列位齋戒沐浴，
> 潔誠致敬，屆期無遲滯，赴時參恭，則庶幾無簡謾，無褻

---

[64] 《羅祖派下八支因果經》，頁 571。
[65] 《羅祖派下八支因果經》，頁 572。

瀆之虞。[66]

甚至有的經卷在受持誦念前，為了表示對聖佛的崇敬，明白定有持經法要，要求必須是齋戒沐浴者才可受持。《佛說大慈至聖九蓮菩薩化身度世尊經》的〈持經法要〉曰：

> 若諸受持九蓮經者，先須志心皈命，齋沐焚香，整衣端坐，
> 靜慮澄心，然後持誦淨口業真言：修唎修唎摩訶修唎修修
> 唎薩婆訶。[67]

淨口業真言，是持齋茹素者特有「淨口咒」，如此要求受持九蓮經者，等於先要立齋戒願，才能符合持誦經卷的基本條件。

另一部《太上老君說自在天仙九蓮至聖應化度世真經》的〈持經訣要〉規定的更為嚴格：

> 凡持誦經者，必先至心誠意，盥漱齋沐，嚴整衣冠，焚香
> 正身端坐，洗心滌慮，絕念忘情，思真如對，然後朗誦。
> [68]

所朗誦的開經偈是：淨心神咒、淨口神咒、淨身神咒等身、口、心三業的清淨咒，可見其要求之嚴格。

---

[66] 《羅祖派下八支因果經》，頁 635。

[67] 《佛說大慈至聖九蓮菩薩化身度世尊經》，收入《明清民間宗教經卷文獻》第十二冊，頁 6。

[68] 《太上老君說自在天仙九蓮至聖應化度世真經》，收入《明清民間宗教經卷文獻》第十二冊，頁 20

第三節　其他素食主義的比較

一、佛教的齋戒觀

　　就傳統的佛教而言，如前所述，在佛陀時代並未主張全面素食的修行戒律。甚至連提倡素食的弟子提婆達多，也因修行理念的不合而被逐出教團。因此，當佛教傳來中國，也沒有看到早期的佛教徒，有嚴格的規定必須吃素。一直到梁武帝發動佛門清規的改革，提出〈斷酒肉文〉，全面推動佛教徒吃齋的清規，才為中國的佛教奠定以素食為教餐的基礎。梁武帝以後，中國佛教素食齋戒的清規，已然形成。就其內涵而言，素食與修行相結合，大致上不外以下幾項特色：

（一）食三淨肉的爭議

　　就佛教的律典來看，並沒有任何一條戒律是禁止食肉的。而且在佛陀面對提婆達多的質疑時，佛陀還提出「三淨肉」可食的看法。[69]所謂的三淨肉是指：見殺不食、聞殺不食、為我殺不食，不在此三種情況下的肉食皆可食用。因此，在佛教的教義裡，長久以來一直存在著三淨肉的爭議，到底佛陀的修行戒律中，允不允許食肉的問題。這對大乘佛教而言，由於律典中缺乏明確禁止食肉的條例，甚至在《四分律》中，還明確的規定「三淨肉」可食的內容：

　　　　有三種淨肉應食，若不故見不故聞不故疑應食。若不見為
　　　　我故殺，不聞為我故殺，若不見家中有頭腳皮毛血，又彼

---

[69]　康樂，〈潔身、身分與素食〉，《大陸雜誌》第 102 卷第 1 期，頁 24。

人非是殺者，乃至持十善，彼終不為我故斷眾生命。如是三種淨肉應食，若作大祀處肉不應食。何以故，彼作如是意辦具來者當與，是故不應食。若食如法治。[70]

此外在《十誦律》中，對諸比丘三種不淨肉不可食，及三種淨肉可食，也有明確的規定：

三種不淨肉不應噉，何等三，若見若聞若疑，云何見。自見是生為我奪命，如是見，云何聞。可信人邊，聞是生故為汝殺，如是聞，云何疑有因緣故生疑。是處無屠兒無自死，是主人惡，能故為我奪命。如是疑，是三種不淨肉不應噉。

三種淨肉聽噉，何等三，若眼不見耳不聞心不疑。云何不見，自眼不見是生故為我奪命。如是不見，云何不聞可信優婆塞人邊，不聞是生故為我奪命。如是不聞，云何不疑。心中無有緣生疑，是中有屠兒家有自死者，是主人善。不故為我奪命，如是不疑，是三種淨肉聽噉。[71]

既然有如此明確的規定可食的三種淨肉，要如何在義理上為斷肉食找到合理的依據，就是一項難題。《大般涅槃經》中，首對此提出了階段制，漸進式的作法：

善男子，從今日始不聽聲聞弟子食肉。若受檀越信施之

---

[70] 姚秦 佛陀耶舍共竺佛念等譯，《四分律》，收入《大正新脩大藏經》第二十二冊，頁872b。

[71] 後秦 弗若多羅共羅什譯，《十誦律》，收入《大正新脩大藏經》第二十三冊，頁190b。

時，應觀是食如子肉想。迦葉菩薩復白佛言，世尊，云何
如來不聽食肉。善男子，夫食肉者斷大慈種。迦葉又言，
如來何故先聽比丘食三種淨肉。迦葉，是三種淨肉隨事漸
制。迦葉菩薩復白佛言，世尊，何因緣故十種不淨，乃至
九種清淨而復不聽。佛告迦葉，亦是因事漸次而制，當知
即是現斷肉義。迦葉菩薩復白佛言，云何如來稱讚魚肉為
美食耶。善男子，我亦不說魚肉之屬為美食也。我說甘蔗
粳米石蜜一切穀麥及黑石蜜乳酪蘇油以為美食，雖說應畜
種種衣服，所應畜者要是壞色，何況貪著是魚肉味。迦葉
復言，如來若制不食肉者，彼五種味乳酪酪漿生酥熟酥胡
麻油等，及諸衣服憍奢耶衣，珂貝皮革金銀盂器，如是等
物亦不應受。善男子，不應同彼尼乾所見。如來所制一切
禁戒各有異意，異意故聽食三種淨肉。異想故斷十種肉，
異想故一切悉斷及自死者。迦葉，我從今日制諸弟子不得
復食一切肉也。迦葉，其食肉者若行若住若坐若臥，一切
眾生聞其肉氣悉生恐怖。[72]

從這一段佛陀與迦葉的對話中可以看出，佛陀言一切善男子自今
日起不得食肉，但迦葉尊者卻以佛陀曾同意食三淨肉為由，向佛
提出置疑。佛因此說明了「隨事漸制」與「漸次而制」的用意，
意思是說佛所言的可食三淨肉，是一種循次漸進的作法，在最終
要達到不得食肉的目的。故云：食肉者斷大慈種。

　　此外，在《諸經要籍・食肉緣第三》中，對於佛說的三淨肉

---

[72] 宋・慧嚴等，《大般涅槃經》卷4，收入於《大正新脩大藏經》第十二冊，
頁 626a。

也有如下的論述：

> 述曰。此之一教。亦有權實。言權教者。據毘尼律中。世
> 尊初成道時。為度麤惡凡夫。未堪說細。且於漸教之中。
> 說三種淨肉。離見聞疑。不為己殺。鳥殘自死者。開聽食
> 之。先麤後細。漸令離過。是別時之意。不了之說。若據
> 實教。始從得道。至涅槃夜。大聖慇懃。始終不開又涅槃
> 經云。一切眾生聞其肉氣皆悉恐怖生畏死想。水陸空行有
> 命之類。悉捨之走。咸言。此人是我等怨。是故菩薩不習
> 食肉。為度眾生示現食肉。雖現食之其實不食。但諸眾生
> 有執見者。不解如來方便說意。便即偏執毘尼局教。言佛
> 聽食三種淨肉。亦謗我言。如來自食。彼愚癡人成大罪障。
> 長夜墮於無利益處。亦不得見現在未來賢聖弟子。況當得
> 見諸佛如來。大慧。諸聲聞人等常所應食。米麵油蜜等能
> 生淨命。非法貯畜非法受取。我說不淨。尚不聽食。何況
> 聽食肉血不淨耶。非直食肉壞善障道。乃至邪命諂曲以求
> 自活。亦是障道。[73]

由這段經文中可以看出，佛說三淨肉是為度化比較低下的麤惡凡
夫，所作的一種粗說，而非真正細緻的佛理，故將之定位為一種
漸教，最終也在漸次達到不食肉的目的。甚至將菩薩示現食肉，
說成是為度化眾生故。感覺上有為佛陀所說三淨肉作辯護的味
道。為食三淨肉定調為漸進式的「漸次而制」，以達到全素為目
的的說法，《龍舒增廣淨土文》一經的說法，算是較有代表性的：

---

[73] 唐 道世集，《諸經要集》，〈食肉緣第三〉，收入於《大正新脩大藏經》
　　 第五十四冊，頁 159b。

眾生肉本非所食之物。以耳聞目見慣熟。不知其非。如能
斷肉。固為上也。如不能斷。且食三淨肉而減省食。若兼
味且去其一。如兩餐皆肉。且一餐以素。人生祿料有數。
若此自可延壽。如早晨食素。其利甚多。一省業緣。二可
清淨。三不妨善業。四至晚食葷時。不至厭此而欲彼。如
此自可延壽。若以食素為難。宜以食葷之費為素食。則易
行而可持久。若縱口腹之欲。亦無了期。語曰。世上欲無
刀兵劫。須是眾生不食肉。斯言可不畏哉。不免食三淨肉
者。次日可為所食之肉眾生。念西方四聖號并真言。以資
薦往生。庶幾可釋冤滅罪。據閻羅王告鄭鄰之言。則至誠
念四聖號以追薦者。必得往生。[74]

不但說了三淨肉可食,也說一天三餐可一餐吃素,逐漸減省,最
後達到全素之目的。所以經文中強調「世上欲無刀兵劫,須是眾
生不食肉」。

(二)不應食肉的理由

在《楞伽阿跋羅寶經》中,佛有詳細的述說,不應食肉的十
五項原因:

佛告大慧。有無量因緣不應食肉。然我今當為汝略說。
謂一切眾生從本已來。展轉因緣常為六親。以親想故不應
食肉。
驢騾駱駝狐狗牛馬人獸等肉。屠者雜賣故不應食肉。

---

[74] 宋 王日休撰,《龍舒增廣淨土文》,收入於《大正新脩大藏經》第四十
七冊,頁 279b。

不淨氣分所生長故不應食肉。

眾生聞氣悉生恐怖。如旃陀羅及譚婆等。狗見憎惡驚怖群
吠故不應食肉。

又令修行者慈心不生故不應食肉。

凡愚所嗜臭穢不淨無善名稱故不應食肉。

令諸咒術不成就故不應食肉。

以殺生者見形起識深味著故不應食肉。

彼食肉者諸天所棄故不應食肉。

令口氣臭故不應食肉。

多惡夢故不應食肉。

空閑林中虎狼聞香故不應食肉。

令飲食無節量故不應食肉。

令修行者不生厭離故不應食肉。

我常說言。凡所飲食作食子肉想作服藥想故不應食肉。

聽食肉者無有是處。[75]

這些理由中，有就輪迴的觀點來說，也有從食肉會造成身體的不
淨氣分，會讓眾生聞氣悉生恐怖。還有是修習咒術者，吃肉會讓
咒術練不成。或是吃肉會造成口氣惡臭，甚至是多惡夢，造成飲
食無節制等等的說法。另外，在《廣弘明集》中，更列出了食肉
會有的三十六種業障：

> 若食肉者是遠離菩薩道。若食肉者是遠離佛果。若食肉者
> 是遠離大涅槃。若食肉者障生六欲天。何況涅槃果。若食

---

[75] 劉宋　求那跋陀羅譯，《楞伽阿跋羅寶經》，收入於《大正新脩大藏經》
第十六冊，頁 513c。

肉者是障四禪法。若食肉者是障四空法。若食肉者是障戒
法。若食肉者是障定法。若食肉者是障慧法。若食肉者是
障信根。若食肉者是障進根。若食肉者是障念根。若食肉
者是障定根。若食肉者是障慧根。舉要為言。障三十七道
品。若食肉者是障四真諦。若食肉者是障十二因緣。若食
肉者是障六波羅蜜。若食肉者是障四弘誓願。若食肉者是
障四攝法。若食肉者是障四無量心。若食肉者是障四無礙
智。若食肉者是障三三昧。若食肉者是障八解脫。若食肉
者是障九次第定。若食肉者是障六神通。若食肉者是障百
八三昧。若食肉者是障一切三昧。若食肉者是障海印三
昧。若食肉者是障首楞嚴三昧。若食肉者是障金剛三昧。
若食肉者是障五眼。若食肉者是障十力。若食肉者是障四
無所畏。若食肉者是障十八不共法。若食肉者是障一切種
智。若食肉者是障無上菩提。[76]

食肉會得三十六種業障，幾乎含一切修行上可能的障礙了。此
外，在《諸經要集》中，也列出了十項應明白的不食肉理由：

第一明一切眾生無始已來。皆是己親不合食肉。
第二明食肉眾生見者皆悉驚怖故不應食。
第三明食肉之人壞他信心。是故不應食肉也。
第四明慈心少欲行人不應食肉。
第五明食肉之人皆是過去曾作惡羅剎。由習氣故今故貪
肉。是故不應食肉也。

---

[76] 唐 道宣撰，《廣弘明集》，收入於《大正新脩大藏經》第五十二冊，頁
296a。

第六明食肉之人。學世咒術尚不得成。況出世法何由可證。是故行者不應食肉。

第七明眾生皆愛身命與己無別。是故行者不應食肉。

第八明食肉之人諸天賢聖皆悉遠離惡神恐怖。是故行者不應食肉。

第九明食肉之人。淨者尚不應貪。況不淨肉。是故行者不應食肉。

第十明食肉之人死則還生惡羅剎等中。是故行者不應食肉。[77]

而同樣是人，出家人與非出家的在家人，若同樣都吃肉，則出家人會有九項不及在家人的理由：

在家人雖復飲酒噉肉。無犯戒罪。此一不及在家。

在家人雖復飲酒噉肉。各有屋宅丘窟。終不以此仰觸尊像。此二不及在家。在家人雖復飲酒噉肉。終不吐洩寺舍。此三不及在家。

在家人雖復飲酒噉肉。無有譏嫌。出家人若飲酒噉肉。使人輕賤佛法。此四不及在家。

在家人雖復飲酒噉肉。門戶井窖各安其鬼。出家人若飲酒噉肉。臭氣熏蒸一切善神皆悉遠離。一切眾魔皆悉歡喜。此五不及在家人。

在家人雖復飲酒噉肉。自破財產不破他財。出家人飲酒噉肉。自破善法破他福田。是六不及在家人。

[77] 唐 道世集，《諸經要集》，收入於《大正新脩大藏經》第五十四冊，頁160a~161a。

在家人雖復飲酒噉肉。皆是自力所辦。出家人若飲酒噉
肉。皆他信施。是七不及在家人。

在家人雖復飲酒噉肉。是常罪業更非異事。出家人若飲酒
噉肉。眾魔外道各得其便。是八不及在家人。

在家人雖復飲酒噉肉。猶故不失世業。大耽昏者。此即不
得。出家人若飲酒噉肉。若多若少皆斷佛種。是九不及在
家人。[78]

以上總計六十一項不食肉的理由，可見佛經對此有多細密的說
法。

（三）因果輪迴觀

對佛教齋戒觀的成立，影響較大的應是導入了「因果輪迴」
的觀念。原本在古印度就有輪迴的觀念，佛教會將食肉的果報與
輪迴說相結合，也是很自然的事。換言之，如果因果輪迴說可以
成立，那人就有可能吃到自己親人輪迴成畜牲的肉。如上所述《楞
伽阿跋羅寶經》中，十五項不應食肉的理由，第一項是：「謂一
切眾生從本已來。展轉因緣常為六親。以親想故不應食肉。」即
是就因果輪迴的觀念來立論，認為吃肉有可能吃到六親的肉。在
《大方廣華嚴十惡品經》中，更清楚的說：「佛告迦葉。食肉者
不覺不知不聞不見當食肉。或君食臣肉。或臣食君肉。或子食父
肉。或父食子肉。或弟食兄肉。或兄食弟肉。或妹食姐肉。或姐
食妹肉。或妻食夫肉。或夫食妻肉。佛告迦葉。食肉之人即食父

---

[78] 唐 懷信述，《釋門自鏡錄》，收入於《大正新脩大藏經》第五十一冊，
頁817a。

母眷屬肉。」[79]《諸經要集》中也說：「我觀眾生輪迴五道。同在生死共相生育。遞為父母兄弟姊妹。若男若女。中表內外六親眷屬。或生餘道。善道惡道常為眷屬。以是因緣我觀眾生。更相噉肉無非親者。由食肉味遞互相噉。常生害心增長苦業。流轉生死不得出離。」[80]這種自肉他肉皆一肉的觀念，在《央掘魔羅經》中有更清楚的說明：「佛言如是。一切眾生無始生死生生輪轉。無非父母兄弟姊妹。猶如伎兒變易無常。自肉他肉則是一肉。是故諸佛悉不食肉。復次文殊師利。一切眾生界我界即是一界。所宅之肉即是一肉。是故諸佛悉不食肉。」[81]

不只這樣，吃肉者會受更大的地獄果報，《緇門警訓》云：「設復食肉當墮地獄。吞熱鐵丸經無量劫。願我以此盡未來際。忍事誓願根塵清淨。」[82]將吃肉的果報說成是墮落地獄，受吞熱鐵丸之苦刑，而且要經過無量劫之久。《一切智光明仙人慈心因緣不食肉經》亦云：「其食肉者犯於重禁。後身生處常飲熱銅。」[83]飲熱銅和吞鐵丸是同等的地獄刑罰。

關於殺生食肉所受的地獄果報，講的較為詳細的是《大方廣華嚴十惡品經》所云：

---

[79] 《大方廣華嚴十惡品經》，收入於《大正新脩大藏經》第八十五冊，頁 1360b。

[80] 唐 道世集，《諸經要集》，頁 160a。

[81] 劉宋 求那跋陀羅譯，《央掘魔羅經》，收入於《大正新脩大藏經》第二冊，頁 540c。

[82] 明 如巹續集，《緇門警訓》，收入於《大正新脩大藏經》第四十八冊，頁 1076a。

[83] 失譯，《一切智光明仙人慈心因緣不食肉經》，收入於《大正新脩大藏經》第三冊，頁 459a。

> 迦葉菩薩白佛言。世尊煮肉炙肉斬肉殺生之人分別幾處。
> 佛告迦葉。煮肉者墮鑊湯地獄。縱廣五百由旬。其中有水
> 其下有火。持火燒之潰潰乃沸。驅煮肉之人入此地獄受其
> 大苦。炙肉之人墮炙床地獄。縱廣八萬由旬。其上鐵床其
> 下有火。持火燒之。驅炙肉之人臥之在上。肉乾燋爛受其
> 大苦。斬肉之人墮剉碓地獄。其中力士其數五百。斬令萬
> 段吹令微塵還復受其大苦。[84]

將殺生食肉的情況分成煮肉、炙肉、斬肉等幾種，各有不同的地
獄果報。又曰：

> 迦葉菩薩白佛言。世尊食肉者墮何處地獄。佛告迦葉。食
> 肉者墮糞穢地獄。縱廣正等八萬由旬。其中有糞乃深萬
> 丈。驅食肉之人入此地獄受其大苦。五百萬世無有出期。
> 善男子。食肉者猶如群狗爭骨各各貪多。食肉之人亦復如
> 是。善男子。斬肉者即斬其父。割肉者即割父肉。割害其
> 母。譬如父死必作牛羊持刀害之。即是其父。一切眾生心
> 則顛倒。食肉者即食父肉。嚙骨者即嚙父骨。若飲肉汁者
> 即飲父血。[85]

如此恐怖的食肉果報，看了不免讓人心生畏懼。

（四）食肉斷慈悲心

　　再就從修行的觀點來論，佛教講求慈悲心，認為是修行最重
要的基礎。若無慈悲種，則修行成佛無望。上述〈不應食肉的十

---

[84]　《大方廣華嚴十惡品經》，頁 1360b。
[85]　同上註。

五個理由〉中，有兩項提到，食肉會造成修行者慈心不生，且不
生厭離，故不應食肉。《梵網經菩薩戒本疏》也云：「夫食肉者
斷大慈大悲之種，此則食肉違害大悲性種失自利也。眾生見捨失
利他，又初乖化因後失化果。又云：畜生見食肉人頭上有血光，
念云：我身有肉，彼人食肉，彼若得我要當食我，我遂怕怖而走。」
[86]《菩薩戒本疏・第三不食肉戒》亦規定：「若佛子故食肉一切
肉不得食，夫食肉者斷大慈悲佛性種子，一切眾生見而捨去，是
故一切菩薩不得食一切眾生肉。食肉得無量罪若故食者犯輕垢
罪，斷大慈種故制。」[87]食肉斷大慈大悲種，是佛教提倡素食教
餐最重要的理論依據。《龍舒增廣淨土文》亦云：「酒肉蔥韭蒜。
悉為聖道障。食肉無慈悲。永背正解脫。」[88]說到酒肉及五葷菜
也都是禁食的。吃齋修行的觀念，在佛典中更是隨處可見，《略
諸經論念佛法門往生淨土集卷上》云：

> 故楞伽經第八。遮食肉品云。是故大慧。我見一切諸眾生
> 等。猶如一子。云何而聽以肉為食。亦不隨喜。何況自食。
> 大慧。如是一切蔥韭蒜薤。臭穢不淨。能障聖道。亦障世
> 間人天淨處。何況諸佛淨土果報。酒亦如是能障聖道能損
> 善業。能生諸過。是故大慧。求聖道者。酒肉蔥韭及蒜薤

[86] 唐 法藏撰，《梵網經菩薩戒本疏》，收入於《大正新脩大藏經》第四十
　　冊，頁 636c。
[87] 新羅 義寂述，《菩薩戒本疏》，收入於《大正新脩大藏經》第四十冊，
　　頁 672a。
[88] 宋 王日休撰，《龍舒增廣淨土文》，收入於《大正新脩大藏經》第四十
　　七冊，頁 279b。

等。能熏之味。悉不應食。[89]

又曰：

> 一切眾生肉不得食。斷大慈悲。佛性種子。一切眾生。見
> 而捨去。是故一切菩薩。不得食一切眾生肉。食肉得無量
> 罪。若故食肉者。犯輕垢罪。若佛子不得食。五辛大蒜苳
> 蔥慈蔥蘭蔥興渠。是五種一切食中不得食。若故食者。犯
> 輕垢罪。準此經戒。飲酒食肉。及以熏辛。必墮三塗。人
> 身不復。[90]

食肉會得無量罪與食肉斷大悲種的說法，將吃素在修行上的重要
性，作了最強而有力的說明，顯然已為素食的必要性定調。

此外，在《大佛頂如來密因修證了義諸菩薩萬行首楞嚴經》
中提到：「汝等當知是食肉人縱得心開似三摩地。皆大羅剎。報
終必沈生死苦海非佛弟子。」[91]將食肉之人說成是大羅剎，不是
佛門弟子。至於何以說食肉會斷大慈悲種，《釋門自鏡錄》中也
有說明：「何以故。若食肉者障菩提心。無菩薩法。無四無量心。
無大慈大悲。以是因緣。佛子不續。所以經言。食肉者斷大慈種。」
[92]主要是因食肉者會障礙菩提心，以致不得菩薩法。

---

[89] 唐 慧日撰，《略諸經論念佛法門往生淨土集卷上》，收入於《大正新
脩大藏經》第八十五冊，頁 1242b。
[90] 同上註。
[91] 唐 般剌蜜帝譯，《大佛頂如來密因修證了義諸菩薩萬行首楞嚴經》，
收入於《大正新脩大藏經》第十九冊，頁 132a。
[92] 《釋門自鏡錄》，頁 817a。

（五）食肉得殺生罪

《梵網經菩薩戒本疏》云：「凡發菩提心行菩薩行。理應捨自身命以救眾生。何有反食眾生之肉。故不應也。」[93]因此言：「食肉得殺生罪。」如果是原本吃齋之人，又吃了肉，謂之破齋，此等之人的罪業又更大一層。佛在《大方廣華嚴十惡品經》中即明白的說到：

> 佛告迦葉。破齋者墮餓鬼地獄。其中餓鬼身長五百由旬。其咽如針。頭如太山。手如龍爪。朝食三千暮食八百。一呼三萬驅。破齋之人入此地獄受其大苦。復離此地獄遶其太山山猶如緋色驅。破齋之人將背倚之。肉乾燋爛受其大苦。復離此苦轉形更受。[94]

開齋破戒之人，死後要墮入地獄餓鬼道，受種種苦刑而不得出期。至於食肉過多，盡皆投生羅刹，或諸禽獸，《入楞伽經》云：「大慧。食肉眾生依於過去食肉熏習。多生羅刹師子虎狼豺豹貓狸鴟梟雕鷲鷹雞等中。有命之類各自護身不令得便。受飢餓苦常生惡心念食他肉。命終復墮惡道。受生人身難得。」[95]

（六）不食肉的功德

既然食肉有大罪業，不食肉自然是有大功德，《大方廣華嚴十惡品經》云：

---

[93] 《梵網經菩薩戒本疏》，頁 636c。

[94] 《大方廣華嚴十惡品經》，頁 1360c。

[95] 元魏 菩提流支譯，《入楞伽經》，收入於《大正新脩大藏經》第十六冊，頁 563a。

迦葉菩薩白佛言。世尊唯願如來為我解說。不飲酒不食肉
者得幾所福。佛告迦葉。假使有人象馬牛羊琉璃珍寶瓔珞
國城妻子持用布施。猶亦不如有人能斷酒肉。百千萬分不
如其一。復置是事。假使有人百千兩金遍滿三千大千世界
持用布施。猶亦不如有人能斷酒肉百千萬分不如其一。復
置是事。假使有能鑄金為人數百持用布施。猶亦不如有人
能斷酒肉。百千萬分不如其一。復置是事。假使有人造作
幡華寶蓋遍滿三千大千世界。猶亦不如有人能斷酒肉。百
千萬分不如其一。復置是事。假使有人造大浮圖寶塔簷簷
相次如稻麻竹上至梵天。不如有人能斷酒肉。百千萬分不
如其一。[96]

可見吃齋的功德之大，在《華嚴經》中是何等清楚的闡述。此外，
不吃肉者也可得到諸天神羅剎的護持，《入楞伽經》中即曰：

佛說是時。諸惡羅剎聞佛所說。悉捨惡心止不食肉。迭相
勸發慈悲之心。護眾生命過自護身。捨離一切諸肉不食。
悲泣流淚而白佛言。世尊。我聞佛說諦觀六道。我所噉肉
皆是我親。乃知食肉眾生大怨斷大慈種。長不善業是大苦
本。世尊。我從今日斷不食肉。及我眷屬亦不聽食。如來
弟子有不食者。我當晝夜親近擁護。若食肉者。我當與作
大不饒益。[97]

這是諸天羅剎在聽聞佛說不食肉因緣後，發慈悲心不食眾生肉。

---

[96] 《大方廣華嚴十惡品經》，頁 1360c。

[97] 元魏 菩提流支譯，《入楞伽經》，頁 561b-c。

並誓言護持一切不食肉的佛弟子，當晝夜得諸天羅剎的護持。

（七）戒殺放生

佛教不食肉的齋戒觀，到了明代蓮池大師雲棲袾宏的「戒殺放生文」，可說發揮的淋漓盡致。要戒吃肉的第一步就在不殺生，只要人人不殺生就不會有吃肉的問題，因為殺生是為了吃牠的肉。所以蓮池大師在戒殺文中說：

> 世人食肉。或謂理所應然。乃恣意殺生。廣積怨業。相習成俗。不自知覺。
>
> 昔人有言。可為痛哭流涕長太息者是也。計其迷執。略有七條。開列如左。餘可例推云。凡有知者必同體。人之食肉。是大怪事。然不以為怪者。良由家世襲而為常。鄰裡比而成俗。習行即久。不覺其非。反以為是。又奚怪乎。今有殺人而食者。人必大駭而亟誅之。何也。不習行故也。此舉世習行而不覺其非。可為痛哭流涕長太息者是也。
>
> 一曰生日不宜殺生。哀哀父母。生我劬勞。已身始誕之辰。乃父母垂亡之日也。是曰也。正宜戒殺持齋。廣行善事。庶使先亡之考妣。早獲超升。現在之椿萱。增延福壽。可得頓忘母難。殺害生靈。上貽累於親，下不利於已。此舉世習行而不覺其非。可為痛哭流涕長太息者一也。唐太宗萬乘之主。生日尚不為樂。田舍翁多收十斛粟。乃賀客盈門。歡宴累日。不知其可也。今世有生日飯僧誦經。修諸善事者其賢乎哉。
>
> 二曰生子不宜殺生。凡人無子則悲。有子則喜。不思

一切禽畜。亦各愛其子。慶我子生。令他子死。於心安乎。
夫嬰孩始生。不為積福。而反殺生造業。亦太愚矣。此舉
世習行而不覺其非。可為痛哭流涕長太息者二也。

　　一獵人暮夜大醉。視其幼子為獐。礪刃將殺之。妻泣
諫不聽。竟剖其腹。出其腸。已而安寢。天明呼其子與其
入市鬻獐肉。妻哭曰。昨汝所殺者子也。其人舉身自擲。
五內崩裂。噫。人畜雖殊愛子之心一也。安可殺乎。

　　三曰祭先不宜殺生。亡者忌辰。及春秋祭掃。俱當戒
殺。以資冥福。殺生以祭。徒增業耳。夫八珍羅於前。安
能起九泉之遺骨而使之食乎。無益而有害。智者不為矣。
此舉世習行而不覺其非。可為痛哭流涕長太息者三也。
或曰。梁武帝以面為犧牲。世譏其使祖宗不血食。噫、血
食未必珍。蔬食未必惡。為人子者。貴乎慎修其身。而不
覆宗祀。斯善矣。奚取祀之必用血也。禴祭勝於殺牛。易
垂明訓。牲養猶為不孝。聖有嘉謨，奚取於祀之必用血也。

　　四曰婚禮不宜殺生。世間婚禮。自問名納采以至成
婚。殺生不知其幾。夫婚者生人之始也。生之始而行殺。
理既逆矣。又婚禮吉禮也。吉日而用兇事。不亦慘乎。此
舉世習行而不覺其非。可為痛哭流涕長太息者四也。
凡人結婚。必祝願夫妻偕老。爾願偕老。禽獸願先亡乎。
嫁女之家。三日不息燭。思相離也。爾以相離為苦。禽獸
以相離為樂乎。信乎婚之不宜殺矣。

　　五曰宴客不宜殺生。良辰美景。賢主佳賓。蔬食菜羹。
不妨清致。何須廣殺生命。窮極肥甘。竹歌屢飫於杯盤。
宰割怨號於砧几。嗟呼。有人心者能不悲乎。此舉世習行
而不覺其非。可為痛哭流涕長太息者五也。

若知盤中之物。從砧几怨號中來。則以彼極苦為我極歡。雖食亦不下嚥矣。可不悲乎。

六曰祈禳不宜殺生。世人有疾。殺生祀神。以祈福佑。不思己之祀神欲免而求生也。殺他命而延我命。逆天悖理。莫甚於此理。夫正直者為神。神其有私乎。命不可延而殺業具在。種種淫祀。亦復類是。此舉世習行而不覺其非。可為痛苦流涕長太息者六也。

藥師經云。殺種種眾生。解奏神明。呼諸[鬼+罔][鬼+兩]。請乞福佑。欲冀延年。終不可得。所謂命不可延。殺業具在也。種種淫祀。如殺生求子。殺生求財。殺生求官等。縱得子是財得官。皆本人分定。非鬼神所為也。偶爾滿願。遽謂有靈。信之彌堅。行之愈篤。邪見熾然。莫可救療。悲夫。

七曰營生不宜殺生。世人為衣食故。或畋獵。或漁捕。或屠宰牛羊豬犬等。以資生計。而我觀不作此業者亦衣亦食。未必其凍餒而死也。殺生營生。神明所殛。以殺昌裕。百無一人。種地獄之深因受來生之惡報。莫斯為甚。何苦而不別求生計乎。此舉世習行而不覺其非。可為痛苦流涕長太息者七也。

親見屠羊者垂死。而口作羊鳴。賣鱔者將亡。而頭如鱔嚙。此二事近在鄰居。即非傳說。我勸世人。若無生計。寧丐食耳。造殺而生。不如忍饑而死也。吁可不戒哉。[98]

---

[98] 明 蓮池大師述著，《蓮池大師全集》，〈戒殺放生文〉（臺北市：中華佛教文化館，民72年）。

列出七種情況不宜殺生，無論是生日、生子、祭祀、結婚喜宴、
祈求神明、營生等情況，皆不宜殺生。戒殺還只是消極的防患，
進一步積極的作為，是要放生。因此，蓮池大師另外有一篇「放
生文」：

> 蓋聞世間至重者生命。天下最慘者殺傷。是故逢擒則奔，
> 蟻蝨猶知避死。將雨而徒螻蟻尚且貪生。何乃網於山。罟
> 於淵、多方掩取、曲而鉤、直而矢、百計搜羅。使其膽落
> 魂飛，母離子散。或囚籠檻則如處囹圄。或被刀砧，則同
> 臨剮戮。憐兒之鹿、舐瘡痕而寸斷柔腸。畏死之猿，望弓
> 影而雙垂悲淚。恃我強而凌彼弱、理恐非宜。食他肉而補
> 己身，心將安忍。由是昊天垂憫。古聖行仁。解網著於成
> 湯。畜魚興於子產。聖哉流水、潤枯槁以囊泉。悲矣釋迦、
> 代危亡而割肉。天臺智者，鑿放生之池。大樹仙人、護棲
> 身之鳥。贖鱗虫而得度，壽禪師之遺愛猶存。救龍子而傳
> 方。孫真人這慈風未泯。一活蟻也。沙彌易短命為長年。
> 書生易卑名為上第。一放龜也、毛寶以臨危而脫難。孔愉
> 以微職而封侯。屈師縱鯉於元村，壽增一紀。隋侯濟蛇於
> 齊野、珠報千金。貿死命於屠家。張提刑魂超天界。易余
> 餘生於釣艇，李景文毒解丹砂。孫良嗣解曾繳之危，卜葬而
> 羽蟲交助。潘縣令設江湖之禁，去任而水族悲號。信老免
> 愚民之牲、祥符廿雨。曹溪守獵人之網、道播神州。雀解
> 銜環報恩。狐能臨井授術。乃至殘軀得命，垂白璧以聞經。
> 難地求生、現黃衣而入夢。施皆有報，事匪無徵。載在簡
> 編。昭乎耳目。普願隨所見物。發慈悲心。捐不堅財。行
> 方便事。或恩周多命，則大積陰功。若惠及一蟲，亦何非

善事。苟日增而月累。自行廣而福崇。慈滿人寰。名通天
府，蕩空怨障、多祉莘於今生。培漬善根，餘慶及於他世。
儻更助稱佛號。加諷經文。為其回向西方。令彼永離惡道。
則存心愈大。植德彌深。道素資之速成。蓮臺生其勝品矣。
[99]

可以看出尊重生命的思想貫串全文，螻蟻尚且貪生，何況是禽
獸。蓮池大師強調，放生是有大功德，能讓短命者得長壽，書生
易卑名為上第，培積善根，廣增福田，慈滿人寰。

二、西方的素食主義

(一) 古代的素食主義

(1)西方素食主義之父：Pythagoras(畢達格拉斯)〈570-490 BC〉

雖然西方的 Vegetarianism（素食主義）一詞是在十九世紀中
才出現[100]，但早在西元前六世紀，古希臘時代的畢達格拉斯學
派，即是一群素食的實踐者。此一學派的創立者畢達格拉斯
（Pythagoras）被稱為「素食主義之父」。因此，當在未使用
Vegetarianism 一詞之前，西方的「Pythagoreans」（信奉畢氏學
說者）一詞，通常是用來代表信奉素食者的統稱。[101]

畢達格拉斯禁食一切肉類的素食主張，主要是源於他對靈魂

---

[99] 同上註。

[100] Vegetarianism 一詞出現在 1847 年，詳見 Colin Spencer, Vegetarianism: A History（New York: Four Walls Eight Windows, 2002）p.238。

[101] Rynn Berry Famous Vegetarians & Their Favorite Recipes（New York: Pythagorean Publishers, 2003）p.3。

輪迴生死的看法。畢氏的教義認為,靈魂是不朽的,而且是無止息的輪迴生死;靈魂有可能輪迴為人及其他的生物,包括鳥類、爬蟲類、魚類等。所以如果吃這些生物的肉,就有可能吃到自己祖先或親人的肉。因此,為了免於罪惡及解脫自在,畢氏主張禁食一切有生命的肉類。[102]畢達格拉斯創立了一個類似宗教的組織,在這個教團中的每個人,都是奉行齋戒、禁慾、修行的嚴謹生活。因為他們相信因果原則、因緣法則,以為人生有前世、今生、來世。前世的一切是今生的因緣,今生的一切都是結來世的果。所以此派的人深信將來要得幸福,今生就得過嚴謹刻苦的生活,這樣才能讓靈魂得以解脫肉體的束縛,重獲真正的自由。[103]如此畢氏的整個學說,強調的重點是靈魂如何解脫束縛,其中禁吃一切生物的肉,奉行素食,就成了最主要的生活戒律。

此外,由於對輪迴轉世的信仰,這使得畢達格拉斯學派的教義裡,相信動物曾是(或將變成)人類而善待他們。此一善待動物的觀念,衍生出一種對動物本身的關懷,因為動物在被殺前會感受到痛苦,或者即使是動物不會感受到痛苦,它們的生命被剝奪,也是件殘忍而應被避免的。[104]比較特別的是,畢達格拉斯可能是受到埃及宗教中某些祭司教規的影響,他不僅戒食肉類,也禁食豆類。由於豆子具有很強的生命力,可以生根發芽成長繁衍,所以在古代的埃及信仰中,有認為人的靈魂可能寄生於豆子

---

[102] Colin Spencer, *Vegetarianism: A History*(New York: Four Walls Eight Windows, 2002)p.47。

[103] 鄔昆如,《希臘哲學趣談》(臺北:東大圖書,民國 65 年),頁 31~32。

[104] Kerry S. Walters and Lisa Portmess, Ethical Vegetarianism: From Pythagoras to Peter Singer(New York: State University of New York Press, 1999)pp.13~14。

中，人吃了這些豆子會增加行為敗壞的因素。根據 Plutarchd 的說法，畢達格拉斯將豆子說成是「蛋豆」（eggs beans）。[105]意思是有如會孵化生命的蛋，可見畢氏是將豆子視為有靈魂生命的東西，因此不主張食用它。

(2)奧斐斯秘教（Orphic Religion）的素食主張

流行於西元前六世紀的古希臘時期，奧斐斯秘教主要是接受酒神（Dionysus）的崇拜教義，進一步推衍出靈魂的不滅和神性的結論，而以阿波羅所傳的「滌淨」取代原有的狂歡儀式，所形成的一種秘教信仰。[106]所謂「奧斐斯秘教的生活」指的是一種涉及潔淨禮、苦行及許多特別的規定，教徒既不吃肉也不使用牲祭。這樣的素食教義主要是來自一個「普羅米修斯的神話」。相傳因為普羅米修斯把肉留給人吃，卻把骨頭奉獻給諸神，因而觸怒了天神宙斯；於是天神宙斯就終止了人類的「樂園時代」。原本在樂園裡，人類可以直接和神來往，因此，必須回到素食的習俗，以表示補償祖先犯過的決心，如此希望能夠回復到原來的幸福狀態，或至少是部份的回復。[107]奧斐斯的秘教信仰，排斥整個希臘的宗教體系，它的茹素儀式含有更複雜、更深層的宗教義涵，這和畢達格拉斯的素食主張是不盡相同的。

(3)古希臘哲學家 Empedocles（恩培多克勒斯）〈490-430 BC〉

西元前五世紀的古希臘哲學家 Empedocles，也是提倡素食的原則。他的學說受到畢達格拉斯及奧斐斯秘教的影響，同樣是信

---

[105] Colin Spencer, op. cit., pp.48~49.

[106] 廖素霞、陳淑娟譯，Mircea Eliade 著，《世界宗教理念史》卷二（臺北：商周出版社，2001 年 12 月），頁 183。

[107] 廖素霞、陳淑娟譯，Mircea Eliade 著，《世界宗教理念史》，頁 185。

仰靈魂輪迴的學說，他的素食觀也是以此一學說為核心所建構
的。Mircea Eliade（默西亞·埃里亞德）對 Empedocles 的評述認
為：「Empedocles 過著「奧斐斯秘教生活」，在他所處的時代，
靈魂還是肉體的囚犯，穿著『用血肉做成的光鮮外衣』，從天堂
放逐到遙遠的地方。但是對他而言，靈魂不滅也意味著生死輪
迴；進一步說，這就是他茹素的理由。」[108]也可以說，畢達格拉
斯的素食主張，是 Empedocles 首先將其變成一種哲學的道德化生
活，並就戒殺物命的教義加以發揮。Empedocles 認為，禁止殺害
一切有生命的動物，應被視為是一種普遍與絕對的法律（universal
and absolute law）。尤其應禁絕對生物的血腥屠殺，或是以動物
作為祭祀品，且絕不食一切生命的肉，及豆類和海中的生物等。
[109]

(4)希臘古典作家 Plutarch（普盧塔克）〈56-120 BC〉

　　Plutarch 出生於羅馬帝國時期的希臘維奧蒂亞，西元前
66—67 年間，曾在雅典從逍遙派哲學家學習數學和哲學。Plutarch
是位多產的作家，據說他一生寫了 227 種著作，比較有名的是他
為希臘羅馬軍人、立法者、演說家和政治家所寫的《希臘羅馬名
人傳》。[110]

　　Plutarch 是第一位未將素食主義與靈魂輪迴說相結合的希臘
作家，當他兩歲大的女兒過世時，他拒絕接受女兒會在輪迴回來
轉世的說法。Plutarch 的素食主義，首先將素食與人體的健康相

---

[108] 廖素霞、陳淑娟譯，Mircea Eliade 著，《世界宗教理念史》，頁 185。
[109] Colin Spencer, op. cit., p.64.
[110] 吳奚真譯，Plutarch 著，《希臘羅馬名人傳》（臺北：臺灣中華書局，民
　　　國 60 年 3 月）。

結合，依此論點發揮，Plutarch 認為肉食容易造成消化不良，而這也是形成身體疾病的主因。所以，人類應習慣於素食，而避免肉食，素食不只是足供人體營養之所需，也能讓人心地光明和精神愉快。[111]有關

Plutarch 的素食主張，主要是在一篇「*On the Eating of Animal Flesh*」的文章中，他否定人類天生就是肉食性動物的主張，人如果縱情於肉食的滿足，會讓心靈墮落、卑劣和下流。而且吃動物的肉，也是造成人的性格變得粗暴的主因，使得人性格與動物愈來愈相似。因此，Plutarch 認為人應對動物以道德的考量，當動物被殺時，和人同樣都有痛苦的感受。[112]文章中有以下的一段很有代表性的話：

> 你真的可以問問畢達哥拉斯，他為什麼要禁吃肉食？就我來說，我會納悶到底是那種情況，以及何種心態，會讓人們想將自己的嘴，去接觸死亡動物的屍體，用死亡、陳腐的肉來設宴，並將那些曾經吼叫、吶喊、移動且生存過的部分，稱為食物與養分。我們確實不是為了自保，才來吃獅子與狼；相反的，我們略過了這些動物，轉而殘殺那些沒有刺或才齒可傷害我們的無害且溫馴的生物。請讓牠們擁有應有的權利，過著自己應有的一生吧！[113]

Plutarch 認為人類對待動物的態度，至少應讓牠們有應有的權利，

---

[111] Colin Spencer, op. cit., pp.98~99。

[112] Kerry S. Walters and Lisa Portmess, op. cit., pp.27~29。

[113] 引自慕容譯，Giorgio Cerquetti 著，《素食革命》（臺北：中天出版社，1999 年 7 月），頁 36。

也就是不應為了吃牠自而任意殘殺牠們。

(5)新柏拉圖主義哲學家 Porphyry（波菲利）〈約 234-305 AD〉

Porphyry 是一位新柏拉圖主義的哲學家，在羅馬時，曾在 Plotinus（普羅提諾斯）的指導下學習哲學。Porphyry 的著作很豐富，涉及哲學、宗教、語言學和科學。其中特別著有畢達格拉斯傳，尤其是在「*On Abstinence*」（《論節制》）一書中，為素食主義辯護。Porphyry 對 Pythagoras 及 Empedocles 都很崇敬，並服膺他們的素食主張，後來甚至離開了新柏拉圖學派，受洗成為一位基督徒，並宣稱自己是一位素食主義者。[114]

一如他的老師 Plotinus，Porphyry 的素食主義主要是受到 Orphic 及 Pythagorean 傳統的影響。在《論節制》一書的「Animal Food」一文中，Porphyry 相信在古代存在著一個「素食者的黃金年代」（A Vegetarian Golden Age），那是一個人們過著和平、富足和幸福的時期。由於人們不屠殺生靈，而且是吃大自然的蔬果，所以人們不需要太多的勞動，也沒有什麼疾病。但是，當人們開始肉食後，黃金年代就此結束，並開啟了戰爭與非正義的暴力。[115]整部《節制論》中，主要是有四項論點：(1)肉食主義是一種縱慾，所以不適用於哲學的生活；(2)用動物來祭祀，是對神明的不敬；(3)動物應該受到正義的對待；(4)過去有名望的聖哲，都譴責肉食。[116]

---

[114] Kerry S. Walters and Lisa Portmess, op. cit., p.35.

[115] Edited by Kerry S. Walters and Lisa Portmess, *Religious Vegetarianism: From Hesiod to the Dalai Lama*, （State University of New York Press, 2001）pp.23~25。

[116] Kerry S. Walters and Lisa Portmess, *Ethical Vegetarianism: From Pythagoras*

　　綜合以上幾位具代表性的古代素食主義者，Daniel A. Dombrowski（董布若斯基）在「*The Philosophy of Vegetarianism*」[117]一書中，認為這時期的素食主義有幾項理論基礎來支持他們的立場。一是：一個神話性的對於過去素食黃金年代的信仰；二是：對於靈魂轉世的信仰，這使他們相信動物曾是人類而善待他們；三是：一種認為肉食對於身體或靈魂的健康有害的顧慮；四是：一種對動物本身的關懷，因為動物在被殺前受到痛苦，肉食因而是殘忍的而應被避免。[118]以上四項論點，正是上述幾位素食主義者論點的綜合。

（二）中世紀：人與動物關係的論辯

　　由 Pythagras 等人所建立起來的古希臘素食主義，後來則是被一些宗教信仰所承繼奉行。首先是猶太教的 Essenes（艾賽尼派）可作為代表。在二十世紀四〇年代末和五〇年代，在 Qumran（庫姆蘭）附近陸續發現了死海書卷（Dead Sea Scrolls），這些書卷是記載一個曾經嚴格奉行苦行主義的教派，大多數的學者認為應是屬艾賽尼派的經卷。由這些書卷中可以看出，他們自西元前 2 世紀至西元 1 世紀末，流行於巴勒斯坦一帶。[119]其次是在西元三世紀，產生於波斯薩珊王朝的摩尼教。有關摩尼教的創立者摩尼及其素食主張的教義，在前面第三章中已有所探討，在此將不再

---

　　to Peter Singer　p.35.

[117]Daniel A. Dombrowski, The Philosophy of Vegetarianism, （The University of Massachusetts Press, 1984）.

[118]張展源譯，Daniel A. Dombrowski 著，〈西方素食主義導論（一）〉，《菩提樹》，第 506 期，1995 年，頁 29。

[119]Colin Spencer, op. cit., pp.107~109.

重述。這二個教派似乎都受到 Pythagorean 素食主義的影響，奉苦行禁慾的修行，採禁食一切肉類的素食方式。

西元後一世紀，以耶穌基督為信仰核心的 Christianity（基督教）[120]逐漸形成。保羅是早期基督教的主要傳播者，他致力在近東地區傳播此教，並否認耶穌之來臨只是為了要拯救猶太人，他主張基督教乃是全人類的宗教，為基督教傳播到更廣泛的羅馬帝國區域打下基礎。[121]然而，基督教雖非全面主張吃素修行的宗教，因此，在整個中古世紀以基督教為信仰核心的時代裡，素食主義是不發達的，甚至可以說是不受重視的。但在基督教義的發展過程中，卻一直存在著人對動物的態度上之爭議，這對後來十八、九世紀西方素食主義再度興起後的內涵，產生影響而值得注意。首先是 Saint.Augustine（聖奧古斯丁），由於 Augustine 曾經是位摩尼教徒（Manichees），奉行過素食主義。在攻擊摩尼教的過程中，Augustine 發展出關於人類對待動物的一個一般性的態度，也就是認為動物的「受苦」對人類具有甚少或者毫無意義，那是因為牠們缺乏理性。[122]

西元四世紀中，有名的古代基督教希臘教父 Basil The Great, Saint（大巴西勒·聖），為動物寫了一篇祝禱文，內容提及上帝應拯救人及動物二者。全文如下：

---

[120] 此處所用的基督教一詞，係泛指以基督為信仰核心的基督教（Christianity），非指 1517 年宗教改革後所形成的基督新教。

[121] Edward Mcnall Burns、Robert E. Lerner、Standish Meacham, *Western Civilizations*, Tenth Edition（University of Texas at Austin, 1984）p.212.

[122] 張展源譯，Daniel A. Dombrowski 著，〈西方素食主義導論（一）〉，頁 30。

噢！主啊！也為這些微小的動物，牠們與我們同樣承受日
子的熱氣及負擔，我們祈求您擴充您偉大的慈祥，因為您
已曾答應拯救人和動物，而您的愛慈是如此的浩大，噢！
主啊！[123]

另一位西元四世紀後期，有名的古代基督教希臘教父 Saint John
Chrysostom（聖約翰·克里索斯托），也曾提出一位聖者應擴充
其溫和仁慈的態度，及於那些不能思考的生物，[124]但這兩位的呼
籲似乎難起什麼影響。

　　一直到十三世紀，成立於 1209 年的聖方濟會，是較有名的
「愛動物者」之一。此一教會曾基於苦修的理由而實行禁肉食的
齋戒，但這也僅是一段特別的齋戒期有這樣作，平時並未禁止食
肉，甚至認為是藉著吃牠們來表達其愛。聖方濟有一段教誨門人
的話說：「我們可以這麼想：因為我們必須吃才能活命，而且不
殺掉某些所愛之物便不能吃到東西，是故我們殺什麼是無關緊要
的。」[125]所以聖方濟在訂行為準則時，他並未禁食肉，除了一些
特定的節慶日子。另一位具代表性的中世紀神學家 Thomas
Aquinas（托馬斯·阿奎那 1225–1274），他試圖為人統治動物的
神學信仰，提供一些形上學的支持。其論點是認為：人對自己的
行為能夠控制，而動物則不能。所以動物基於不具理性的事實，

---

[123] 引自張展源譯，Daniel A. Dombrowski 著，〈西方素食主義導論（四）〉，
《菩提樹》第 509 期，頁 20-21。

[124] 張展源譯，Daniel A. Dombrowski 著，〈西方素食主義導論（二）〉，《菩
提樹》，第 507 期，頁 30。

[125] 張展源譯，Daniel A. Dombrowski 著，〈西方素食主義導論（二）〉，頁
30~31。

自然的成為人的奴隸，因此 Thomas Aquinas 的結論是：「全部的他物是為了人而存在。」[126]既然動物是為成為人的奴隸而存在，那人當然也可以食動物的肉，可見他的目的無非是為肉食是必須的找支持的論點。

有關 Thomas Aquinas 對動物態度的論點，似乎從十三世紀中葉到十九世紀中葉，一直是廣泛的流行著。由一件事情可以看出來，當十九世紀中葉，教宗 Pius Ix（皮爾斯九世）拒絕允許一個「防止殘暴動物協會」（SPCA）的成立，其理由就是怕這樣會涵蘊人類對動物是有責任的，[127]這也和 Thomas Aquinas 的觀點是不一致的。

（三）近代西方素食運動的興起

西歐的工業革命，帶來了社會結構與經濟發展的大變革。到了十八世紀，由於經濟、倫理和營養等因素，素食運動開始興起。當時最有名的素食推崇者有 Benjamin Franklin（富蘭克林）和 Voltaire（伏爾泰）兩人，於十九世紀初（1809 年），在英國的曼徹斯特共同發起了一場正式的素食運動。立即獲得聖經基督教會（Bible Chritian Church）的支持，其教友宣誓戒酒忌肉。1847 年，這一教派正式由教會分出來，組織了「素食主義者協會」（The Vegetarian Society）。[128]此後，素食運動開始向西方其他國家擴

---

[126] 張展源譯，Daniel A. Dombrowski 著，〈西方素食主義導論（二）〉，頁 32。

[127] 張展源譯，Daniel A. Dombrowski 著，〈西方素食主義導論（三）〉，《菩提樹》，第 508 期，頁 25。

[128] Grolier Incorporated, *The encyclopedia Americana,* 29V. 〈Vegetrianism〉 (Danbury, Conn.: Grolier, 1991).

展。1850 年美國成立了素食主義者協會（American Vegetarian
Society），1867 年在德國（Vegetarier-Bund Deutschlands），1886
年在澳洲（Australian Vegetarian Society），1888 年在英國（London
Vegetarian Society），1890 年在愛爾蘭（Irish Vegetarian Union），
1891 年在印度（Indian Vegetarian Societies）等國也都分別成立的
素食主義者協會。到 2003 年為止，全世界各國共有二○三個素
食主義者協會，詳如〈附表四〉。可見此一素食運動在西方推行
之廣，發展之快，已蔚為一股素食風潮。

　　這個時期的素食主義思想，開始針對中世紀以來，基督教會
認為人是動物的統治者，及動物是沒理性的，所以人可以食肉的
觀點，提出強烈的批判。其中最具有影響力及代表性的人物有
二，一是英國的 Jeremy Bentham（邊沁 1748-1832），他對動物
是否有理性的爭論提出置疑，Bentham 說：「問題不在於『牠們
能思考嗎？』，亦非『牠們能說話嗎？』而在於『牠們會受苦
嗎？』」。[129]雖然邊沁的置疑不是為禁食肉類的素食而提，反而
是站在功利主義的觀點，希望在吃牠們時，應以急速宰殺的方
式，以便能減輕牠們因被殺時的痛苦。然而，邊沁的置疑必竟點
出了一項重點，那就是人類應該承認，動物會有受苦痛的感覺，
人類殺牠們來吃時，是一種加在牠們身上的苦痛。另一位將此一
論點發揮的是英國博物學家，也是進化論的奠基人 Charless
Darwin（達爾文 1809-1882）。他認為依演化論的了解，人們都
應主張的是：「人和高等哺乳類之間沒有基本的差異。」[130]動物

---

[129] 引自張展源譯，Daniel A. Dombrowski 著，〈西方素食主義導論（四）〉，
　　頁 19。
[130] Charless Darwin, The Descent of Man，引自張展源譯，Daniel A.

有痛、愛的感覺，有被愛的期望，會因無聊而受苦，會做夢，擁有推理及記憶的能力，而且就我們所知，可以自覺以及知覺。誠如 Dombrowski 所言，Darwin 的重要貢獻，是他開啟了一項吾人對動物知覺上的革命：「我們也是動物。」[131]雖然 Darwin 並不是一位素食主義者，但他的論點為往後的素食主義，提供了很好的論據。

總之，此一時期的素食主義，主要是延續十七、十八世紀以來，興起於歐洲的人道主義，將人道關懷結合道德而及於一切動物，經由 Bentham 及 Darwin 等人的提倡，從而使有感於動物之苦的憐憫之心涌現。一些新教徒群體對《聖經》採至善主義的解讀方式者，開始將這時期對動物的人道關懷與古希臘時代的 Pythagoreans 相結合，而達到摒棄肉食的程度。

（四）現代西方的素食主義

二十世紀的西方素食主義，由於眾多「素食主義者協會」的成立，可說是個逢勃發展的時期。此期不但綜合承繼了以往自古希臘 Pythagoreans 以來的一切素食主義，而且有了更多的論點加進來。特別是在素食與生態環保，及素食與身體健康兩方面，有了更多的發揮。其特色在於較少宗教色彩的立論，如輪迴說等的觀點，而是走向道德化、環保化、健康化的理論。分述如下：

(1)素食主義的道德化

現代西方的素食主義，有一項主要的重點，是沿續十八、十

Dombrowski 著，〈西方素食主義導論（四）〉，頁 19。

[131] 張展源譯，Daniel A. Dombrowski 著，〈西方素食主義導論（四）〉，頁 19。

九世紀以來的人道主義關懷，對人類因肉食而屠殺動物的行為提
出批判。其主要的立論點在於，牠們在被殺的當下，有極大恐懼
感，和痛苦的感受，因此人類應有慈憫之心來對待動物，而不應
為吃牠們而任意宰殺。發明家 Benjamin Franklin（班傑明‧富蘭
克林）就說：「吃肉正是一種沒有正當理由的謀殺行為。」[132]
意思是說：為了吃牠們而殺死牠們，本身就是一種不道德的謀殺
行為。俄國的偉大作家托爾斯泰也曾寫下這樣的一段話：

> 在人類的自覺生活之中，所有人已經完全認清吃肉的惡行
> 與不道德。那麼，為什麼人們仍無法承認這個法則呢？答
> 案即是：人類在道德上的進展一向緩慢；不過，真正的進
> 步都具有「不間斷性」以及「持續加速性」這兩種特色。
> 任何人都不容置疑，素食主義已經以此種方式逐漸邁進
> 了。[133]

托爾斯泰還說：「一個人如果嚮往正直的生活，第一步，就是要
禁絕傷害動物。」[134]基於道德的考量，有愈來愈多的素食主義者，
將吃肉視為一種不道德的惡行。清教徒與人權領袖 Dick Gregory
（迪克‧葛列格里）就說：「我並不是基於健康的因素才吃素；
成為全素者是基於道德的因素。素食主義絕對會變成全人類的運
動。」[135]七日耶穌再生教派的創始人之一的 Ellen White（愛倫‧

---

[132] 引自慕容譯，Giorgio Cerquetti 著，《素食革命》（臺北：中天出版社，
　　 1999 年 7 月），頁 17。

[133] 引自 Giorgio Cerquetti 著，慕容譯《素食革命》，頁 20。

[134] 引自宋楚芸譯，Victor Parachin 著，《365 個素食的好理由》（臺北：遠
　　 流出版社，1999 年 8 月），頁 18。

[135] 慕容譯，《素食革命》，頁 24。

懷特）也說：「肉體死亡的道德罪惡，就如同身體疾病那般明顯。肉類食品對身體有害，不論它是影響肉體的那個部份，對心靈與靈魂也會有相對的影響。」[136]這種將肉食，看成是一種道德罪惡，且會對心靈的修持造成影響，這樣的觀念是素食主義道德化的主要論點。

(2)素食主義的環保化

現代的素食主義者更關注的是，從地球的環境保護及可用糧食的觀點來論述素食的必要性。這方面的代表作是美國的約翰·羅彬斯（John Robbins），在 1987 年所著 Diet for A New America（新美國飲食），中譯本為《新世紀飲食》[137]一書。

這本書共分成三部份，第一部份揭露了牲畜飼養場的種種恐怖內幕；第二部份，著重於描述肉食如何致命，以及素食所能帶給人們安全健康的好處；第三部份，則是闡述了畜牧業對整個世界的環境造成的嚴重後果。關於第三部份的論點有幾項重點，John Robbins 在書中寫道：

> 很多人以為，世界上有饑餓問題是因為糧食不足的關係，但是正如蘭西斯·莫爾·拉彼（Frances Moore Lappe）和「食物優先」這個反饑餓機構所發表的研究顯示，造成饑餓的真正原因在於公理不張，而非糧食不足，我們每天浪費太多穀類來飼養美國的牲畜，卻不能為全世界每一個人

---

[136] 同上註，頁 27。

[137] 張國蓉、涂世玲譯，John Robbins 著，《新世紀飲食》（臺北：琉璃光出版社，民國八十三年二月）。

送上兩條吐司麵包。[138]

蘭西斯‧莫爾‧拉彼（Frances Moore Lappe）可說是美國素食主義的早期宣揚者，1971 年他的暢銷書 *Diet for a Small Planet*（《一個小星球的飲食》）出版，才改變了多數美國人對素食的看法。拉彼出生於美國德州福特瓦斯市，在柏克萊大學研究院就讀時，為了專心於對世界饑荒問題的研究，毅然輟學。拉彼很驚訝地發現，人們為了生產一份肉食，竟然需要花費十四倍的穀糧來餵食動物，這著實是一個巨大的資源浪費。當時年僅二十六歲的拉彼便因此撰寫了 *Diet for a Small Planet* 一書，藉以鼓勵人們食用非肉類性食品，以避免浪費世界的糧食。[139]

　　John Robbins 也是從人類為飼養肉食性動物，會大量浪費食物的觀點來分析，他說：「美國當前牲畜總數所食用的穀類和黃豆，足以供應全國人口五億之多，這些牲畜吃下我們所種的 80% 的玉米和 95%的燕麥。」[140]John Robbins 引用「食物和發展政策學會」的報告說：每天，地球上有四萬名兒童餓死。而我們「為了滿足一位食肉者一年裡的需求，我們得擁有三又四分之一英畝的地。-----供純素者一年食物的需求，六分之一英畝大的地就夠了。換句話說，提供標準美國飲食方式的耕地，可以為純素食者提供廿倍所需的食物。」[141]肉食除了會造成人類可用糧食短缺的問題外，同樣的也會影響到生態保護的問題。John Robbins 說：

---

[138] 張國蓉、涂世玲譯，John Robbins 著，《新世紀飲食》，頁 365。

[139] Frances Moore Lappe, *Diet for a Small Planet,* （Ballantine, 1992）.

[140] 張國蓉、涂世玲譯，《新世紀飲食》，頁 354。

[141] 張國蓉、涂世玲譯，《新世紀飲食》，頁 355。

生產肉類和砍伐森林有非常直接的關係，康乃爾大學經濟
學家大衛·費爾斯（David Fields），和他的同事羅賓·賀
（Robm Hur）估計，只要有人改吃純素，每年可以少砍掉
一英畝地的森林；假如你吃素，但是適量食用蛋和乳製
品，這樣也有幫助。[142]

所以 John Robbins 就說：當美國自國外進口牛肉後的廿五年，
中美洲的熱帶雨林也由十三萬平方英里，銳減到剩下八萬平方英
里。誠如美國人道協會（Humane Society of the United States）副
主席兼華盛頓區尊重生命及環境中心（Center for Respect of Life
and Environment）總監米高·福克斯（Michael W.Fox）所指出：
「佔南美及澳洲出口大宗的肉類，導致森林遭到破壞殆盡，只為
了要多闢出一些土地來放牧，如此將會加速沙漠擴張及溫室效
應。」[143]

根據 John Robbins 的解釋，為了生產肉食，人類會耗損更大
的自然資源，就以水為例，他說：

生產一磅的肉平均得花二千五百加侖的水，等於一個普通
家庭一個月的用水量。供應食肉者一天的食物得花四千多
加侖的水，吃素但是吃蛋及乳製品的人，得花一千二百加
侖的水，純吃素的人三百加侖就夠了，為純吃素的人一年
裡生產食物所用的水，比為吃肉的人生產一個月的食物所
用的水還要少。[144]

---

[142] 張國蓉、涂世玲譯，《新世紀飲食》，頁 367。

[143] 引自宋楚芸譯，《365 個素食的好理由》，頁 62。

[144] 張國蓉、涂世玲譯，《新世紀飲食》，頁 371~372。

除了浪費大量的水，飼養牲畜的排泄物也污染了剩下來的水，以美國為例，John Robbins 進一步指出：美國牲畜所生產的排泄物是全國人民排泄物總和的廿倍，這些排泄物大多到了我們的水裡去了。再者，農藥及殺蟲劑對自然生態的破壞，及飼養牲畜造成表土的大量流失等問題也日益嚴重。[145]

　　儘管 John Robbins 在書中提出的論證數據，似乎缺少嚴僅的科學論證，但當 1987 年《新世紀的飲食》一書出版後，立即在美國掀起了一股純素食運動的風潮。此後兩年，只是在德州，就有將近十個民間素食團體相繼成立。顯見以生態保育的觀點來看素食的必要性，似乎頗能為一般人所認同。

(3)素食主義的健康化

　　幽默大師蕭伯納（George Bernard Shaw）1950 年去世，享年94 歲，他是在二十出頭時便開始吃素。蕭伯納向來樂於敘述吃素的好處給批評者聽，他說：「五十年來，一堆醫生向我保證，如果我不吃點肉的話會餓死。」[146]今天，確實有愈來愈多的人吃純素，是為了健康的理由，而非為宗教的信仰，在西方尤其如此。《素食革命》（The Vegetarian Revolution）一書的作者喬治亞‧克魁提（Giorgio Cerquetti）說：

> 很多美國人的健康日趨惡化，是近 50 年來的飲食改變所致，也就是肉類成為主食時開始。國家科學協會（National Academy of Science）已經建議，人們應該 要多吃水果、

---

[145] 張國蓉、涂世玲譯，《新世紀飲食》，頁 376。
[146] 引自宋楚芸譯，《365 個素食的好理由》，頁 13。

蔬菜以及全麥，大幅度減少肉類的攝取量。[147]

又說：「近 30 年來，有好幾分研究已經提出了科學上的證據，在西歐、美國、澳洲以及其他世界上的富足國家之中，光是吃肉一項就成為致死的最大原因。」[148]前面提到《新世紀飲食》的作者 John Robbins 更在他的書中提到，一項史無前例的三百萬人的大規模素食實驗。那是發生在一次大戰期間的丹麥，由於被聯軍完全封鎖，導致國內約三百萬人在米可爾·漢德地醫生（Dr.Mikkel Hindhede）的主持計劃下，把國內生產的穀物全拿來餵人而不為生產肉類而拿去餵家畜。John Robbins 說這項實驗：

> 結果使得科學家驚愕不止，當他們計算哥本哈根在食物最缺乏那段時間，即自一九一七年十月至十九一八年十月間的死亡率時，發現因疾病而去逝死亡率，是有歷史以來最低的。事實上，這段時間的死亡率比過去十八年之平均數整整下降了百分之三十四。[149]

這樣的資料所顯示的意義，很難不讓人想到丹麥的全國素食，與巨幅下降的死亡率有連帶關係。因此，有關素食與人類健康的探討，在二次戰後引起了更多的科學家及醫學家熱烈的探討。其中最有代表性的是由科學家們廣泛收集統計分析的，關於人類飲食習慣與平均壽命的問題。結果發現一個不斷出現的事實就是，大量肉食與短壽之間強而有力的相互關係。John Robbins 在《新世紀飲食》一書中，引用科學家的統計資料說：「愛斯基摩人、拉

---

[147] 宋楚芸譯，《365 個素食的好理由》，頁 41。

[148] 宋楚芸譯，《365 個素食的好理由》，頁 42。

[149] 張國蓉、涂世玲譯，《新世紀飲食》，頁 155。

布蘭島人、格林蘭島人、克基族人，這些人口很顯著地，有最高
的肉類消耗量，同時平均壽命亦為最短，通常只有三十歲。」[150]
相反的，一些以幾乎是以素食維生的民族，卻有很高的平均壽
命。John Robbins 說：「為數不少的白俄人、尤克坦印地安人、
東印度托達人，以及巴基斯坦宏薩克特人，都有高達九十至一○
○歲的平均壽命。」[151]

　　再就素食與人的體力耐力的關係上來看，耶魯大學的歐文‧
費雪教授（Irvig Fisher），曾作過一項實驗，就肉食與素食運動
員的體力與耐力作比較，得出的結論是：「整體而言，素食者的
平均分數是雙倍於肉食者的平均分數。」這項實驗打破了我們「肉
食給我自力氣」的迷思。[152]另外，有一項更深入的醫學研究，就
素食者與肉食者的骨質損失的情形。1983 年 3 月的《臨床營養學
雜誌》，刊登一編由密西根大學及其他主要學院研究人員的發
現，在美國六十五歲的人：

　　　男性素食者的平均骨質損失是 3%。
　　　男性肉食者的平均骨質損失是 7%。
　　　女性素食者的平均骨質損失是 18%。
　　　女性肉食者的平均骨質損失是 35%。[153]

不止於此，John Robbins 更進一步指出，飲食中過量攝取動物性
蛋白質的人，發生腎結石、乳癌、直腸癌、胰臟癌等疾病，遠比

---

[150] 張國蓉、涂世玲譯，《新世紀飲食》，頁 156。
[151] 張國蓉、涂世玲譯，《新世紀飲食》，頁 157。
[152] 引自張國蓉、涂世玲譯，《新世紀飲食》，頁 158~159。
[153] 引自張國蓉、涂世玲譯，《新世紀飲食》，頁 195。

素食者來得高。越來越多的跡象顯示,肉食與患癌之間確實是相關聯的。[154]John Robbins 在書中引用了很多醫學上的證據來論述,指出肉食對人體造成的影響,遠比我們所能了解的還可怕。《新世紀飲食》一書,在素食與健康的論點上,可說是非常成功的將歐美現代的素食主義,帶入一個結合健康與環保的領域。

三、佛教齋戒觀、西方素食主義與民間宗教的齋戒 教義

綜合上述對佛教齋戒觀及西方素食主義的分析,將更容易了解中國民間宗教齋戒教義的特徵。佛教的齋戒觀主要是從可否食肉的觀點出發,先是就佛陀所說的「三淨肉」可食作辯護,認為佛所說的三淨肉只是一種漸進式的權說,目的也是為了達到持齋不食肉的結果。因此,在佛典中為了圓說不得食肉,除了以漸制來解釋「三淨肉」的問題外,更將因果輪迴的觀點加進來,與出家修行者必須禁食肉類相結合,尤其如《諸經要集》所言,眾生輪迴五道,同在生死共相生育,遞為父母兄弟姊妹,善道惡道常為眷屬。所以吃肉就有可能吃到自己的親人,此與西方早期希臘的畢達格拉斯學派的素食觀相同,這些觀點都充分被民間宗的教齋戒觀所吸收。

而且佛教齋戒觀的特色,在其綿綿密密的理論闡述,就一個不可食肉,就可以演繹出六十多種的說法,大致上是不脫吃齋修行上,食肉會斷大慈悲種,食肉得無量無邊的罪業,不食肉可得大功德等的觀點。這些齋戒的觀念,大多為民間宗教的齋戒觀所

---

[154] 張國蓉、涂世玲譯,《新世紀飲食》,頁 201~202。

吸收，但民間宗教是比較通俗化，沒有像佛教那樣的綿密，及眾
多艱澀的佛學術語，一些吃肉帶來修行上的種種障礙，如「障十
一因緣」、「障六波羅蜜」、「障金剛三昧」等的艱深觀點，在
民間宗教裡則少有提及。

　　再與西方的素食主義作一個比較，可以發現中國民間宗教的
齋戒教義中，較缺少的是有關素食與環保及素食與健康兩方面的
主張。可以說，中國的齋戒教義多以信仰為目的，主要是將齋戒
與修行相結合，而且視為修行的第一要件。誠如《金幢教文獻》
所言：「初年學佛，最要堅持齋戒，尊重正教。行科學儀，君臣
長上之禮義。」[155]西方早期以畢達格拉斯為主的素食主義，主張
靈魂是輪迴生死的；靈魂有可能輪迴為人及其他的生物，包括鳥
類、爬蟲類、魚類等。所以如果吃這些生物的肉，就有可能吃到
自己祖先或親人的肉。因此，為了免於罪惡及解脫自在，主張禁
食一切有生命的肉類。這類的主張，與在中國的佛教及民間宗教
齋戒教義中，也有不少的論述。例如：《大乘正教科儀寶卷》中
就提到：「食葷之家也有圈豬待人之戮，也有籠雞待人之殺業事。
忙忙日與禽畜雜處，即有道場他也遇不著吃素之人。」[156]意思是
說，食肉者也有可能成為待宰的豬、雞，這是因果輪迴的道理。
另外，在《齋戒述原》一書中，也有類似的說法：「肉字裡面兩
人，細思以人吃人。今世吃他八兩，轉世還他半觔。殺其命者，
臨終受苦，故牢字從牛，獄字從犬，牛犬不戒，牢獄不免。」[157]

---

[155] 《金幢教文獻》，收入《明清民間宗教經卷文獻》第七冊，頁 922。

[156] 《大乘正教科儀寶卷》，收入《明清民間宗教經卷文獻》第六冊，頁
　　　367~368。

[157] 《齋戒述原》，頁 672。

所謂的人吃人，意思就是說經由輪迴生死之後，有可能自己的親人變成畜牲，被宰殺來吃，也有可能是自己因吃肉造下的業，下輩子輪迴成畜牲，吃人多少就還人多少，故說是人吃人。這方面的道理在《輪迴寶傳》一書中，講的最為詳細：

> 前世少你錢十串，貧窮未曾還得明。不想死入幽冥地，發在你家變牛身。連租與人三十載，扯犁拖耙受苦辛。磨得皮穿骨頭濫，過本過利還你身。然何把我來宰殺，千刀萬刮取肝心。我今死入幽冥路，專等仇人把冤伸。殺我一命還一命，吃我一斤還幾斤。斤斤兩兩照簿算，再不饒讓你一分。劉京當時只叫苦，叫我如何還得清。[158]

這是說有人因前世欠人十錢，這世就做牛身來還，而且最後還被宰殺，當成牛肉被人所食，其痛苦難當，所以要來討命。類似這類的觀點在民間宗教中，是不勝枚舉的。

其次是關於素食與愛惜物命方面，也有不少相似的論點。例如，《彌勒佛說地藏十王寶卷》中就清楚的說到：

> 嗟呼！殺生大痛難言，雞逢殺渾身亂抖；犬逢殺眼看主人；豬逢殺高聲大叫；魚逢網飛跳亂攛；鳥逢網飛南轉北；兔逢鷹奔逃山林；牛逢殺眼中流淚；蟬下鍋渾身飛攛，此等眾生，俱是貪生怕死，極苦難逃。[159]

顯然是認為動物被殺時是有極大害怕與痛苦的感受。在《歸原寶

---

[158] 《輪迴寶傳》，頁 908。

[159] 《彌勒佛說地藏十王寶卷》，收入《明清民間宗教經卷文獻》第七冊，頁49。

筏》一書中也說：

> 請思畜物殺時斬之叫苦，悲聲亂跳亂舞想逃生。口叫噯喲
> 饒命，畜物異體同，不過軀殼異形。一死靈魂見閻君，他
> 能訴苦冤稟，十王依律判斷，將人陰德超生。不然等人命
> 歸陰，冤冤相報嚴緊。[160]

也是提到動物被殺時有感受痛苦的情形。另一本《乾坤寶境》書
中也提到：

> 宰殺事莫輕行，若貪口腹妄殺牲，陰間罪重。人與物皆天
> 生，當知萬物一體情，不可害命。畜見殺戰兢兢，不會說
> 話衹哀鳴，哭求饒命。那冤魂把狀升，轉報輪迴不消停，
> 人當悟醒。[161]

類似的說法與西方在中世紀時，爭論著動物被殺時是否有感受痛
苦的能力，正好形成對比。佛教在戒殺方面也有很多的論述，而
與近代的素食主義者所認為的，為了吃肉而殺害動物是不道德的
事，因為這樣是將痛苦加之於動物，可說是有相同的觀點。

　　然而，關於素食與生態保育方面的論點，在中國的民間宗教
齋戒教義中，幾乎是沒有任何相關的論述。這方面自然是因為環
保意識的抬頭，遲至二十世紀以來才有，以前的人是很難有這樣
的觀念。另外是素食與人體健康方面，也幾乎沒有任何的論點，
這兩方面可說是西方近代素食主義的特色，也正是中國民間宗教
素食觀所欠缺的。

---

[160]　《歸原寶筏》，收入《明清民間宗教經卷文獻》第九冊，頁 27。
[161]　《乾坤寶鏡》，收入《明清民間宗教經卷文獻》第十冊，頁 935。

綜合以上的敘述，清代民間的秘密教派常用的經卷中，普遍存在齋戒的教義。但其內涵顯得較為粗俗，缺少深奧的道理作基礎，最多是引用佛教因果報應的觀念來立論。然而，這些有關民間秘密宗教的經卷記載，雖顯得粗俗而缺少創意，但卻是簡單易懂，讀來很容易讓人明白。它是很適合下層的鄉民社會，對齋戒風氣的開展，發揮很大的促進作用。尤其將殺牲吃肉者，說成會下地獄受油鍋之苦，而且以「吃他半斤還八兩」的冤冤相報說法，強調永無止息的冤欠債。這種輪迴果報與齋戒相結合的說法，是民間宗教齋戒教義的一大特色。

其次，為了凸顯殺牲吃肉與持齋戒殺者之間的差異，對於持齋者的好處，也是過度的強調，說成可積一切功德，甚至是「一子喫齋千佛喜，九玄七祖盡超昇。」吃齋的功德之大，實大難以比擬。此外，吃齋不只被認定成是修行的第一步，吃齋更是報答一切恩典的最好辦法，能超拔自己在地獄裡受苦的祖先，也能讓自己超脫輪迴，了卻生死，得成正果。

這些關於民間宗教豐富的齋戒內涵，若和佛教的齋戒觀及西方的素食主義作比較，可更清楚的顯出其特徵為：民間宗教齋戒教義具通俗易懂的特點，且大量引用因果報應的觀念，簡明而有說服力的表達齋戒的必要性。它不同於佛教有縝密的齋戒理論，也缺少深奧的道理作基礎，主要是扣緊修道的信仰目的去開展。民間宗教的《寶卷》或《經籍文獻》，平常是以讀誦的方式，作為修行上的功課，所以這些內容不斷的從讀誦中傳達給信眾，其影響力量必然很大。

第六章

齋戒信仰與清代官方的取締

第一節　清代查禁教門之律例與規定

一、清代歷朝律例之沿革與演變

清代在入關前，皇太極的統治時期，曾於天聰七年（1633）制定〈盛京定例〉，目的是在開國之初，禁止悖亂，防戢盜賊之用。根據《清史稿‧刑法志》記載：

> 清太祖嗣服之初，始定國政，禁悖亂，戢盜賊，法制以立。太宗繼武，于天聰七年，遣國舅阿什達爾漢等往外藩蒙古諸國宣布欽定法令，時所謂〈盛京定例〉是也。嗣復陸續著有治罪條文，然皆因時立制，不盡垂諸久遠。[1]

然而，早在努爾哈赤時代，立法的工作已在定國政的過程中進行。明萬曆四十四年（1616），努爾哈赤建立後金政權，並加緊創制國家制度，推動立法。根據《老滿文原檔》的記載：英明汗「成功地治理征服了國人，制止了暴亂，平定了盜賊，建立起各種法制。」[2]所謂的建立各種法制，主要是指八旗的組織和制度、軍令、圍獵令以及訴訟等方面。到了皇太極統治時期，尤其重視立法的建制，諭令將天聰朝的各種單行法規及諭令，修訂匯編成《崇德會典》[3]，這是關外時期，立法建制的重要里程碑。

---

[1] 《清史稿》卷一四二，〈刑法志一〉，收入《二十五史》第十一冊，頁549。

[2] 廣祿，李學智譯註，《清太祖朝老滿文檔冊》第一冊（荒字檔），乙卯年十二月記載（臺北：中央研究院歷史語言研究所，民 59 年）。

[3] 張晉藩先生近期研究論著一瞥/朱勇主編，《崇德會典戶部則例及其他》

　　等到入關底定後，順治二年（1645）世祖降諭：「修律官參酌滿漢條例，分別輕重等差，匯成一編進覽。」[4]於三年（1646）五月完成，名為《大清律集解附例》[5]，隔年頒行天下，這是清代第一部完整的成文法典。此部律例，主要是因襲明律而來，內容作些增減。清康熙十八年（1679），曾諭令根據「因時制宜」的原則，對當時的律例詳加酌定。由刑部於次年編成《刑部現行則例》。這部則例在後來，被分門并入《大清律例》。

　　雍正初年，世宗鑒於當時律例的弊病，命大學士朱軾等為總裁，以「析異同歸，刪繁就約，輕重有權」為原則進行修律。至雍正五年（1727）頒布《大清律集解》。[6]乾隆皇帝即位後，命三泰等為總裁，重修大清律例。對原有的律例逐條校正，折衷損益，於乾隆五年（1740）完成，定名為《大清律例》[7]。在此之前，清代的律例大多襲用明律，到《大清律例》的頒布，終於有了一部能充分反應清朝統治政策的完整律例。

　　《大清律例》是中國歷史上最後一部法典，可說是集歷代法律之大成，在內容結構上，主要是以《明律》為藍本，共分名例律、吏律、戶律、禮律、兵律、刑律、工律等三十篇，四十七卷，

（北京：法律出版社，2003 年）。

[4]　（清）覺羅勒德洪等奉修，《大清世祖章（順治）皇帝實錄》卷 14（臺北：華聯出版社，民 53 年）。

[5]　（清）沈之奇注、洪弘緒訂，《大清律集解附例》（上海：上海古籍出版社，1997 年）。

[6]　陳哲夫總纂，《中華文明史‧清代前期》第九卷（石家庄：河北教育出版社，1994 年 6 月），頁 80。

[7]　（清）徐本，三泰等奉敕纂；（清）劉統勳等續纂，《大清律例》（臺北：臺灣商務印書館，民 72 年）。

三十門，律文 436 條，附例 1049 條。關於律文方面，自乾隆五年（1740）以後不再修改，而以增加條例彌補律文之不足。這些增修的條例是「自乾隆元年起，刑部奏准三年修例一次，十一年，內閣等衙門議改五年一修。」[8]總計乾隆一朝纂修有八、九次，至乾隆二十六年（1761）增至 1456 條。到同治時期，條例已增至 1892 條。根據《清史稿‧刑法志》的記載，清代在律文與條例在引用上是：

> 清代定例一如宋時之編敕，有例不用律，律既多成虛文，而例遂愈滋繁碎。其間前後牴觸，或律外加重，或因例破律，或一事設一例，或一省一地方專一例，甚且因此例而生彼例。不惟與他部則例參差，即一例分載各門者，亦不無岐異。[9]

這是因為清代廣泛推行「以例斷獄」的結果，才會出現前後牴觸、因例破律等現象。因此，我們在探討清代的法律時，就必須了解清律在這方面的特性，尤其是對條例的研究，應特別加以重視。誠如瞿同祖所言：「研究清代法律必須研究條例，不能僅研究律文，否則不但瞭解不全面，不瞭解其變化，不瞭解法律的具體運用，還會發生錯誤，將早已不用的律文，當成清代的法律來論證。」[10]

---

[8] 《清史稿》卷一四二，〈刑法志一〉，收入《二十五史》第十一冊，頁 550。
[9] 《清史稿》卷一四二，〈刑法志一〉，同上註。
[10] 瞿同祖，〈清律的繼承和變化〉，《歷史研究》第四期（北京：中國社會科學出版社，1980 年 8 月），頁 137。

二、禁止師巫邪術律例的規定

　　就《大清律例》中有關〈禁止師武邪術〉律例來看，清政府對民間宗教結社，不論各種名目都一律在禁止之列，舉凡：

> 師武假降邪神，書符咒水，扶鸞禱聖，自號端公太保師婆
> 及妄稱彌勒佛、白蓮社、明尊教、白雲宗等會，一應左道
> 異端之術。或隱藏圖像，燒香集眾，夜聚曉散，佯修善事，
> 煽惑人民，為首者，絞監候；為從者，各杖一百，流三千
> 里。[11]

這是清初時，根據《明律》所修訂的律例，其後清代歷朝都有所修訂，有關歷次增修〈禁止師武邪術〉時提到禁止的對象，如下表所〈6-1〉示：

〈表6-1〉：清代歷朝〈禁止師巫邪術律例〉之查禁對象

年　　代	〈禁止師巫邪術〉律例修訂禁止對象	備　　　　註
天聰5年 （1631年）	凡巫覡、星士妄言吉凶，蠱惑婦女，誘取財物者。	
崇德7年 （1642年）	凡老少男婦，有為善友惑世誣民者。	「善友」是指聞香教的流支「善友會」。
順治6年 （1649年）	凡僧道巫覡之流，妄行法術，蠱惑愚眾者。	
順治13年 （1656年）	凡左道惑眾，如無為、白蓮、聞香等教名色，起會結黨，迷誘無知小民者。	
順治18年 （1661年）	凡無名巫覡，私自跳神者。	
康熙1年 （1662年）	人有邪病，請巫覡道士醫治者，需稟明都統核准。	

---

[11]　（清）徐本，三泰等奉敕纂；（清）劉統勳等續纂，《大清律例》，〈禁
　　　止師武邪術〉條。

康熙 5 年 （1666 年）	凡邪教惑眾者。	
康熙 7 年 （1668 年）	凡邪教惑眾者。	
康熙 12 年 （1673 年）	凡端公道士，私行跳神醫人者。	
康熙 18 年 （1679 年）	凡迎神進香，鳴鑼擊鼓，肆行無記者。	
康熙 57 年 （1718 年）	各處邪教，令該督撫嚴行禁止。	
雍正 3 年 （1725 年）	邪教惑眾者。	
雍正 7 年 （1729 年）	熟習符咒，不畏刑罰，不敬官長，作奸犯科，惑世誣民者。	
雍正 11 年 （1733 年）	私習羅教為首者。	
雍正 11 年 （1733 年）	凡有姦匪之徒，將各種避刑邪術，私相傳習者。	
乾隆 9 年 （1744 年）	私刻地畝經，及占驗推測妄誕不經之書，售賣圖利，及將舊有書板藏匿，不行銷毀者。	首次明令禁止民間宗教經卷
乾隆 36 年 （1771 年）	凡左道惑眾之人，或燒香集徒，夜聚曉散為從者。及稱為善友，求討布施，至十人以上者。	首次明令禁止燒香聚眾
乾隆 46 年 （1781 年）	各省遇有興立邪教，哄誘愚民事件者。	
嘉慶 6 年 （1801 年）	*各處官吏軍民僧道人等，妄稱諳扶鸞禱聖，書符咒水，或燒香集徒，夜聚曉散，並捏造經咒邪術，傳徒斂錢，一切左道異端，煽惑人民為從者。 *其稱為善友，求討布施至十人以上者。 *或稱曉煉丹藥，出入內外官家，或擅入皇城夤緣作弊，希求進用者。 *並軍民人等寺觀住持，不問來歷，窩藏接引，容留披剃冠簪至十人以上者。	
嘉慶 16 年 （1811 年）	*嚴定西洋人傳教治罪專條一摺，西洋人素奉天主，其本國之人自行傳習，原可置之不	首次明令禁止西洋人至中國傳播天主

問，若誆惑內地民人，甚或私立神甫等項名號，蔓延各省實屬大干法紀。 *西洋人有私自刊刻經卷，倡立講會，蠱惑多人，及旗民人等，向西洋人轉為傳習，並私立名號，煽惑及眾，確有實據者。	教。
嘉慶 18 年 （1813 年）	*白陽教即係白蓮教及八卦教之別名，最為足害者。 *紅陽教即各項教會名目，並無傳習咒語，但供有飄高老祖及拜師授徒者。 *若訊明實止茹素燒香，諷念佛經，止圖邀福，並未拜師傳徒，亦不知邪教名目者，方予免議。	首次提到茹素燒香者的處置。
嘉慶 21 年 （1816 年）	倡立邪教惑眾騙錢者。	
嘉慶 21 年 （1816 年）	湖北省傳習牛八邪教案犯者。	
嘉慶 24 年 （1819 年）	各項邪教案內者。	
道光 1 年 （1821 年）	邪教案內應行發遣人犯，留於本境枷示者。	
道光 12 年 （1832 年）	離卦教教首尹老須，自稱南陽佛，創立朝考等場，黑風等劫名目，神奇其說，煽惑至數千人之多，勾結至三省之遠，狂悖已極。	
咸豐 10 年 （1860 年）	凡奉天主教之人，其會同禮拜誦經等事概聽其便，皆免查禁。所有從前或刻或寫奉禁天主教各明文，概行刪除。	解除為天主教的禁令

資料來源：《欽定大清會典事例》[12]卷六一〇；《欽定大清會典事例》卷七六六；《讀例存疑重刊本》[13]

由上〈表 6-1〉中可以了解，清代查禁師巫邪術的律例中，有那

---

[12]　（清）托津等奉敕纂，《欽定大清會典事例》（嘉慶朝）（臺北市：成文出版社，民 80 年）。

[13]　薛允升著述；黃靜嘉編校，《讀例存疑重刊本》（臺北市：成文出版社，1970 年）。

些對象是包括在內。主要有巫覡、星士、善友、左道惑眾者、跳
神者、以巫術治病者、邪教、端公道士、迎神進香、熟習符咒者、
避行邪術者、刻刊占驗推測妄誕不經之書者、燒香集徒者、興立
邪教者、扶鸞禱聖書符咒水者、燒煉丹藥出入內外官家者、西洋
傳教士等。另外提到禁止的民間宗教有：無為教、白蓮教、聞香
教、羅教、白陽教、八卦教、紅陽教、牛八教、離卦教等及各項
邪教。其次，關於〈禁止師巫邪術律例〉之治罪內容，整理如下
〈表 6-2〉

〈表 6-2〉：清代歷朝〈禁止師巫邪術律例〉之治罪內容

年　　代	〈禁止師巫邪術〉律例之治罪內容	備註
天聰 5 年 （1631 年）	蠱惑婦女，誘取財物者，**必殺無赦**。	
崇德 7 年 （1642 年）	有為善友惑世誣民者，**必殺無赦**。	
順治 6 年 （1649 年）	妄行法術，蠱惑愚眾者，**治以重罪**。	
順治 13 年 （1656 年）	無為、白蓮、聞香等教名色，**加等治罪**。	
順治 18 年 （1661 年）	巫覡跳神者，**杖一百**，因而致人於死者處死。	
康熙 1 年 （1662 年）	巫覡道士未經請示即替人醫病者，**予以正法**，請治之人亦治以罪。	
康熙 5 年 （1666 年）	凡邪教惑眾，所屬官員未查辦者，**在內該管官每案罰俸三月，在外州縣官降二級調用，督撫罰俸一年**。	
康熙 7 年 （1668 年）	凡邪教惑眾者，**照例一併治罪**。	
康熙 12 年 （1673 年）	端公道士跳神醫人者，**免死，杖一百**。跳神醫治，致人於死者，**照鬥毆殺人律擬罪**。	
康熙 18 年 （1679 年）	凡迎神進香，鳴鑼擊鼓，肆行無記。為首者擬絞監候，秋後處決。為從之人，枷號三月，係旗下，鞭一百，係民責四十板，俱不准折贖。	

康熙 57 年 （1718 年）	各處邪教，若地方官不行嚴查，**將地方官及該督撫一併嚴行查議。**	
雍正 3 年 （1725 年）	邪教惑眾，照律治罪。	
雍正 7 年 （1729 年）	熟習符咒，不畏刑罰，不敬官長，作奸犯科，惑世誣民者。照光棍例為首者立斬，為從者概擬絞監候，秋後處決。	
雍正 11 年 （1733 年）	私習羅教為首者，擬絞監候。不行查報之鄰佑總甲人等，均照律名笞四十，其不行嚴查之地方官交部議處。	
雍正 11 年 （1733 年）	*將各種避刑邪術，私相傳習者。為首者擬絞監候，為從者杖一百流三千里。 *本犯以邪術架刑者，罪加二等，罪止杖一百流三千里。 *本犯雇人作法架刑者，亦照邪術架刑例治罪，並究出代為架刑之人，照詐教誘人犯法與犯人同罪律至死減一等。 *保甲鄰里知而容隱不首者，照律笞四十，地方官不行查拏者，照例議處。	
乾隆 9 年 （1744 年）	私刻地畝經，及占驗推測妄誕不經之書者，照違制律治罪。	
乾隆 36 年 （1771 年）	左道惑眾，燒香集徒，夜聚曉散為從者。稱善友，求討布施，至十人以上者。軍民人等，窩藏接引，或寺觀住持容留，若審實探聽軍情，**以姦細論。**	
乾隆 46 年 （1781 年）	*各省遇有興立邪教，哄誘愚民事件者。**按核情罪輕重，分別辦理。** *除有化大為小曲法輕縱別情，嚴參懲治外，**即罪止枷責，案無出入，亦為照諱竊例，從重加等議處。**	
嘉慶 6 年 （1801 年）	*妄稱諳扶鸞禱聖，書符咒水，燒香集徒，夜聚曉散，捏造經咒邪術，傳徒斂錢，一切左道異端，煽惑人民為從者。**發往回城，給大小伯克及力能管束之回子為奴。** *稱善友，求討布施至十人以上者。或稱曉煉丹藥，出入內外官家，或擅入皇城夤緣作弊，希求進用者。並軍民人等寺觀住持，不問來歷，窩藏接引，容留披剃冠簪至十人以上者。發近邊充軍，若不及十人，各照**違制律治罪。**	
嘉慶 16 年	*西洋人有私自刊刻經卷，倡立講會，蠱惑多人，及旗	

（1811 年）	民人等，向西洋人轉為傳習，並私立名號，煽惑及眾，確有實據。為首者，竟當訂為絞決，其傳教人數不多亦無名號者，著定為絞候。其只聽從入教不知悛改者，著發往黑龍江給索倫達呼爾為奴，旗人銷去旗檔。	
嘉慶 16 年（1811 年）	*西洋人如有妄不邪言，持咒蠱惑誘污婦女，並誆取病人目睛等情，仍臨時酌量，各從其重者論。 *被誘入教之人，如能悔悟，赴官首明出教者，概免治罪，若被獲到官始行悔悟者，於遣罪上減一等，杖一百徒三年，儻始終執迷不悟，照例發遣，並嚴禁西洋人不許在內地置買產業。	
嘉慶 18 年（1813 年）	*白陽教即係白蓮教及八卦教之別名，最為足害。為首者擬絞監候，為從，發新疆給額魯特為奴。 *紅陽教即各項教會名目，並無傳習咒語，但供有飄高老祖及拜師授徒者。發往烏魯木齊分別旗民當差為奴，其雖未傳徒，或曾供奉飄高老祖及收藏經卷者，發邊遠充軍。 *至坐功運氣，雖非邪教，亦比照故自傷殘律杖八十。 *若訊明實止茹素燒香，諷念佛經，止圖邀福，並未拜師傳徒，亦不知邪教名目者，方予免議。	
嘉慶 21 年（1816 年）	倡立邪教惑眾騙錢者。案內應行發遣之犯，酌留一二名，於該省犯事地方永遠枷號示眾。	
嘉慶 24 年（1819 年）	各項邪教案內者。應行發遣回城人犯有情節較重者，發往配所永遠號枷。	
道光 1 年（1821 年）	邪教案內應行發遣人犯，原留於本境枷示者，改發往配所，永遠枷號。	
道光 12 年（1832 年）	離卦教教首尹老須，著即凌遲處死，仍傳首犯事地方，以昭炯戒。	
咸豐 10 年（1860 年）	凡奉天主教之人，其會同禮拜誦經等事概聽其便，皆免查禁。所有從前或刻或寫奉禁天主教各明文，概行刪除。	

資料來源：《欽定大清會典事例》卷六一○；《欽定大清會典事例》卷七六六；《讀例存疑重刊本》

由上表〈6-2〉可以看出，民間宗教各教派的教首，一律處以擬絞監候的重刑。其他的從犯，大多是發配邊疆為奴，也有採永遠枷

號示眾的。但在道光元年，即全改以發配邊疆為奴。另外，值得
注意的是對失職官員的懲處，也特別的嚴厲。凡是失查不報者，
或是處置不當者，皆要受到很重的連坐懲處。在對西洋傳教士的
治罪，嘉慶朝時定的頗為嚴格，但在咸豐十年（1860 年）即行廢
止。

　　至於規範到吃齋念經拜佛的問題，可以說很少明確的提及。
一直到清嘉慶十八年（1813）間，因民間秘密宗教勃興，清政府
對此感到有必要從嚴處理，所以另修訂相關治罪條例時，有定訂
「若訊明實止茹素燒香，諷念佛經，止圖邀福，並未拜師傳徒，
亦不知邪教名目者，方予免議。」[14]這項規定對吃齋者的界定，
若純粹只是民間個人的吃齋行為，是清政府所許可的。但如果牽
涉到集體多人一起作會吃齋，就會被嚴格禁止。自清初以來，有
許多民間宗教的吃齋教團被清政府嚴厲的取締，大致上應是被認
定為非個人式的吃齋修持，而是牽涉到集體方式的秘密教團型
態，這方面就是清政府最忌諱的部份。

第二節　清廷對吃齋教團的取締

　　根據清代官方檔案的記錄，清朝全期登記有案的民間宗教教
派，至少有近二〇〇種之多。就官方主要的取締案件來看，其中
屬吃齋的教團，估計也有近 75%（見本文第四章）。因此，以下
僅就官方對吃齋信教者的取締來分析：

---

[14]　王信貴，《清代後期官方對民間秘密宗教之政策》，國立臺灣師範大學歷
　　　史學研究所碩士論文，民國 87 年 1 月，頁 166。

一、官方對吃齋信教者的取締

（一）乾隆朝的取締

如上所述，可以看出清政府自乾隆朝以後，對民間吃齋者的取締有愈來愈嚴格的趨勢。有時連一般非出家人，只要是吃齋，官方就認為可能與邪教有關。例如，乾隆十四年（1749）間，唐綏祖的奏摺就說：「嚴飭地方官留心查訪，凡有一切吃齋，以禮佛為名，形跡可疑之人，密加訪察，立即密拏，嚴拏究訊。」[15] 這樣的政策與雍正朝的處理態度，顯然有所不同。二十多年前的雍正二年（1724）間，直隸巡撫李維鈞，對於修行持齋起會的順天教會首劉言基，只是令他及其兒子，「各知悔悟，情願開齋散教，改邪歸正，似可從寬，分別枷責，開其自新之路。」[16]這是很寬鬆的處理方式，只要悔改開齋即可獲釋。五年後的雍正七年（1729），再度查獲大批的大成教及三乘教徒，總計有：「王耀聖等壹百貳拾參人，又僧人海照等陸拾捌名，繳送經卷肆拾壹部。到臣各府咸稱查出之人，在城者習手藝，在鄉者務耕作，止在家喫素修行，又名大成教、三乘教，並無匪為。」[17]這麼一大批的吃齋教團，也難怪江西巡撫謝旻的奏摺，僅能以「並無匪為」予以從寬處理，而一向以嚴厲著稱的雍正帝也同意，僅批示「是」一字。至於雍正朝對這些吃齋教團的處理原則是如何，似乎可以

---

[15] 《軍機處檔・月摺包》第 004045 號（臺北：國立故宮博物院），乾隆十四年二月二十六日，唐綏祖奏摺。

[16] 《宮中檔雍正朝奏摺》第二輯（臺北：國立故宮博物院，民國 66 年 12 月），頁 740。雍正二年六月十二日，直隸巡撫李維鈞奏摺。

[17] 雍正朝漢文硃批奏摺彙編》第十三冊，（蘇州：江蘇古籍出版社，1991 年）頁 447。雍正七年十二月六日，江西巡撫謝旻奏摺。

由江西巡撫常安的一份奏摺中，看出當時清政府的態度：

> 喫齋誦經，集眾作會之舉，各郡邑俱有此等人。始則勸人
> 行善，或云報答天地之德，或云報答父母之恩，以致無知
> 村愚，不論老幼男女，靡然傾信。繼而相集人眾，遂有不
> 法之徒於中取利，久而因眾生心，輒謀不軌。[18]

可以看出，官方在意的不是這些吃齋教團，而是害怕會有人利用
這些吃齋教團，來從中謀利或是圖謀不軌。所以，如果只是單純
的吃齋修行，勸人為善，這是比較可以放心的。

　　會造成乾隆帝對民間教團吃齋者採取嚴厲的取締措施，與發
生在乾隆十三年（1748 年）的老官齋教起事有關。如上所述，老
官齋教徒起事後，清政府不只是給予嚴厲的鎮壓，而且對境內所
有吃齋的人，也開始查拿，以致引起村民的不安。喀爾吉善的奏
摺就說：

> 凡係吃齋之人，不問同行與否，亦有一概擒解者。各村素
> 日吃齋愚民人人自危，群思奔避遠方。臣以逆犯罪在必
> 誅，齋眾法難遍及，實未知情同行，而但係吃齋之人一概
> 拿禁，不特附近各村民心惶惑無措，即鄰近群邑，聞風驚
> 疑，實非安全之道。是以於二次摺內奏明，吃齋會眾概緩
> 查拿，並令道府將所獲人犯內，實係僅止吃齋及脅勒同行
> 之鄉民，質訊明白即行取保安插，以安反側。[19]

---

[18] 《雍正朝漢文硃批奏摺彙編》第二十六冊，（蘇州：江蘇古籍出版社，1991
　　年）頁 919。雍正十二年九月一日，江西巡撫常安奏摺。

[19] 《史料旬刊》第二十七期，頁天 971，乾隆十三年三月十四日，福州將軍

由上述這段奏摺可以看出，當時地方或有不少的吃齋人。老官齋起事後，清政府大力追捕各地教徒，由於老官齋是以吃齋為特徵，清政府對地方的吃齋人當然不會放過，只是這樣將吃齋人一概逮捕的作法，引起地方相當大的恐荒，清政府乃不得不有所調整，如僅止吃齋及脅勒同行之鄉民，質訊明白即行取保放人。不過，雖然是如此，但此後官方對各地方的吃齋之人，皆是嚴密訪察，不輕易放過一個可疑者。隔年（乾隆十四年）唐祖餤的奏摺就說：「嚴飭地方官留心查訪，凡有一切吃齋，以禮佛為名，形跡可疑之人，密加訪察，立即密拏，嚴拏究訊。」[20]可見清政府是如何小心翼翼的對待這些吃齋的人。

同年（乾隆十四年）七月間，閩浙總督吉爾吉善的奏摺，對吃齋者的處置又更加的嚴格了：「閩省有齋犯五十餘名，現在已獲二十一名。其寧化齋犯業經勒令開葷還俗，齋堂盡行拆毀。-------若鄉曲小民，持齋拜佛，念經禮懺，所在有之。------凡屬持齋之人，悉令開葷，經堂悉令拆毀。」[21]這時，清政府對吃齋者採取更嚴厲措施，凡持齋之人，悉令開葷；聚會用的齋堂，一經查獲，一律拆毀。四年後的乾隆十八年（1753），浙江巡撫雅爾哈善為鼓勵境內的羅教徒出來投案，特別說：「如入會男婦，僅止念佛吃齋，並無別故，並自行投首者，取具的保詳請發落。」[22]

新柱奏摺。

[20] 《軍機處檔·月摺包》第 004045 號，（臺北：國立故宮博物院），乾隆十四年二月二十六日，唐綏祖奏摺。

[21] 《軍機處檔·月摺包》第 004550 號，（臺北：國立故宮博物院），乾隆十四年七月十四日，閩浙總督喀爾吉善奏摺。

[22] 《史料旬刊》第二十四期，頁天 862，乾隆十八年七月十九日，浙江巡撫

　　乾隆二十八年（1763），官方對民間宗教吃齋者的處置，似乎又更為嚴厲了。之前是僅係吃齋之人，可以具保放人，現在是要再加上一些刑罰，根據兆惠的奏摺，對境內查獲的黃天道教徒施一貴等人，若「無藏有經卷字跡，但平素俱曾喫齋，且與王進賢往來，又李文忠供出之劉才、李德福亦俱曾喫齋，應各照違制律杖一百，於本地方枷號一個月示眾，滿日折責發落。」[23]

　　只因曾經吃齋，就要被杖一百，於本地方枷號一個月示眾，等刑滿還要折責發落，可見其嚴厲。然而，這樣對吃齋者的刑罰，是不必輾轉株連。同年（乾隆二十八年），浙江巡撫熊學鵬的奏摺就說：「如訊明止係喫齋誦經，並無斂錢傳播等事，即分別予以懲創，照例完結，不必輾轉株連。」[24]

　　此後，清政府似乎得出一個作法，凡是民間非出家人卻吃齋念經者，一經發現立即查報，因為通常都是與民間秘密宗教有密切的關係。乾隆三十四年（1769），江蘇巡撫兼兩江總督彰寶，就依此方法查訪江蘇一帶的地方民情，結果查獲了大乘教、無為教及龍華教等民間宗教。彰寶的奏摺說：

> 江蘇民俗每以茹素誦經為名，開堂設教，煽惑愚民，輾轉傳授，蔓延無已，最為閭閻之害。臣於上年秋間，訪獲蘇城各經堂，崇奉大乘、無為邪教，又於常鎮地方，訪有舊時龍華教遺孽，當將各教流傳經卷邪書，及入教人犯悉數

雅爾哈善奏摺。

[23]　《宮中檔乾隆朝奏摺》第十八輯（民國七十二年十月），頁 457，乾隆二十八年四月十四日，兆惠等奏摺。

[24]　《宮中檔乾隆朝奏摺》第十八輯（民國七十二年十月），頁 543，乾隆二十八年七月二十二日，浙江巡撫熊學鵬奏摺。

搜拏，嚴行究審。[25]

非出家人茹素誦經，成了官方查訪的主要對象。同年（乾隆三十四年）的三月十九日，浙江巡撫覺羅永德，也依此方法在嘉興府的秀水、嘉興二縣：「查獲郡城彌陀菴之于文益，及在家奉教之王懷德等，均係持齋拜懺之人。」[26]結果永德所查獲的彌陀菴是長生教所屬的齋堂。這樣的查訪工作在河南省也有，乾隆三十六年（1771）間，安徽巡撫裴宗錫的奏摺就說：

> 查有保內民人卓分、顧尚友，每日念佛吃齋，恐其結會滋事，赴縣具拿。隨拘提二犯到案，究出本年一月內，有陽在成之兄陽在天，與河南桐柏縣民張成功，同到卓分家言談。以今年人口多災，勸令結錢做醮，并教令吃齋禮佛，念誦天元太保十字經。[27]

由於發現有民人吃齋念佛，官方就認為有問題，恐其結會滋事，逕予查拿。如此的作法可以了解，清政府對待民間吃齋者的心態是非常嚴謹的，凡吃齋的民人就先予查拿審理。果然，審理的結果是一個秘密教派「收元榮華會」。[28]隔年（乾隆三十七年）兩江總督高晉的奏摺中，對於吃齋者的審理，是就供出的其他吃齋

---

[25] 《宮中檔乾隆朝奏摺》第三十三輯（民國七十四年一月），頁167，乾隆三十四年元月二十二日，江蘇巡撫彰寶奏摺。

[26] 《史料旬刊》第十五期，頁天528，乾隆三十四年三月十九日，浙江巡撫覺羅永德奏摺。

[27] 《軍機處檔·月摺包》第014121號（臺北：國立故宮博物院）。乾隆三十六年五月二十八日，安徽巡撫裴宗錫奏摺。

[28] 《軍機處檔·月摺包》第014121號，同上註。

人，則一律予以逮捕。高晉說：

> 據龔丕瑞供出喫素之龔秀坤、倪廷相、施長發、何二、曹
> 耀祖等，當即按名查拏，一面搜查各犯家內，于龔秀坤家
> 起出達摩指迷一本，懺訣一本，亦係邪教書籍。[29]

按這種情形來看，清政府已將是否吃齋列為是否逮捕取締的依
據。一但發現有吃齋人，如果不是出家人，而是一般的平民，官
方即會作查訪，甚至予以逮捕審訊。因此，吃齋與否就成了很重
要的判別依據，乾隆四十六年（1781）間，湖廣總督舒常就奏說：
「有鄰人李元經同陳姓，至家將經像討去，伊與幼孫周谷瑞並不
吃齋，從未念經。」會特別說有無吃齋，應是與官方將此作為判
別標準有關。舒常又說：

> 據供乾隆二十五、六年間，有外甥陳佑相，至家問知周圓
> 如身故，遺有經像託伊向劉氏取往應城是實。該府縣隨於
> 各家搜查，俱無經像，查訊地鄰該村，亦無吃齋入教之人。
> [30]

一有什麼事件發生，只要是關於民間宗教的案例，通常都要這樣
作，會立即就相關地域的各家作搜查，而搜查的目標就是看看有
無吃齋之人。一直到乾隆五十二年（1787），山西巡撫勒保奏說：
「直隸督臣劉峩峹開據蠡縣查獲該縣民人董敏，與完縣民人郭林

---

[29]　《軍機處檔‧月摺包》第 017973 號（臺北：國立故宮博物院），乾隆三
　　　十七年八月二十九日，高晉等奏摺。

[30]　《軍機處檔‧月摺包》第 032024 號（臺北：國立故宮博物院），乾隆四
　　　十六年九月八日，湖廣總督舒常奏摺。

等,有持齋念經等事,並於家內取出勸善歌單。」[31]這是對境內收元教的查訪,查的重點還是在有無持齋念經者。

(二)嘉慶朝的取締

到嘉慶朝時,對吃齋入教者的取締,基本上是沿襲乾隆帝的作法。在取締吃齋者的作法上,除要求具保加結,保證不再吃齋信教外,還要當面令其開葷為憑據。嘉慶十九年(1814),山西巡撫衡齡的奏摺即是:

> 查此案內,僅只聽從吃齋,給予齋供錢文,并未習教之男婦人等,為數不少。------據鳳臺縣民人孟官震等,陽城縣民人常有瑞等僉稱:被愚弄求福,曾經吃齋,實未習教,自聞王紹英、孟爾聰等犯案後,均知悔悟,改悔食葷,不敢再蹈前轍,自罹重罪等語。該縣等恐系捏飭,復當面與以葷腥之物,共相取食,目擊情形,實系一律改悔,并飭造改悔男婦冊,取具鄉地甘結,由縣加結,呈送前來。[32]

這是查獲清茶門紅陽教的處理情形。事實上,吃齋拜供之人,各地多有人在,清政府的取締也只能就是否傳教、斂錢、收徒等項來認定。如果只是單純的吃齋念經,只要責令開葷,具結保證不再重蹈即可。然而,嘉慶朝在作法上,依然是很在意地方上吃齋的非出家人。同樣的,一經發現即予以逮捕審訊,絲毫沒有放鬆。

---

[31] 《宮中檔乾隆朝奏摺》 第六十輯(民國七十六年四月),頁 463,乾隆五十二年二月三十日,山西巡撫勒保奏摺。

[32] 故宮博物院明清檔案部編,《清代檔案史料叢編》第三輯(北京:中華書局,1979 年 11 月),頁 5-6。嘉慶十九年閏二月十八日,山西巡撫衡齡奏摺。

嘉慶二十年（1815），兩江總督百齡的奏摺就說：「阜陽河徑山地方有名李珠之人，素日喫齋形跡可疑，該府等即會同潁州營遊擊王慶元，選帶兵役星馳前往查拏。」[33]這只是一個平日吃齋的人，清政府就認為形跡可疑，而予以查拿審理。同年（嘉慶二十年），在江西省鄱陽縣一帶，也有同樣的情況，官方查訪到吃齋之人。據江西巡撫阮元的奏摺說：

> 據署鄱陽縣知縣王泉之具稟，奉飭查拏齋匪，訪得東門外有喫齋念經之人，會營拏獲虞彩、鍾秀行等二起，起獲經本等項，訊係普字派名傳習步數，并追獲虞彩供出傳徒之鄒漢興一併解省審辦等情。[34]

所查獲的是江西大乘教徒，主要是因為有吃齋念經的行為，官方即予以查拿審訊。另外，在直隸、江蘇、湖北等地，也都有類似的查拿吃齋者的行動。湖廣總督馬慧裕的奏摺說：「拏獲省城喫齋誦經民人樊萬等，供有直隸灤州人王姓，三年來楚一次勸令吃齋，名清淨門。」[35]江蘇巡撫張師誠的奏摺則說：

> 教名清茶會，又名清淨門，供奉觀音，吃齋禮拜。王殿魁來時，送給盤費銀錢。吳長庚向開棕屜店，曾令店徒葛有

---

[33] 《宮中檔嘉慶朝奏摺》第二十三輯（臺北：國立故宮博物院，民國八十三年）頁38，嘉慶二十年七月五日，兩江總督百齡等奏摺。

[34] 《宮中檔嘉慶朝奏摺》第二十三輯（臺北：國立故宮博物院，民國八十三年）頁525，嘉慶二十年八月六日，江西巡撫阮元奏摺。

[35] 中國第一歷史檔案館編，《嘉慶道光兩朝上諭檔》第二十輯（廣西師範大學出版，2000年11月），頁562。嘉慶二十年十月二十七日，馬慧裕等奏報。

> 玉吃齋。張國智供詞同吃齋拜佛，并不拜王殿魁為師。其
> 陳李氏，常泳順與萬有玉，均曾經吃齋。查驗佛像經卷，
> 尚無違悖字樣。[36]

可以看出，嘉慶一朝的作法，並不亞於乾隆朝，甚至對曾經吃齋
的人，也不會放過，一一查驗審理。由於官方的不斷查訪，百姓
自然了解事態的嚴重性，有些吃齋信教者，不敢公開自己是吃
齋，更有的是自家人相互勸說，不要吃齋。嘉慶二十一年（1816），
湖廣總督馬慧裕在直隸查獲了清茶門教，根據教徒丁志宣的供詞
說：

> 去年夏間，丁祖銀寄信來，叫小的（丁志宣）到他家，又
> 遇見直隸王姓同張純幗都在他家，他留小的吃了飯，就各
> 自回來。次日又遇見丁祖銀，小的向他勸說你們若不開
> 齋，我就要具呈首告，將來鬧出事，怕連累我。他們不聽，
> 小的就做了呈稿，想要出首，又恐受累，尚未敢呈遞。現
> 有天門縣官起出呈稿可據。小的實只拜張純幗為師，習清
> 茶門教，并未拜王姓為師，後已開齋改悔。[37]

可見，當時民人也知道，不能隨便吃齋的。出了問題還要受到連
坐，所以丁志宣說是好心勸丁祖銀開齋，實是因為怕出事所致。

---

[36] 故宮博物院明清檔案部編，《清代檔案史料叢編》第三輯，頁 23~24。嘉
慶二十年十二月初十日，江蘇巡撫張師誠奏摺。

[37] 故宮博物院明清檔案部編，《清代檔案史料叢編》第三輯，頁 90，嘉慶
二十一年六月，湖廣總督馬慧裕奏摺。

（三）道光朝的取締

　　乾嘉時期對民間吃齋者取締的政策，到了道光年間，基本上也沒有多大的改變。發生於道光十二年（1832），直隸大興縣張字營村的李自榮紅陽教案，事後官方即對大興縣進行全面的查訪，吃齋者就成了主要查訪的對象。地方上凡是有吃齋的人，一律詳加究審。當時有李二、賈青雲及西紅門村茶棚庵僧常修等人，素常喫齋。於是有傅添柟假意卻拜師李二，想探知李二是否習教，未經李二的允許。後來傅添柟因發現賈青雲家中有二本藥王經，就去密告李二等人是紅陽教徒，官方逮捕了李二等人，李二的口供說：「伊因病吃齋，並未習教。」[38]經查也確無習教情形。可知清政府在道光年間，對民間吃齋者，還是深有戒心，如果非出家人吃齋，一定會詳細查明是否傳習邪教。比較特別的是在道光二十五年（1845）間，流行於雲南的青蓮教，吸引不少的婦人入教吃齋。對此，清政府如何處理入教吃信齋的婦女，值得關注。據雲貴總督吳其濬的奏說說：

> 據供各因許愿喫齋念佛，街鄰婦女漸相聯結，因名為清淨道，每逢會期，俱來禮拜，各出錢數十文不等。並無不法等事，查該犯婦等，如果僅止念經喫素，何必定期會聚，且容男女往來，當即按起各犯婦等。[39]

這是青蓮教傳入雲南後，婦女入教吃齋，並聯合起來集體吃齋拜供，名為「清靜道」。雖只是念經喫素，並無不法，但清政府還

---

[38] 《上諭檔》（方本），道光 12 年 2 月 30 日，頁 332~333。
[39] 《道光朝宮中檔》第十四輯，頁 180。道光二十五年四月十九日，兼護雲貴總督雲南巡撫吳其濬奏摺。

是將她們逮捕審訊。

二、對吃齋信教者的懲治

就上述有關羅教、大乘教、無為教、江南齋教、老官齋教、青蓮教、紅陽教、清淨道等信徒，因在地方上辦供作會吃齋，吸收信眾，為官方所取締查獲，主要人員被治罪的情形，列表如下：

〈表 6-3〉齋戒信教者的懲治

姓　名	年　代	教　派	主　要　活　動	懲　治　情　形	資　料　出　處
潘玉衡	雍正13年	羅教三乘會綵粑教	家裡設佛堂，辦供念經吃齋，傳授法名收教徒	當堂立即杖斃，以正風俗	《史料旬刊》頁202
夏公祥			持齋念經，預製道衣道巾，時往潘玉衡家念經	發回合肥縣枷號一個月，滿日重責三十板	
夏玉三王之惠			持齋念經，常至潘玉衡家附和念經	發回合肥縣枷號一個月，滿日重責三十板	
劉天相胡宗仁等九名			聽從夏公旭之言相率持齋，然皆未入教念經，且久改悔。	均予免究，但責令該地方官嚴行管束，諄切化導，令其遷善改惡，予以自新，取具遵依，再犯從重治罪。	
朱光輝曹天章王世洪劉天元丁天佑繆世選仲壽成程　玉	乾隆33年	羅教	主守庵堂的庵主，平日吃齋念經，收藏經卷，並於水手回空酬神之日，率同念經禮拜。	均照為從律，杖一百流三千里。朱光輝、曹天章、王世洪三犯看守老庵，劉天元一犯，羅經之外兼有羅像，情節較重，	《史料旬刊》頁219~220

周成瓏				應發往烏魯木齊等處給披甲人為奴。內有六十歲以上者，照例改發雲貴兩廣充軍。	
陳起鳳韓德山虞成并等十八名			看守庵堂的庵主，平日信教吃齋，並未收藏經卷及傳徒。	均照為從，流罪減一等，杖一百徒三年以上。	
林士富			吃素念經，寓滾盤珠庵，未皈依羅教，所念經卷為心經，並非羅經	應照違制例，杖一百	
陶盛翁明山等十五名			漕船水手，未入教亦未吃素念經，僅在庵堂寓歇	各照不應重律，杖八十折責三十板	
朱文顯僧性海	乾隆33年	羅教無為教	江蘇無為教首，掌管經堂，吃齋念經傳徒	依為首律擬絞監候	《史料旬刊》頁282
陳文高姜漢如等八名			經堂堂主，奉教吃齋念經	均合依為從律，各杖一百流三千里。年在六十以上者，改發烏魯木齊，給披甲人為奴	
王志興等三十一名			入教吃齋，尚未轉相傳徒	應照為從再減一等，各杖一百徒三百。	
王文元等四十三名			暫住經堂，未吃素入教	杖八十，折責發落。	
陸添餘	乾隆34年	長生教	喫齋念經奉長	依為首者絞律。	《史料旬刊》

			生教,糾約入教男婦作會吃齋,並化緣重建西安齋堂。		頁283
陸貞三			西安齋堂主,崇奉並收藏經像,款待上祖墳禮拜之人。	發烏魯木齊等地給種地兵丁為奴。	
嚴文標等五名			住堂奉教入會,吃齋念經。	杖一百流三千里	
張子祥等三人			入教吃齋念經,但不住堂	杖一百徒三年	
張生培	乾隆34年	紅陽教龍天會	吃齋拜佛,在家擺說佛堂,每年四季擺供念經,招人入會吃齋	依為首者絞監候	《史料旬刊》頁309
張二等四名			奉教入會,吃齋念經	為從杖一替流三千里	
桑文之包義宗			負責作會念經	發烏魯木齊給披甲人為奴	
吳成順等五名			加入桑文之作會念經吃齋	杖一百徒三年	
王紹英等四名	嘉慶19年	清茶門紅陽教	吃齋行教傳徒,每日向太陽供水一杯,磕頭三次	發烏魯木齊為奴,仍照例刺字	《清代檔案史料叢編》頁4-5
王延氏成萬鈞等九名			入教吃齋,但未傳徒	各杖一百,徒三年,至配所折責四十板。婦人照例收贖。	
王軒蘭等四名			雖曾拜師,但僅只聽從吃齋,未傳徒斂錢	杖九十,徒二年半。	
張致讓	道光25年	青蓮教	拜彭依法為師,傳習青蓮	依為首者擬絞立決	《宮中檔道光朝奏摺》道光

			教，茹素念經，念不經咒語，領授松木劍傳徒。		25 年 9 月 30 日
楊作錦等七名			拜師傳習青蓮教，齋戒念經，默叩無生老母，轉傳有徒。	發烏魯木齊為奴，仍照例刺字	
李廣華等十名			拜師習教，叩敬無生老母，收有經卷，但未傳徒	發邊遠充軍	
胡正元			僅拜師習教吃齋，未藏經傳徒	杖一百，流三千里	
范貽福等三十名			僅拜師習教，並無叩敬無生老母，及收受經卷	杖一百，徒三年	

　　由上表不難看出，清政府在懲處這些吃齋教團時，大致可分成三種類型。一是主要的教首，或是持齋誦經、傳教授徒者，這兩類人的判刑最重，不是絞決，就是流徒千里為奴。其次是僅止入教吃齋念經，並未傳徒者，多判為杖、徒之刑。其三，若僅是持齋念經，並未入教者，則可給予具結自新，再犯則從重量刑。

第三節　從清末華山教案來談吃齋問題

　　清末，根據福建天主教會所編印的《閩省會報》記載說：江西、福建交界的幾個府縣，約有齋教徒一百多萬人。[40]如此說法也許太過誇大，但已足以說明福建一帶，民間信奉齋教的人必然

---

[40]　福森科，《瓜分中國的鬥爭和美國的門戶開放政策》，頁 91~92。引自連立昌，《福建秘密社會》（福州：福建人民出版社，1989 年 2 月），頁99。

不少。當基督教會向中國內地廣為傳播之際，地方上的齋教徒與
教會、教民之間，確曾產生出某種緊張的關係，這之間的緊張與
衝突，所顯示的意義與影響為何？

清光緒二十一年（1895），位於福建省古田縣南鄉七都的華
山，一個外來傳教教士多在此構屋，以為避暑的地方[41]，發生了
震驚中外的重大教案。有十一位洋人被殺，受傷五人，其中多為
英國傳教士，也有一位美國人。此一事件值得注意的是：

1.發動者是明清以來流行於江南一帶，最大的民間秘密教
派—齋教。江南齋教自清雍正、乾隆以來，經常發生教案，一般
通稱為「齋匪」。這些官方有記載的教案，皆是清政府對齋教的
鎮壓。而這次的「華山教案」，卻是齋教與外來傳教士之間的衝
突，清政府如何處理這樣的教案，值得注意。

2.江南齋教一直是流行於廣大民間的秘密教派，此次會公然
與英國傳教士起衝突，必有值得探究的原因。清政府自鴉片教爭
以來，一直無力禁斷鴉片，以致英國人賣鴉片的商業行為未止。
當時古田縣「合邑煙館林立」，[42]被鴉片毒害的情形必然嚴重，
古田一帶的齋教徒，以「吃齋戒煙」作號召，獲得廣大民眾的信
仰，很可能因此種下與英國傳教士的衝突。

3.「華山教案」發生在義和團事變前五年，可視為秘密宗教
與民間信仰大規模反教運動的先聲。古田齋教徒打出「除番救主」
的旗號，與義和團運動的「扶清滅洋」旗號，似有共同的思想基
礎。雖然兩者的發生各分南北，但仇殺洋人的行為則是一致的。

基於以上三點的考量，本節將以此案例，作更深入的探討。

---

[41] 《民國古田縣志》卷四，〈山川志〉。

[42] 同上註，卷三八，〈禁煙小史〉。

前面已對江南齋教的流傳，以及在清末盛行於福建一帶的情形，作了一個概略的介紹。並就「吃齋戒煙」的教義主張，從齋教的經典上去印證，以充分了解齋教以此作號召的內容。本節主要是對吃齋戒煙與吸食鴉片之間的矛盾與衝突，最後導致教案的悲劇收場，其演變的過程如何，作一清楚的分析。然後，此一教案的影響，及清政府處理時的態度，外人尤其是英美兩國如何看待這次教案，也都是分析的重點。

一、古田縣「華山教案」

（一）教案的起因

　　位於福建省汀州府的古田縣，與附近的武平縣、連城縣同樣是齋教流行的地方。武平、連城兩縣的齋堂，屬供奉觀音佛為主的「觀音大乘門」，古田縣的齋堂也是供奉南海普陀觀世音佛，[43]可能同屬觀音大乘門。清末光緒年間，古田的齋教，是由江西人齋教徒劉祥興所領導，及革職的縣差張濤，兩人一起負責教務。光緒二十一年（1895）六月十一日，暴發嚴重的「華山教案」，教案的起因，根據劉祥興事後的口供所說：

> 小的向來吃菜，普名、普太到普田縣有十多年了。先是釘秤生理，近這五、六年藉說戒煙名目，供奉普陀佛，引人吃菜，其實並沒法術。那吃菜人初進會時，每人出記名錢三十三文，又公項錢一百二十文，圓關念經時，每人出錢一千六百八十文，備辦香燭、素菜八碗，合成八掛式，賬

---

[43] 《教務教案檔》第五輯（臺北：中研究近史所，民國 66 年 10 月），頁2023。

目是這張濤管理。漸煽誘他們吃菜戒煙，也有求保平安，也求別事件，愈集愈眾。-----有教民倚恃洋教士幫他迴護，又常受教民譏誚，說他耶穌大，小的會中供的普陀佛小，素有積怨。光緒二十一年閏五月間，不記日期，和鄭九九商謀，要想報復洩忿。[44]

引發齋教徒和英國傳教士之間的衝突，可能是信奉基督教的教民和齋教徒之間的嫌隙所造成。劉祥興只說是常受這些教民的譏誚辱罵，素有積怨所致。但根本的原因，可能是齋教的「吃菜戒煙」主張，和當時古田縣盛行鴉片煙的情形相抵觸有關。

根據《民國古田縣志》的記載，當時古田縣境內「合邑煙館林立」，可見人民吸食鴉片的情形很嚴重。齋教徒以「吃齋戒煙」相號召，勸人入教戒煙，深得當地輿論的支持，入教者大增。齋教是以舉行「坐關」法會的方式來進行戒煙，坐關期滿者即可成為正式的教徒。[45]齋教徒要再進一步取得以「普」字為命名的法號，必須再參加「圓關」法會，才得取得法號。此次教案中的大引進杜朱衣，其口供中就說：「小的吃菜有十一二年了，從前並沒有圓關，也沒設普名。」[46]張濤則有參加過「圓關」，他說：「小的吃菜有三年多了，普名普道。」[47]可知齋教的「圓關」，是提拔教中主要幹部的重要法會。

光緒二十一年（1895）二月間，古田的齋教徒在城關五保後河街，舉街「圓關」誦經法會，知縣獲報前來取締，並捕走主事

---

[44] 《教務教案檔》第五輯，頁 2023。

[45] 連立昌，《福建秘密社會》，頁 105。

[46] 《教務教案檔》，頁 2026。

[47] 《教務教案檔》，頁 2028。

者四人。劉祥興等頭領聞知，即率教徒百餘人衝進縣衙大門討人，經紳士藍志仁及典史李企曾二人出面調定，結果以彩轎將被捕四人送回了事。此事件可看出輿情對齋教的支持，令縣令也不得不屈從。此後劉祥興、張濤等人的威信驟增，受洋教欺侮者，受豪紳、土霸壓迫者，紛紛要求入教，教徒人數多至三千人。

由於古田齋教勢力不斷的擴張，令縣丞汪育暘相當擔心，想捕禁齋會又顧慮到城牆不固，便請邑紳翁廷玉負責修城，準備修好後，即開始捕禁齋會。但此事已被劉祥興等察覺，便張貼揭帖，說官逼民反，同時號召人民起來抗捐，形勢弄的有些緊張。與齋教徒素有嫌隙的教民，趁機放出謠言，說齋會要攻城了。同時告知中華聖公會英國傳教士史犖伯，史即密告福州英、美領事。英、美領事乃向清政府施壓，要求總督譚鍾麟派兵護僑。譚總督決定以措置失當之責，將汪知縣免職，另派王汝霖接任。同時派何鼎、唐有德率一營的兵力進駐古田縣，見機行事。四月中王汝霖到任，立即出告嚴令齋教開齋出教，禁止活動。[48]

此時，劉興祥等頭領，及由福州來的軍師鄭九九，其同商議，決定發動一次大規模的抗稅行動以鼓動群眾，同時趁亂攻城，以奪取庫銀，再攻安章村迫大戶出錢充餉，然後正式舉事。古田縣的教民風聞了一點消息，又報告史犖伯，史即密告福州英領事，英領事要求省府採取行動。這件天主教會告密的事，隨後被齋教會所知，齋教頭領們便在暴怒之下，決定先找教會報復，於是暴發了震驚中外的「華山教案」。

---

[48]　連立昌，前揭書，頁106。

（二）教案的經過

整個起事的經過，在劉祥興的口供中，有清楚的描述：

> 初十晚，小的同這鄭九九、閭清七、戴奴堂、姚八章、杜
> 朱衣六人拜旂。鄭九九專為主謀，仍在昆山髻生守，湯春
> 引路，小的同閭清七們五行，鄭華要執旂押隊，眾人不肯，
> 小的就叫杜朱衣執三角小生旗，一同後隨，約有二百人。
> 落後沿述走散，十一日早上到華山地方只有整百人。黃嫩
> 弟們幾人吹竹筒，林難民點放號炮，一聲攻進洋房。有二
> 三十人在外接贓，及附和助勢，也有一二十人，餘多畏懼
> 避入山林等候。小的在門外監督，杜朱衣執旂主令，姚八
> 章在門外指揮調度。他們進去怎樣殺洋人搶東西，先不曉
> 得，後來是他們說知，殺死史教士、女洋人共四人，屍被
> 燒毀。又殺斃洋姑娘五人，又傷大小洋姑娘五人，洋幼孩
> 二人。東西搶完，洋房放火燒起，號炮一聲都各轉回，並
> 把搶回贓物挑回崑山髻。鄭九九叫大幅發誓不准私藏，要
> 做公用的，他們有的把贓物交付鄭九九收下，有的私自帶
> 回，各人走散。[49]

總計這次事件，被放火焚燒的別墅有二所，被殺害的有十一人，
包括史犖伯夫婦二人、子女各一人、父母親二人、大孫、二孫、
乳娘、及柯、史、沙三位修女。被殺傷的有五人，其中一為英國
高女士，一為美國寶精英女士。[50]從受害者來看，主要都是教士
史犖伯的一家人，可見教徒們主要是沖著史犖伯而來。事後劉祥

---

[49] 《教務教案檔》，頁 2024。
[50] 連立昌，前揭書，頁 107。

興等齋教首領，並沒有進一步組織起事，也未逃往他處，而是又
回到巾山、髻山，坐以待斃。當官兵趕來抓人時，劉祥興等人也
無戰鬥準備，即由後山逃逸，終被一一緝獲，無一幸免。

　　華山教案發生後，立即引起中外的震驚，英美兩國駐京公使
串連各國駐華使節，向清廷提出強硬抗議，兩國的巡洋艦也快速
趕至福建海域示威，揚言要有進一步的軍事行動。兩國駐福州的
領事還組成「聯合調查委員會」進行調查，美國因只是一名婦女
輕傷，清政府請其不必參加，亦被美方拒絕。結果組成六人調查
觀審團，於六月二十三日前往古田華山現場進行調查。當時一干
人犯早已捕獲，總共捕捉近百人，調查團不等結案，要求立即殺
人，道員許星翼不得以，上報督撫同意先殺了中層骨幹柳久速等
七人。雖如此，但調查團得教民通報的名單，總共開列出二百多
人的名單，安求縣府查辦。福州府尹秦炳直堅決不同意，才得以
頂住。當時福州將軍慶裕的奏摺說到：

> 英領事滿思禮，美領事賀格森及美兵船管駕鈕姓，先後前
> 往古田，已飭地方營縣妥為防護。美領事遇事多有挑駁，
> 迫到縣後，照約觀審，見所獲皆係真犯，始釋然無疑。兩
> 領事當堂並未攙越一詞，退後亦無異議。惟華山罪犯本不
> 及百人，而該領事等面交委員清單，開列罪名至二百餘人
> 之多，顯係教民挾嫌開送，勢難按名追捕。[51]

慶裕也知調查團所提出的名單，可能是當地平時與齋會有嫌隙的
中國教徒所為，目的在借機報復或是勒索。由此也可了解，古田
的齋教和當地的中國教民，積怨必深，而當地的英國傳教士，想

---

[51]　《教務教案檔》第四輯，頁 2014。

必也和教民聯成一氣，彼此之間形同水火，嫌隙已久。英美調查觀審團在古田停留二個多月後才返回福州，此案前後被正法者二十六人，搜捕時被格殺和自盡者三十多人，判終身軍流者十七人，終身監禁者五人，監禁十年者二十七人，五年的五人，抱石礦三年刑者五人，抱石礦半年刑者五人，枷示二月者二人。[52]詳細處理的情形，在《福建通紀》中有如下的記載：

> 首要劉祥興與鄭淮（即鄭九九）、張濤、杜朱衣、葉蝴蝶等五犯解省。始英美兩領事多方刁難，至是首要各犯，綁赴市曹處決，首級解赴古田懸竿示眾。其餘各犯，或在場附和，或在外接贓，情節較輕，與英美兩國領事商辦，分別輕重監禁，枷杖發落。奏辦完結，迫二十二年正月，美國領事謂奉彼國外部來文，以古田菜罪滋事，女教士受傷請賠，養傷失物各銀一千八百八十元，總署咨閩照償。二十二年二月，福清設立民教鄉約局，以期民教聯為一氣，相安無事，經費由福清縣馮樹勳捐廉也。[53]

經由這次華山教案的經驗，清政府也意識到民教與民間宗教信仰之間，存在著某種矛盾與衝突的因素。所以在此一事件後，特別於福清縣成立「民教鄉約局」，用來防止類似的事件再次的發生。

二、古田縣的齋教徒

古田的齋教會，是由來已久，原本在地方上就常以齋會的形式，舉辦法會，吃齋唸佛，而與一般的人有所不同。光緒年間，

---

[52] 連立昌，前揭書，頁 109~110。

[53] 《福建通紀》（臺北：臺灣大通書局，民國十一年刊本），頁 773。

在地方上的鴉片煙害日益嚴重之際，提出吃齋戒煙的主張，獲得很多鄉民的認同，入教者愈多，因而形成一股龐大的勢力。齋教會在地方上漸漸扮演起護民的角色，和天主教民及鴉片商人之間的矛盾，也就日益嚴重，此為華山教案發生的主要因素。

　　屬於觀音大乘門的古田齋教，供奉南海觀世音菩薩，為了幫人戒鴉片煙癮，經常舉辦「坐關」法會，其實就是利用宗教信仰的力量，達到勒戒煙隱的一種方式。換言之，坐關之處，也可看成是煙毒勒戒所，在地方政府沒有有效的戒煙辦法時，齋教會的坐關勒戒，就成了當地人民的戒除煙隱的希望。除了舉辦坐關勒戒煙隱外，齋教會在每月的初一、十五，在各處的齋堂，還有「唸經點蠟」的祈福法會。每位參加的信徒，各持香燭赴齋堂唸經聚會，所唸的經卷，最多是《科儀寶卷》之類的經卷，有加強信徒持齋守戒的作用。此外，齋教會的「圓關」法會，是較特別的儀式。主要用以訓練教中的幹部，凡是受過圓關者，就會就一個以「普」字為命名的法號。以下就古田齋教會主要的成員四十七人的信仰情況分析如下〈表6-4〉：

〈表6-4〉福建古田縣齋教會主要信徒分析表

姓　　名	性別	法號	年齡	家庭狀況	資　歷	職　業	主要教務活動
劉　詳　興 [54]	男	普太	43	父母俱在，兄弟二人，娶妻已故	古田齋教的領導	總理教務	五、六年前藉說戒煙引人吃素
鄭　淮 [55]（又叫鄭	男		31	父母俱故，兄弟二人，長兄已故，妻定未	入會不滿一個月，稱	算命兼看地理	幫劉詳興策劃一切事情

[54] 〈劉詳興供詞〉，《教務教案檔》第五輯，頁2023~2024。

[55] 〈鄭淮供詞〉，《教務教案檔》第五輯，頁2025~2026。

				娶	軍師		
九九）							
杜朱衣 [56]	男		52	父母俱在，兄弟三人，排老三，妻生有一子	大引進已圓關		三、四年前入會吃齋
張濤 [57]（又名張七	男	普道	41	父母俱故，兄弟四人，排行老么，已娶妻生三子	大引進已圓關	曾任縣差，被革職已有五年	吃菜三年多
柳久速 [58]	男		31	父母妻俱故，無子	未圓關		入會吃菜約四個月
陳番仔 [59]	男		37	父母俱故，未婚	未圓關		入會吃菜半年
林難民 [60]	男		24	父母俱在，娶妻未生子	未圓關		入會吃菜一年半
林先 [61]	男		21	父母俱在，未婚	未圓關		入會吃菜半年
葉明日 [62]	男	普金	53	父母俱故，娶妻生有一子	已圓關		入會吃菜八個月
陳侵贖 [63]	男	普友	26	父母俱在，娶妻未生子女	已圓關		入會吃菜四個月
戴奴堂 [64]	男		24	父母俱在，娶妻未生子女	未圓關		入會吃菜一年十個月

---

[56] 〈杜朱衣供詞〉，《教務教案檔》第五輯，頁 2026~2027。

[57] 〈張濤供詞〉，《教務教案檔》第五輯，頁 2027~2028。

[58] 〈柳久速供詞〉，《教務教案檔》第五輯，頁 2028~2029。

[59] 〈陳番仔供詞〉，《教務教案檔》第五輯，頁 2029~2030。

[60] 〈林難民供詞〉，《教務教案檔》第五輯，頁 2030~2031。

[61] 〈林先供詞〉，《教務教案檔》第五輯，頁 2031~2032。

[62] 〈葉明日供詞〉，《教務教案檔》第五輯，頁 2032~2033。

[63] 〈陳侵贖供詞〉，《教務教案檔》第五輯，頁 2033~2034。

[64] 〈戴奴堂供詞〉，《教務教案檔》第五輯，頁 2034~2035。

林詳興 [65]	男			47	父母妻俱故，無子女	已圓關	賣藥	入會吃菜八個月
葉蝴蚨 [66]	男	普改		23	父故母在，未婚	已圓關		入會吃菜七個月
姚八章 [67]	男			23	父母俱在，未婚	未圓關		入會吃菜十個月
謝開汰 [68]	男			25	父故母在，未婚	未圓關		入會吃菜半年
杜嫩弟 [69]	男			33	父母俱故，未婚	未圓關		入會吃菜一年七個月
顏清明 [70]	男			35	父故母在，未婚	未圓關		入會吃菜十個月
李高雪 [71]	男			33	父故母在，娶妻未生子女	未圓關		入會吃菜半年
黃嫩弟 [72]	男	普一		25	父故母在，獨子未婚	已圓關		入會吃菜一個月
許增輝 [73]	男			30	父母俱在，娶妻生在一女			入會吃菜四個月
葉明容 [74]	男			22	父母俱在，娶妻未生子女			入會吃菜十個月

---

[65] 〈林詳興供詞〉，《教務教案檔》第五輯，頁2035~2036。

[66] 〈葉蝴蝶供詞〉，《教務教案檔》第五輯，頁2036~2037。

[67] 〈姚八章供詞〉，《教務教案檔》第五輯，頁2037~2038。

[68] 〈謝開汰供詞〉，《教務教案檔》第五輯，頁2038~2039。

[69] 〈杜嫩弟供詞〉，《教務教案檔》第五輯，頁2039~2030。

[70] 〈顏清明供詞〉，《教務教案檔》第五輯，頁2040~2041。

[71] 〈李高雪供詞〉，《教務教案檔》第五輯，頁2041~2042。

[72] 〈黃嫩弟供詞〉，《教務教案檔》第五輯，頁2042~2043。

[73] 〈許增輝供詞〉，《教務教案檔》第五輯，頁2043~2044。

[74] 〈葉明容供詞〉，《教務教案檔》第五輯，頁2044~2045。

江進傳[75]	男		28	父母俱在，娶妻生有一子	未圓關		入會吃菜四個月
顏棕鏡[76]	男	普郎	45	父故母在，娶妻生有一子	已圓關		入會吃菜八個月
鄭華[77]	男	普德	41	父母俱故，未婚	已圓關		入會吃菜九個月
湯春[78]	男	普時	41	父母俱故，娶妻生有一子	已圓關		入會吃菜四年多
陳開亮[79]	男		25	父故母在，未婚	未圓關		入會吃菜半年
陳棕澤[80]	男		21	父故母在，未婚	未圓關		入會吃菜半年
胡先波[81]	男		51	父母俱在，未婚	未圓關		入會吃菜一個月
戴孟煮[82]	男		38	父母俱在，未婚	未圓關		入會吃菜八個月
吳培仔[83]	男		34	父故母在，未婚	未圓關		入會吃菜九年多
林矗[84]	男		39	父母俱故，未婚			
林如[85]	男		35	父母俱故，未婚	未圓關		入會吃菜四個月

---

[75] 〈江進傳供詞〉，《教務教案檔》第五輯，頁 2045~2046。

[76] 〈顏棕鏡供詞〉，《教務教案檔》第五輯，頁 2046~2047。

[77] 〈鄭華供詞〉，《教務教案檔》第五輯，頁 2047~2048。

[78] 〈湯春供詞〉，《教務教案檔》第五輯，頁 2048~2049。

[79] 〈陳開亮供詞〉，《教務教案檔》第五輯，頁 2049~2050。

[80] 〈陳棕澤供詞〉，《教務教案檔》第五輯，頁 2050~2051。

[81] 〈胡先波供詞〉，《教務教案檔》第五輯，頁 2051。

[82] 〈戴孟煮供詞〉，《教務教案檔》第五輯，頁 2051~2052。

[83] 〈吳培仔供詞〉，《教務教案檔》第五輯，頁 2052~2053。

[84] 〈林矗供詞〉，《教務教案檔》第五輯，頁 2053~2054。

[85] 〈林如供詞〉，《教務教案檔》第五輯，頁 2054~2055。

林　阿　珀 [86]	男		37	父故母在，未婚	未圓關		入會吃菜半年
謝　愲　松 [87]	男	普秀	37	父在母故，未婚	已圓關		入會吃菜半年
周　能　挑 [88]	男	普覺	51	父母俱在，娶妻生有二子	已圓關		入會吃菜一年半
林　弟　仔 [89]	男		32	父母俱在，未婚	未圓關		入會吃菜半年
易　王　能 [90]	男	普臺	34	父母俱故，娶妻生有一子	已圓關		入會吃菜十個月
戴　日　進 [91]	男	普東	46	父母俱故，未婚	已圓關		入會吃菜三年多
王　証　幅 [92]	男	普前	34	父在母故，娶妻生有一女	已圓關		入會吃菜三年多
葉　述　明 [93]	男		44	父母俱故，未婚	已圓關		入會吃菜二年多
鄭　　　花 [94]	男		29	父母俱故，未婚	未圓關		入會吃菜十個月
蕭　　　雲 [95]	男	普安	35	父母俱故，娶妻未生子女	已圓關		入會吃菜七個月
江　賊　婆 [96]	男		52	父母俱故，未婚	未圓關		入會吃菜八個月

---

[86]　〈林阿珀供詞〉，《教務教案檔》第五輯，頁 2055~2056。

[87]　〈謝愲松供詞〉，《教務教案檔》第五輯，頁 2056。

[88]　〈周能挑供詞〉，《教務教案檔》第五輯，頁 2057。

[89]　〈林弟仔供詞〉，《教務教案檔》第五輯，頁 2057~2058。

[90]　〈易王能供詞〉，《教務教案檔》第五輯，頁 2059~2030。

[91]　〈戴日進供詞〉，《教務教案檔》第五輯，頁 2058~2059。

[92]　〈王証福供詞〉，《教務教案檔》第五輯，頁 2060。

[93]　〈葉述明供詞〉，《教務教案檔》第五輯，頁 2060~2061。

[94]　〈鄭花供詞〉，《教務教案檔》第五輯，頁 2061~2062。

[95]　〈蕭雲供詞〉，《教務教案檔》第五輯，頁 2062~2063。

[96]　〈江賊婆供詞〉，《教務教案檔》第五輯，頁 2063~2064。

周 良 田 [97]	男		28	父故母在，娶妻生有一子	未圓關		入 會 吃 菜 二個月
連 孔 方 [98]	男		64	父母俱故，未婚	未圓關		入 會 吃 菜 四個月
戴 昌 拔 [99]	男		26	父母俱在，未婚	未圓關		入 會 吃 菜 一 年 四 個 月
葉 阿 囊 [100]	男	普孳	29	父在母故，娶妻生子	已圓關		入 會 吃 菜 七個月

　　以上所列名單，是古田縣齋教會的主要成員，共計 47 人，全是男性，平均年齡為 35 歲，可說正值有為的青壯年。這些成員除了少數幾位入會時間較長，七成以上是不滿一年的新會員，應是古田縣近年來，受外來鴉片煙害影響，所大量發展的新會員。就這些成員的家庭背景來看，有三分之二以上（32 人）是家庭有變故，其中父母俱故最多，約佔一半，或父故或母故者有 13 人。可見平均年齡不高，但父母已俱故者，在齋教會中佔有很高的比例。是否這些家遭變故者，較易加入齋教會，有待進一步的比較分析。

　　普遍看來，古田的齋教徒眾甚多，但大多資歷不深，對教義的了解一定也不足，之所以會大量加入齋教會，勢必與齋教會所提倡「戒煙吃齋」的教義有關。而當時的社會背景，潛在的衝突是存在於齋教與天主教民之間。

---

[97] 〈周良田供詞〉，《教務教案檔》第五輯，頁 2064。

[98] 〈連孔方供詞〉，《教務教案檔》第五輯，頁 2064~2065。

[99] 〈戴昌拔供詞〉，《教務教案檔》第五輯，頁 2065~2066。

[100] 〈葉阿囊供詞〉，《教務教案檔》第五輯，頁 2066~2067。

三、吃齋戒煙與教案的起因

　　目前學界關於此次教案的探討方面，連立昌著《福建秘密社會》一書中，有比較清楚的描述，但也只是在提到福建齋教時的附帶論述，對其成因及影響，沒有深入的分析。[101]至於邵雍著《中國會道門》一書[102]，及馬西沙、韓秉方合著《中國民間宗教史》一書[103]，也都提到此次的教案，但都未有進一步的分析。謝必震〈古田教案起因新探〉一文，是近來對此一教案發生原因，有較深入探討的一篇論文，謝氏主要是根據主事者的口供說詞推論，認為此次教案的起因是齋教與封建統治者之間的矛盾與對立所致，而齋教與外國教會之間的矛盾，並非是引發此次教案的真正原因，攻擊華山的教士，只是轉移目標的作法。[104]謝氏的論述集中於外在衝突因素的分析，至於引發此一衝突的根本內在因素，即與齋教教義相關聯的部份，則未予討論。

　　綜上所述，筆者認為清末發生在福建的「華山教案」，雖然只是眾多教案中的一例，但其特殊之處，在於是齋教與天主教民的衝突。福建的齋教早在天主教未傳入前，即是廣為流行於民間的一種秘密宗教，它向來被清政府視為是社會的亂源，成為極力取締的對象。乾隆十三年（1748），發生在福建的「老官齋教案」，就是一個典型的例證。但這次的華山教案，清政府在處理的作法及態度上，顯然與過去清政府在處理秘密宗教的方式，有很大的差異性。就上述的分析，有以下幾點提出探討：

---

[101] 連立昌，《福建秘密社會》。
[102] 邵　雍，《中國會道門》。
[103] 馬西沙、韓秉方，《中國民間宗教史》。
[104] 謝必震，〈古田教案起因新探〉，《近代史研究》，1988 年第一期。

其一，就華山教案的衝突點而言，實導因於當地齋教會提倡
「戒煙吃齋」所致。由於當時古田縣的鴉片煙盛行，齋教會的戒
煙主張，很能得到民眾的認同，因而加入齋會的人就愈多。人多
勢眾後，漸形成民間的一股力量，足以和賣鴉片者及教民相抗
衡，潛在的衝突性也就日益明顯，終至引爆華山教案。

其二，如前所述，「持齋吃素」，原本就是明清以來民間秘
密宗教的一項特徵，源於羅教的江南齋教，更是極力奉行吃素齋
戒的一群。清政府一直對民間那些非出家人，但卻吃素齋戒者，
存有戒心，在檔案中統稱為「齋匪」。這次的教案，和以往清政
府對齋教徒的取締不同，因為是齋民與教民衝突後的處理，清政
府處理的態度及作法，顯然和以往單純取締齋教徒不同。大致
上，清政府是採息事寧人的作法，雖嚴懲為首者，但對其餘眾多
的齋民，則盡量給予保護。當調查團提出捉拿二百多位齋教徒的
名單時，清政府最後也才逮捕四十多人，其中就地正法者二十多
人。整個處理的過程，可看出清政府有盡量在保護齋民，另一大
部份參與此事，但未進入行凶或行搶者，最後僅是「出示曉諭，
勒令開葷從善」了事。[105]相較於以往取締民間秘密宗教的作法，
實有相當的寬容性。

其三，自清末解除天主教禁令後，基督教、天主教傳教士，
大量進入中國各地傳教。逐漸形成教民與非教民之間的矛盾與衝
突，在後來層出不窮的教案中，有關民間秘密社會或秘密宗教與
天主教民間的衝突，實有必要作進一步的探討。義和團事變的發
生，一般認為與山東一帶，長久以來的秘密宗教結社盛行有關，
尤其是秘密宗教區分為文、武系統中的「武」系統，有更直接的

---

[105] 〈邊寶泉奏摺〉，《教務教案檔》第五輯，頁 2068。

關連。[106]就華山教案來看，秘密宗教與教民的衝突，有更多的因素是起於彼此利益衝突和教義觀念上的差異所致。當然，其中多少也有排外的民族情緒在內，但這是一般非齋教者也會有的共通特性，故不能視為此事件的特定因素。齋教徒是屬於「文」系統的教派，本身以素食齋戒修行為主，不提倡練功健身，因此並非激進型的教派，不應和其後發生於北京的義和團事件等同視之。所以華山教案所呈現的問題，應該是另一項值得深思的衝突因素。

　　綜合本章的論述，清代民間的吃齋教團眾多，而官方對此的嚴厲取締也不曾鬆手。其實「吃齋」在官方的觀念裡，也不是件壞事，就像清代〈禁止師巫邪術律例〉所規定的：「若訊明實止茹素燒香，諷念佛經，止圖邀福，並未拜師傳徒，亦不知邪教名目者，方予免議。」[107]若止是茹素誦經，大致都是被官方所許可的。但自乾隆朝以後，為何對吃齋者的取締會愈來愈嚴厲，甚至經嚴密的查訪，一但發現有非出家人在家吃齋，就會加以逮捕審訊，好像是寧可錯抓也不錯放的態度。因此，筆者的看法認為，官方對吃齋者的取締，實際上不是要禁止人民吃齋修行，而是耽心吃齋者會形成群體意識。前面第四章中分析的老官齋教，及本章探討的古田齋教徒，都是很好的例子。

[106] Joseph W.Esherick，*The Origins of The Boxer Uprising,* University of California Press,1987, pp45~58.

[107] 王信貴，前揭書，頁166。

第七章

教派齋戒活動的社會文化義涵

　　前述有關民間秘密宗教的教義中，普遍存在著齋戒的觀念，並且都強調吃齋戒殺的重要性，視為入門修道的第一步。因此，許多民間宗教的信奉者，皆成了地方上的吃齋人，這些吃齋人漸在地方上形成一個吃齋的教團，它除了與官方形成緊張關係，成為被取締的對象，如上一章所述外。對鄉民社會又會產生什麼樣的互動關係，扮演怎樣的社會功能，是本章所主要探討的問題。

第一節　齋戒信仰者的社會價值觀

　　由於民間宗教的教徒，外表上與普通一般人無異，不似佛教的出家人，或是道教的道士，有外觀上的不同。可以說這些信眾平時就與鄉民生活在一起，吃齋可能是唯一不同的特徵。但如果是沒有吃齋的教派，外表上就更不容易看出區別了，不特別說明是難以分辨的。因此，民間宗教的信徒，平時與鄉民社會的人生活在一起，一些齋戒信仰的觀念也是相互影響的。一些齋戒信仰的用語，也塑造了社會共通的價值觀，要了解吃齋者的社會關係，就可以先從這些民間宗教齋戒信仰者的特殊語彙來了解。

一、吃齋與開齋

　　「吃齋」就是吃素，不吃葷食及不飲酒者，謂之吃齋之人。「開齋」是指原本吃齋者，改食葷飲酒，謂之開齋。就檔案記載來看，由於吃齋往往和行善報恩相結合，所以「吃齋人」，被視為是好人，在社會上沒有被排斥或被輕視的情形。例如：嘉慶年間查獲的「清淨門教」，根據教徒方忠猷的供詞說：「年七十歲，江西安義縣人，在漢口開香舖生理。因年老無子，許愿吃齋，後

生一子，名方義隆。」[1]另外兩位的供詞也是：「戴佐典、徐定金，再三究詰，堅供或因母病故吃齋三年，或因無子，許愿吃齋，後因服滿生子，久已開齋，并沒拜人為師及傳徒的事。」[2]可知因許愿吃齋或因報恩而吃齋的觀念，是當時鄉民社會普遍存在的現象。至於所謂的「吃齋之人」，《太上祖師三世因由總錄》有較詳細的說明：「吃齋之人，只有天堂之路，並無地獄之門。生生不脫菩提路，世世常皈選佛場。」[3]為何說吃齋之人只有天堂之路，因為吃齋之人要能嚴守酒、色、財、氣的四戒律：

> 吃齋之人不戒酒，後世必遭刑笞杖，家事盡廢，離鄉別井，故以戒酒為先。
> 吃齋之人不戒色，必是輪迴不免，後世容顏醜陋，故以戒色為貳。
> 吃齋之人不戒財，世世妄為貪濫，禮義不知，故以戒財為參。
> 吃齋之人不戒氣，後世必成短命身，忘官非口舌，不能清吉，故此戒氣為四。[4]

所以吃齋人，在一般人的心目中，有較高的道德要求，因為吃齋人要守一些道德性的戒律，作為修行上的基本條件。在《龍華科儀》中，也特別針對吃齋受戒者說：

---

[1] 故宮博物院明清檔案部編，《清代檔案史料叢編》第三輯，頁 16。嘉慶二十年十一月二十六日，湖廣總督馬慧裕奏摺。

[2] 故宮博物院明清檔案部編，《清代檔案史料叢編》第三輯，同上奏摺。

[3] 《太上祖師三世因由總錄》，收入《明清民間宗教經卷文獻》第六冊，頁 262。

[4] 《太上祖師三世因由總錄》，頁 259。

　　我和爾吃齋受戒之人，要學那前輩古人。魯男子，閉
戶不納。柳下惠，坐懷不亂，才是真君子。

　　吃齋受戒的婦人，要學前輩古婦人。孟光舉案，敬姜
勤織，才是世間良婦，女中丈夫。[5]

這還對吃齋受戒的婦人有不同的道德要求。由此也可以了解，在
鄉民社會中的吃齋人，通常會被視為是一位修行人，有較高的道
德性要求，且是樂善好施的。

　　與「吃齋」相對的是「開齋」或「破齋」，通常也被說成是
「開齋破戒」，也就是指原本吃齋的人，又改吃葷食，這叫「開
齋」。在民間宗教裡，「開齋」被說成是一件很嚴重的罪業，正
好和「吃齋」形成對比。開齋者除了在原來的教團中無法立足，
在一般鄉民社會的觀感上，也是被認為是位沒有原則的人。《嘆
世無為卷》中就說：「指望兒，食長齋，超度父母。你破齋，把
父母，又送沉淪。」[6]吃齋可以超度父母，但破齋的話，就會讓
父母沉淪。開齋之人死後會墮落餓鬼道，《正信除疑無修證自在
寶卷》就說：「良緣普勸眾人聽，莫作開齋破戒人；死墮陰司為
餓鬼，那時受苦自甘心。」[7]由於開齋是與違背吃的戒律有關，
在一般的觀念中，較易和墮入餓鬼道的眾生相關聯。在黃天道的
經卷中，則是說到：「惡有惡報，善有善緣，開齋破齋違佛願，

[5]　《龍華科儀》，收入《明清民間宗教經卷文獻》第六冊，頁444~445。
[6]　林立仁整編，《五部六冊經卷》上冊（臺北：正一善書出版社印行，民國
　　83年6月），頁129。
[7]　林立仁整編，《五部六冊經卷》下冊（臺北：正一善書出版社印行，民國
　　83年6月），頁41。

八十一劫出頭而難。」[8]又說：「爾若還，不到頭，開齋破戒。
違佛願，造下罪，失了人身。----喫酒肉，只說在，天堂好過。
後還在，地獄中，受罪無窮。」[9]開齋破戒者會墮入地獄中受盡
無窮的苦痛，達八十一劫亦難出頭。

　　在弘陽教中，有明確的定出，喝酒謂之「開齋」；吃肉謂之
「破戒」。曰：「進的佛門，酒為開齋，肉為破戒。你要是開齋
破戒，再發弘願一道，進的佛門，不許你欺師滅祖。」[10]意思是
要加入弘陽教的信徒，必須發願，不許開齋破戒。龍華教也有相
同的規範：「發願云云，弟子不敢開齋破戒，不敢漏洩三乘妙法，
不敢忘恩背祖，如有此等，願遭甚麼報，諸佛作證。」[11]民間宗
教中有吃齋的教派，通常都會有類似的作法，以在佛前發誓願不
開齋破戒，作為鞏固信眾的方法。而且也會一再的強調，不可開
齋破戒。弘陽教就叮嚀說：「凡間仔細去參道，休做開齋破戒人。
再三囑付多囑付，乎扯飄高淚紛紛。」[12]龍華教則說：「大地眾
生實可悲悽，返覆顛倒無靠無依，迷難調治，浮狂愚痴。開齋破
戒，靈光落地。」[13]開齋破戒之人，就會靈光落地，返覆顛倒。
在金幢教的教義中，還特別對開齋破戒的後果有一段論述：

---

[8]　《普靜如來鑰匙通天寶卷》，收入《明清民間宗教經卷文獻》第四冊，頁
　　672。

[9]　《普靜如來鑰匙通天寶卷》，頁799。

[10]　《銷釋混元弘陽大法祖明經午科》，收入《明清民間宗教經卷文獻》第六
　　冊，頁802。

[11]　《科儀寶卷》，收入《明清民間宗教經卷文獻》第六冊，頁425。

[12]　《弘陽苦功悟道經》，收入《明清民間宗教經卷文獻》第六冊，頁713。

[13]　《佛祖妙意直指尋源家譜》，收入《明清民間宗教經卷文獻》第八冊，頁
　　311。

> 論破齋戒者：文殊菩薩問佛曰：或有善男子，善女人，一
> 生齋戒，種諸善根。老來顛倒，破齋犯戒，而得禍報。世
> 尊曰：此等眾生，雖有善根，無大願力，無正知見。遠離
> 明師，漏失前功，六賊還轉，劫功德，心生顛倒，不得佛
> 道。[14]

破齋犯戒會得到各種的禍報，終不能成就佛道。

二、持齋戒殺與殺生害命

前述「齋戒」的義涵，簡言之就是「持齋戒殺」的意思。然
而民間宗教的信眾，又是如何對齋戒的內涵作界定，《無上圓明
通正生蓮寶卷》中，對齋戒二字有如下的說明：

> 〈齋戒生蓮品第五〉：
> 夫齋戒者，即習佛行功，而修定慧也。齋者，為淨口清心，
> 不緣畜類，而拔輪迴之苦。戒者，為正身執法，不犯根塵，
> 而求生淨土之因。此齋戒二字，實為清正身心，是古佛之
> 行功本地，最尊第一。[15]

又說：

> 說齋戒二字，是如來最重第一法門。齋者，淨口舌，以斷
> 輪迴之報。戒者，正身心，以登菩提之梯。乃生死海中有

---

[14] 《佛說開天地度化金經》，收入《明清民間宗教經卷文獻》第七冊，頁
894。

[15] 《無上圓明通正生蓮寶卷》，收入《明清民間宗教經卷文獻》第七冊，頁
408。

百般苦獄，四種傍生，皆因眾生舌相心相所招，若人肯願回頭，遵依禁戒，即時頓脫。[16]

將「齋戒」定位為修持的第一法門，也是最尊貴的第一法門。為「齋戒」二字的內涵，有較完整的敘述，是先天道的經卷《金不換》，其他有不少的經卷，也是抄襲其中部份的內容，可見有其代表性。內容簡約引述如下：[17]

> 一齋戒，真元本態。出娘懷入塵寰，------父母強開酒葷，情識牽纏少艾。穿腸毒藥稱甘甜，刮骨鋼刀為樂快。試看天上仙佛誰喜，唯有人間葷種酷愛。
>
> 二齋戒，逃災躲害。甘清貧絕貪愛，諸惡除完眾善滿載。不結四生仇，跳過三途債。清靜隨分隨緣，安居無掛礙。體天地好生大慈，法佛祖潔生高邁。
>
> 三齋戒，清閒爽快。照本來觀自在，看穿名利割捨恩愛。天羅難為拘，地羅莫能害。心體同太虛，空性光朗徹。
>
> 四齋戒，心清性泰。除蒜蔥，去韭薤，酒肉不嘗。葷腥遠邁，遏欲以存誠，仁民而物愛。舉步常看虫蟻，禁火莫燒山寨。行藏動靜守乎中，出入取得嚴一介。
>
> 五齋戒，陽生陰敗。考究多，魔障大。父母拘嚴，兄弟隔礙。妻不以為夫，子反來作怪。家庭親戚生疏，鄉黨鄰里不快。
>
> 六齋戒，謙和忍耐。思無邪，行莫薑。大公為懷，中

---

[16] 《無上圓明通正生蓮寶卷》，收入《明清民間宗教經卷文獻》第七冊，頁409。

[17] 《金不換》，收入《明清民間宗教經卷文獻》第八冊，頁539~541。

正自待。天地立其心，聖賢同耿介。富貴視若浮雲，道德時加珍愛。要想仙佛以偕行，不與凡俗同頹敗。

七齋戒，佛歡道愛。慈悲行，方便概。心氣和平，性光朗蓋。也無所貪求，又何有罣礙。本來面目常明。遍體肢節舒泰。

八齋戒，離危履泰。遠惡徒，從善派。佛皈精嚴，魔災不害。瘟疫難傷殘，疾病清頹敗。心底氣下卑恭，血流脈暢通快。謝明師指徹玄關，感至人訓穿禪隘。

九齋戒，靖妖滅怪。無妄求，少掛礙。世事丟開，紅塵遠解。要學佛高風，不戀凡情態。大圓明鏡提起，無相寶偈佩帶。

十齋戒，誠中全外。清高丰，靜安態。大道操持，諸佛氣概。凡夫能有為，聖體可立待。只知太玄一關，那曉人間萬籟。

十一齋戒，誓弘願大。跪爐前，把身賣。念潔意誠，朝佛禮拜。一日入空門，萬年為永賴。不敢稍存二心，若有差池自害。

十二齋戒，加勤勿懈。存真心，立清介。出家如初，成佛天外。不知自己身當思加人，代觀音得道南巖。目蓮求苦冥界，歷盡千魔志越堅。

以上的十二首齋戒詞，將齋戒的內涵，闡述的很完整清楚。大致上是以齋戒和修行相結合作主軸，使齋戒的內涵更為深入，而不只是單純的吃素而已。另一本《元化指南》中，也有〈齋戒詞〉一首，開頭曰：「重濁下凝為地，輕清上浮天堂。諸人皆在濁中行，名利牽成羅網。打開要旨說法，速早跳出迷韁。齋戒沐浴體

清涼，立躋極樂坦蕩。」[18]認為齋戒者與吃葷者的差別，好比是
輕清與重濁之別。齋戒的輕清者上升至天堂，吃葷的重濁者下降
入地獄。這樣的觀念，其實是普遍存在著。

　　持齋戒殺的反面即是「殺生害命」，特別是指為了貪圖口欲
而殺生害命，這是違背天地有好生之德的本意。因此在民間宗教
裡，有許多是以戒殺物命來提倡齋戒。「長生教」在這方面的主
張就很清楚，其經卷《眾喜粗言寶卷》中，就有〈戒殺活物〉一
章，提到：

　　　　我說救命務要戒殺為先，若一家殺生不絕，累季總要
　　痧氣傷丁；若一人多殺生靈，轉世多犯血光殀亡。
　　　　若至一月不殺，算為下善，賜你一家免災免夭。若至
　　一季不殺，算為中善，賜你一家增福增壽。若至一世不殺，
　　算為上善，賜你一家孝子賢孫。若能世代不殺，算為最上
　　善，賜你一家永昌大富大貴。[19]

很細膩的將戒殺的好處臚列出來，若一家能一月、一季或一世不
殺生，分別可以成就下善、中善及上善。尤其是一世（三十年）
不殺的上善，能給一家帶來家道永昌，大富大貴。為了有效的說
服人們戒殺放生，《眾喜粗言寶卷》中，還列出了幾項有關為何
要戒殺的解答：

　　　　人言殺生為祭祀，豈有蔬物不祭神。天有好生神有
　　德，不受葷腥受志誠。人言殺業為養口，豈有不殺命不生。

[18]　《元化指南》，收入《明清民間宗教經卷文獻》第八冊，頁745。
[19]　《眾喜粗言寶卷》，收入《寶卷初集》第二十一冊，頁104~105。

> 天下行業多多少，不殺未見餓死人。
>
> 　人言不殺遍地畜，那知越殺越多盛。人殺人喫人來
> 做，不殺不喫有何生。人言不殺神何食，豈有神來討葷腥。
> 天神若愛葷腥喫，為何冤氣成刀兵。
>
> 　人言養他應該殺，爹娘也是養你們。何不殺生供爹
> 娘，況且言語不讓親。人言殺他投生去，極苦世人也求生。
> 況且受殺最怕死，何況畜生受刀刑。[20]

這裡總計列出來六項理由，說明為何要殺生。一是為了祭祀；二是為了養活人口；三是不殺造成遍地都是畜生；四是不殺生祭神，神無有可食的；五是說畜生由人所養，理所當然是可由人殺；六是殺牠是為了讓牠早日投胎超生。這幾項殺生的理由，應是該時人可能提出的論辯，在《眾喜寶卷》中，都一一提出解答。

　此外，圓頓教的《龍華懺》中，對戒殺生靈的意義，也有很好的闡述：

> 佛言大地眾生都有冤債牽纏，如有所繫何由解脫。只因不
> 信佛法，口貪滋味，殺害生靈，充亡口腹。不知人人愛命，
> 物物貪生，口不能言，含冤負屈，痛苦莫伸。與你黃金千
> 兩，誰肯將刀自割，積下無量無邊冤債。吃他半斤還他八
> 兩，殺他一命償他一命，生生世世無有休息，何得出期。
> [21]

這是由因果報應的觀點來論述戒殺的必要性，認為如果是殺他一

---

[20]　《眾喜粗言寶卷》，頁110~112。

[21]　《龍華懺》，收入《明清民間宗教經卷文獻》第五冊，頁762。

命就要償他一命，生生世世無有止息，這種冤冤相報的觀念也是
很容易為一般人所接受。《如如老祖化度眾生指往西方寶卷》中，
則是由畜生被殺時的驚懼與苦痛來論說，不可殺生害命：

> 為貪口腹將他殺，誰知性命一般由。臨命終時真個苦，何
> 不將心比佛修。形體雖然有別色，天生靈性一樣留。雞逢
> 殺時渾身抖，狗死開眼見主謀。豬若殺時聲叫屈，牛逢殺
> 時淚雙流。四生六道輪迴轉，一失人身沒處求。你喫我來
> 我喫你，喫他四生結冤仇。[22]

以雞、狗、豬、牛等畜生，被殺時的驚懼與苦痛，來述說人不應
該貪圖口腹之欲而將牠們殺害。《在乾坤寶鏡》一書中也有類似
的說法：

> 宰殺事莫輕行，若貪口腹妄殺牲，陰間罪重。人與物皆天
> 生，當知萬物一體情，不可害命。畜見殺戰兢兢，不會說
> 話祗哀鳴，哭求饒命。那冤魂把狀升，轉報輪迴不消停，
> 人當悟醒。[23]

將貪圖口腹之欲而殺生害命，說成是陰間重罪，這是主張持齋的
教派，普遍存在的說法。在《夢醒編》中，則是從天心好生的觀
點來說：

> 天心好生而惡殺，奈何圖彼肥美，恣我貪饕。方其生時亦
> 猶人之生也，貪生怕死莫不皆然。至忍令湯燖刃割，全無

---

[22] 《如如老祖化度眾生指往西方寶卷》，收入《明清民間宗教經卷文獻》第
　　 六冊，頁42。
[23] 《乾坤寶鏡》，收入《明清民間宗教經卷文獻》第十冊，頁935。

> 半點仁心。一家日殺一命，百家日殺百命，至於成千累萬，
> 血肉狼籍，殺氣血光上蒙霄漢。積孽日深，自必報以刀兵
> 刑戮之慘，妄殺生靈，安得不慎。[24]

以上天有好生之德來說，人應該存仁心、存天心，不應貪圖肥美
而肆意殺生。另外在《立願寶卷》的第十三願〈戒殺放生願〉，
也有如下的願立：

> 天地有好生之德也，貪生物也貪生，一樣皮肉一樣痛苦。
> 但他做了畜生，不過說不出口而已。呂祖師放生歌說道：
> 他若死時你救他，你若死時天救你。所以人生在世，若要
> 多活兩年，先要戒殺放生。[25]

特別強調畜牲和人是一樣皮肉一樣痛苦，只是牠做了畜牲，口不
能言說而已。至於呂祖的〈放生歌〉，則是很有代表性的一首，
能充分反應出，為何要鼓勵人吃齋原因。

三、吃酒肉的業報

民間宗教在宣揚教義吸收信眾時，常會以一些簡單粗俗的道
理，讓人聽了易懂，易於接受。最常用的就是以佛教因果報應的
觀念來傳教，在齋戒信仰的推展上也不例外。譬如說：持齋者將
來能見到如來佛，吃酒肉將來就會受到種種的果報。這些簡單的
因果觀，為吃齋賦予了特殊的價值觀，吃齋者和吃酒肉者，被強
烈的區隔開來。吃齋之人被賦予崇高的價值，吃酒肉者被貶抑成

---

[24] 《醒夢編》，收入《明清民間宗教經卷文獻》第十一冊，頁 207。
[25] 《立願寶卷》，收入《明清民間宗教經卷文獻》第十一冊，頁 932。

十惡不赦之徒。《正信除疑無修證自在寶卷》曰：「飲酒吃肉是
迷人，業識忙忙性地昏；臨危化釋還果報，隨孽輪迴不翻身。」
[26]飲酒吃肉會隨所造下的孽業，輪迴生死而不得翻身。由於輪迴
生死，以致遞相食噉。羅教、大乘教、無為教所共通的說法是：
「喫肉眾生，叫做遞相食噉，永墮沉淪苦海，受苦海無盡。」[27]
黃天道中，對此的說法較直接：「古佛囑咐大地男女，速急早知
音。切莫殺生靈，葷腥酒肉，宗親變成，把刀將他殺，你可認得
真。」[28]所謂宗親變成，意思就是自家的親人，有可能死後輪迴
生死，變畜牲成了碗中的肉羹。此種說法與早期希臘畢達格拉斯
學派的素食觀相類似。《金剛科儀》云：

> 遞相食噉是呆痴，那時追悔悔後遲；直下承當休錯過，食
> 噉酒肉苦沉淪。末法娑婆入苦哉，互相食噉惡如豺；刀兵
> 疾病遭饑饉，厭離閻浮歸去來。[29]

強調飲酒食肉就會造成痛苦的沉淪，以及在末法時代的眾生，因
吃酒肉而形成互相食噉，惡如豺狼，甚至因此造成刀兵疾病饑饉
等劫難。

　　清代的龍華教也是強調持齋修行的重要，將吃酒肉說成是穿
腸毒藥：

> 酒是穿腸毒藥，飲能亂性迷心。君子醉也亂胡行，敗國亡

---

[26]　林立仁整編，《五部六冊經卷》下冊，頁19。
[27]　林立仁整編，《五部六冊經卷》下冊，頁238。
[28]　《古佛當來下生彌勒出西寶卷》，收入《明清民間宗教經卷文獻》第七冊，
　　　頁173。
[29]　林立仁整編，《五部六冊經卷》下冊，頁240。

家傷性命。五百大戒酒為尊。酒字說明肉字再講,肉字裡
兩個人,裡頭不見外頭人,吃他半觔還八兩,打轉輪迴人
食人。[30]

酒是穿腸毒藥,是佛教五百大戒中的首戒;肉是輪迴的種子,吃
他半斤還他八兩。吃肉是輪迴生死的主因,這點在先天道中,也
有清楚的說明:「肉字裡面兩人,細思以人吃人。今世吃他八兩,
轉世還他半觔。殺其命者,臨終受苦,故牢字從牛,獄字從犬,
牛犬不戒,牢獄不免。」[31]這樣的觀念在民間宗教的齋戒觀中處
處可見。像是清代的黃天道,還將飲酒吃肉的因果說成是:「迷
人不識真佛面,閻王勾取不饒人。吃了酒得送無間,吃了肉得還
性命。」[32]喝了酒的死後會墮入無間地獄,吃了肉的死後會一命
還一命。這方面的觀念說的較詳細的是《佛說如如居士王文生天
寶卷》,開齋破戒,飲酒吃肉,死後會:

> 墮地獄,十八層,都要受過。赴輪迴,變騾馬,才得翻身。
> 披著毛,帶著角,用命還債。活活的,刀頭死,以肉供人。
> 你喫他,肉半斤,還他八兩。你喫了,十六兩,還他一斤。
> [33]

意思是說,吃了多少畜生的肉,將來都要披毛帶角還。講的有些
恐怖,或許是危言慫聽,為了達到吸收信眾,入教持齋的目的。

---

[30] 《大乘正教科儀寶卷》,收入《明清民間宗教經卷文獻》第六冊,頁 379。
[31] 《齋戒述原》,收入《明清民間宗教經卷文獻》第九冊,頁 672。
[32] 《佛說利生了義寶卷》,收入《明清民間宗教經卷文獻》第五冊,頁 422。
[33] 《佛說如如居士王文生天寶卷》,收入《明清民間宗教經卷文獻》第六冊,
頁 17~18。

但也可清楚的了解，民間宗教對飲酒吃肉的粗俗觀念。

　　除了吃酒肉會造成輪迴死生的觀點外，飲酒吃肉也是修行的一大障礙。《達摩寶傳》的十囑咐中，第七囑咐就說：「戒酒肉清濁莫混，酒性亂肉性濁污穢佛經，二六時或念經或是坐靜。本當要絕慾念見性明心，我雖躲閣君手慾念不盡，勸大眾食淡泊牢記在心。」[34]酒會迷亂本性，肉會污濁心靈，這都是影響修行的主因，所以戒酒肉是修行的第一步。清末福建的金幢教，將入教立願的內容，加入了戒葷酒的條件：「今朝決破繁華理，輥出娑婆終法王。對天明願求出手，酒肉葷腥永不嚐。回光不在遲合早，只怕緣薄不忖量。」[35]對天明願，永不犯了飲酒吃肉的戒，這是金幢教的入教儀式中，立願的說詞。羅教、無為教、大乘教等，甚至將飲酒吃肉說成是「第一愚痴迷種」：「有一等愚痴迷種，說迷人飲酒吃肉，不參道，也得歸家。迷人終日走著生死之路，又不知安身立命，又不知淨土家鄉，他怎麼便得歸家？」[36]將飲酒吃肉貶抑成迷昧無知，不知安身立命，回鄉之路。《太上炫宗科儀》云：「在舌能知，酒肉難忘總是痴。只為他多滋味，混你的心如醉。不如我自知知，把素持齋戒律了身合意，悟取無生證祖機。」[37]也是將飲酒食肉說是痴迷之人。

[34] 《達摩寶傳》，收入《明清民間宗教經卷文獻》第七冊，頁292。
[35] 《佛說皇極金丹九蓮證性皈真寶卷》，收入《明清民間宗教經卷文獻》第五冊，頁132。
[36] 林立仁整編，《五部六冊經卷》下冊，頁17。
[37] 《太上炫宗科儀》，收入《明清民間宗教經卷文獻》第四冊，頁326~327。

四、對婦女持齋修行的看法

有關民間宗教中的女性之研究，洪美華《清代民間秘密宗教中的婦女》[38]及喻松青〈明清時期民間宗教教派中的女性〉[39]兩編論著可為代表。分別就經卷中的兩性觀，神祇中的女性神，還有教派中的女教首及女性，及女性加入民間宗教後對傳統女性倫理觀的影響等方面，均有完整的分析。本節將專對女性吃齋修行的看法，以經卷及檔案所載提出探討。

一般多數的教派均未區分女性吃齋有何不同，通常是以平等的修行來看待。如悟明教所言：「遊方演教，勸化男女，回頭持齋。大眾不惺，只戀虛花景界，只恨貧窮過，無有晝夜。」[40]通常是男女並稱的。圓頓教也說：

> 天下眾生男女老少，自從靈山失散原來真寶，迷入貪嗔痴愛，不信佛法，不敬天地日月三光，不孝父母六親眷屬，貪戀一切女色財寶，偷盜淫妄，飲酒食肉，昏迷神思，恣縱身心，常行苦海，罪殃深重，因此有刀兵水火疫癘，災凶禍患纏繞，痛苦憂煎。[41]

黃天道則是以平等觀來看待男女的吃齋修行，稱為「善男」與「信女」：「諸佛菩薩齋來到，金剛天王赴壇中。普勸善男共信女，

---

[38] 洪美華，《清代民間秘密宗教中的婦女》，國立臺灣師範大學歷史研究所碩士論文，1992 年。

[39] 喻松青，〈明清時期民間宗教教派中的女性〉，《南開大學學報》5 期，1982 年。

[40] 《銷釋悟明祖貫行覺寶卷》，收入《明清民間宗教經卷文獻》第四冊，頁463。

[41] 《龍華懺》，收入《明清民間宗教經卷文獻》第五冊，頁 758。

喫素念佛辦真工。」[42]一律是平等觀來對待。清代的長生教，在
《眾喜粗言寶卷》一書中，也是以平等觀來普勸世間男女，要即
早吃齋修行。曰：

> 普勸世上男和女，快快喫素做善人。早喫一日是一日，恐
> 怕性命不長存。有朝一日無常到，免受三塗地獄門。在生
> 喫了一日素，臨終無常弔手心。在生喫了百日素，陰司路
> 上放光明。在生喫了千日素，幢幡寶蓋金童迎。在生喫了
> 一世素，十王拱手也歡忻。[43]

但也有一些是例外的，如清代還源教在《銷釋悟性還源寶卷》
中所言：「女人喫齋委實高，想妙善赴蟠桃，虔心要有，應自然
脫塵牢，忽的聲歸家去，路不遙。」[44]特別針對女人吃齋一事，
認為是件很崇高的事，要能效法妙善公主的修道精神。龍華教也
有就婦女的吃齋修行說：「吃齋受戒的婦人，要學前輩古婦人。
孟光舉案，敬姜勤織，才是世間良婦，女中丈夫。」[45]認為婦女
吃齋受戒，要效法孟光及姜勤的精神。《達摩經卷》是對男女吃
齋的結果有所區分曰：「一子吃齋超苦海，九玄七祖盡超昇。男
人食齋超九祖，女人食菜度三宗。」[46]何以男人吃齋可以超拔九
祖，而女人食菜只能超度三代的祖宗，這之間的差別在那裡，並
未詳加說明。

---

[42]　《古佛當來下生彌勒出西寶卷》，收入《明清民間宗教經卷文獻》第七冊，
頁155。
[43]　《眾喜粗言寶卷》，頁350~351。
[44]　《銷釋悟性還源寶卷》，收入《明清民間宗教經卷文獻》第四冊，頁269。
[45]　《龍華科儀》，收入《明清民間宗教經卷文獻》第六冊，頁444~445。
[46]　《達摩經卷》，收入《明清民間宗教經卷文獻》第七冊，頁321。

對婦女吃齋修行，也有持負面看法的，認為婦女不該吃齋，《七技因果》一書中，對婦女吃齋有批評曰：「有女輩的知我食齋，道我害子害孫之菜，更有狠毒的道我害夫絕嗣之齋。」[47]將女人吃齋說成是害子害孫、害夫絕嗣，這是何等嚴厲的指控。還說：

> 眾人罵道，吃什麼無生育的菜，吃什麼短命的齋。這一個言：慢慢的餓鬼；那一個說：活活的地獄。叫做對面相逢怨債主，回頭又遇結冤家。[48]

無生育的菜及短命的齋，皆是針對婦女吃齋所說的，顯然是有輕視婦女吃齋修行的意思。

五、對吃齋必要性的質疑

清代的民間宗教，雖有近八成以上的宗教活動，是與吃齋有關。但也不是所有的教派都認同吃齋，也有的教派不但不主張吃齋，而且對吃齋的行為提出質疑，認為真正的持齋，應是心齋重於口齋。清代的三一教就是一例，在〈持齋辯惑〉論中提到：

> 或問林子不持齊（齋）者何也，林子曰：余惟以心齋為貴耳，余惟以釋氏經律雖嚴，猶許人食三種淨肉，鹿肉一、豬肉一，其一則余忘之矣。若彌勒佛釋氏之卓然者，嘗飲酒食豬頭肉。至六祖乃以菜寄煮肉鍋，而曰：但喫肉邊菜，

---

[47] 《七枝因果》，收入《明清民間宗教經卷文獻》第六冊，頁 497。
[48] 《七枝因果》，頁 500。

彼蓋貧而守網，而肉亦非其所能具也。[49]

林兆恩所說的「三淨肉」，實際上應是：見為我殺者、聞為我殺者、有為我所殺之疑念者三種。按佛家戒律規定，持戒之比丘、比丘尼不可食此三種之肉。說彌勒佛嘗飲酒吃豬頭肉，更是毫無根據的說法。彌勒佛本名阿逸多，因發心修得慈心三昧，故以慈氏命名。[50]所以彌勒菩薩從發心修慈心三昧開始，即不忍食眾生肉，不可能有吃豬頭肉的事。顯見林子對佛家的齋戒義理並不清楚，而是以儒家的觀點，對吃齋一事提出他的看法。

　　三一教主林兆恩，對齋戒提出重心齋，不重形式上是否吃齋的論點，堪稱是明清以來在眾多民間教派上，主張齋戒較為理性客觀的一派。林子曰：

　　　　持齋以持心齋可也，不知持心，且不可以為人，而能作佛者未也。若也能知所以持心矣，縱曰不能作佛，是亦不可以為人乎！[51]

林子所謂的「心齋」，指的是心的齋戒，而不是口的齋戒；口的齋戒要吃齋，心的齋戒，則未必是要吃齋，強調的是心的清淨，而非口的潔淨。認為一但是開悟心性者，持心齋即可，不一定要持口齋。林子曰：

　　　　朱橘道人既得了心見了性之大，遂茹葷肉食，一無所忌。

---

[49]　《林子三教正宗統論》，收入《明清民間宗教經卷文獻》第三冊，頁 877。

[50]　詳見高觀廬編，《實用佛學辭典》，〈彌勒〉條（臺北：老古文化事業），頁 1785。

[51]　《林子三教正宗統論》，收入《明清民間宗教經卷文獻》第三冊，頁 877。

> 記曰：無故伐一樹，殺一禽，非時非孝也。殷湯解三面之
> 網，而孔子則釣之不網。孟子曰：君子遠庖廚，今三教而
> 並論之，不殺物者仁也，不廢養者義也，豈曰：藍中之魚，
> 杌上之肉，可以義而食知。至於雞鵝鴨豬羊之屬，釋氏所
> 謂必定殺者，而祭祀賓客，其廢可乎，但惟用之以禮而已。
> [52]

　　林兆恩雖然不將吃長齋列為修行必要條件，但他是提倡簡樸
戒殺及反對酗酒。在林子明經堂戒規中，有二條的規定是：

> 一不許飲酒，及街坊遊戲，以蕩心性，以妨書程。
> 一崇禮堂條示諸生者，與外人相為往來云，若會中有
> 吉事或召燕，更宜恬淡，不必殺牲，每席務要四人，五肴
> 二菜，麵湯一行，麵食二碟，清酒一壺，先期備具單帖，
> 至期自來，毋俟催速。[53]

這種簡樸戒殺、齋心的觀念，基本上與齋戒教義的本質是不相衝
突的，林子並未公開反對吃長齋，只是他更重視實質上的心齋吧
了。

　　此外，《覺世正宗》的看法，是持比較中庸的觀點，認為只
要勿輕宰殺，也能不持齋而樂道。〈家箴・勿輕宰殺〉曰：

> 上帝好生，無非化育；如來戒殺，總是慈悲。居家欲培福
> 基，勸爾當惜物命，豈僅賣牛於屠肆，乃為不仁；烹狗於
> 灶廚，方為不義。即至豬羊常物，食之亦必以時，甚而鵝

---

[52] 《林子三教正宗統論》，頁 877~878。
[53] 《林子三教正宗統論》，頁 111~112。

　　鴨微禽，殺之亦須有故。若恣口腹之欲，難免疾病之災，
　　縱不持齋而樂道，亦當愛物之存仁。[54]

類似這樣的中庸觀點，只要心存仁慈，不持長齋也能樂道，此與
林兆恩的心齋觀，亦有相符合之意。

第二節　教派吃齋者的社會人際網絡

　　就前面所述，從清代民間秘密宗教的盛行來看，清代的民間
社會，應存在著不少的素食團體，其中尤以明正德年間所創立的
羅教，及其沿生的支派，所奉行的齋戒素食最為徹底。這些被稱
為「齋公」的吃素道人，廣泛存在於下層的鄉民社會，他們有其
特殊的人際網絡，並扮演著某種社會的角色與功能，對社會產生
相當的影響力，這些都是值得關注的問題。

一、人際關係的區隔化

　　一個人一但開始持戒吃齋，則他原本的交際應酬圈立刻會受
到影響，他的人際關係也會開始轉變，這可說成是一種人際關係
的「區隔化」現象。由於在吃方面與人不同，許多原本常有的應
酬就不再參加，轉而與相同吃齋的道友相結合，形成一個特定的
生活圈，圈內的人都有一個基本的前提，就是同為吃齋的人，這
種人際關係的區隔化，是在一個人決定受戒持齋時開始。宋光宇
在宜蘭、汐止、南港一帶作田野調查時，也發現當地的一貫道信

---

[54] 《覺世正宗》，收入《明清民間宗教經卷文獻》第十一冊，頁111。

徒，成為吃齋人之後，也有類似的現象。[55]

　　清代的民間宗教盛行，教派眾多，其中絕大部份是嚴格奉行著吃齋修行，以清道光年間，教案最多的青蓮教為例，教徒常要誦念的《佛說皇極金丹九蓮證性皈真寶卷》，其中即明白說：「假知識葷不葷來素不素，吃酒吃肉得成佛，連我心中也糊突。」[56]又說：「勸君急早入中央，生死臨岐空自忙；看嘆凡夫心不古，貪圖口味宰豬羊；終朝只為兒合女，不愁赤手見閻王。」[57]意思是要教徒早早決定，要葷要素須有所劃分。因為民間宗教者十之八九皆主張吃齋修行，所以清政府為了防止這些教門傳播，自然是不許人民無故吃齋。除了那些和尚、尼姑及道士等方外之人，被認定可以吃齋修行外，一般的老百姓如果持長齋，很可能就會被官方認為是與那些密秘教門有關。這種來自官方對吃齋者的壓力，也是促成吃齋者人際關係區隔化的因素之一。不過吃齋的修道人，在地方一般人的心目中，是否會受到排斥呢?嘉慶十九年的一則教案口供中提到：

　　　　十一年正月間，王紹英因前妻病故，欲行續娶，適有延拴子之女延氏，先嫁陳小福為妻，陳小福因貧不能養贍，王紹英憑延克伸為媒，用財禮銀九十兩娶延氏為繼室。王延氏因王紹英不食蔥蒜，向其查問。王紹英將伊世代吃齋傳

[55] 宋光宇，〈一個移植的教派：一貫道在宜蘭、汐止、南港一帶的發展（1950–1999）〉，第八屆中國海洋發展史學術研討會論文，2000 年 3 月 31 日，頁 16。

[56] 《佛說皇極金丹九蓮證性皈真寶卷》，收入《明清民間宗教經卷文獻》第五冊，頁 119。

[57] 《佛說皇極金丹九蓮證性皈真寶卷》，頁 131。

教之言告述，並勸令入教，王氏未允，王紹英旋即回籍。
------迨十三年，王紹英復至陽城，因延氏尚無生育，又勸
其入教求福，王延氏應允。[58]

顯然吃齋者很容易在日常生活上，由於飲食習慣的改變，而影響
到他的人際網絡。因為飲食起居是生活中最重要的一部份，中國
人不論是居家或是人際網絡的建立，都與飲食有關。一個人一但
改變自己的飲食為吃齋，馬上就影響到他的人際網絡，更何況「吃
齋信邪教」是清政府所極力禁止的，於是所有的親朋好友，都有
可能因不能認同而害怕與你接觸。以上述的王延氏為例，初改嫁
王紹英時，亦不認同王紹英吃齋信教的作法，後來因王延氏尚無
生育，為此在先生的說服下也入教吃齋求福。如此的改變，立刻
招致村人的議論，根據王紹英的口供說：「王延氏委無傳教收徒
情事，因王延氏先嫁陳小福時，衣服藍縷，後嫁伊為妻，布衣整
齊，且不食蔥蒜，以致招村人紛紛議論等語。」[59]既招致村人的
議論紛紛，可見一般的村民，對吃齋的人有特別的看法。

　　然而，根據檔案的記載來看，一般民間對「吃齋」還是有相
當的認同度，比較有顧忌的是「信教傳徒」的問題。山西巡撫衡
齡，在奏報王紹英一案時就說：「惟時鄉間男婦有愿吃齋求福，
療病求子，不愿入教者，王紹英祇得受齋供錢自三、五十文至三、
二百文不等。」[60]鄉間這些為求福報，或治病求子而吃齋，奉獻

[58]　《清代檔案史料叢編》第三輯（北京：中華書局出版，1997年11月），
　　　頁2。

[59]　《清代檔案史料叢編》第三輯，頁4。

[60]　《清代檔案史料叢編》第三輯，頁2。

齋供的人有多少呢？衡齡在鳳臺、陽城二縣調查後的回報是：「查此案內，僅止聽從吃齋，給予齋供錢文，並未習教之男婦人等，為數不少。奴才當飭鳳臺、陽城二縣，親脂四鄉，細加確查，並愷切開導。」[61]清政府發現民間的吃齋風尚，多數是由民間的秘密教派所帶動，受和尚、尼姑、道士等修道人的影響不大，如此反令地方政府更為擔心。於是巡撫衡齡乃要求縣官必須澈底清查，務令吃齋者改悔吃葷，為了證明其悔改情形，衡齡令該縣「復當面與以葷腥之物，共相取食，目擊情形，實系一律改悔，並飭造改悔男婦冊，取具鄉地甘結，由縣加結，呈送前來。奴才復摘提數人，確加查訊其改悔情形，與該縣等所訊相同。」[62]由此大費周章的審訊具結，目的在確保縣內沒人吃齋，可見清政府對民間吃齋者的顧忌很深。

在這樣的情況下，鄉民間的吃齋者，自成一種特殊的人際網絡。一方面既是官方所忌諱取締的對象，又在民間扮演著某種特殊的社會功能。以道光七年（1827）三月間，在四川華陽縣屬新街，擺攤算命營生的楊守一為例。楊守一是流行於民國三、四〇年代的一貫道第十三代祖師，[63]平時他以茹素念經、坐功運氣、替人算命為生。後來就有街民徐繼蘭、蔣玉章、余青芳等人，因楊守一推算命理頗驗，就常相往來，並拜楊守一為師，學習打坐運氣、茹素念經。道光七年五月初，有貴州龍里縣人袁無欺來楊守一鋪內算命，由於楊所言多中，袁無欺也常來坐談。袁無欺是

---

[61] 《清代檔案史料叢編》第三輯，頁5。

[62] 《清代檔案史料叢編》第三輯，頁6。

[63] 孚中，《一貫道發展史》，第貳章〈一貫道溯源〉（臺北：正一善書，1999年3月）。

青蓮教第十二代祖，楊守一對袁所言道理及開示真經頗為信服，
於是連同常來楊守一鋪內的徐繼蘭等人，一同拜袁無欺為師。袁
離開後，楊守一等人就在地方上組成一個茹素誦經，禮拜青華老
祖及無生老母的「報恩會」。利用每月的初一、十五辦供作會念
經，所念的經卷為《報答父母恩經》，參加的每人給楊一、二百
文至一千文不等，隨後沒多久，即被官方查禁。[64]由這個案例可
以了解，吃齋念經者，結成特定的教團，在地方上利用辦供作會
的方式，傳習宗教活動，這是不為清政府所許可的。

　　同樣的情形，在道光二十五年（1845）間，廣西巡撫周之琦
也奏稱：境內有「四川人鄧姓等，於上年秋間來省行醫、算命、
勸人吃素，業已潛逃。」[65]鄧姓指的是青蓮教徒鄧依真、鄧良玉
兩人，他們和許多青蓮教徒一樣，常藉算命或醫病的方式，傳教
勸人吃齋。青蓮教是道光朝較大的一個教派，它的發展很快，傳
播也很廣。加入青蓮教信徒幾乎都會吃齋茹素，這是其主要特
點，由此也令信教者的人際關係產生區隔化，凡是立愿吃齋者，
就不大可能會離開青蓮教。

二、人際網絡的建立

　　民間宗教的信奉者，藉著傳教收徒的方式，以傳者為核心建
立起一個特殊的人際網絡。乾隆十三年（1748）間，在山西長治
縣北關村的一個廟會，信奉混沌教的馮進京，在那裡擺攤子賣

---

[64] 《軍機處檔・月摺包》第 60885 號，道光 8 年 6 月 16 日，四川總督戴三
　　錫奏摺。
[65] 《宮中檔道光朝奏摺》，第十四輯，頁 281~282，道光二十五年四月二十
　　八日，廣西巡撫周之琦奏摺。

針，遇上同在一處擺攤賣烏綾的王會。根據馮進京的口供說：

> 王會是直隸沙河縣人，同在一處擺攤，說起他是吃齋的
> 人，他因有病，小的說會治病，還有老師傳傳的妙法。初
> 三日散會了，就一同到小的家，小的領他在神前磕頭，就
> 將運氣念無字真經的法子教他，說做成了有效驗，將來可
> 以成佛作祖。他替小的磕一個頭，小的又教他要三皈五戒
> 才得成正果，一皈佛、二皈法、三皈僧，一戒不殺牲、二
> 戒不偷盜、三戒不邪淫、四戒葷酒、五戒不誑語。又將張
> 公祖、王奉祿傳的偈教他，他就十分信服。[66]

馮進京是在他三十多歲時，拜村裡人王奉祿為師。王奉祿是位信
教吃齋的道人，平時以勸人「吃齋說偈」的方式，吸收信徒。馮
拜他為師時，王傳給馮的偈語是：「化言化語化良人，同進天宮
證佛身，修行圓滿正果位，勝積寶貝共黃金。」又四句：「清涼
廳上好歡喜，我下靈山暗吊賢，天生慈悲加生意，要分三乘也不
難。」[67]王奉祿所傳習的教門，是由村裡的另一位張進斗所傳，
張被稱為張公祖，可見張進斗是最先在這村裡傳道的人。由張公
祖所傳下的信徒愈傳愈多，王會算是第四代，後來，王會也開始
傳徒，並陸續引人到馮進京處拜師。此時，村裡的傳道工作是以
馮進京負責接替，於是漸形成一個以馮進京為首的信教吃齋團
體。這群人在乾隆十八年（1753）的官方取締中被捕。

　　一但傳教收徒，就漸漸形成一群同質性的吃齋團体，因而引

---

[66] 中國人民大學歷史系、中國第一歷史檔案館合編，《清代農民戰爭史資料
選編》第三冊（北京：中國人民大學出版社，1991年6月），頁271。

[67] 《清代農民戰爭史資料選編》第三冊，頁270。

來官方的注意，甚至進抓。所以有的人信教吃齋，就自家人默默
的在家裡吃齋修行，不隨便讓外人知道。馮進京的第二兄弟，就
是典型的例子，根據馮進京的口供說：

> 小的第二兄弟跟著小的父親吃長齋，他每日在佛前供清茶
> 一杯，吃著飲食也要供佛，並不同小的一教。他不收徒弟、
> 不傳經卷，只是自己修齋。[68]

清政府對於實止茹素燒香、拜佛念經，止圖邀福，並未拜師傳徒，
亦不知邪教名目者，是可以允許的。此外，同在馮進京這個吃齋
信教的團體中，有一位七十四歲的曹茂臣，他的情況比較特殊，
曹從小就是胎裡素，謂之天戒不吃葷。雍正六年（1728）間，經
司禮引進就拜馮進京為師。[69]

　　道光十二年（1832）間，清政府在順天府三河縣一帶，查獲
有信奉混元紅陽教的吃齋人張景山，在地方上以張為首有一群吃
齋信教的人。根據張景山的口供說：

> 伊早年拜劉仲玉為師，入混元教喫齋念經，並代人治病。
> 嘉慶十七年六月間，劉仲玉囑伊接管教務，伊應允，將混
> 元老祖神像及經卷等物領回供奉。彼時同教有孫文士帶領
> 眾人行禮，名為領眾；孫文志經理上供香燭，名為壇主；
> 楊俊陳設經卷，名為經主；段明楊約束眾人，名為管眾；
> 尹廷樞管教眾人喫齋，名為調眾；陳顯旺買辦祭品，名為
> 供主；段龐舜催人辦供，名為催眾。至蕭呈、王幗璽，因

---

[68]　《清代農民戰爭史資料選編》第三冊，頁 273。

[69]　《清代農民戰爭史資料選編》第三冊，頁 275。

> 家計充裕，每逢無力之人上供，均係兩家墊辦，名為大乘
> 會首，取承擔大眾之意。[70]

可知這一群吃齋信紅陽教的人，是相當有組織的團體，內部分工
很細，有領眾、壇主、經主、管眾、調眾、供主、催供等職稱，
顯然是配合平時，上供拜佛念經吃齋時的運作需要而設。

道光二十五年（1845）間，官方在雲南查獲一群以婦女為主，
名為「清淨道」的吃齋念佛團體。根據雲南巡撫吳其濬的奏報：

> 該府縣拏獲習教傳徒之陸孫氏等，當即督同嚴加訊詰。據
> 供各因許愿喫齋念佛，街鄰婦女漸相聯結，因名清淨道。
> 每逢會期，俱來禮拜，各出錢數十文不等，並無不法等事。
> [71]

雲南巡撫吳其濬也說：「雲南風俗素敬釋道，各寺燒香禮佛，實
為繁盛。」[72]所以在地方上，只要有人起來號召念佛吃齋，很容
易就得到別人的共鳴。上述的清淨道，較特殊之處是以婦女為主
的吃齋念佛體團，經官方的詳細究訊，查出是由四川敘州人林依
秘所傳入，也算是青蓮教的系統。

三、設庵堂、齋堂集體作會吃齋

秘密宗教信徒，勸人吃齋信教最有效的方式，莫過於設立庵

---

[70] 《上諭檔》（方本），道光 12 年 6 月 6 日，頁 50~51。
[71] 《道光朝宮中檔》第十四輯，頁 180，道光二十五年四月十九日，兼護雲
貴總督雲南巡撫吳其濬奏摺。
[72] 同上註。

堂、經堂或齋堂之類的聚會處所，藉此來舉辦各項酬神作會念經
吃齋的大型活動。通常是以可消災祈福為由，吸引地方上的人，
不論是否入教皆可來參與。由於庵堂、齋堂外觀看起來像一般廟
寺，官方一時也不易查覺，所以很方便推展活動，這方以羅教最
為成功。

　　乾隆三十三年（1768），清政府在江蘇查獲主守羅教經堂的
出家人性海，除了供出江蘇一帶有無為教經堂外，也供出在杭州
孔聖橋一帶有錢庵、翁庵、潘庵等三處羅教的庵堂。[73]官方派員
前去追查的結果，並未見有孔聖橋，之後才在北新關外拱宸橋一
帶，查獲許多不僧不俗的廟宇，俱係供奉羅教、羅經。所查到的
羅教庵堂有：[74]

庵　堂	地　　　　點	主持人
李　庵	杭州北新關外拱宸橋	劉天元
劉　庵	杭州北新關外拱宸橋	丁天佑
老　庵（即錢庵）	杭州北新關外拱宸橋	朱光輝
萬　庵（即翁庵）	杭州北新關外拱宸橋	唐　潮
王　庵（即潘庵）	杭州北新關外拱宸橋	王世洪
陸　雲　庵	杭州北新關外拱宸橋	繆世選
八　仙　珠　庵	杭州北新關外拱宸橋	仲壽成
周　庵	杭州北新關外拱宸橋	韓德山
李　庵	杭州北新關外拱宸橋	李應選
王　庵	杭州北新關外拱宸橋	周成龍
虞　庵	杭州北新關外拱宸橋	虞少亭
清　涼　庵	杭州北新關外拱宸橋	高萬成
滾　盤　珠　庵	杭州北新關外拱宸橋	陳起鳳
劉　庵	杭州北新關外拱宸橋	宋起文

[73]　《史料旬刊》第十二輯，〈羅教案〉，乾隆三十三年九月十日，永德摺，
　　　頁天 404。

[74]　《史料旬刊》第十二輯，同上註，頁天 404~405。

李　庵	杭州北新關外拱宸橋	李　文
閻　庵	杭州北新關外拱宸橋	沈世榮
石　庵	杭州北新關外拱宸橋	吳吉士
劉　庵	杭州北新關外拱宸橋	楊欽
章　庵	杭州北新關外拱宸橋	戴成武
黃　庵	杭州北新關外拱宸橋	黃裔祠
彭　庵	杭州北新關外拱宸橋	彭應葵
王　庵	杭州北新關外拱宸橋	丁文學
劉　庵	杭州北新關外拱宸橋	張國柱
何　庵	杭州北新關外拱宸橋	

以上是在杭州北新關外的庵堂，有列出來的二十四處，實際在檔案中所載，以前多時達七十多處，到乾隆三十三年間（1768）還有三十多處。這些羅教的庵堂，主要是由錢庵、翁庵、潘庵三支庵堂所分出，尤其是錢庵，最為資深，被稱為「老庵」。這些分出的支庵，初成立時，多以負責的庵主姓氏來命名，少數是以地名來稱呼。

這次清政府在杭州北新關一帶，查獲的三十多處羅教庵堂，經詳加審訊後，對羅教庵堂的活動，有了較清楚的了解。這三十多處的庵堂，主要是提供給回空的漕運水手存頓之所，這些水手多為信奉羅教的信徒，庵堂正好成為他們的聚會場所，提供休息之處，及作會吃齋念經酬神等的宗教活動。所以一間庵堂的經營，和這些漕運水手有密切的關係。根據檔案的記載來看，每一間庵堂皆有一至二位的年老長者看守，這些老者多是退下來的老水手，且是虔誠的羅教信徒，平時在庵堂內吃齋修行，所以又被稱為「老官」。通常這些庵堂的四周，皆有餘地供給留守的老官耕種，以資糊口。等到漕運船回期時，庵堂就成為水手們棲息之處。

閩浙總督崔應奏稱：

> 每年糧船回空水手人等，內有無處備趁者，即赴各庵寓
> 歇。守庵之人墊給飯食，俟重運將開，水手得有僱價，即
> 計日償錢，藉沾微利。其各庵藉寓之水手，亦不盡歸羅教
> 之人，而每年平安回次，則各出銀五分，置備香燭素供，
> 在庵酬神。向來守庵之人，是日念經數卷，其水手中歸教
> 念經者，亦即隨之如守庵之人。不會念經則惟與水手人
> 等，焚香禮拜，別無夜聚曉散及煽惑民人之事。[75]

可以說，庵堂就像是客棧，提供給水手們棲息的處所，等船運將
開時，再依住宿的天數，按日計價給錢，一天是給多少錢，檔案
中沒有清楚的記載。其次，為了感謝神佛的保佑，讓這一趟的漕
運順利平安，會利用這段休息的空檔，在庵堂內作會念經酬神，
法會結束時，大家吃頓齋宴而散。所需費用由參加的人分擔，如
上述是各出銀五分。如果是每人出銀五分，想必是一筆不小的數
目，可以辦一場很盛大的酬神法會，除了焚香念經禮拜等的主要
活動外，齋宴是最主要有的一項。藉這種熱鬧的大拜拜活動，凝
聚信徒的向心力，同時也可吸收一些新的信徒。

　　此外，漕運水手的工錢，也是利用這段回空的時候發給。根
據《漕運則例纂》記載：「嘉白等十幫，重運頭工銀六兩五錢，
舵工銀五兩三錢，水手每名四兩」，回空時「舵工銀一兩七錢，
水手每名銀一兩三錢。」[76]一年來回各一次，加起來一名水手的

待遇是五兩三錢銀子，可說相當微薄。一次回空下來，在庵堂的棲息與作會念經酬神的費用，恐怕也要花費不少。因此，庵堂和水手之間有著密切的關係，藉著羅教信仰的凝聚力，庵堂成為漕運水手的聚點，水手則是庵堂的主要經濟來源。水手老了退休下來，如果沒有家庭，可以住進庵堂養老，虔心信奉羅教，精神上有所寄托，死後也可葬在庵堂邊的義塚，所以兩者可說相輔相成。於是，以庵堂為核心，就形成一個特定的吃齋教團。

　　乾隆皇帝雖篤信佛教，每年四月八日的浴佛節，乾隆皇帝會親自吃素齋戒。四月初，乾隆皇帝即親下諭旨，規定四月初七日起，后妃止葷添素。宮內各處佛堂，都要供上素菜五品，素菜有卷籤、山藥、麵筋、香蕈、鍋渣等五種。[77]但對這次查獲的眾多吃齋作會的庵堂，乾隆皇帝卻是毫不留情，下令「悉行拆毀，其基地及種植桑麻菜蔬畝，並從前坍廢庵基內，除葬有墳塚外，其餘一概入官變價充公，仍出示曉諭，如有崇奉羅教及大乘教之人，速即自行首報，如敢隱匿，查出重治其罪以絕根株。」[78]顯然乾隆皇帝相當重視這次的查處，諭令要嚴格的執行禁令，以根絕後患。

---

[77] 林榮澤，〈清代的齋戒制度〉，未刊稿，頁5。

[78] 《史料旬刊》第十二輯，〈羅教案〉，乾隆三十三年九月十日。永德摺，頁天410。

第三節　民間齋戒文化的社會義涵

一、吃齋修來世福

　　這是下層民間社會，對吃齋最普遍能接受的觀念，認為「吃齋」是一件積功德的事。因此，民間秘密宗教就常利用這種觀念，勸人吃齋修福。前述於乾隆年間，官方在山西長治縣，逮捕到以信奉混沌教為首的馮進京。其中一位叫司禮的口供就說：「小的是長治縣西坡村人，五十六歲了，是氈匠手藝。雍正五年春間有個杜三勸小的吃齋，說修個來生好處，世上騎騾騎馬的人都是前生修來的。」[79]

　　以吃齋修來世福為由來傳教，似乎有其吸引力。另有以消災邀福為號召者，更具有說服力。清道光十四年（1834），官方破獲一個紅陽教的吃齋誦經的團體，自嘉慶年間以來，就在鄉里間以吃齋看香治病為由傳教授徒。根據直隸總督琦善的奏報：

> 嘉慶年間，劉起旺、劉文富、劉幗興、曾亮公、王進和、劉名山或因己病，或因親病，邀已故之玉田縣人董文魁、劉幗川、彭全一、趙相全、王平諾、賈文平醫治。董文魁等素係紅陽教，茹素誦經，妄稱可以消災邀福，與亦已身故之崔顯庭、丁良弼互相傳習，均以授茶看香占病為由，引誘愚民。因歷時已久，未知此教興自何人。劉起旺等病愈後，隨聽信董文魁等之言，各自拜師習教。[80]

---

[79] 《清代農民戰爭史資料選編》第三冊，頁 274。

[80] 《軍機處檔・月摺包》第 068482 號，（臺北：國立故宮博物院），道光

以董文魁為首的六人，在地方上以吃齋誦經、消災邀福、看香治病的方式，經常舉行法會。若為人治病，而有效治愈者，就勸令入教拜師，成為吃齋習教的一員。從嘉慶年間一直到道光十四年（1834）被取締時為止，這群吃齋誦經的人，在地方上有相常的功能性與影響力。

二、吃報恩齋

這在鄉民社會中是比較常見的現象，通常是家中有親人過世，或是有親人生病，為求病情早日康復，就去廟寺許願吃齋，果如所請時即依愿而行，謂之「報恩齋」。清雍正年間，官方在江南一帶，追查糧船水手信奉羅教的情形時，吃齋的水手孟有德因此被抓去審訊，孟有德在答審時說：「我父母早亡過了，因我報答我父母養育的恩，吃過三年齋，所以眾人叫我道人，我並沒有歸什麼教等語。」[81]或許孟有德是為了脫罪才如此說，但也由此可見，當時清政府對民間非出家人吃齋者，有所顧忌且是不允許的。

雍正十三年（1835），官方在查緝羅教時，抓到一位曾經吃齋的胡宗仁，他的供詞也說：「小的父親死的早，母親叫小的吃了三年報恩齋。前年三年齋滿就開了齋，久已吃暈的了，並不曾入教。」[82]另一位查獲的三乘會、滋粑教信徒夏德先，根據他的

十四年七月六日，直隸總督琦善奏摺。

[81] 《史料旬刊》第二輯，〈羅教案〉，頁天 50，雍正七年十月二十一日，史貽直摺。

[82] 《史料旬刊》第十一輯，〈安徽樅天三乘一會案〉，頁天 375，雍正十三年五月十二日，趙弘恩、趙國麟摺。

供詞說：

> 夏德先供：犯生父親先年無子，求了觀音才生犯生，取名
> 觀音保。自小多病，堂伯夏公旭勸小的吃齋的，犯生吃了
> 三年報恩齋，久已沒吃齋了，並沒入潘玉衡的教。[83]

報恩齋，一般主要是回報親人的養育之恩，認為在世的人吃齋對
死去的親人會有好處，可以得到福報。

　　另一種常見的許願吃齋情況，是有所求於神佛而吃齋。嘉慶
二十年（1815）間，官方在江南一帶查拿清茶門教時，根據方忠
猷，又名方四海的口供說：他「排行第四，年七十二歲，江西安
義縣人，在漢口開香舖生理。因年老無子，許願吃齋，後生一子，
名方義隆，現年十三歲。」[84]一但如所求的達成願望，就以「吃
齋」作為報答的條件，這似乎顯示鄉民社會的觀念裡，吃齋被看
成是件神聖而有功德的事。根據湖廣總督馬慧裕的奏報說：

> 又訊據張壽太、楊大有，均與方四海所供相同。至戴佐典、
> 徐定金，再三究詰，堅供或因母病故吃齋三年，或因無子，
> 許願吃齋，後因服滿生子，久已開齋，並沒拜人為師及傳
> 徒的事。[85]

或許是張壽太等人的脫罪之詞，說是因母病故，或因求子許願而

---

[83]　《史料旬刊》第十一期，頁天 375。雍正十三年五月十二日，江南總督趙
　　　弘恩等奏摺。

[84]　《清代檔案史料叢編》第三輯（北京：中華書局出版，1997 年 11 月），
　　　頁 16。

[85]　《清代檔案史料叢編》第三輯，頁 16。

吃齋。但也可據此觀察出一般民間的觀念，像這樣的想法和作法
應是普遍被接受的。

三、吃齋念經治病

　　雍正十三年（1835），官方在安徽南陵縣一帶查緝羅教時，
發現了一個吃齋的教團，帶頭者是位捐官的監生，叫潘玉衡，顯
然是地方上的富有人家。從他的祖父開始，即在地方上傳播羅
教，教人在佛堂用滋粑供佛，所以也叫滋粑教（又稱三乘會）。
佛堂供的是彌勒佛，平時以作會吃齋念經為主，宣稱可以念經治
病，所以地方上常有來求念經治病的。平日常去潘家作會念經吃
齋的人，主要有夏公祥、夏公旭、夏玉三、王之惠等四人。[86]根
據夏公祥供稱：

> 小的哥子夏公旭，昔年在九華進香，遇著潘玉衡的老子潘
> 茂芳，說起哥子沒有兒子，就勸小的哥子吃長齋，留哥子
> 在他家裡住，拿出經來與哥子看，從此哥子就入他的教
> 法，法名叫普根。小的在家是跟著哥子吃齋，沒有法名，
> 也沒有給潘玉衡種根銀子的。[87]

顯然潘茂芳勸化夏公旭入教吃齋，是因為夏公旭沒有兒子，去九
華山進香求子時，潘勸他入教吃齋，或許是想借此修福求子。雍
正八年（1730）三月初三日，夏公祥第一次去到潘玉衡家念經，
他說：

---

[86] 《史料旬刊》第十一期，〈安徽樓天三乘一會案〉，頁天374。雍正十三
　　年五月十二日，趙弘恩、趙國麟奏摺。

[87] 同上註。頁天375。

看見潘玉衡念經供的是彌勒佛，又叫笑羅漢。從上燈時念
到五更時候，將滋粑切開，男女各吃一大塊，吃畢各散去
睡。女人往後樓去，男人都在前樓歇，潘玉衡是在後樓歇
的。大凡逢佛菩薩生日都來在他家裡念經吃齋，有與他銀
子或三錢或五錢，實是有的。[88]

可見以潘玉衡為核心，在他家時常有一群同來念經吃齋作會的
人，有時念經一次要整夜到五更，參加念經的人就在潘家過夜。
至於這些人之所以會來念經吃齋，根據另一位常去潘玉衡家念經
吃齋的夏玉三供稱：

舊年叔子害病要死，叫小的接潘玉衡來家念經。（雍正十
三年）二月十八日，小的同王之惠，跟著潘玉衡念了一夜
經是實，平日小的跟叔子往他家念經也是有的。去年小的
去接潘玉衡，到他家看見有兩個中年女人在他家，不曉得
是什麼人，聽得是求潘玉衡念經治病的。[89]

一般民間相信吃齋的人念經才有效，潘玉衡平時就吃齋修行，以
念經治病為方式在地方上傳教，似乎也有不少人相信，由他來念
經治病是有效的。所以經常會去請潘玉衡來念經，或是到他那裡
去念經，甚至加入吃齋作會念經的行列，成為地方上一個吃齋念
經團，到處去為人念經治病，賺點生活費，成了另外的一種行業。
然而官方對這樣的一個吃齋念經團體，卻看成是地方上的亂源，
必須嚴加取締。江寧布政使李蘭就奏稱：

---

[88] 同上註。
[89] 同上註。

> 潘茂芳即潘千乘，宗習羅教，假捏三乘會名色，煽惑愚民，
> 以療病為名，聚集男婦燃點巨蠟，以滋粑供佛，昏夜念經，
> 念畢男女同飲歌宿其家，淫穢備至，俗名滋粑教。愚夫愚
> 婦被其蠱惑，遠近信從。如合肥之已故夏公旭等，南陵之
> 王子玉等，宣城之董君瑞等，無為之王子開等，巢縣之榮
> 德明等，銅陵之吳彬然等，各為其徒，授以法名。給以銀
> 錢，名曰種根，以此誘取資財，怙惡已久。[90]

顯然當時在其他地方，也有不少類似的吃齋團體，在地方上從事
念經治病的活動。這類的活動在民間社會裡，有其事實上的需
要，且從事念經的人又有銀錢可賺，難怪有不少人願意冒著生命
危險來從事。

　　類似的情形，到道光年間，清政府在直隸一帶查獲有傳習紅
陽教的辛存仁等人，以燒香拜菩薩吃「准提齋」為名，在地方上
為人治病。早先是因辛存仁的母親牟氏久病不癒，於嘉慶十七年
（1812）間，巧遇紅陽道人王慶環路過借宿，王慶環即傳授辛存
仁念經治病之法，辛因而拜王為師，學習紅陽教。常利用每月初
一、十五在家中佛堂，燒香十二炷，誦讀經卷，禮拜菩薩牌位，
上供吃齋，謂之「准提齋」，聲稱可以治病消災，吸引地方上不
少的信眾。[91]

四、擺素供作會治病

　　後來在道光年間，清政府在直隸深澤縣、祁州一帶，查獲有

---

[90]　同上註。

[91]　《軍機處檔・月摺包》第 055254 號，道光七年三月二十五日，富俊奏摺。

紅陽教徒王洛增，在家安設佛堂，經常藉擺素供作會為人治病，在地方上吸收有不少的信徒。根據直隸總督琦善的奏報：

> 王洛增之故父王得玉，在日素習混元門，即紅陽教。不知
> 傳自何人，學習盤坐功夫，藉畫茶治病，煽惑鄉愚，每月
> 十四日做會一次。-------其教仍按期在家擺供做會，同教之
> 人有赴會者，各帶京錢一二百文不等作為香資。如邀其治
> 病，令病人跪在佛前，王增洛向北燒香，將茶葉一撮供於
> 桌上，用手搯訣代為祈禱口念，病人左首與中間如有涼
> 氣，俱與醫治，右邊若有涼氣，即不與醫治，念畢，令將
> 茶葉煎服。[92]

王洛增平時吃齋念經修行，在地方上藉由擺供作會，為人治病的方式來吸引信眾，推展教務。族姪王胡椒的口供就說，他是常去王家幫忙做素供，尤其是做會為人治病時，所擺的素供常是由他所做。其他常去王家的信眾，多是因王洛增的畫茶治病有效而加入。[93]

　　紅陽教，又稱弘陽教、混元門、混元紅陽教等名目，是由飄高祖師創於明萬曆二十二年（1594）。該教也尊奉羅祖為其前輩祖師，吸收了一些羅教的教義思想，所以也強調吃齋修行的重要。根據《弘陽苦功悟道經》中的記載，飄高祖自幼即每日燒香念佛、斷葷齋僧，長大之後發心修道，到處拜訪明師，終於悟道，

---

[92]　《宮中檔道光朝奏摺》第十二輯，頁 497。道光 18 年 1 月 26 日，直隸總
　　　督琦善奏摺。

[93]　同上註。

並創立紅陽教。[94]

　　同樣在直隸的玉田、遵化、薊州、寶坻等州縣，清政府也查獲有傳習紅陽教徒董文魁等人，素係紅陽教茹素誦經，妄稱可雨消災邀福。[95]董文魁也是在家裡安設佛堂，平時在地方上以授茶看香治病為由，吸引鄉民入教。根據總督琦善奏稱：「授茶治病的方法，是擺素供作會燒香，用一撮茶葉供於桌上，跪誦真言是：虛空藥王到壇中，童子來下藥，急急落茶中等句，誦畢將茶葉在香上繞數轉，令病人用薑煎服，別無咒語。」[96]這種擺素供燒香治病的情況，在民間秘密宗教中似乎頗為常見。道光十三年（1833）間，在河南南陽府唐縣，清政府也查到有載義等人，在王元亨的家裡，點著香燭，擺設素供，由載義主持禮拜儀式，一共有八、九人，一同傳習天竹教，說是可以「不患災病」。[97]

　　除了江南齋教等羅教系統的齋堂，常有作會吃齋的活動外，紅陽教也常有燒香上供吃齋、念經治來的活動。道光十二年（1832）間，官方在直隸宛平縣廣安門外孟家莊，查獲紅陽教會首孟六等十多人，自嘉慶九年以來，就經常在地方上舉辦齋供念經。根據曹振鏞的奏報稱：

　　　　嘉慶九年間，孟六同妻楊氏、龐五同妻劉氏，並彭會、康

---

[94] 詳見馬西沙、韓秉方，前引書，第九章〈弘陽教的淵源與變遷〉，頁 489~491。

[95] 《軍機處檔·月摺包》第 068482 號，道光十四年七月六日，直隸總督琦善奏摺。

[96] 同上註。

[97] 《軍機處檔·月摺包》第 066092 號，道光十三年十二月十二日，耆英等奏摺。

四等均拜同村之谷老為師，入紅陽會。谷老家供有飄高老
祖圖像，每年五月十七日、九月十七日，孟六等各出京錢
一百餘文，送交谷老燒香上供吃齋，念誦源流經、明心懺
各散。孟六、彭會、康四即在外為人治病念經，求佛祖看
病下藥等語，用茶葉花椒等物給人煎服。[98]

紅陽教徒平時也常有這些上供吃齋的活動，每年五月十七日、九
月十七日，是紅陽教特定的作會日期，紅陽道人平日吃齋念經，
也藉此為人治病，假藉神佛看病下藥，或用拜佛的茶葉當藥來煎
服。

五、茹素吃齋、卻病延年

除上述吃齋念經可以治病外，民間宗教的信奉者也提出，無
病痛者吃齋有預防病痛，延年益壽的功效。乾隆三十三年（1768）
間，跨連江蘇與浙江的太湖一帶，查獲有喫齋誦經的長生教齋堂
多處。根據江蘇巡撫彰寶的奏摺稱：

> 吳江縣盛澤鎮地方有長生邪教，已獲金文龍一名。----供有
> 朱華章等住居長生庵，倡立長生教，誘人喫齋誦經，並以
> 果品供佛，分送燒香之人。妄稱可以延年，又名果子教等
> 語。當即將在庵之朱華章、金文龍、萬永法等拿獲，搜出
> 刊抄經卷一百九本，又究出被誘男婦共二十餘人。立即委
> 員分往嚴拿，按名就獲，臣隨將各犯押帶回省，督同臬司
> 等嚴加細究，據供其教係已故之姚廷章、倪天祥所傳。倪

---

[98] 《上諭檔》（方本），道光 12 年 1 月 19 日，頁 225~226。

天祥得於浙江衢州府之汪普善，其汪普善受教於汪長生，現有汪長生墳墓在衢州府。西安縣汪堡墩墩旁有<u>長生庵</u>，亦名齋堂，有陸姓齋公接待往來之人，陳姓齋公供奉汪長生畫像。又浙江嘉興縣南門外<u>何庵</u>，有陸天宜，及嘉興縣城內府學前<u>彌勒庵</u>，有漢子惠，俱是長生教齋公等語。[99]

長生教教主汪普善是姚文宇的大弟子，根據《三祖行腳因由寶卷》所載，姚文宇是羅教的第三祖，姚祖繼承二祖殷繼南，統一浙江的各派羅教組織。大弟子汪長生（普善），由於眾廣心高，乃脫離羅教，另立科規，建立了長生教。[100]所以長生教也算是羅教的分支，它的一些基本組織結構，還是依據羅教而來。例如：同樣是主張信徒必須齋戒素食，也以庵堂與齋堂作為道務運作的中心。

　　如前面第四章所述，長生教的庵堂，每年固定於正月初一、三月初三、六月初六、九月初九、十一月十七等五日，有作會拜懺念經的時間。回來參加的信徒，每人各出米一升，錢十二文，以備香燭菜蔬之用，法會結束時，共食素齋一頓而散。[101]這種利用庵堂舉辦齋會的活動，正是長生教的主要特徵。該教很重視念經拜懺，聲稱可以卻病延年，獲得長壽，故名為「長生教」。所念的經以佛教的《心經》、《金剛經》為主，同時集合愈多人一起念經拜懺，認為效果愈好，所以多在莊嚴的庵堂內舉行，念經完後大家一起吃齋飯，謂之「長生齋」。

---

[99] 《史料旬刊》第十三輯，〈浙江長生教案〉，頁天449~450．乾隆三十三年九月十八日，彰寶奏摺

[100] 馬西沙、韓秉方，前揭書，頁349。

[101] 《史料旬刊》第十五輯，〈浙江長生教案〉，頁天529。同上奏摺。

　　長生教是羅教的分支，信徒的組成是一般的民間大眾，庵堂吸引信徒的方式，就以勸人吃齋念佛，可卻病延年為由，與民間社會的基本需求相結合，扮演起一種特殊的社會功能。除了在庵堂舉行念經法會外，一般的信徒也可在自家中，成立臨時的長生齋念佛會。乾隆年間，浙江嘉興縣的長生教信徒王懷德，因他的哥哥王明懷生病多日，就邀同村人金敘壬、楊敘良一同來王明懷家共起念佛長生齋會。往後這個念佛長生齋會，就固定利用每年的正月初一、三月初三、九月初九三次，在王明懷家念佛作會，一次參加的人員約十位，各出錢米以為香燭飯食之費，一直到乾隆二十六年（1761）王明懷病故去世為止。[102]

　　道光年間，官方又查獲湖北、甘肅一帶有教民，教人吃齋茹素，聲稱可以延年益壽。湖南巡撫陸費瑔奏稱：

> 據黃致恭即黃克立供：原名德修，善化縣人，與安依成素識，道光二十三年月內，安依成勸伊吃齋行善，可以卻病。後來安依成在湖北寄信，叫伊前去，伊就到湖北省洗馬池廣興棧壇內，拜安伊成為師。[103]

安依成是道光年間青蓮教的先天五行之一，其他四位分別為：彭依法即依法子，原名彭超凡。陳依精即依精子，原名陳汶海。林依秘即依成子，原名林周官。劉依道即依道子，原名劉英。另外還有後天五行，依元、微、專、果、真五字，也各有一位領導者，合這內外五行稱「十地」，都是以「依」字來派行。此外尚有「七

---

[102]　《史料旬刊》第十五輯，〈浙江長生教案〉，頁天530。同上奏摺。

[103]　《宮中檔道光朝奏摺》第十四輯，頁176~177。道光二十五年四月十八日，湖南巡撫陸費瑔奏摺。

致」，分別為致溫、良、恭、儉、讓、克、持等七支，都是以「致」來派行。[104]總計青蓮教是分成十七支向全國各地發展，可見其規模相當大。而青蓮教是很強調吃齋修行的一個教派，主張「吃齋坐功，可卻病延年」，當時該教的主要領導者彭超凡，即撰寫《齋戒述原》一書，極力提倡吃齋。分出十七支到處去傳教時，凡入其教者，必然是以吃齋為基本條件，以致清政府在取締青蓮教，直接就以是否有吃齋收徒為辨別的依據。

青蓮教徒黃致恭的供詞就提到：「本年（道光二十三年）三月，由襄陽回至武昌，見乩壇已撤，聽聞查拏吃齋的人，安依成們俱未尋見，伊潛逃回家即被拏獲。」[105]可見清政府在查拿秘密教派時，吃齋者如果不是出家人，很可能就是官方所要查緝的對象。以致常有教犯被抓後，就以不吃齋、未傳徒來脫罪。青蓮教徒言致讓被捕時供稱：

> 伊派名致讓，令往湖南傳教，伊即於年底回家。嗣因無人聽信，不能傳人。二十四年六月內，伊親赴湖北，堅意辭退。彭依法就叫張克廣頂伊致讓之名。伊即回家，伊從前誤被彭依法煽惑，拜師入教，現在已悔改，並不吃齋，亦未傳徒。[106]

有可能言致讓真的是辭去教職，才由張克廣頂替，所以會特別強

---

[104] 《宮中檔道光朝奏摺》第十五輯，頁 666。道光二十五年九月三十日，湖南巡撫陸費瑔摺。

[105] 《宮中檔道光朝奏摺》第十四輯，頁 176~177。道光二十五年四月十八日，湖南巡撫陸費瑔奏摺。

[106] 同上註。

調，他已不吃齋，也未傳徒，目的在減輕其罪。

青蓮教是道光時期，較大的一個秘密教派，根據湖北巡撫趙炳言查獲的教徒名簿內載：四川省有李依微等七十三名；湖南省有謝致良等五十六名；江西省有張尚延等十六名；雲南省有夏致溫等五十九名，內多有婦女名目。[107]這些散佈於四川、湖南、江西、雲南等地的教徒，平日以吃齋行善，坐功運氣，希圖卻病延年。同時也勸人入教吃齋，傳播相同的理念，將吃齋視為最主要的憑藉。

六、做會吃齋

民間秘密宗教的信眾，除在家中私設佛堂，收徒入教念經吃齋，如上述潘玉衡等人的方式外，在閩浙等地的鄉民社會中，則發現有以較大型的法會形式，集體齋供誦經，並模仿佛教齋僧會的方式，辦齋素筵招人入會。乾隆十三年（1748）間，官方在福建建安、甌寧等地，查獲羅教的支派老官齋教，聚集上千人在離建安縣城五六十里之北坪地方，做會念經吃齋。根據大學士訥親的奏摺稱：

> 建安、甌寧地方有老官齋一教，平素誘人喫齋從教，詭言可以成佛。其喫齋之時，每月一二次，或數十人或近百人，至期聚集率以為常。[108]

---

[107] 《宮中檔道光朝奏摺》第十四輯，頁157。道光25年4月15日，湖北巡撫趙炳言奏摺。

[108] 《史料旬刊》第二十七期，〈老官齋案〉，頁天964。乾隆十三年三月初三日，訥親奏摺。

另外福州將軍新柱也奏稱：

> 老官齋教係羅教改名，即大乘教，傳自浙江處州府慶元縣
> 姚姓，遠祖普善遺有三世因由一書，托言初世姓羅，二世
> 姓殷，三世姓姚。見為天上彌勒，號「無極聖祖」，無論
> 男婦，皆許入會吃齋。入其教者，概以普字為法派命名，
> 其會眾俱稱老官。閩省建、甌二縣從其教吃齋者甚多。------
> 各堂入會男婦，每逢朔望，各持香燭赴堂念經聚會，每次
> 人數多寡不等。[109]

從這兩摺奏報中，可以發現在福建建、甌二縣，有不少的鄉民，
每逢初一、十五，有男有女各自帶著香燭，到就近的齋堂上香念
經吃齋。人數一次數十、數百或上千人不等，有的可能只是聽說
吃齋可以成佛，就跟去吃齋，也有不少是正式入教成為老官齋教
的信眾。根據福州將軍新柱的調查，當地的齋堂共有五處，分別
是：

> 齋明堂　設立於移立，會首陳光耀
>
> 千興堂　設立於後周地村，會首江華章
>
> 得遇堂　設立於芝田村，會首魏華盛
>
> 興發堂　設立於七道橋，會首黃朝尊
>
> 純仁堂　設立於埂尾村，會首王大倫[110]

可以想見，每逢初一、十五，這五處的齋堂一定很熱鬧，聚集很

---

[109] 《史料旬刊》第二十七期，〈老官齋案〉，頁天 965~966。乾隆十三年三
　　年十四日，新柱奏摺。

[110] 《史料旬刊》第二十七期，頁天 966。同前奏摺。

多鄉民在堂內念經做會吃齋。這次乾隆十三年的老官齋案，是發生在前年的十一月間，移立的「齋明堂」內，聚集有上千人做會念經點蠟，鄉長陳瑞章害怕人多會出事，就去稟報甌寧縣丞程述祖前來取締，將會首陳光耀等五名逮捕監禁。結果引起信眾的不滿，起來暴動準備劫獄，最後是被官兵鎮壓下去，殺死數十名，逮捕一百五六十名，事件才算平息。[111]

　　事後清政府雖大力搜捕老官齋徒，並拆毀調查到的齋堂，不過似乎很快又恢復起來，齋堂做會吃齋的現象，一直到光緒年間都還有。福建的古田縣，在光緒二十一年（1895）時，就發生震驚中外的「華山教案」，此一教案的發生，基本上也是當地的齋教徒，為了做會圓齋所引起，只是此時的齋教徒，是以「吃齋戒煙」為訴求，獲得鄉民普遍的扶持，因而與古田的基督教民，產生利益上的衝突，於是引發齋教民殺害英國傳教士的事件。[112]值得注意的是，根據被捕齋民的供詞，我們有比較清楚的了解，齋教徒做會吃齋時的情形。劉祥興事後的口供說：

> 小的向來吃菜，普名、普太到普田縣有十多年了。先是釘秤生理，近這五、六年藉說戒煙名目，供奉普陀佛，引人吃菜，其實並沒法術。那吃菜人初進會時，每人出記名錢三十三文，又公項錢一百二十文，圓關念經時，每人出錢一千六百八十文，備辦香燭、素菜八碗，合成八掛式，賬目是這張濤管理。漸煽誘他們吃菜戒煙，也有求保平安，

---

[111] 同上註

[112] 林榮澤，〈吃齋戒煙與清末的華山教案〉，未刊稿，2000 年 1 月。

> 也求別事件，愈集愈眾。[113]

作一般的齋會時，入會吃齋者要準備一百二十文的齋供錢，及記名錢三十三文。如果進一步參加圓關念經法會的大齋會，就要出錢一千六百八十文，一般齋教徒到參加圓關齋會後，就會由主事者賜給一個法名，通常是以「普」字命名。凡是參加過圓關齋會者，就成為齋教徒的基本幹部，並立愿終身吃齋。

這種做會吃齋的現象，似乎到處都有，尤其是道光朝以來更盛。道光十四年（1834）間，官方在北方的直隸饒陽縣，查獲在家擺供做會的周承宗等人。發現自乾隆四十三年（1778）以來，周承宗即在家中安設佛堂，平時茹素誦經，奉習清淨無為大乘教。由於所誦的經典主要是苦功、嘆世等經，可能也是羅教的支派。[114]入其教者必須皈依五戒：一不殺生、二不偷盜、三不邪淫、四不葷酒、五不誑語。信徒平時吃齋，「每年二月十五、六月初六兩日，同教之人做會一次。做會時用素菜饅頭清茶等物擺設，桌上點燈一盞，並不燒香，各人朝上磕頭諷誦苦功、嘆世等經，吃齋而散。」[115]這種在家擺供做會的方式，通常較為隱密，不似前述在福建建、甌一帶做會的方式，是在戶外大規模的舉行。擺供做會是民間宗教吸收信眾的主要依據，如是在家裡舉行時，來者以教徒為主，限於空間，人數不會太多。如果是在戶外舉行時，由於來參加的人沒有限定是否信教，只要備妥齋供錢作為香資，任何人都可以來參加，所以參加者很多。擺供做會時，通常會順

---

[113] 《教務教案檔》第五輯，頁 2023。

[114] 《軍機處檔‧月摺包》，第 067073 號，道光十四年二月十七日，直隸總督琦善奏摺。

[115] 同上註。

帶安排素齋，招待來參加齋供的信眾。

七、辦供作會吃齋以驅時疫

遇上有流行疫情發生，辦供作法會，念經吃齋，宣稱可避免
蘊疫上身，也可為亡者祈福，這在地方上很容易得到大家的響
應。道光年間，清政府在直隸大興縣張字營村一帶，查獲有李自
榮等一行人，藉辦供喫齋以驅時疫為名，在村裡作會誦經。根據
曹振鏞的奏報說：

> 李自榮因村人染時疫多有病故，並無僧道念經追薦，隨商
> 允田懷得、李成玉起立敬空會，釀錢製備神像法器等物，
> 念誦地藏燄口，並源流等經卷。為人薦亡俱不索謝，並於
> 每年正月十五、二月十九、四月初八、十月十五等日，在
> 該村龍王廟內，望空向故尼敬空禮拜，念誦經卷，為村人
> 祈福。李自榮向村人零星湊錢辦供喫齋，其出錢人均未入
> 會。[116]

由李自榮帶頭組成的敬空會，是因為張字村發生疫情，為了驅邪
避疫所成立。每年有四次大型的辦供喫齋法會，參加的人員除了
幾位主要的信眾外，全村的人一定也會參與，所以李自榮只讓一
般的人，出錢辦供喫齋，並沒有要大家都加入敬空會。由此不難
看出，民間秘密宗教的辦會吃齋，是如何巧妙的與地方上的需要
相結合，使宗教活動更容易去推展。

同樣的情形也發生在滇南一帶，有青蓮教徒周位掄、譚致富

---

[116] 《上諭檔》（方本），道光十二年二月二十八日，頁302~303。

等人，另行創立「金丹大道」，利用「滇南向多瘴癘瘵疾，民間
茹素較多。」[117]藉入教吃齋，可消災延壽為詞，大肆在鄉間發展
教務。

第四節　齋戒信仰的社會影響：一貫道的個案分析

　　清代蓬勃發展的民間宗教，依前述的統計，教派名目之多，
至少有近二〇〇種以上。這些教派大多一直延續到民國時期，根
據新近大陸各地出版的地方志作統計，在民國四〇年代的華北地
區，至少有近一〇〇〇種的教門。[118]這麼多的教門，在 1949 年
之後，經中共官方三反五反的嚴厲取締，迅速的在大陸各地消
逝。另有一部份的民間宗教教門，則轉向海外各地發展，其中以
一貫道傳來臺灣的發展最為成功。一貫道在民國時期的大陸，也
是傳播較廣，信徒較多的一個教派，它有很多的特質，是明清以
來民間宗教之集大成。若要了解明清以來民間宗教的傳教活動情
形，一貫道應是最佳也是唯一的範本。因此本節將以目前在臺灣
的一貫道作為田野觀察的對象，探討其教內齋戒信仰的情形，及
其社會影響。

---

[117] 《宮中檔道光朝奏摺》第十五輯，頁 267。道光二十五年八月八日，雲南
　　巡撫鄭祖琛奏摺。

[118] 林榮澤，《天道普渡：一貫道的興起（1930–1950）》（國立臺灣大學歷
　　史學研究所碩士論文，民國 86 年 6 月），頁 22。

一、淵源與發展

　　學界目前對一貫道的起源，有李世瑜[119]、宋光宇[120]、周育民[121]、馬西沙[122]、林萬傳[123]、蔡少卿[124]、淺井紀[125]、佐藤公彥[126]等人，各據不同的史料提出不同的看法。歸納起來說，大致上較有可能的是，馬西沙依據清代檔案所記載，認為一貫道的起源，最早可追溯到清康熙初年，在直隸一帶傳佈大乘教的羅維行。[127]若就一貫道內所傳的《道統寶鑑》所記，有可能就是東方後第八祖羅蔚群。[128]羅蔚群的大乘教於雍正年間，傳到江西的九祖黃德輝。直到乾隆五十五年（1790 年）左右，經九祖、十祖吳

[119] 李世瑜，《現代華北秘密宗教》，第二章〈一貫道〉（臺北：古亭書屋 民國 64 年 8 月臺一版）。

[120] 宋光宇，《天道鉤沉──一貫道調查報告》（臺北：元祐出版社，民國 73 年 12 月 1 日再版），頁 117。

[121] 周育民，〈一貫道前期歷史初探──兼談一貫道與義和團的關系〉，《近代史研究》第 63 期，1991 年 5 月。

[122] 馬西沙、韓秉方，《中國民間宗教史》，第十八章〈一貫道的源流與變遷〉（上海：上海人民出版社，1992 年 12 月）。

[123] 林萬傳，《先天大道系統研究》（臺南：逩巨書局，民國 75 年 4 月訂正二版）。

[124] 蔡少卿，《中國秘密社會》（杭州：浙江人民出版社，1989 年 3 月），頁 173。

[125] 淺井紀，《明清時代民間宗教結社の研究》（東京：研文出版 1990.9），第三篇〈先天道の展開〉及〈道光青蓮教案について〉，《東海史學》第 11 號，1977 年。

[126] 佐藤公彥，〈清代白蓮教の史的展開〉，《續中國民眾反亂の世界》（東京汲古書院，1983.6）。

[127] 馬西沙、韓秉方，《中國民間宗教史》，頁 1095。

[128] 佚人著，《道統寶鑑》（臺北：正一善書出版社）。

紫祥到十一祖何了苦，都是在江西一帶傳播大乘教。乾隆五十五年發生「大乘教案」，何了苦被流放到貴州，開啟了傳道貴州的契機。嘉慶二十五年（1820 年）間，貴州「大乘教案」再起，何了苦傳道於十二祖袁志謙，袁正式將大乘教改稱「青蓮教」，於四川一帶傳道。道光年間，青蓮教已由四川傳到陝西、湖北、江西、山東、浙江、江蘇、河南、廣西、雲南、湖南、貴州等地，成為一個全國性的大教團。[129]道光十四年（1834 年），袁志謙過逝，由先天五老代掌道統。到同治十二年（1873 年），林金秘去逝後，青蓮教正式分裂。一貫道即是在這時興起的一支改革派，由十四祖姚文宇銜接道統，經十五代祖王覺一在教義上作了較完整的建構，到十六代祖劉清虛時正式定名為「一貫道」，代表著近代一貫道的形成。[130]

一貫道真正大為興盛是在民國時期，十六祖在光緒三十一年（1905）將道統傳給路中一，是為十七代祖。路祖主要的傳道區域是在山東一帶，總壇在青州的觀音壇。民國十四年（1925），路祖逝世，道統暫由其妹妹路中節掌理，到民國十九年（1930），由十八代祖張天然接掌。張天然接掌道統之後，一貫道開始快速的發展，初期是以濟南為基礎，再向天津發展。隨著天津道務的宏展，一時人才輩出，很多張天然的得意弟子，皆在這時入道。從一九三七年起，一貫道以天津為核心，快速的向全國各地發

---

[129] 莊吉發，〈清代青蓮教的發展〉，《大陸雜誌》第 71 卷第五期，頁 26~28。
淺井紀，前揭書，頁 405~413．
[130] 詳見林榮澤，《天道普渡：一貫道的興起（1930-1950）》，第二章〈一貫道溯源〉。

展，到了一九四〇年代已遍及各省份。[131]

　　一貫道傳來臺灣，最早是在民國三十四年（1945）抗戰勝利之後，張天然首先派了陳文祥來臺灣傳道。[132]陳文祥本是臺灣高雄人，回臺的隔年就到宜蘭的礁溪傳佈一貫道。其後，天津及上海各佛堂紛紛派人來臺灣傳道，有源於上海的基礎壇，於民國三十五年（1946）及三十六年（1947），分別由黃自然、顧祥麟、袁翥鴻、袁翥鶚及張培成、李浩然等人傳入。初期在臺北市的南昌街開設基礎壇，共同辦事，道務開展後，仍各自發展。天津文化壇也於民國三十六年（1947）傳入臺灣，首先來臺開荒的是賈慶仁、孫路一，繼之有李文錦，最後是由趙輔庭來臺掌管，並設總壇於臺北市古亭區。

　　天津的天祥壇，則是由劉懋忠，於民國三十七年（1948）自哈爾濱傳入。其下有吳水鍊點傳師三十多位，總壇設於臺北市。浙江寧波明光壇，是於民國三十六年（1947），由俞鏡長、梁耐光、沈綺雲、鄭善林等人來臺傳道。同年，上海的金光壇也由屠國光來臺，在臺北縣五股設立公共佛堂。天津同興壇，是由韓雨霖，率祁玉鏞、陳鴻珍、張玉臺、李鈺銘、郝晉德、劉全祥等人，於民國三十七年（1948）抵臺傳道。同年，天津浩然壇，也由陳耀菊、梁春華、金寶璋、牛從德等四位來臺傳道。東北安東的教化壇，於民國三十六年（1947）由陳慧泉派高金澄、柳人漢抵臺傳道。哈爾濱的興毅壇，也在這一年由何宗好前人偕三才等，抵

[131] 詳見林榮澤，《天道普渡：一貫道的興起（1930-1950）》，第三章〈一貫道的發展〉。

[132]〈陳文祥前人事略〉，《一貫道紀念專輯》（臺中：國聖出版社，民國78年4月再版），頁143。

臺南市設立純陽壇。同年，江蘇武進的博開壇，也由徐昌大率顧莉莉等人，抵臺南市傳道。安徽六合的慧光壇，也在這一年由張繼勤來臺傳道。另外，吳信學、張德福、鄭德祥、鄧明坤等人的「正義輔導會」，也於民國三十五（1946）至三十六年（1947）間來臺傳道。[133]

二、齋戒信仰的內涵

一貫道也是典型的吃齋教團，從其淵源上來看，八祖羅蔚群就是一個吃齋的人。嘉慶二十五年（1820）雲貴總督伯麟等的奏摺：

> 從前有素習大乘教之直隸故民羅維行，詭稱官給《護道榜文》，入其教者受五戒，供天地君親師牌位，燒香吃齋念經，發愿文《十報恩》等項，四傳至江西故民何弱。何弱到黔，收八寨故民王道林及其妻王錢氏為徒，給經一包又五本，內一本載有《榜文》。又收龍里縣袁志禮為徒，給經十二本，內一本亦載《榜文》。[134]

就前面所探討的，大乘教是源於羅教，羅教本來就有吃齋的傳統，這點也可看出大乘教與羅教的關係。大乘教在乾隆年間經歷了幾次的「大乘教案」，傳到十二祖袁志謙時，可能是為了避免被大乘教案所牽連，改稱為「青蓮教」。有關袁志謙在四川傳道

---

[133] 詳見中華民國一貫道總會編，《一貫道簡介》（臺南：靝巨書局，民國77年1月），頁53~63。

[134] 《軍機處錄副奏摺》，嘉慶二十五年雲貴總督伯麟等奏摺。引自馬西沙、韓秉方《中國民間宗教史》頁1109~10。

的情形，道光七年（1827）載三錫的一份奏摺有很清楚的描述：

> （道光七年）五月初間，有貴州龍里縣人袁無欺，來川售
> 賣土紬，亦至楊守一舖內算命。因楊守一所言多中，袁無
> 欺常往坐談，遂稱相好。袁無欺得知楊守一吃齋唸經，即
> 言伊有一種《開示真經》，須供飄高祖並無生老母牌位，
> 每日燒香唸誦，可以消災獲福，如能學習，伊肯相傳。楊
> 守一欣然願學，即拜袁無欺為師，隨給抄寫《開示真經》
> 一本，袁無欺旋即回籍。是月二十三日，徐繼蘭、蔣玉章、
> 余青芳又至楊守一處所閒談。楊守一即起意傳徒作會斂錢
> 使用。先以念經求福之言問探，徐繼蘭等皆以為然。楊守
> 一即將袁無欺傳授經卷，令其供牌念誦，可以消災獲福並
> 盛稱其經精妙。誘令徐繼蘭等從伊學習，徐繼蘭等允從。
> 楊守一因寓所窄狹，約定二十五日在徐繼蘭家拜師作會念
> 經。至期楊守一前往相會，徐繼蘭、蔣玉章、余青芳各送
> 一千文當拜楊守一為師。楊守一將《開示真經》及《唱道
> 真言》給予閱看。曾聞供奉飄高老祖係屬犯禁，遂以《唱
> 道真言》為青華道祖講道之書，用黃紙書寫青華老祖並無
> 生老母兩位供奉，即取名為 "報恩會"。並將《開示經》
> 改稱《恩書》，掩人耳目且引人入會，眾皆依從，供設牌
> 位燒香念經。----旋於閏五月初十日，經該地方文武員弁訪
> 同帶領兵役前往查拿。徐繼蘭等當時就獲，楊守一先因出
> 外，聞風逃逸，即經派援兵役分投追捕。一面在楊守一
> 家所搜獲《性命圭旨》一本，《唱道真言》一本，《開示
> 經》一本。又在徐繼蘭家起出《開示經》一，黃紙寫青華

　　老祖並無生老母牌各一個。[135]

此一檔案是關於袁志謙在四川傳道及傳承情形的重要史料，其中
楊守一即是十三祖楊還無；徐繼蘭即是十三祖徐吉南。此一檔案
最早是莊吉發在〈清代青蓮教的發展〉一文中首先引用，並認為
「『報恩會』供奉青華老祖及無生老母，又稱『青蓮教』，楊守
一就是青蓮教主，袁無欺被奉為青蓮教祖師，同教稱之為無欺
子。」[136]檔案中提到楊守一本來就有吃齋修行，和袁志謙相識後，
因為同樣是吃齋人，很容易就談起來，後來楊守一就科袁為師，
傳習青蓮教。青蓮教後來發展成道光朝最大的民間宗教，也一直
都是維持吃齋修行的傳統。

　　既然一貫道有這樣吃齋修持的傳統，傳來臺灣的一貫道，當
然也保有這樣的特質。而且就目前臺灣一貫道重視持齋守戒的情
形來看，這項傳統是很明確的。臺灣一貫道在教義的傳承上，幾
乎全是移植大陸時期的教義，所用的善書與經卷，也是由來臺開
道的前人從大陸帶來，早期各支線來臺傳教的地點雖分佈各處，
但所用的基本善書卻是相同的。因此，要了解一貫道的齋戒信
仰，主要就是以道中常用的基本善書來探討，已是很清楚了。一
貫道的基本善書，就用來當講課教材的頻率多寡來看，主要的善
書有《道義疑問解答》[137]、《性理題釋》[138]、《認理歸真》[139]、

---

[135] 《軍機處檔·月摺包》第 060885 號，道光七年六月十六日，戴三錫奏摺錄副。
[136] 莊吉發，〈清代青蓮教的發展〉，頁 26。
[137] 《道義疑問解答》（彰化：光明國學圖書館，民國 82 年 5 月重印）。
[138] 《性理題釋》，三峽靈隱寺印，天道之光出版社，民國 81 年 1 月重新標
　　　點排版。
[139] 《認理歸真》，利生堂印贈，大興圖書公司。

《明德新民進修錄》[140]、《訓子十誡》[141]、《十條大愿、一條金線》[142]、《明真仙徑》[143]等書。[144]

　　一貫道使用最多的基本善書是《道義疑問解答》一書，此書是一本入門必備的書，很多道場都用作對新進信徒上課的教材。該書是張天然在民國二十六年（1937），統整傳道過程中常見的120道問題，由張天然本人及其其主要弟子，合力寫成解答一貫道各項疑難的一本著作。此書也是最能闡述一貫道基本教義的一部著作，傳來臺灣後，有的單位將其內容作了取捨，擷取其中的九十篇，改編成《性理題釋》一書，但其基本內容是沒有什麼改變。在《道義疑問解答》中有問到加入一貫道何以必要吃素的問題。張天然答曰：

> 吾人入道之後，齋戒最為切要。蓋以先天之性，原本至清，決不容有濁氣相混合。遇有濁氣摻雜其間，自必亂失本真，故修道之人，必須留清去濁，始能復明本性。凡屬五葷三厭，皆當盡量戒除，五葷氣味凶險，食之則五臟之元氣，易被沖散。三厭為禽獸水族之類，俱屬陰濁，食之易傷吾人純陽之體。吾道既以修煉純陽為旨，更須避陰保陽

[140] 《明德新明進修錄》，三峽靈隱寺印贈。

[141] 《皇沜訓子十誡》，三峽靈隱寺印印。

[142] 《十條大愿、一條金線》，利生堂印贈，大興圖書公司。

[143] 《明真仙鏡》，利生堂印贈。

[144] 有關一貫道中常用的善書，主要是依一貫道「發一靈隱」的調查報告來說，其他的支線也與此有很高的同質性。詳見林榮澤《臺灣民間宗教之研究：一貫道「發一靈隱」的個案分析》（國立臺灣大學三民主義研究所碩士論文，民國81年11月），第七章〈社會教化工作〉。

> 為妙。況且上天以好生之德，修道之人，應體上天之意。
> 不可貪圖口腹，任意殺生，致造孽愆。對於葷腥食物，雖
> 不能一時戒盡，亦當漸而行之。先持花齋月齋，久之漸成
> 習慣，然後再持常齋。[145]

上述內容有幾項重點值得注意的，首先一貫道也是將齋戒列為入
道最切要的戒律。其次是一貫道從清濁的觀點來立論，認為吃齋
是留清去濁，才能復明本性。吃葷則易傷吾人純陽之體。其三，
一貫道的齋戒觀，包括戒吃五葷及三厭，五葷菜是指蔥、蒜、韭、
薤、興渠等五種；三厭是指天上飛的，地上走的及水裡游的一切
禽獸畜牲之類皆是。還有要戒殺生，不可因貪圖口腹之欲，任意
殺生。這三項內容基本上是不脫前述民間宗教齋戒教義之內容。

　　另一本闡述一貫道齋戒觀較完整的善書是《明德新民進修
錄》，此書是每位新信徒開法會時的授課教材，內容有一章是談
到〈持齋的意義〉，首先對持齋的真義，有如下的闡述：

> 昔王華子曰：「齋者齊也，齊其心而潔其體也，豈僅茹素
> 而已。」所謂齊其心者，澹志寡慾，輕得失，勤內省，遠
> 葷酒；潔其體者，不履邪徑，不視惡色，不聽淫聲，不為
> 物誘，入室閉戶，燒香靜坐；如此方可謂齋也。常言之，
> 即口不說非禮之言，戒食五葷三厭；身不做非禮之事，心
> 平氣和；內外潔淨，方可謂之持齋。[146]

將持齋的意義，定義為守身、口、心三方面的齋戒，身齋在潔淨

---

[145] 《道義疑問解答》，頁34。
[146] 《明德新民進修錄》，頁131。

身體；口齋在不食五葷三厭；心齋則被視為最重要的齋戒，配合
儒家所說的非禮勿視、非禮勿聽、非禮勿言、非禮勿動，四方面
都要能作到潔淨身心的目的。至於為何要戒食五葷呢？〈持齋的
意義〉中有清楚的說明：

> 蓋五葷、三厭、煙酒之類，均是昏性之物。五葷者乃天地
> 不正之氣所生，食之易使人暈而傷神，且易傷五臟元氣（蔥
> 傷腎、韭傷肝、薤傷脾、蒜傷心、興葷傷肺），故修道者
> 不食；厭者，食久而生厭也，三厭者乃橫行之物，食之易
> 傷三寶元靈，更暗損陰德，故修道者亦不食之；煙酒者，
> 亦是消耗元氣、損傷元靈之物，多吸煙易患肺癌，多飲酒
> 易患肝癌、損害腦力，關聖帝君批訓云：「酒是亂性之根
> 源，傷智失體易招愆；面紅耳赤眼神變，好像魔鬼在人間。」
> 因此修道人應當戒除之。因修道是留清去濁、煉陰補陽，
> 所以齋戒至為重要。[147]

可以看出一貫道的齋戒內容包含有戒食五葷菜，戒食一切天上
飛、地上走、水裡游的畜牲肉，及戒煙酒等三項。至於何以必要
持齋，上述也有清楚的說明。另外就持齋的好處，在〈持齋的意
義〉一文中提出有：(1)可以培養慈悲心；(2)可以使我們的自性光
明；(3)可以免去因果報應；(4)可以行功立德，消冤解孽；(5)可以
使身體健康，延年益壽等五項。[148]這五項內涵，基本上是不出清
代民間宗教齋戒教義的內涵。

　　在臺灣一貫道的宣講教義中，「持齋的意義」這個課題是經

---

[147]　《明德新民進修錄》，頁 131~132。
[148]　《明德新民進修錄》，頁 136~139。

常被提出來談的。而且幾乎成為一道專題，常被提出來探討，可
見其重視的程度。在臺灣一貫道對齋戒教義的探討上，最完整也
是最詳實的一本著作，是由李輔仁所整編而成的《仁心與持齋》
[149]一書。此書厚達七百多頁，完整的收錄所有一貫道中，對齋戒
的看法。該書分別從各個不同的層面，來探討齋戒的重要性。總
括分為齋戒的道德觀、修養觀、哲學觀、經濟觀、衛生觀、經典
觀、因果觀、修道觀、營養觀、健康觀、潮流觀、勸戒觀、辨惑
觀等方面，提出各種觀點來論證齋戒的必要性。相較於以往民間
宗教的齋戒觀，一貫道一樣是對齋戒信仰很重視，對齋戒內涵的
闡述，則更為多元化。就本書的立論來看，齋戒的經濟觀、衛生
觀、營養觀、健康觀是以往較少有的論點。

三、齋戒與社交生活

中研院史言所的宋光宇教授，在他對一貫道基礎組作田野調
查的報告中提到：「吃素這件事情絕不是單純的不食葷腥而已，
而是涉及到一套生活行為和社交活動的截然轉變。這種轉變又涉
及到另外一個有關一貫道發展的現象：透過職業或工作上的聯繫
而把道務開展出去。」[150]誠如上一章節所述，當一個人開始持齋
受戒後，他的社會人際關係也會跟著受到影響，那是一種人際關
係與人際網絡漸被區隔化的現象。一貫道在臺灣傳道五十多年
來，觀察一些虔誠的信徒，發現確實也有這樣的現象。宋光宇在

---

[149] 李輔仁，《仁心與持齋》（臺南：豅巨書局，民國74年1月初版）。

[150] 宋光宇，〈一個移殖的教派：一貫道在宜蘭、汐止、南港一帶的發展〉，
收入氏著，《宋光宇宗教文化論文集》（佛光人文社會學院出版，2002
年7月31日），頁413。

作一貫道信徒「吃素」這件事的訪談過程中，他得到的結論是：

> 幾乎所有的人講他吃素的經過時，都會強調他在吃素之前
> 是一個花天酒地的人，吃素讓他改變了一生。這個母題千
> 遍一律，讓筆者警覺到，吃素這件事情的真正意涵是在於
> 把一個人的社交生活作重大的改變。[151]

確實是這樣，吃素代表一個人社交生活上的重大改變。首先是你
原本的朋友，如果是吃葷的人，在一起吃飯就會變得不一樣也不
方便，尤其是一些交際應酬上的酒肉朋友，更是不方便了，而且
會決定齋戒的人，一定是有了一些宗教的情操，如此自然而然會
形成兩種結果：不是那些吃葷的朋友漸漸疏遠，就是那些吃葷的
朋友也被他給渡來入道，一同吃素。而且，自從吃齋入道以後，
社交圈裡新認識的朋友，必然都是吃齋的道友。如此一來，形成
的社交關係，自然會有所區隔，這就是為什麼說，吃素是一個人
社交生活上重大改變的原因。

　　何以一貫道的信眾，吃齋的比例會很高。根據筆者多年對一
貫道的觀察了解，一貫道宣揚吃齋的情況，有其固定的作法。首
先是，一位初入道的信眾，稱為「求道」。求道之前，依規定必
須吃三天的素，有的道場比較鬆一些，只吃一天的素即可，這是
求道的基本條件。其次，在任何大廟或是佛堂裡，只要是舉辦法
會、研究班或是其他的道務活動，一律是辦素齋。所以只要是常
去佛堂參與道務活動，自然是會習慣於吃素。

---

[151] 同上註，頁 408。

清口茹素

在一貫道中，有清口吃素和沒有清口吃素的差別是很大的。通常要成為一位道中的基本幹部，吃齋是必要的條件。尤其是要成為一位登臺宣講道理的講員，清口吃齋是很重要的基本條件。根據一貫道中的說法認為，如果沒有清口吃齋，講出來的道理就會不清，而且沒清口就是不能以身作則，講出來的道理也會沒有信服力。其實，在一貫道中有很多種情況，都是以清口吃齋為必要的條件。總計有擔任佛堂辦事的上下執禮者[152]，身擔一壇之主的壇主，擔任講員、講師、點傳師以上的職責者，擔任三才職責者[153]。另外，也有非上述職責，但自己發心要吃齋者。每一位正式清口吃齋的人，都要經過一個立愿的程序，要在佛堂燒清口表文，謂之「清口愿文」，內容如下表 7-1：

〈表 7-1〉一貫道清口愿文[154]

表文呈奏（清口愿文） 　　　　弟子　　　　　　　　等誠惶誠恐虔心跪在 明明上帝蓮下為表明心愿事竊以弟子等自得道以來深蒙 皇沔慈憫 　　　祖師浩德

---

[152] 一貫道中所謂的「上下執禮」是指在佛堂辦道或開法會時，依禮節簿的祭拜禮儀，負責喊口令執禮的人。通常是有兩位，一位上執禮，一位下執禮。

[153] 所謂的「三才」是指天才、地才、人才三者。三才又稱為竅手，是一貫道中神道設教的特色，供作仙佛借竅臨壇開沙時的靈媒，一貫道中的扶乩飛鸞，即是透過三才來進行。三才的年齡都很輕，差不多是從小學畢業後開始訓練，臺灣的三才多為小女孩，早期在大陸時期也有男孩擔任三才的。

[154] 三峽靈隱寺編，《表文》。

師尊師母大德無邊前人點傳師慈悲成全始知天道之
寶貴玄祖沾恩無奈寸功未立慚愧萬分今願在
皇㴸蓮前重發心愿尊師重道謹守佛規清口茹素立愿了愿
始終如一千魔萬考永不退志如有虛心假意陰奉
陰違半途而廢私自開齋破戒不照愿實行者願受
天譴雷誅

　　　　　　　　弟子　　　　　等俯伏百叩

中華民國　　　　年歲次　　　月　　　　日立

正式跪在佛前燒表文，立下「清口愿」，代表從今以後要吃長齋，
持齋守戒，不虛心假意開齋破戒。這樣的清口愿文，是每一位正
式吃齋受戒者都要立的。換言之，如果平時有吃齋的一貫道信
徒，但缺少正式的立清口愿，也只能算是吃方便齋，不是真正的
吃齋受戒者。

　　如此看來，一貫道信徒能吃長齋，是有信仰的力量作支撐
的，也就是透過立「清口愿文」的儀式，達成吃齋受戒的信仰目
的。通常經過這一過程的信徒，就會很堅定的吃長齋，不會輕易
的改變。由這一點也大致可以推論，何以清朝的民間宗教，有眾
多的吃齋修行者。雖然官方一再三令五申不得任意吃齋，一般非
出家人或道士，吃齋者就會被取締，但還是有很多的教門信徒，
以吃齋為修行的要件，而且也真實的去奉行，看來一點也不畏懼
官方的懲治。由於一貫道是沿襲清代的民間宗教傳統而來，所以
很有可能各教派，也是有像今日一貫道這樣的清口愿文，以宗教
信仰的力量來加強信教者吃素的決心。

　　既然一貫道這麼重視吃齋修行，當一位虔誠的信徒，發心立
愿吃齋後有什麼樣的社交影響。綜合前面的分析，大致上可以歸

納成以下幾點：

①吃齋會讓一個人的社交生活產生較大的轉變：

對一貫道的信徒而言，吃齋會使得原來的社交圈改變，轉而對道場的凝聚力與向心力。所以民間宗教會強調吃齋的必要性，一方面也是借此有助於留住人在道場。因為一個人一但吃齋後，他就會與原來的人際關係分離，成為以吃齋者為主的道場人際關係。宋光宇的調查中，提到陳天生的例子，陳就說：「叫我吃素是絕對辦不到，戒絕了菸酒葷腥，等於是斷了交友之道，而且要一輩子吃素，那生活還有什麼趣味。」[155]結果這位陳天生，最後還是吃長齋，成為一位虔誠的一貫道信徒。

②一貫道的吃齋受戒是以信仰的動力來促成，賦予了較高的道德要求：

由立「清口愿文」的內容來看，一貫道的清口吃齋，基本上是一種宗教性的信仰需要作依據。不同於健康、環保、養生等方面的吃素觀。這種吃齋受戒觀帶有較高的道德性，所以吃齋者會被賦予修心養性的道德標準。這使得吃齋者在社會上與一般非吃齋者相處時，常會被賦予較高的道德要求，認為吃齋者應有慈悲的胸懷，要有好的修養等。如此也易在群體中被貼上特殊的標籤，自然的會被作區隔。

③吃齋雖然會帶來生活與社交上的不方便，但也因此形成另外一種的生活社交圈子。當決定要立愿吃齋時，就代表一

---

[155] 宋光宇，〈一個移殖的教派：一貫道在宜蘭、汐止、南港一帶的發展〉，頁409。

種決心，要使今後的生活重心變成是道場。當生活的重心
改變，人際的關係也就跟著改變。新的生活社交圈子，自
然在投入道場後逐漸形成，並取代了原本已經斷裂了的生
活社交圈。

以上三項是就一貫道信徒，吃齋對生活社交之影響來看。一貫道
是明清以來民間宗教的現代樣本，由此也不難理解，清代民間宗
教齋戒信仰的社會影響，大致上應和上述的情況沒多大的差別。

綜合本章的分析，我們可以發現，就社會面向來看，清代的
民間宗教為何多重視齋戒，真正的目的應不在修行，而是在吸收
信眾，形成以教首為主的人際信仰圈。幾乎所有的吃齋教團，都
將吃齋定為最基本的入教條件。換言之，如果你要加入某一教
派，成為一位正式的信徒，吃齋是必備的入教條件。經檔案及寶
卷的記載來看可以了解，一個人一但開始吃齋，他的社會價值會
開始轉變，同時其社會人際關係也會開始變化。逐漸的，吃齋者
的人際網絡自然會被區隔化，然後是形成一個以教首為核心的吃
齋信仰圈。這樣的社會影響，我們也可從臺灣的「一貫道」，一
個產生於清代中期，大盛於民國時期，傳來臺灣有很好發展的中
國民間宗教，透過對此一教派的個案分析，我們也可得到充份的
印證，一個民間吃齋教團的社會影響。

第八章

結論

　　美國詩人兼短文作家梭羅（Henry David Thoreau）說：「在人類逐漸進化過程中，不再吃葷是宿命的一部分，就像以前野蠻民族接觸文明生活後，便不再吃人肉一樣的道理。」[1]現代歐美國家正興起一股素食運動的風潮，許多素食主義的提倡者，宣稱人類的未來，勢必會因健康及環保的因素，而成為素食的天下，否則人類終將很快的把地球資源耗盡而滅絕。姑且不論這些素食主義者的論點是否正確，或僅只是些危言聳聽，但可確信的是，這股素食風不可能一下子就過去，看來反而有可能在世界各地愈來愈成長。因此，本論文選擇此一和人類飲食生活，息息相關的問題作探討，不可否認的，也是受到此一股潮流的影響。

　　人類早在三、四千年前的中國，就有齋戒素食的觀念產生，這在今日提倡素食主義的推動者看來是項偉大的創舉。而擇定中國民間宗教豐富的齋戒內涵，作為本論文探討的主軸，也有其特別的考量。一則是民間宗教在這個領域上的研究幾乎是零，有待開拓；二則是民間宗教齋戒教義有其通俗化，簡明化、富吸引力、易為鄉民社會所接受，且傳播快速等的特徵。而民間宗教齋戒教義的形成，除了受到歷來皇帝提倡齋戒的影響，主要是受到民間道教齋醮、摩尼教喫菜事魔、彌勒教與白蓮教的佛教民間教團及羅教的齋堂之影響。

　　在研究的方法與架構上，一來有鑑於西方宗教歷史學派的發展經驗，二則審視中國民間宗教研究的現況，和所遇到的問題與瓶頸。特別是在中國民間宗教的研究裡，以往多就教派的源流、發展經過、基本教義與後來的演變等方向作探討。這方面的研究確實也累積不少的成果，如何理出還有待開拓的研究領域，是本

---

[1]　引自宋楚芸譯，Victor Parachin 著，前揭書，頁 14。

論文的首要考量。因此，選擇採「主題式」的研究方式，擇定一
個民間宗教具普遍共通性的主題，即「齋戒」作為研究的主軸，
即希望借由此面向的探討，能為中國民間宗教的研究，有另一層
面的開展。

一、分析的兩大主軸

　　本論文在分析探討上的兩大主軸：一是就清代官方檔案的記
錄，來論清代民間宗教的齋戒活動：要回答的是受持齋戒者的目
的為何？也就是探討民間宗教齋戒信仰的特殊現象。其次是就民
間宗教使用的《寶卷》、《經籍文獻》來論民間宗教的齋戒教義：
要回答的是齋戒者的理論依據為何？也就是探討民間宗教齋戒
教義的特色。

（一）清代民間宗教齋戒信仰的特徵

　　這是本文第四章所探討的主題，可以看出清代的民間宗教有
很多是奉行吃齋的教團，其齋戒信仰的活動情形，大致可歸納為
幾項特徵：首先是以吃齋作為入教的基本條件，這是絕大多數吃
齋教團的共同特徵，也就是說，如果你要加入此一教派，就必須
吃齋入教。因此，一般非出家人吃齋與否，就成了官方判定是否
為民間宗教信徒的主要依據。例如嘉慶朝的清茶門教，「凡入其
教者，須遵三皈五戒，并稱之為爺，向其禮拜，端坐不起。傳教
者并用竹筷點眼耳口鼻等處，名為盧木點杖，插在瓶內供奉，以
為故後到陰司吃齋憑據。」[2]就是一個很好的例子。其次，民間

---

[2]　《清代檔案史料叢編》第三輯，嘉慶二十一年一月二十八日，湖廣總督馬
　　慧裕等奏摺。

宗教的齋戒活動，有個人平時生活上的吃齋，也有整體信眾一起的作會吃齋。借著各種不同名目的齋會，教首也可收受齋供錢，由於有利可圖，通常會成為民間吃齋教團很重要的齋戒活動。為了讓更多人能相信，並入教吃齋，也可獲得更多的齋供錢，吃齋教團在鼓吹吃齋入教上，有種種的說法。大致上不外乎：吃齋可以得福報，免受各種的災難；吃齋可以報恩；吃齋可以卻病延年；吃齋可以了願等。這些簡單的福報觀念，是清代官方檔案所見的記錄，顯示民間宗教齋戒信仰的通俗說法。這些說法的吸引力可以從加入的信徒人數眾多，推算出其對鄉民的吸引力。然而，這些說詞是就官方檔案的記載所見，看來多數流於表象的陳述，而且很多是相似的內容。但透過這些官員審訊吃齋者的檔案，也可呈現出官員們重視的是這些信眾為何要吃齋入教，目的何在？以及吃齋這件事，在清代民間宗教裡的影響性。

（二）民間宗教齋戒教義的特色

再就第二項分析的主軸：即是本論文第五章所探討的重心，民間宗教齋戒教義的內容與特徵。這部份是根據《寶卷初集》四十冊一八六部經卷，與《明清民間宗教經卷文獻》十二冊一七〇部經卷，共計三五六部民間宗教經卷來分析。目的在深入的了解民間宗教齋戒教義，有助於彌補官方檔案只作表象記述的不足。就筆者的分析整理，可以看出民間宗教齋戒教義的特色，大致上可歸納為：①罪惡觀：較多的齋戒主張屬於此種，以簡單的二分法來論，吃齋得福報，吃酒肉則造罪業。②道德觀：是就戒殺放生的觀點來論，智者吃齋可以積功德了生死。因為吃齋就可以不殺生，祖師放生歌說道：「他若死時你救他，你若死時天救你。

所以人生在世，若要多活兩年，先要戒殺放生。」[3]③因果觀：
齋戒教義最有力的說法就是因果觀，「吃他半斤還八兩」的觀念
簡單易懂，且有十足的說服力。④修道觀：從吃齋與修行的觀點
來看，持齋念佛之人修道的好處。⑤戒律觀：就修行人的戒律來
論，認為齋戒是最基本的戒律。⑥禮佛觀：齋戒以敬誦聖佛，來
自中國團統齋戒沐浴以祀上帝的說法。⑦報恩觀：持齋念佛可超
拔祖先，報答父母養育的恩德。這些是就目前所見的寶卷、經卷
的內容整理出來講。但根據前引車錫倫的研究，至少還有三倍的
寶卷沒能看到，很多都已散佚，這是目前較難完整分析的困難之
處。然而就目前所見的寶卷文獻來看，其實大都有重複之處，所
論述的齋戒內容，也是大同小異，即使是其他的寶卷文獻，應該
也不出這些範疇，能用的觀點來不外這些了。

比較特殊的是現代一貫道的齋戒觀，除了承繼以往中國民間
宗教的齋戒教義之外，一貫道還加入了不少新的齋戒內涵。有從
經濟環保的觀點來論：吃齋更能珍惜地球資源。另就衛生的觀點
來看，食物中肉類比植物類更容易含有病菌，動物體內 DDT 的
積存量是蔬果、青草的十三倍。再就體質的觀點來比較，人類的
體質與素食性的動物體質相似，而與肉食性的動物差異很大。最
後是從營養及健康的觀點來論，素食者的營養不差於肉食，而且
素食對身體的健康助益遠大於肉食，具有十八項的優點。

這些關於民間宗教豐富的齋戒內涵，若和佛教的齋戒觀及西
方的素食主義作比較，可總括其特徵為：民間宗教齋戒教義的特
色在於通俗易懂，大量引用因果報應的觀念，簡明而有說服力的
表達齋戒的必要性。但不同於佛教有縝密的齋戒理論，而是缺少

---

[3] 《立願寶卷》，收入《明清民間宗教經卷文獻》第十一冊，頁932。

深奧的道理作基礎，主要在扣緊修道的信仰目的去開展。民間宗教的《寶卷》或《經籍文獻》，平常是以讀誦的方式，作為修行上的功課，所以這些內容不斷的從讀誦中傳達給信眾，產生很大的影響力量。

二、研究的兩項發現

綜合本論文的分折探討，有二項發現：一是清朝官方為何對吃齋教團嚴厲取締，用意不是要禁止人民吃齋修行，而是耽心吃齋者會形成群體意識。二是中國民間宗教為何多重視齋戒，應不只是在修行，其真正的目的是在吸收信眾，形成以教首為主的人際信仰圈。

（一）官方取締的目的在防止吃齋者的群體意識

在本文第六章的探討中，就清代的〈禁止師武邪術〉來看，並未明文禁止吃齋念經拜佛的事，但就官方取締吃齋者的情形來看，清政府自乾隆朝以後，幾乎都將吃齋的非出家人，列為訪查對象，動不動就嚴格的取締審訊，可見清政府對這些吃齋者很不放心。就檔案的記載來看，官方對吃齋者的取締緣由，通常是與民間宗教的齋戒活動有關，例如，乾隆十三年（1748）的老官齋教起事，引發這次起事的原因，是因為老官齋每年有些固定的辦供齋會，這些齋會的舉辦會聚集信徒，甚至也會引來很多的鄉民，這樣的群眾聚會是清政府所不放心的，於是造成官方的取締，進而引發大規模的老官齋信徒起事。此外，福建的古田教案，也是因齋戒徒所引起，由於古田的齋戒徒，以吃齋戒煙作訴求，吸引很多鄉民加入，在地方上形成一股龐大的力量，漸漸的形成洋教教民與齋教信徒間的潛在衝突。這些吃齋的教民，他們借由

吃齋辦會，凝聚信眾，漸漸形成群體意識，一但齋民與教民的緊張關係升高，就有可能造成大規模的衝突事件，這也是清政府所最擔心的事。

如果將清代政府對吃齋教團的取締，放在歷來官方對民間宗教的取締來看。關於取締的原因，如第一章所述，傳統上的看法多認為是民間宗教本身的問題，因為這些密秘的教派總是和反亂運動相結合，以致引起官方的嚴厲取締。但也有一些學者，抱著不同的觀點，認為不完全是教派本身的問題，多少也有些是官方的因素，這些是站在較同情教派的看法，將教派看作是大眾宗教的可靠表現方式。然而這兩派解釋的觀點雖是對立，也都確實有一些具體的教派反亂作佐證。綜合學者對官方取締民間宗教原因的看法，筆者認為，如果完全歸之於教派本身的反亂性質，似乎有失偏頗。如果單從清代官方對吃齋者取締這件事來看，我們反到發現，是官方的因素居主要的地位。也就是說，清政府對吃齋者的取締，很大的成分是不放心這些吃齋者會聚集起來，形成群體意識，進而引發動亂。而單就教派本身而言，他們可能只是單純的企求，能讓他們按時舉辦各類的齋會活動，幾乎沒有發現任何一個吃齋教團，會以武裝反亂作為主要的目的。

（二）吃齋的真正目的在吸收信眾，形成以教首為主的人際信仰圈

其次，就第七章的探討分析來論，民間宗教為何多重視齋戒，經由檔案的分析來看，應不只是單純在修行，其真正的目的是在吸收信眾，形成以教首為主的人際信仰圈。為了吸引信眾入教吃齋，並使吃齋者有堅定的信心，民間吃齋教團首先在社會價值觀上，賦予了新的義涵。採簡單的二分法，將吃齋與吃酒肉之人作劃分，例如：吃齋之人可以上天堂，吃酒肉會下地獄；吃齋

之人可以得到福報，吃酒肉會得災禍；吃齋就是護生，吃酒肉就是殺生害命。為了強化這種說詞的說服力，援用因果報應的觀念，對吃酒肉之人會受到的業報，賦予令人恐懼的說法，使得原本在生活上單純的飲食習慣，披上因果輪迴的宗教色彩。例如，常說的飲酒吃肉之人，死後會：「墮地獄，十八層，都要受過。赴輪迴，變驟馬，才得翻身。披著毛，帶著角，用命還債。活活的，刀頭死，以肉供人。你喫他，肉半斤，還他八兩。你喫了，十六兩，還他一斤。」[4]相對的，吃齋之人，除了死後可上天堂之外，還被賦予一切美好的福報。這種社會價值觀的改變，前提是建立在信教吃齋的基礎上。

除了社會價值觀的改變，最大影響還是在社會人際網絡上的轉變。這就是為什麼說，吃齋的目的不只在修行，其真正的目的是在吸收信眾，形成以教首為主的人際信仰圈。從清代吃齋教團活動的檔案記錄，及現代一貫道的田野調查研究可以發現：一個人一但開始持戒吃齋，則他原本的交際應酬圈立刻會受到影響，他的人際關係也會開始轉變，這可說成是一種人際關係的「區隔化」現象。由於在吃方面與人不同，許多原本常有的應酬就不再參加，轉而與相同吃齋的道友相結合，形成一個特定的生活圈，圈內的人都有一個基本的前提，就是同為吃齋的人，這種人際關係的區隔化，是在一個人決定受戒持齋時開始。這個以吃齋為共同特徵的信仰圈，教首是最原始的核心，圈內的人同拜教首為師，入教吃齋，形成一個信仰群體。為了強化這個信仰群體的向心力，除了定期的辦供齋會外，吃齋也被賦予了特有的社會功

---

[4] 《佛說如如居士王文生天寶卷》，收入《明清民間宗教經卷文獻》第六冊，頁 17~18。

能，這些社會功能是被這個信仰圈內的人所共同認定接受的。例如：吃齋在現世可消災，在來世可得福報；吃齋可報答親人的恩德，如父母的養育之恩，佛祖的賜子之恩等；生病之人，可借由吃齋念經讓病情好轉，許多吃齋教團的教首，常借此達到傳教之目的；治病除了個人的吃齋念經外，也有集體式的擺素供作會的方式，此為舉辦大型的法會，集體念經吃齋，來達到治病的目的；既然強調吃齋可以治病，自然而然會以吃齋得養生長壽作訴求，浙江的長生教即為代表。還有就是集體舉辦齋供法會，或是全村人吃齋數日的方式，來達到驅除疫的目的。這通常是發生在地方有瘟疫發生時，民間會借宗教信仰的神佛，配合齋淨的方式來掃除不淨的瘟疫，這時吃齋就被視為必要的事。上述這些吃齋的社會功能，對提升吃齋教團的凝聚力及對吃齋的信心，一定有很大的幫助。

三、後續的發展

總結本篇論文的探討，後續還有二項值得開展的問題。首先是就中國民間宗教的研究來檢討，學界長久以來的研究模式，多以各個不同教派為核心的研究，目前這方面的成果已相當豐碩，總計有三十多個明清以來的不同教派，作過個別的詳細分析。所以本文不再以教派為主來探討，而改以各教派共通的一些特質為探討的主軸，正好也可善用現有的研究成果，期望能對民間宗教的研究，有另一層面的開展。當然，這還有待就民間宗教裡，抽離出更多不同的主題作探討。其次，就本文所研究的「持齋戒殺」來論，可以發現民間宗教中與此相關的問題不少。除了本文所探討到的之外，後續仍值得關注的是，有奉行齋戒與非齋戒教派之

間，在發展上有何差異性。就清代民間宗教的兩大系統來看，屬羅教及其衍生教派的系統是奉行齋戒的一脈；屬八卦教及其衍生教派的一脈，則不以吃齋作為入教的主要依據。這樣的差異性足以顯示出清代民間宗教的多元性發展，但也提供一個很好的例證，可作這方面的比較研究。由於非吃齋教派不是本文的分析主軸，有待後續的研究再作探討，或許此一系統有另外作為吸引信眾入教的共通特質，可另作詳細的研究。

附　錄

〈附表一〉清代檔案所見民間宗教教派活動統計表　（依年代順序排列）

年代	西元年月	教派名稱	地點	吃齋與否	備註
崇德 1 年	16361000	東大乘教	遼寧錦州	吃齋	B
崇德 1 年	16361000	善友會	遼寧錦州	吃齋	A
順治 1 年	16440000	大成教	直隸	吃齋	A
順治 1 年	16440000	白蓮教	直隸	吃齋	A
順治 1 年	16440000	混元教	直隸	吃齋	A
順治 1 年	16440000	無為教	直隸	吃齋點燭	A
順治 1 年	16440000	聞香教	直隸	吃齋	C
順治 2 年	16450000	大成教	直隸真定府、深州武強縣	吃齋	A
順治 2 年	16450000	東大乘教	陝西	吃齋	B
順治 2 年	16450200	善友會	直隸宣化縣	吃齋	A
順治 3 年	16460700	大成教	直隸	吃齋	A
順治 4 年	16471000	大成教	山西絳州	吃齋	A
順治 5 年	16480200	三寶大教	陝西興安州、長安縣	不詳	
順治 7 年	16500000	天地門教	山東商河縣	無	B
順治 8 年	16510200	白蓮教	直隸曲周縣	吃齋	A
順治年間	16520000	天圓教	浙江杭州、蘭谿縣	吃齋	A
順治年間	16520000	弘陽教	直隸京畿	吃齋	A
順治 9 年	16520000	圓頓教		吃齋	A
順治 12 年	16550000	三一教		無	B
順治 13 年	16560700	東大乘教		吃齋	B
順治 15 年	16580000	無為教	山西平陽府、夏縣	吃齋點燭	A
順治 16 年 *	16590300	大成教	廣東廣州	吃齋	A
順治 16 年	16590600	大乘教	江蘇池州府	喫齋	A
順治 16 年	16590600	大乘教	江蘇溧陽縣	喫齋	A
順治 17 年	16600100	大成教	廣東番禺縣	吃齋	A
康熙初年	16630000	五葷道收元教	山東單縣	吃齋	A
康熙 11 年	16721200	弘陽教	直隸	吃齋	A

康熙 11 年	16721200	黃天道	直隸	吃齋	A
康熙 16 年	16770000	羅祖教	江蘇蘇州	吃齋	A
康熙 19 年	16800500	聖人教	直隸	不詳	
康熙 25 年	16860000	羅祖教	廣東乳源縣	吃齋	A
康熙 26 年	16870000	羅祖教	廣東乳源縣	吃齋	A
康熙 27 年	16880000	弘陽教	奉天	吃齋	A
康熙 28 年	16890000	弘陽教	奉天	吃齋	A
康熙年間	16910000	大乘教	直隸灤州	喫齋	A
康熙 30 年	16910000	源洞教	山西安邑縣	吃齋	A
康熙 39 年	17000000	天圓教	浙江抗州	吃齋	A
康熙 41 年	17020000	黃天教	直隸萬全縣	吃齋	A
康熙 44 年	17050000	收元教	山西定襄縣	吃齋	A
康熙 45 年	17060000	收元教	山東單縣	吃齋	A
康熙 48 年	17090000	羅祖教	廣東乳源縣	吃齋	A
康熙 52 年	17130000	大乘教	江蘇蘇州	喫齋	A
康熙 53 年	17140000	八卦教	山東城武縣	無	A
康熙 56 年	17170000	白蓮教	山東、河南	吃齋	A
康熙 56 年	17170000	收元教	山東單縣	吃齋	A
康熙 56 年	17170000	神捶教	山東、河南	不詳	
康熙 57 年	17180000	白蓮教	山東、河南	吃齋	A
康熙 58 年	17190000	弘陽教	奉天	吃齋	A
康熙 58 年	17190000	收元教	山西、山東	吃齋	A
康熙 60 年	17210000	羅祖教	廣東乳源縣	吃齋	A
雍正 1 年	17230000	一炷香教	山東	無	A
雍正 1 年	17230000	大成教	山東	吃齋	A
雍正 1 年	17230000	白蓮教	河南	吃齋	A
雍正 1 年	17230000	空字教	山東	吃齋	A
雍正 1 年	17230000	無為教	山東	吃齋點燭	A
雍正 1 年	17230000	羅祖教	山東、浙江、江西	吃齋	A
雍正 2 年	17240300	空字教	山東安邱縣	無	A

雍正 2 年	17240600	順天教	直隸邢臺縣	持齋	A
雍正 2 年	17240900	大成教	江蘇邳州	吃齋	A
雍正 2 年	17240900	空子教	山東東平州、魚臺縣	吃齋	A
雍正 3 年	17250000	混元教	山西長子縣	喫齋念經	A
雍正 3 年	17250000	無為教	浙江永嘉縣、福建	吃齋	A
雍正 3 年	17250000	羅祖教	廣東樂昌縣	吃齋	A
雍正 3 年	17250500	道心教	福建、浙江	不詳	
雍正 3 年	17250900	白蓮教	山西長子縣	吃齋	A
雍正 5 年	17270000	收元教	山西定襄縣	吃齋	A
雍正 5 年	17270000	長生教	浙江西安縣	持齋	A
雍正 5 年*	17270300	哈哈教	河南	不詳	
雍正 5 年*	17270300	悟真教	河南	不詳	
雍正 5 年*	17270300	橋樑教	河南	吃齋	A
雍正 5 年	17270600	龍華會	山西澤州	忌葷吃齋	A
雍正 5 年	17271000	龍華會	山西澤州	忌葷吃齋	A
雍正 5 年	17271000	羅祖教	浙江金衛所	吃齋	A
雍正 5 年	17271100	羅祖教	浙江杭州	吃齋	A
雍正 6 年	17280000	三元會	山東嶧縣	吃齋	A
雍正 6 年	17280000	白蓮教	山西長子縣	吃齋	A
雍正 6 年	17280000	混沌教	山西長子縣	吃齋	A
雍正 6 年	17280100	羅祖教	江蘇蘇州	吃齋	A
雍正 6 年	17280700	空子教	山東高密縣	吃齋	A
雍正 6 年	17280800	三元會空字教	山東邑昌縣	喫本命齋	A
雍正 7 年	17290000	一字教（龍華會）	江西臨川縣	吃齋	C
雍正 7 年	17290000	無為教	直隸永平府	吃齋	A
雍正 7 年	17290000	無為教	浙江縉雲縣	吃齋點燭	A
雍正 7 年	17290000	羅祖教	江西南安府	吃齋	A
雍正 7 年	17290700	三元會空字教	山東青萊二府	喫齋唸佛	A
雍正 7 年	17291000	無為教	福建汀州府	吃齋點燭	A

雍正 7 年	17291200	大成教三乘教	江西南安贛州、吉安瑞州	喫素修行	A
雍正 8 年	17300000	大乘教	雲南大理府	喫齋	A
雍正 8 年	17300200	羅祖教	江西南安府	持齋唸經	A
雍正 9 年	17310400	大成教	湖北羅山縣	吃齋	A
雍正 9 年	17310400	大成教	湖北黃安縣	吃齋	A
雍正 10 年	17320000	三皇聖祖教（白陽會）	江西南昌府	吃齋	C
雍正 10 年	17320000	大乘教	直隸	喫齋	A
雍正 10 年	17320000	收元教	山東、山西	吃齋	A
雍正 10 年	17320100	大成教	江蘇陽湖縣	茹素誦經	A
雍正 10 年	17320500	儒理教（摸摸教）	直隸隆平縣、唐山縣	不詳	
雍正 10 年	17321100	大成教	直隸灤州	吃齋唸經	A
雍正 10 年	17321200	大成教	直隸灤州、深州	吃齋	A
雍正 10 年	17321200	大成教	河南	吃齋	A
雍正 10 年	17321200	衣法教	直隸饒陽縣	無	A
雍正 12 年	17340300	朝天一炷香教	山東高唐州	無	A
雍正 12 年	17340900	羅教	江西	喫齋誦經	A
雍正 12 年	17341100	三皇聖祖教	江西	吃齋	C
雍正 12 年	17341200	三乘會	江南南陵縣	喫齋	A
雍正 13 年	17350000	皇天教	山西平定州	不詳	
雍正 13 年 *	17350400	三乘會（茲粑教）	江南南陵縣	喫齋	A
雍正 13 年	17350500	三乘會（茲粑教）	江南南陵縣	喫報恩齋	A
雍正 13 年	17350800	黃天道	直隸清苑縣	吃齋	A
雍正 13 年	17350900	大乘教	雲南大理府	喫齋	A
雍正 13 年	17351100	一炷香教	直隸	無	A
雍正 13 年	17351100	大成教	直隸	吃齋	A
雍正 13 年	17351100	老君會	直隸	無	A
雍正 13 年	17351100	清淨無為教	直隸	吃齋	A

雍正 13 年	17351100	朝陽會	直隸	不詳	
雍正 13 年	17351100	羅爺教	直隸	不詳	
乾隆 1 年	17360000	大乘教	雲南、四川	喫齋	A
乾隆 3 年	17380000	大乘教	四川	喫齋	A
乾隆 3 年	17380000	大乘教	江蘇常州府	喫齋	A
乾隆 4 年	17390000	西來教（燃燈教）	江蘇常州府	吃齋	C
乾隆 5 年	17400000	大乘教	廣東樂昌縣	喫齋	A
乾隆 5 年	17400000	山西老會	山西介休縣	不詳	
乾隆 5 年	17400000	白蓮教	河南	吃齋	A
乾隆 5 年	17400000	收緣會	直隸沙河縣	吃齋	A
乾隆 5 年	17400000	燃燈教（大乘教）	江蘇太倉府	吃齋	C
乾隆 6 年	17410000	清淨無為教	直隸	吃齋	A
乾隆 6 年	17410626	白蓮教	湖廣安陸府	吃齋	A
乾隆 7 年	17420000	收源教	山西	吃齋	A
乾隆 7 年	17420000	榮華會	直隸通州	吃齋	A
乾隆 7 年	17420000	龍天道	山東新城縣	不詳	
乾隆 10 年	17451119	龍華會	江蘇丹徒縣	忌葷吃齋	A
乾隆 11 年	17460000	大乘教	雲南、貴州、四川	喫齋	A
乾隆 11 年	17460000	大乘教	雲南	喫齋	A
乾隆 11 年	17460000	大乘教	陝西西安	喫齋	A
乾隆 11 年	17460000	四正香教	山西、陝西	不詳	
乾隆 11 年	17460000	拜祖教	陝西	不詳	
乾隆 11 年	17460000	紅陽教	直隸	吃齋	A
乾隆 11 年	17460000	無為教	直隸宛平縣	吃齋點燭	A
乾隆 11 年	17460000	無極教（大乘教）	四川	吃齋	C
乾隆 11 年	17460000	彌勒教	湖北襄陽縣	吃齋	A
乾隆 11 年	17460000	羅祖教	福建政和等縣	吃齋	A
乾隆 12 年	17470000	橋樑會	山西臨汾縣	吃齋	A

乾隆 12 年	17470117	大乘教	貴州貴筑等縣	喫齋	A
乾隆 12 年	17470326	大乘教	貴州	吃齋	A
乾隆 13 年	17480000	一字教（龍華會）	江西石城縣	吃齋	C
乾隆 13 年	17480000	大乘教	江西龍南縣	喫齋	A
乾隆 13 年	17480000	收元教	山西定襄縣	吃齋	A
乾隆 13 年	17480000	金童教	福建甫田等縣	持齋	B
乾隆 13 年	17480000	長生道	浙江紹興府	持齋	A
乾隆 13 年	17480000	祖師教	福建海澄縣	不詳	
乾隆 13 年	17480303	老官齋教	福建	入會吃齋	A
乾隆 13 年	17480308	老官齋教	福建	入會吃齋	A
乾隆 13 年	17480314	老官齋教	福建	入會吃齋	A
乾隆 13 年	17480319	老官齋教	福建	入會吃齋	A
乾隆 13 年	17480321	老官齋教	福建	入會吃齋	A
乾隆 13 年	17480325	老官齋教	浙江	入會吃齋	A
乾隆 13 年	17480327	老官齋教	福建	入會吃齋	A
乾隆 13 年	17480402	老官齋教	福建	入會吃齋	A
乾隆 13 年	17480407	老官齋教	福建	入會吃齋	A
乾隆 13 年	17480409	老官齋教	福建	入會吃齋	A
乾隆 13 年	17480418	老官齋教	福建	入會吃齋	A
乾隆 13 年	17480422	收元教	河南	吃齋	A
乾隆 13 年	17480423	收元教	直隸	吃齋	A
乾隆 13 年	17480423	鐵船教	四川	無	A
乾隆 13 年	17480427	老官齋教	福建	入會吃齋	A
乾隆 13 年	17480428	收元教	河南	吃齋	A
乾隆 13 年	17480512	老官齋教	福建	入會吃齋	A
乾隆 13 年	17480519	老官齋教	福建	入會吃齋	A
乾隆 13 年	17480520	大乘教	江西	吃齋	A
乾隆 13 年	17480527	羅教	廣東、廣西	吃齋	A
乾隆 13 年	17480529	老官齋教	福建	入會吃齋	A

乾隆 13 年	17480603	收元教		吃齋	A
乾隆 13 年	17480604	老官齋教	福建	入會吃齋	A
乾隆 13 年	17480609	白蓮教	山西	吃齋	A
乾隆 13 年	17480615	老官齋教	福建	入會吃齋	A
乾隆 13 年	17480626	老官齋教	福建	入會吃齋	A
乾隆 13 年	17480627	大乘教	湖南	吃齋	A
乾隆 13 年	17480703	大乘教	雲南、貴州	吃齋	A
乾隆 13 年	17480703	老官齋教	福建	入會吃齋	A
乾隆 13 年	17480723	大乘教	江西	吃齋	A
乾隆 13 年	17480801	老官齋教	福建	入會吃齋	A
乾隆 13 年	17480824	大乘教	四川	吃齋	A
乾隆 13 年	17480930	收元教	山西	吃齋	A
乾隆 13 年	17481026	老官齋教	福建	入會吃齋	A
乾隆 13 年	17481111	老官齋教	福建	入會吃齋	A
乾隆 13 年	17481212	老官齋教	江西	入會吃齋	A
乾隆 13 年	17481225	羅教	福建	吃齋	A
乾隆 14 年	17490111	羅教	貴州	吃齋	A
乾隆 14 年	17490226	老官齋教	福建	入會吃齋	A
乾隆 14 年	17490325	老官齋教	福建	入會吃齋	A
乾隆 14 年	17490517	老官齋教	福建	入會吃齋	A
乾隆 14 年	17490517	羅教	福建	吃齋	A
乾隆 14 年	17490616	大乘無為教	廣東	吃齋	A
乾隆 14 年	17490714	羅教	江西	吃齋	A
乾隆 15 年	17490818	大乘教	廣東	吃齋	A
乾隆 14 年	17490827	羅教	湖南	吃齋	A
乾隆 15 年	17500000	羅祖教	廣東	吃齋	A
乾隆 17 年	17520000	三元會	山東嶧縣	吃齋	A
乾隆 17 年	17520000	白蓮教	湖北羅田縣	吃齋	A
乾隆 17 年	17520412	橋樑會（無為教）	山西臨汾縣	吃齋	A

乾隆 17 年	17520728	橋樑會（無為教）	山西臨汾縣	吃齋	A
乾隆 18 年	17530000	混元教	山西長治縣	吃齋	A
乾隆 18 年	17530000	混元教	直隸	吃齋	A
乾隆 18 年	17530000	榮華會	直隸、河南	吃齋	A
乾隆 18 年	17530719	龍華會	浙江寧波	忌葷吃齋	A
乾隆 18 年	17530719	羅教	浙江寧波	吃齋	A
乾隆 18 年	17530806	羅教	浙江寧波	吃齋	A
乾隆 20 年	17550000	大乘教	湖北應城縣	喫齋	A
乾隆 21 年	17560000	收緣會	直隸	吃齋	A
乾隆 21 年	17560000	榮華會	河南	吃齋	A
乾隆 22 年	17570000	榮華會	河南洧川縣	吃齋	A
乾隆 24 年	17590000	在理教	天津	吃齋	B
乾隆 28 年	17630000	天圓教	江蘇蘇州	吃齋	A
乾隆 28 年	17630000	無為教	浙江錢塘等縣	吃齋點燭	A
乾隆 28 年	17630300	榮華會（收元教）	河南、湖北	吃齋	A
乾隆 28 年	17630327	黃天道	直隸萬全衛	持齋	A
乾隆 28 年	17630401	黃天道	山西	持齋	A
乾隆 28 年	17630405	黃天道	直隸萬全衛	持齋	A
乾隆 28 年	17630412	黃天道	直隸萬全衛	持齋	A
乾隆 28 年	17630414	黃天道	直隸萬全衛	持齋	A
乾隆 28 年	17630627	天圓教	浙江杭州、湖州	吃齋	A
乾隆 28 年	17630722	天圓教	浙江杭州、湖州	吃齋	A
乾隆 28 年	17630808	天圓教	浙江杭州、湖州	吃齋	A
乾隆 29 年	17640000	大乘教	江蘇蘇州	喫齋	A
乾隆 29 年	17640000	白陽教		吃齋	A
乾隆 30 年	17650000	在理教	天津	吃齋	B
乾隆 31 年	17660000	長生教		吃齋	A
乾隆 31 年	17660000	義和拳	山東	無	A
乾隆 33 年	17680000	大乘教	江蘇蘇州	吃齋	A

乾隆 33 年	17680000	黃天道	直隸	吃齋	A
乾隆 33 年	17680000	龍華會	甘肅文縣	忌葷吃齋	A
乾隆 33 年	17680000	彌勒教	貴州思南府	吃齋	A
乾隆 33 年	17680000	羅祖教	浙江杭州	吃齋	A
乾隆 33 年	17680910	大乘教	浙江杭州	喫齋	A
乾隆 33 年	17680918	果子教	江蘇	不詳	A
乾隆 33 年	17680918	長生教	江蘇	吃齋	A
乾隆 33 年	17680919	收元教	河南	吃齋	A
乾隆 33 年	17680928	羅教	浙江	吃齋	A
乾隆 33 年	17681001	大乘教	江蘇	吃齋	A
乾隆 33 年	17681001	長生教	浙江	吃齋	A
乾隆 33 年	17681001	無為教	江蘇蘇州	吃齋	A
乾隆 33 年	17681013	龍華會	河南	吃齋	A
乾隆 33 年	17681130	羅教	浙江	吃齋	A
乾隆 34 年	17690000	無為教	浙江江陰等縣	吃齋點燭	A
乾隆 34 年	17690212	紅陽教	直隸	吃齋	A
乾隆 34 年	17690319	長生教	江蘇蘇州、常州	持齋	A
乾隆 34 年	17691004	三元會	湖北江陵縣	吃齋	A
乾隆 34 年	17691004	未來教	湖北江陵縣	吃齋	A
乾隆 34 年	17691201	天圓教	浙江湖州	吃齋	A
乾隆 34 年	17691201	長生教	浙江	持齋	A
乾隆 34 年	17691202	未來教	湖北江陵縣	吃齋	A
乾隆 34 年	17691212	大乘無為教	江蘇蘇州	喫齋	A
乾隆 35 年	17700000	圓頓教	山西	吃齋	A
乾隆 36 年	17710000	白陽教	河南杞縣	入教吃齋	A
乾隆 36 年	17710000	白陽教	直隸東安等縣	入教吃齋	A
乾隆 36 年	17710000	白陽教	江蘇江都等縣	入教吃齋	A
乾隆 36 年	17710000	白陽教	安徽天長、盱眙	入教吃齋	A
乾隆 37 年	17720000	未來教	河南桐柏縣	吃齋	A
乾隆 37 年	17720000	收元教	山東單縣	吃齋	A

乾隆 37 年	17720000	收元教	直隸容城等縣	吃齋	A
乾隆 37 年	17720000	羅祖教	江西寧都州	吃齋	A
乾隆 37 年	17720302	清水教（八卦教）	河南	無	A
乾隆 37 年	17720307	清水教	山東	無	A
乾隆 37 年	17720312	白陽教	河南	入教吃齋	A
乾隆 37 年	17720320	白陽教	直隸東安等縣	入教吃齋	A
乾隆 37 年	17720403	清水教	山東	無	A
乾隆 37 年	17720413	清水教	河南	無	A
乾隆 37 年	17720501	白陽教	江蘇	入教吃齋	A
乾隆 37 年	17720520	八卦教	山東單縣	無	A
乾隆 37 年	17720601	八卦教	河南	無	A
乾隆 37 年	17720829	白陽教	江蘇	吃齋	A
乾隆 37 年	17720829	收元教	河南	吃齋	A
乾隆 37 年	17720829	喫素教	江蘇崇明等縣	吃齋	A
乾隆 37 年	17720920	收元教	江蘇銅山縣	吃齋	A
乾隆 38 年	17730000	太陽經教	湖北應山縣	不詳	
乾隆 38 年	17730000	圓頓教	甘肅	吃齋	A
乾隆 39 年	17740800	清水教	山東臨清等縣	無	A
乾隆 40 年	17750000	一炷香如意教	奉天承德等縣	無	A
乾隆 40 年	17750000	未來真教	直隸清河縣	吃齋	C
乾隆 40 年	17750000	混元紅陽教	奉天海城縣	吃齋	A
乾隆 40 年	17750000	混元教	安徽亳州	吃齋	A
乾隆 40 年	17750000	無為教	浙江遂昌縣	吃齋點燭	A
乾隆 40 年	17750200	紅陽教	直隸	吃齋	A
乾隆 40 年	17750327	混元教	河南鹿邑縣	吃齋	A
乾隆 40 年	17750917	清水教	山東	無	A
乾隆 40 年	17751012	青陽教（紅陽教）	河南鹿邑縣	吃齋	C
乾隆 41 年	17760000	紅陽教	錦州	吃齋	A
乾隆 42 年	17770000	元頓教（圓頓	甘肅河州	吃齋	A

		教）			
乾隆 42 年	17770000	沒劫教	河南	不詳	
乾隆 42 年	17770000	悄悄會（圓頓教）	甘肅	吃齋	A
乾隆 42 年	17770000	混元教	河南	吃齋	A
乾隆 42 年	17770000	離卦教	山東館陶縣	無	A
乾隆 43 年	17780000	乾卦教	直隸元城縣	無	A
乾隆 43 年	17780000	震卦教	直隸元城縣	無	A
乾隆 43 年	17781211	收源教	山西安邑、陽曲等縣	吃齋	A
乾隆 43 年	17781211	源洞教	山西安邑、陽曲等縣	吃齋	A
乾隆 43 年	17781226	收源教	山西安邑、陽曲等縣	吃齋	A
乾隆 43 年	17781226	源洞教	山西安邑、陽曲等縣	吃齋	A
乾隆 44 年	17790000	混元教	河南商邱縣	吃齋	A
乾隆 45 年	17800000	八卦教	直隸	無	A
乾隆 45 年	17800000	白蓮教	山東曹縣	吃齋	A
乾隆 45 年	17800000	空字教	湖北孝感縣	吃齋	A
乾隆 45 年	17800000	紅陽教	山西平遙縣	吃齋	A
乾隆 45 年	17801100	大乘教	福建建寧縣	吃齋	A
乾隆 45 年	17801216	羅祖大乘教	福建	吃齋	A
乾隆 46 年	17810000	無為教	山西介休縣	吃齋點燭	A
乾隆 46 年	17810000	離卦教	山東館陶縣	無	A
乾隆 46 年	17810000	羅祖三乘教	江西贛縣、四川巴州	吃齋	A
乾隆 46 年	17810000	羅祖教	安徽亳州	吃齋	A
乾隆 46 年	17810110	羅祖大乘教	福建	吃齋	A
乾隆 46 年	17810202	羅教	江西	吃齋	A
乾隆 46 年	17810703	羅祖教	湖北應城縣	吃齋	A
乾隆 46 年	17810804	羅教	江西	吃齋	A
乾隆 46 年	17810901	羅教	江西	吃齋	A
乾隆 47 年	17820000	白蓮教	河南虞城縣	吃齋	A
乾隆 47 年	17820000	收元教	安徽亳州	吃齋	A

乾隆 47 年	17820000	震卦教	山東單縣	無	A
乾隆 47 年	17820606	清水教	山東	無	A
乾隆 47 年	17820607	混元教	直隸	吃齋	A
乾隆 47 年	17820611	混元教	安徽	吃齋	A
乾隆 47 年	17820620	混元教	湖北	吃齋	A
乾隆 47 年	17820620	混元教	河南	吃齋	A
乾隆 47 年	17820626	混元教	廣東	吃齋	A
乾隆 47 年	17820714	混元教	陝西	吃齋	A
乾隆 47 年	17820919	混元教	山東	吃齋	A
乾隆 47 年	17820929	羅教	山東	吃齋	A
乾隆 48 年	17830000	八卦教	山東鄒縣	無	A
乾隆 48 年	17830000	八卦教	直隸南宮縣	無	A
乾隆 48 年	17830000	五盤教	江西貴溪縣	吃齋	B
乾隆 48 年	17830000	天一門教	直隸清豐縣	不詳	
乾隆 48 年	17830000	收元教	直隸南宮縣	吃齋	A
乾隆 48 年	17830000	震卦教	山東荷澤縣	無	A
乾隆 48 年	17830126	混元教	河南	吃齋	A
乾隆 48 年	17830624	混元教	廣西	吃齋	A
乾隆 48 年	17830800	紅陽教	直隸義州	吃齋	A
乾隆 48 年	17830818	混元教	廣東	吃齋	A
乾隆 48 年	17831009	大乘教	江西	吃齋	A
乾隆 48 年	17831127	紅陽教	山西平遙縣	吃齋	A
乾隆 49 年	17840000	收元教	湖北	吃齋	A
乾隆 49 年	17840000	羅祖教	湖廣德安府隨州	吃齋	A
乾隆 49 年	17840110	大乘教	廣東	吃齋	A
乾隆 49 年	17840113	坤卦教	山東	無	A
乾隆 49 年	17840329	紅陽教	山西	吃齋	A
乾隆 50 年	17850411	收元教	湖北	吃齋	A
乾隆 51 年	17860000	震卦教	直隸開州	無	A
乾隆 51 年	17860000	儒門教（收元	河南永城縣	吃齋	C

		教）			
乾隆 51 年	17860901	八卦教	直隸元城縣	無	A
乾隆 51 年	17860910	八卦教	山東	無	A
乾隆 51 年	17860911	離卦教	直隸	無	A
乾隆 51 年	17860917	八卦教	河南	無	A
乾隆 51 年	17861025	離卦教	河南	無	A
乾隆 52 年	17870000	三佛會	直隸文安縣	不詳	
乾隆 52 年	17870000	天地門教		無	A
乾隆 52 年	17870000	白陽會	直隸蠡縣	入教吃齋	A
乾隆 52 年	17870000	念佛會	直隸南信縣	不詳	
乾隆 52 年	17870107	震卦教	河南	無	A
乾隆 52 年	17870214	坎卦教	山東鄒縣	無	A
乾隆 52 年	17870227	收元教	直隸	吃齋	A
乾隆 52 年	17870230	收元教	山西	吃齋	A
乾隆 52 年	17870503	離卦教	山東	無	A
乾隆 53 年	17880000	三陽教（混元教）	甘肅	吃齋	A
乾隆 53 年	17880000	白陽教	陝西扶風縣	入教吃齋	A
乾隆 53 年	17880000	邱祖龍門教	直隸任邱縣	不詳	
乾隆 53 年	17880000	震卦教	山西壺關縣、直隸大名縣	無	A
乾隆 53 年	17880613	震卦教	山西	無	A
乾隆 53 年	17880613	震卦教	河南	無	A
乾隆 53 年	17880614	八卦教	直隸開州	無	A
乾隆 53 年	17880614	震卦教	直隸開州	無	A
乾隆 53 年	17880709	悄悄會	陝西寶雞縣	吃齋	A
乾隆 53 年	17881000	三益教（收元教）	湖北棗陽縣	吃齋	C
乾隆 54 年	17890000	五盤教	江西臨川	吃齋	B
乾隆 54 年	17890000	震卦教	山東荷澤縣	無	A
乾隆 54 年	17890501	三益教（收元	河南新野縣	吃齋	C

		教）			
乾隆 55 年	17900000	三陽教	安徽太和縣	吃齋	A
乾隆 55 年	17900000	收元教	湖北縠城縣	吃齋	A
乾隆 55 年	17900421	大乘教	江西	吃齋	A
乾隆 55 年	17901226	三皇老祖教	直隸	不詳	
乾隆 56 年	17910000	八卦教	貴州貴筑縣	無	A
乾隆 56 年	17910000	震卦教	陝西渭南縣	無	A
乾隆 56 年	17910112	三皇老祖教	山西	不詳	
乾隆 57 年	17910300	收元教	湖北房縣	吃齋	A
乾隆 57 年	17920000	西天大乘教	陝西安東縣	吃齋	B
乾隆 58 年	17930000	西天大乘教	湖北襄陽縣	吃齋	B
乾隆 59 年	17940000	三陽教	甘肅	吃齋	A
乾隆 59 年	17940000	無無教	浙江仙居縣	不詳	
乾隆 59 年	17940728	龍華三會	四川	吃齋	A
乾隆 59 年	17940729	西天大乘教	陝西	吃齋	B
乾隆 59 年	17940818	西天大乘教	湖北	吃齋	B
乾隆 59 年	17940900	收元教		吃齋	A
乾隆 59 年	17940909	西天大乘教	湖北	吃齋	B
乾隆 59 年	17940913	西天大乘教	山東	吃齋	B
乾隆 59 年	17940929	混元教	陝西	吃齋	A
乾隆 59 年	17941002	混元教	河南	吃齋	A
乾隆 59 年	17941019	混元教	安徽	吃齋	A
乾隆末年	17950000	末劫教	山東單縣	不詳	
乾隆 60 年	17950000	長生教	浙江蕭山縣	持齋	A
乾隆 60 年	17950000	儒門教（收元教）	河南商邱縣	吃齋	C
嘉慶 1 年	17950100	三陽教	湖北宜都	吃齋	A
乾隆 60 年	17950124	混元教	安徽	吃齋	A
嘉慶 1 年	17950200	西天大乘教	湖北襄陽	吃齋	B
乾隆 60 年	17950210	混元教	安徽	吃齋	A

嘉慶 1 年	17950304	白蓮教	川陝楚豫	吃齋	A
嘉慶 1 年	17950500	白蓮教	川陝楚豫	吃齋	A
嘉慶 1 年	17950920	白蓮教	江蘇	吃齋	A
嘉慶 1 年	17951000	西天大乘教	四川達州	吃齋	B
嘉慶 2 年	17960218	白蓮教	河南息縣	吃齋	A
嘉慶 3 年	17970700	白蓮教	川陝楚豫	吃齋	A
嘉慶 4 年	17990200	白蓮教	川陝楚豫	吃齋	A
嘉慶 5 年	18000000	五盤教	江西	吃齋	B
嘉慶 5 年	18000000	悄悄會	甘肅	吃齋	A
嘉慶 5 年	18000600	白蓮教	川陝楚豫	吃齋	A
嘉慶 5 年	18000814	白蓮教	川陝楚豫	吃齋	A
嘉慶 5 年	18000900	白蓮教	川陝楚豫	吃齋	A
嘉慶 5 年	18001029	混元教	甘肅	吃齋	A
嘉慶 5 年	18001215	混元教	陝西	吃齋	A
嘉慶 6 年	18010000	陽盤陰盤教	福建崇安	不詳	
嘉慶 6 年	18010300	悄悄會	陝西、甘肅	吃齋	A
嘉慶 6 年	18010318	圓頓教		吃齋	A
嘉慶 7 年	18020000	無為教	安徽巢縣	吃無為長齋	A
嘉慶 7 年	18020201	白蓮教	四川	吃齋	A
嘉慶 7 年	18020223	白蓮教	四川	吃齋	A
嘉慶 7 年	18020224	白蓮教	四川	吃齋	A
嘉慶 8 年	18030500	白蓮教	川陝楚豫	吃齋	A
嘉慶 8 年	18031012	陽盤陰盤教	江西	不詳	
嘉慶 10 年	18050000	悄悄會	甘肅	吃齋	A
嘉慶 10 年	18050415	圓頓教		吃齋	A
嘉慶 10 年	18050505	圓頓教		吃齋	A
嘉慶 11 年	18060212	混元教	河南	吃齋	A
嘉慶 11 年	18060512	圓頓教		吃齋	A
嘉慶 13 年	18080801	榮華會	直隸	吃齋	A

嘉慶 15 年	18100000	三陽教	黑龍江	吃齋	A
嘉慶 16 年	18110000	坎卦教（天理教）	直隸	無	A
嘉慶 16 年	18110400	大乘教		吃齋	A
嘉慶 17 年	18120516	收圓教		吃齋	A
嘉慶 17 年	18120516	聞香教 清茶門教		吃齋	A
嘉慶 17 年	18120517	金丹八卦教	直隸	無	A
嘉慶 17 年	18120605	金丹八卦教	直隸	無	A
嘉慶 18 年	18130700	混元教	河南	吃齋	A
嘉慶 18 年	18130900	一炷香紅陽教		吃齋	A
嘉慶 18 年	18130900	聞香教 清茶門教	山西	吃齋	A
嘉慶 18 年	18130903	天理教	河南	無	A
嘉慶 18 年	18130915	八卦教	山東	無	A
嘉慶 18 年	18130924	弘陽教		吃齋	A
嘉慶 18 年	18130926	弘陽教		吃齋	A
嘉慶 18 年	18130930	一炷香教		無	A
嘉慶 18 年	18130930	八卦教	山東	無	A
嘉慶 18 年	18131016	八卦教（離卦教）	直隸	無	A
嘉慶 18 年	18131017	八卦教	山東	無	A
嘉慶 18 年	18131100	八卦教	山東	無	A
嘉慶 18 年	18131116	八卦教	山東	無	A
嘉慶 18 年	18131122	一炷香教		無	A
嘉慶 18 年	18131126	八卦教	山東	無	A
嘉慶 18 年	18131200	龍天道（白陽教）	直隸	吃齋	C
嘉慶 18 年	18131203	三益教		吃齋	C
嘉慶 18 年	18131203	震卦教		無	A
嘉慶 18 年	18131206	一炷香教		無	A
嘉慶 18 年	18131216	三陽教		吃齋	A

嘉慶 18 年	18131226	三陽教		吃齋	A
嘉慶 19 年	18140000	滋粑教（龍華會）	浙江杭州	吃齋	A
嘉慶 19 年	18140218	清茶門紅陽教	山西	吃齋	A
嘉慶 19 年	18140218	清茶門教		吃齋	A
嘉慶 19 年	18140221	榮華會	直隸	吃齋	A
嘉慶 19 年	18140226	天理教	直隸	無	A
嘉慶 19 年	18140300	大乘教	江西、湖北	吃齋	A
嘉慶 19 年	18140316	八卦教	山東	無	A
嘉慶 19 年	18140410	一炷香教		無	A
嘉慶 19 年	18140528	一炷香教		無	A
嘉慶 19 年	18140528	八卦教		無	A
嘉慶 19 年	18140816	離卦教	山東	無	A
嘉慶 19 年	18140819	仁義會	福建	無	A
嘉慶 19 年	18140829	乾卦教		無	A
嘉慶 19 年	18141109	天理教	江蘇	無	A
嘉慶 19 年	18141112	白蓮教	直隸	吃齋	A
嘉慶 19 年	18141114	八卦教	山東	無	A
嘉慶 19 年	18141114	天理教	山東	無	A
嘉慶 19 年	18141114	白蓮教	直隸	吃齋	A
嘉慶 19 年	18141118	白陽教		吃齋	A
嘉慶 19 年	18141118	白蓮教	山東	吃齋	A
嘉慶 19 年	18141202	天理教	山東	無	A
嘉慶 19 年	18141204	收元教		吃齋	A
嘉慶 19 年	18141218	收元教	甘肅	吃齋	A
嘉慶 20 年	18150110	白蓮教	陝西	吃齋	A
嘉慶 20 年	18150120	白蓮教	陝西	吃齋	A
嘉慶 20 年	18150208	龍天教	直隸	吃齋	A
嘉慶 20 年	18150424	圓頓教	陝西	吃齋	A
嘉慶 20 年	18150507	一炷香教		無	A

嘉慶 20 年	18150507	老君門離卦教	直隸	無	A
嘉慶 20 年	18150600	紅陽教	直隸東安縣	吃齋	A
嘉慶 20 年	18150605	天理教	廣西	無	A
嘉慶 20 年	18150613	清茶門教		吃齋	A
嘉慶 20 年	18150615	離卦教	河南	無	A
嘉慶 20 年	18150629	陰盤教	福建	吃齋	A
嘉慶 20 年	18150629	陽盤教	福建	吃齋	A
嘉慶 20 年	18150705	大乘教	江西	吃齋	A
嘉慶 20 年	18150705	三乘教	江西	吃齋	A
嘉慶 20 年	18150705	羅祖教	江西	吃齋	A
嘉慶 19 年	18150710	東方震卦教	河南	無	A
嘉慶 20 年	18150711	龍華會	河南	吃齋	A
嘉慶 20 年	18150723	大乘教	湖北	吃齋	A
嘉慶 20 年	18150729	混元教	安徽	吃齋	A
嘉慶 20 年	18150729	三陽教	安徽	吃齋	A
嘉慶 20 年	18150805	圓頓教		吃齋	A
嘉慶 20 年	18150805	聞香教 清茶門教		吃齋	A
嘉慶 20 年	18150806	大乘教	江西	吃齋	A
嘉慶 20 年	18150808	紅陽教		吃齋	A
嘉慶 20 年	18150813	混元教	黑龍江	吃齋	A
嘉慶 20 年	18150821	離卦教	陝西	無	A
嘉慶 20 年	18150822	收圓教	江蘇	吃齋	A
嘉慶 20 年	18150822	圓明教	江蘇	吃齋	A
嘉慶 20 年	18150826	混元教		吃齋	A
嘉慶 20 年	18150828	收圓教		吃齋	A
嘉慶 20 年	18150900	收圓教		吃齋	A
嘉慶 20 年	18150900	紅陽教	河南、直隸	吃齋	A
嘉慶 20 年	18150902	混元教	黑龍江	吃齋	A
嘉慶 20 年	18150923	弘陽教		吃齋	A

嘉慶 20 年	18150925	混元教	安徽	吃齋	A
嘉慶 20 年	18151000	紅陽教	直隸宛平縣	吃齋	A
嘉慶 20 年	18151014	收圓教		吃齋	A
嘉慶 20 年	18151014	聞香教 清茶門教		吃齋	A
嘉慶 20 年	18151020	混元教	安徽	吃齋	A
嘉慶 20 年	18151021	弘陽教		吃齋	A
嘉慶 20 年	18151027	清茶門教	直隸	吃齋	A
嘉慶 20 年	18151027	清淨門教	直隸	吃齋	A
嘉慶 20 年	18151029	聞香教 清茶門教		吃齋	A
嘉慶 20 年	18151103	清茶門教	直隸	吃齋	A
嘉慶 20 年	18151103	大乘教	直隸	吃齋	A
嘉慶 20 年	18151119	聞香教 清茶門教		吃齋	A
嘉慶 20 年	18151126	清茶門教	湖北	吃齋	A
嘉慶 20 年	18151126	清茶門教	湖北	吃齋	A
嘉慶 20 年	18151126	清淨門教	湖北	吃齋	A
嘉慶 20 年	18151127	清茶門教	河南	吃齋	A
嘉慶 20 年	18151128	紅陽教		吃齋	A
嘉慶 20 年	18151128	榮華會		吃齋	A
嘉慶 20 年	18151129	三陽教		吃齋	A
嘉慶 20 年	18151203	順天教	河南	吃齋	A
嘉慶 20 年	18151210	清茶門教	江蘇	吃齋	A
嘉慶 20 年	18151210	聞香教 清茶門教		吃齋	A
嘉慶 20 年	18151214	清茶門教	直隸	吃齋	A
嘉慶 20 年	18151214	聞香教 清茶門教		吃齋	A
嘉慶 20 年	18151215	清茶門教	湖北	吃齋	A
嘉慶 20 年	18151216	清茶門教	直隸	吃齋	A
嘉慶 20 年	18151221	清茶門教	直隸	吃齋	A

嘉慶 20 年	18151225	清茶門教	直隸	吃齋	A
嘉慶 21 年	18160000	三元教	直隸	吃齋	A
嘉慶 21 年	18160000	清茶門教	直隸	吃齋	A
嘉慶 21 年	18160000	圓頓教		吃齋	A
嘉慶 21 年	18160000	龍天門教	直隸	吃齋	A
嘉慶 21 年	18160110	收圓教		吃齋	A
嘉慶 21 年	18160114	清茶門教	直隸	吃齋	A
嘉慶 21 年	18160118	離卦教		無	A
嘉慶 21 年	18160125	三元會	直隸	吃齋	A
嘉慶 21 年	18160128	清茶門教	湖北	吃齋	A
嘉慶 21 年	18160200	先天教（離卦教）	山西	無	A
嘉慶 21 年	18160200	清茶門教	河南	吃齋	A
嘉慶 21 年	18160200	無為教	直隸	吃齋	A
嘉慶 21 年	18160209	圓頓教		吃齋	A
嘉慶 21 年	18160212	大乘教	湖南	吃齋	A
嘉慶 21 年	18160212	天主教	湖南	無	A
嘉慶 21 年	18160212	白陽教	湖南	吃齋	A
嘉慶 21 年	18160212	紅陽教	湖南	吃齋	A
嘉慶 21 年	18160212	無為教	湖南	吃齋	A
嘉慶 21 年	18160302	未來真教	直隸	吃齋	A
嘉慶 21 年	18160302	天門真教	直隸	吃齋	A
嘉慶 21 年	18160303	天理教	山東	無	A
嘉慶 21 年	18160303	坎卦教	山東	無	A
嘉慶 21 年	18160303	未來真教	直隸	吃齋	A
嘉慶 21 年	18160304	未來真教		吃齋	A
嘉慶 21 年	18160305	龍天教	直隸	吃齋	A
嘉慶 21 年	18160308	清茶門教	河南	吃齋	A
嘉慶 21 年	18160311	聞香教 清茶門教		吃齋	A
嘉慶 21 年	18160317	清茶門教	直隸	吃齋	A

嘉慶 21 年	18160321	聞香教 清茶門教		吃齋	A
嘉慶 21 年	18160329	清茶門教	湖北	吃齋	A
嘉慶 21 年	18160412	清茶門教	直隸	吃齋	A
嘉慶 21 年	18160413	清茶門教	湖北	吃齋	A
嘉慶 21 年	18160418	清茶門教	湖北	吃齋	A
嘉慶 21 年	18160423	清茶門教	直隸	吃齋	A
嘉慶 21 年	18160424	紅陽教	直隸順天府	吃齋	A
嘉慶 21 年	18160430	清茶門教	直隸	吃齋	A
嘉慶 21 年	18160502	清茶門教	直隸	吃齋	A
嘉慶 21 年	18160503	清茶門教	湖北	吃齋	A
嘉慶 21 年	18160508	清茶門教	湖北	吃齋	A
嘉慶 21 年	18160516	清茶門教	直隸	吃齋	A
嘉慶 21 年	18160518	大乘教	湖北	吃齋	A
嘉慶 21 年	18160518	清茶門教	湖北	吃齋	A
嘉慶 21 年	18160519	白蓮教		吃齋	A
嘉慶 21 年	18160600	紅陽教	直隸新城縣、山東	吃齋	A
嘉慶 21 年	18160600	清茶門教		吃齋	A
嘉慶 21 年	18160616	大乘教	湖北	吃齋	A
嘉慶 21 年	18160616	無為教	上海	吃齋	A
嘉慶 21 年	18160620	清靜無為教	直隸	吃齋	A
嘉慶 21 年	18160625	清茶門教	直隸	吃齋	A
嘉慶 21 年	18160625	清靜無為教		吃齋	A
嘉慶 21 年	18160700	大乘教	山東曹州	吃齋	A
嘉慶 21 年	18160713	清茶門紅陽教	山西	吃齋	A
嘉慶 21 年	18160804	三陽教		吃齋	A
嘉慶 21 年	18160900	紅陽教	山東	吃齋	A
嘉慶 21 年	18160928	三元教	山東	吃齋	A
嘉慶 19 年	18161028	龍門教（白陽教）	山東	吃齋	C
嘉慶 20 年	18161029	大乘教	山東	吃齋	A

嘉慶 21 年	18161029	白蓮教	山西	吃齋	A
嘉慶 21 年	18161030	三陽教	安徽	吃齋	A
嘉慶 21 年	18161030	紅陽教	山東	吃齋	A
嘉慶 21 年	18161200	紅陽教	直隸	吃齋	A
嘉慶 21 年	18161200	龍天教	直隸	吃齋	C
嘉慶 21 年	18161211	牛八教	湖北	吃齋	A
嘉慶 21 年	18161213	白蓮教	山西	吃齋	A
嘉慶 21 年	18161216	弘陽教		吃齋	A
嘉慶 21 年	18161223	八卦教		無	A
嘉慶 22 年	18170000	收元教	江蘇銅山縣	吃齋	A
嘉慶 22 年	18170202	牛八教	河南	吃齋	A
嘉慶 22 年	18170521	八卦教		無	A
嘉慶 22 年	18170607	牛八教	陝西	吃齋	A
嘉慶 22 年	18170801	八卦教	山東	無	A
嘉慶 22 年	18170801	八卦教	山東	無	A
嘉慶 22 年	18170806	白蓮教		吃齋	A
嘉慶 22 年	18170806	白蓮教		吃齋	A
嘉慶 22 年	18170807	紅陽教	直隸	吃齋	A
嘉慶 22 年	18170813	紅陽教	直隸	吃齋	A
嘉慶 22 年	18170815	羅教	安徽	吃齋	A
嘉慶 22 年	18170817	紅陽教		吃齋	A
嘉慶 22 年	18170818	白蓮教	山西	吃齋	A
嘉慶 22 年	18170819	白陽教	直隸	吃齋	A
嘉慶 22 年	18170819	榮華會	直隸	吃齋	A
嘉慶 22 年	18170830	弘陽教		吃齋	A
嘉慶 22 年	18170911	一炷香教		無	A
嘉慶 22 年	18170920	紅陽教	直隸	吃齋	A
嘉慶 22 年	18170925	八卦教	山東	無	A
嘉慶 22 年	18171012	八卦教	山東	無	A
嘉慶 22 年	18171013	八卦教	山東	無	A

嘉慶 22 年	18171013	八卦教	山東	無	A
嘉慶 22 年	18171112	震卦教	江蘇	無	A
嘉慶 22 年	18171122	圓頓教		吃齋	A
嘉慶 22 年	18171207	八卦教		無	A
嘉慶 22 年	18171207	圓頓教		吃齋	A
嘉慶 22 年	18171208	一炷香教		無	A
嘉慶 22 年	18171218	八卦教	山東	無	A
嘉慶 22 年	18171219	弘陽教	山東	吃齋	A
嘉慶 22 年	18171221	弘陽教	山東	吃齋	A
嘉慶 22 年	18171222	八卦教	山東	無	A
嘉慶 24 年	18180000	紅陽教	山東	吃齋	A
嘉慶 23 年	18180104	弘陽教	山東	吃齋	A
嘉慶 23 年	18180113	八卦教	山東	無	A
嘉慶 23 年	18180303	圓頓教		吃齋	A
嘉慶 23 年	18180326	一炷香教		無	A
嘉慶 23 年	18180414	圓頓教		吃齋	A
嘉慶 25 年	18190000	大乘教	貴州	吃齋	A
嘉慶 24 年	18191101	一炷香教		無	A
嘉慶 25 年	18201007	八卦教	山東	無	A
嘉慶 25 年	18201220	龍天教	直隸	吃齋	C
道光 1 年	18210000	五盤教		吃齋	B
道光 1 年	18210000	黃天道	山西	吃齋	A
道光 1 年	18210400	明天教（離卦教）	直隸	無	A
道光 2 年	18220000	白蓮教	河南	吃齋	A
道光 3 年	18230804	大乘教	山東臨清州	吃齋	A
道光 3 年	18230926	一炷香教		無	A
道光 3 年	18231200	明天教	直隸	無	A
道光 3 年	18231215	一炷香教		無	A
道光 4 年	18240000	震卦教		無	A

道光 4 年	18240318	八卦教	山東	無	A
道光 5 年	18251219	弘陽教	直隸	吃齋	A
道光 6 年	18260902	弘陽教	四川嘉定府	吃齋	A
道光 6 年	18261200	紅陽教	吉林	吃齋	A
道光 7 年	18270000	龍華會（江南齋教）	浙江慶元縣	吃齋	A
道光 7 年	18270325	紅陽教	直隸	吃齋	A
道光 7 年	18270500	青蓮教	四川	吃齋	A
道光 7 年	18270504	一炷香教		無	A
道光 7 年	18270524	白蓮教	安徽	吃齋	A
道光 7 年	18270810	一炷香天爺教	直隸	無	A
道光 7 年	18270810	一炷香教		無	A
道光 7 年	18270810	如意教	直隸	無	A
道光 7 年	18271221	離卦教	山東	無	A
道光 8 年	18280000	根化教（艮卦教）	山東即墨	無	A
道光 8 年	18280118	白陽教	山東	吃齋	A
道光 8 年	18280200	白蓮教	安徽	吃齋	A
道光 8 年	18280206	未來教	直隸	吃齋	A
道光 8 年	18280303	收元教	浙江蕭山縣	吃齋	A
道光 8 年	18280426	天香教	直隸	不詳	
道光 8 年	18280504	一炷香教	直隸	無	A
道光 8 年	18280504	白陽教	直隸	吃齋	A
道光 8 年	18280507	收元教	河南	吃齋	A
道光 8 年	18280507	離卦教	河南	無	A
道光 8 年	18280507	八卦教	河南	無	A
道光 8 年	18280513	一炷香教	直隸	無	A
道光 8 年	18280527	青蓮教	四川	吃齋念經	A
道光 8 年	18280616	青蓮教	四川	茹素念經	A
道光 8 年	18280800	未來教	直隸獻縣	吃齋	A
道光 8 年	18280827	青蓮教	四川	吃齋念經	A

道光 8 年	18280830	潘安教	浙江	吃齋	B
道光 8 年	18280830	老安教	浙江	吃齋	B
道光 11 年	18311225	弘陽教	直隸安肅縣	吃齋	A
道光 12 年	18320000	白陽教	直隸	吃齋	A
道光 12 年	18320129	紅陽教	直隸大興縣	吃齋念誦	A
道光 12 年	18320205	三陽教		吃齋	A
道光 12 年	18320208	紅陽教	直隸三河縣	吃齋	A
道光 12 年	18320212	收源會	直隸昌平州	吃齋	A
道光 12 年	18320212	紅陽教	直隸昌平州	吃齋	A
道光 12 年	18320228	大乘教	直隸	吃齋	A
道光 12 年	18320228	紅陽教		辦供喫齋	A
道光 12 年	18320228	敬空會		辦供喫齋	A
道光 12 年	18320228	離卦教	直隸	無	A
道光 12 年	18320230	收源會		吃齋	A
道光 12 年	18320230	紅陽教		吃齋	A
道光 12 年	18320420	白陽教		吃齋	A
道光 12 年	18320420	圓頓教		吃齋	A
道光 12 年	18320509	離卦教		無	A
道光 12 年	18320513	大乘教		吃齋	A
道光 12 年	18320513	離卦教		無	A
道光 12 年	18320524	離卦教		無	A
道光 12 年	18320606	混元教		喫齋念經	A
道光 12 年	18320606	圓頓教	直隸宛平縣	吃齋	A
道光 12 年	18321021	離卦教		無	A
道光 12 年	18321200	大乘教	福建崇安	吃齋	A
道光 13 年	18330400	天地門教（一炷香教）	吉林遼陽	不忌葷酒	A
道光 13 年	18330508	離卦教		無	A
道光 13 年	18330708	一炷香如意教	直隸	無	A
道光 13 年	18330819	一炷香教		無	A

道光 13 年	18330901	八卦教	山東	無	A
道光 13 年	18330901	離卦教	山東	無	A
道光 13 年	18330930	羅教	浙江	入教持齋	A
道光 13 年	18331212	天竹教	河南	擺設素供	A
道光 13 年	18331220	天罡會	江西	不詳	
道光 14 年	18340217	清淨無為大乘教	直隸	茹素誦經	A
道光 14 年	18340218	紅陽教	直隸	喫齋	A
道光 14 年	18340404	天竹教	河南	吃齋	A
道光 14 年	18340620	八卦教	浙江、江蘇	無	A
道光 14 年	18340620	大被教	浙江、江蘇	無	A
道光 14 年	18340620	天主教	浙江、江蘇	無	A
道光 14 年	18340620	白陽教	浙江、江蘇	吃齋	A
道光 14 年	18340620	白蓮教	浙江、江蘇	吃齋	A
道光 14 年	18340706	紅陽教	直隸	吃齋	A
道光 14 年	18340800	白蓮教	直隸	吃齋	A
道光 15 年	18350000	齋教	江西長寧縣	吃齋	A
道光 15 年	18350304	先天教	山西趙城縣	不詳	
道光 15 年	18350320	聞香教 清茶門教		吃齋	A
道光 16 年	18360000	天地門教		不忌葷酒	A
道光 16 年	18360200	青蓮教	湖南新寧縣	吃齋	A
道光 16 年	18360216	一炷香教		無	A
道光 16 年	18360216	八卦教		無	A
道光 16 年	18360616	五葷道	山西	不戒葷酒	A
道光 17 年	18370000	紅陽教	直隸深澤縣	吃齋	A
道光 17 年	18370130	坎卦教（添柱教）	山東	無	A
道光 17 年	18370500	根化教（艮卦教）	山東	無	A
道光 18 年	18380126	紅陽教	直隸	吃齋	A

道光 18 年	18380126	混元門	直隸	吃齋	A
道光 18 年	18380424	聖言教	河南	不詳	
道光 18 年	18380630	離卦教	山東	無	A
道光 18 年	18380706	八卦教		無	A
道光 18 年	18380721	離卦教	山東	無	A
道光 18 年	18381214	八卦教		無	A
道光 18 年	18381214	八卦教	直隸	無	A
道光 18 年	18381214	明天教	直隸	無	A
道光 18 年	18381214	震卦教	直隸	無	A
道光 18 年	18381214	白陽教		吃齋	A
道光 19 年	18391012	一炷香教		無	A
道光 19 年	18391012	八卦教		無	A
道光 20 年	18400414	弘陽教	湖南、湖北	吃齋	A
道光 23 年	18430200	青蓮教	湖北漢陽	吃齋	A
道光 23 年	18431200	青蓮教	湖北	吃齋	A
道光 24 年	18440000	青蓮教（燈花教）	四川重慶	吃齋	A
道光 24 年	18440423	青蓮教		吃齋	A
道光 25 年	18450228	青蓮教	四川	吃齋	A
道光 25 年	18450309	青蓮教	陝西	喫素誦經	A
道光 25 年	18450319	青蓮教	陝西	持齋念經	A
道光 25 年	18450326	青蓮教	四川	吃齋	A
道光 25 年	18450327	青蓮教	湖南	吃齋誦經	A
道光 25 年	18450409	青蓮教	湖北	吃齋	A
道光 25 年	18450410	青蓮教	江西	吃素誦經	A
道光 25 年	18450410	青蓮教	江蘇	茹素誦懺	A
道光 25 年	18450410	青蓮教	江蘇	茹素誦懺	A
道光 25 年	18450415	青蓮教	湖北	喫齋念經	A
道光 25 年	18450418	青蓮教	湖南	吃齋	A
道光 25 年	18450418	青蓮教	湖南	吃齋	A

道光 25 年	18450418	青蓮教	雲南	喫齋念佛	A
道光 25 年	18450419	青蓮教	雲南	吃齋	A
道光 25 年	18450422	青蓮教	浙江	吃齋	A
道光 25 年	18450428	青蓮教	廣西	吃齋念經	A
道光 25 年	18450503	青蓮教	安徽	吃齋	A
道光 25 年	18450506	青蓮教	四川	吃齋念經	A
道光 25 年	18450511	青蓮教	湖北	吃齋念經	A
道光 25 年	18450515	青蓮教	河南	吃齋念經	A
道光 25 年	18450528	青蓮教	雲南	吃齋念經	A
道光 25 年	18450529	青蓮教	湖南	吃齋念經	A
道光 25 年	18450723	龍華會	山西	茹素念經	A
道光 25 年	18450723	青蓮教	山西	茹素念經	A
道光 25 年	18450724	青蓮教		吃齋念經	A
道光 25 年	18450804	金丹大道（青蓮教）	湖南	吃齋	A
道光 25 年	18450808	金丹大道（青蓮教）	雲南	吃齋	A
道光 25 年	18450808	金丹大道（青蓮教）	雲南	吃齋	A
道光 25 年	18450808	黃蓮教		不詳	A
道光 25 年	18450816	青蓮教	陝西	吃齋念經	A
道光 25 年	18450909	青蓮教		茹素誦經	A
道光 25 年	18450930	青蓮教	湖南	吃齋念經	A
道光 25 年	18451021	金丹道教（青蓮教）	雲南	茹素念經	A
道光 25 年	18451025	青蓮教	廣西	喫齋行善	A
道光 25 年	18451025	青蓮教	廣西	喫齋行善	A
道光 27 年	18471026	棒棒會	廣西	茹齋	A
道光 27 年	18471026	青紅教	廣西	茹齋	A
道光 28 年	18480221	如意教（好話教）	直隸	不詳	
道光 28 年	18480403	艮卦教	山東	無	A

道光 28 年	18480820	三乘教		吃齋	A
道光 29 年	18490500	長生教	江西	吃齋	A
咸豐 1 年	18511109	金丹教	湖南	吃長齋	A
咸豐 1 年	18511118	青蓮教	四川	吃齋	A
咸豐 1 年	18511127	結會習教	湖南	習教喫齋	A
咸豐 2 年	18520901	青蓮教	四川	吃齋	A
咸豐 5 年	18550000	劉門教	四川	無	A
咸豐 6 年	18560000	黃崖教	山東	無	A
咸豐 7 年	18570200	燈花教（青蓮教）	四川鶴游坪	吃齋	C
咸豐 7 年	18571200	燈花教	貴州	吃齋	C
咸豐 8 年	18580200	燈花教	貴州	吃齋	C
咸豐 11 年	18611100	離卦教	山東	無	A
同治 1 年	18620000	真空道	江西贛州	無	A
同治 4 年	18650000	一字教	江西	吃齋	C
同治 4 年	18650000	燈花教	湖北	吃齋	C
同治 4 年	18650000	歸根道（圓明聖道）	四川	吃齋	A
同治 5 年	18660000	燈花教	湖北	吃齋	C
同治 5 年	18660215	齋教	福建崇安	吃齋	A
同治 5 年	18661000	黃崖教	山東	無	A
同治 5 年	18661100	紅蓮教	江西	不詳	
同治 6 年	18670617	燈花教	湖北	吃齋	C
同治 7 年	18680000	燈花教		吃齋	C
同治 9 年	18701215	齋匪	福建	吃齋	A
同治 10 年	18710000	末後一著教	湖南	吃齋	A
同治 10 年	18710000	畝一道	山東平原縣	吃齋	A
同治 12 年	18730000	三華堂（青蓮教）	河南	吃齋	B
同治 12 年	18730000	西華堂（青蓮教）	河南	吃齋	B

同治 13 年	18740313	三乘教		吃齋	A
光緒 1 年	18750000	末後一著教	山東	吃齋	A
光緒 1 年	18750000	普渡道	廣西田林縣	吃齋	B
光緒 1 年	18750000	黃天道	直隸	吃齋	A
光緒 2 年	18760200	一字道教	河南	吃齋	C
光緒 2 年	18760400	青蓮教	河南	吃齋	A
光緒 2 年	18760400	燈花教	河南	吃齋	C
光緒 2 年	18760600	姚門教	江西	不詳	
光緒 2 年	18760800	天水教	江西奉新縣	不詳	
光緒 2 年	18760900	姚門教	江西	不詳	
光緒 3 年	18770000	一華堂（三華堂）	雲南	吃齋	B
光緒 3 年	18770000	九宮道	山西五臺山	無	A
光緒 3 年	18770000	有恒堂（三華堂）	雲南	吃齋	B
光緒 3 年	18770100	天水教	江西	不詳	
光緒 3 年	18770100	金丹教	江西	吃齋	A
光緒 4 年	18780300	末後一著教	山東	吃齋	A
光緒 6 年	18810200	末後一著教	河南	吃齋	A
光緒 6 年	18810300	紅陽教	直隸	吃齋	A
光緒 7 年	18811026	紅陽教	直隸	吃齋	A
光緒 8 年	18820600	白陽九宮道	山東平陰縣	無	A
光緒 9 年	18830000	末後一著教	河南	吃齋	A
光緒 9 年	18830000	涼水教	河南桐柏縣	不詳	
光緒 9 年	18830200	清水教	貴州	無	A
光緒 9 年	18830207	龍華會	湖北黃梅縣	吃齋	A
光緒 9 年	18830305	末後一著教	四川	吃齋	A
光緒 9 年	18830328	燈花教	湖北	吃齋	C
光緒 9 年	18830426	末後一著教	山東	吃齋	A
光緒 9 年	18830602	在理教	直隸	戒煙酒	B
光緒 9 年	18830713	在理教	天津	戒煙酒	B

光緒 10 年	18840000	在理教	黑龍江綏化縣	戒煙酒	B
光緒 10 年	18840400	末後一著教	河南、山東	吃齋	A
光緒 10 年	18840502	末後一著教	山東	入教持齋	A
光緒 10 年	18840708	彌勒佛教	河南	喫齋念經	A
光緒 10 年	18840820	教匪	貴州	不詳	
光緒 11 年	18850000	萬全堂（先天道）	四川重慶	吃齋	B
光緒 11 年	18850000	瑤池道	四川	吃齋	B
光緒 12 年	18860000	一貫道		吃齋	A
光緒 17 年	18910826	桃園會忠義堂		無	A
光緒 17 年	18911001	金丹道	熱河	吃齋	A
光緒 17 年	18911002	武聖門	熱河	無	A
光緒 17 年	18911016	在理教	熱河	戒煙酒	B
光緒 17 年	18911017	金丹道	熱河	吃齋	A
光緒 17 年	18911020	金丹道（學好道）	熱河	吃齋	A
光緒 17 年	18911021	教匪	直隸	不詳	
光緒 17 年	18911026	金丹教	熱河	吃齋	A
光緒 17 年	18911110	金丹教	熱河	吃齋	A
光緒 17 年	18911129	金丹教	熱河	吃齋	A
光緒 17 年	18911209	金丹教	熱河	吃齋	A
光緒 17 年	18911228	金丹教	熱河	吃齋	A
光緒 18 年	18920000	真空道	江西	無	A
光緒 18 年	18920000	龍華大會	廣西上林縣	吃齋	A
光緒 18 年	18920121	金丹教	直隸	吃齋	A
光緒 18 年	18920203	金丹教	熱河	吃齋	A
光緒 18 年	18920311	金丹教	熱河	吃齋	A
光緒 18 年	18920320	金丹教	熱河	吃齋	A
光緒 18 年	18920329	玉虛門	黑龍江	不詳	
光緒 18 年	18920330	金丹教	熱河	吃齋	A
光緒 18 年	18920415	金丹教	熱河	吃齋	A

光緒 18 年	18920606	金丹教	熱河	吃齋	A
光緒 18 年	18920702	金丹教	熱河	吃齋	A
光緒 18 年	18920827	金丹教	熱河	吃齋	A
光緒 18 年	18920903	金丹教	熱河	吃齋	A
光緒 18 年	18921000	武聖門教	奉天、吉林	無	A
光緒 18 年	18921112	金丹教	熱河	吃齋	A
光緒 18 年	18921207	金丹教	熱河	吃齋	A
光緒 19 年	18930000	黃天大道	山西	吃齋	A
光緒 19 年	18930328	金丹教	熱河	吃齋	A
光緒 19 年	18930413	金丹教	熱河	吃齋	A
光緒 19 年	18930612	金丹教	熱河	吃齋	A
光緒 19 年	18930713	金丹教	熱河	吃齋	A
光緒 19 年	18930829	金丹教	熱河	吃齋	A
光緒 19 年	18931201	金丹教	熱河	吃齋	A
光緒 20 年	18940000	大刀會	山東單縣	無	A
光緒 20 年	18940400	燈花教	四川秀山縣	吃齋	C
光緒 20 年	18940800	武聖門教	吉林	無	A
光緒 21 年	18950611	齋教	福建古田	吃齋	A
光緒 22 年	18960000	大刀會	江蘇、山東	無	A
光緒 22 年	18960406	金丹教		吃齋	A
光緒 23 年	18970000	大刀會	山東巨野	無	A
光緒 23 年	18970000	先天道	廣東	吃齋	A
光緒 23 年	18970313	金丹教		吃齋	A
光緒 24 年	18980000	真空道		無	A
光緒 25 年	18990000	普渡道（先天道）	廣西	吃齋	B
光緒 27 年	19010426	天乙教	直隸	不詳	
光緒 27 年	19011000	彌陀教（末後一著教）	江蘇宿遷縣	吃齋	A
光緒 27 年	19011012	龍華會	江蘇	吃齋	A
光緒 28 年	19020326	混元門	吉林	吃齋	A

光緒 30 年	19040000	九宮道	山西	無	A
光緒 30 年	19040400	混元門	奉天	吃齋	A
光緒 30 年	19040507	混元門	奉天	吃齋	A
光緒 30 年	19041119	紅燈教	雲南	吃齋	B
光緒 30 年	19041200	神拳教	四川資陽縣	無	A
光緒 31 年	19050000	一貫道		吃齋	A
光緒 31 年	19050100	神拳教	四川	無	A
光緒 31 年	19051000	九功道教（龍天會）	直隸	無	A
光緒 32 年	19060000	同善社	四川永川縣	無	A
光緒 32 年	19060300	信香道教	直隸高邑縣	無	A
光緒 32 年	19060309	紅燈教	貴州遵義縣	吃齋	B
光緒 32 年	19060428	紅燈教	貴州	吃齋	B
光緒 32 年	19060911	洪蓮會	安徽	不詳	
光緒 32 年	19060925	彌陀教	安徽	吃齋	A
光緒 33 年	19070825	大神教	江西	無	A
光緒 33 年	19071210	龍華會	河南	吃齋	A
光緒 33 年	19071218	龍華會	河南	吃齋	A
光緒 34 年	19080406	九龍會	浙江	無	A
光緒 34 年	19080416	彌陀教（龍華會）	河南	吃齋	A
光緒 34 年	19080800	無生門教	四川成都	吃齋放生	B
宣統 3 年	19110600	巫教	貴州	無	A

一、引用資料說明：

(1)本表所根據的檔案資料，主要有：《明清檔案》、《清太宗文皇帝實錄》、《清世祖章皇帝實錄》、《清德宗實錄》、《皇清奏議》、《起居注冊》、《宮中檔康熙朝奏摺》、《宮中檔

雍正朝奏摺》、《宮中檔乾隆朝奏摺》、《宮中檔嘉慶朝奏摺》、
《剿捕檔》、《上諭檔》、《清中期五省白蓮教起義資料》、
《欽定剿平三省邪匪方略》、《外紀檔》、《軍機處檔‧月摺
包》、《奏摺檔》、《月摺檔》、《乾隆朝上諭檔》、《清代
檔案史料叢編（三）、（九）、（十二）》、《雍正朝漢文硃
批奏摺彙編》、《光緒朝硃批奏摺‧反清鬥爭‧秘密結社》、
《軍機處錄副奏摺》、《硃批奏摺》、《曹順起義史料匯編》、
《清代農民戰爭史資料選編》、《清宣宗實錄》、《欽定平定
教匪紀略》、《辛亥革命前十年民變史料》、《中國民間宗教
史》、《真空家鄉：清代民間秘密宗教史研究》、《中國會道
門》、〈中國民間秘密宗教大事記〉、〈滿洲老檔譯件論證之
一〉等。

(2)就以上所述的檔案，總計整理出 1357 筆資料，再就這些資料
篩選出 935 筆可確認的有效樣本進行分析。依年代順序及教門
作排列，並列出分佈的地域。至於是否吃齋的考證，是有以下
幾種情況：

　　A 類、直接由檔案獲得的證據，本表引用的檔案主要是《軍
機處檔‧月摺包》、《宮中檔》、《明清檔案》、《實
錄》、《上諭檔》、《清代檔案史料叢編》、《清代
農民戰爭史資料選編》、《辛亥革命前十年民變史料》
等。這些凡有關齋戒活動的記載都臚列在第四章的表
4-1、4-2、4-3、4-4 等四個表中。

　　B 類、由間接的研究得到的印證。根據的論著主要有《中國
民間宗教史》、《真空家鄉：清代民間秘密宗教史研
究》、《中國會道門》、〈中國民間秘密宗教大事記〉
等。

C 類、是由同一教門所衍生的教派，基本上會視同與原來的
　　　教派同一系統，如果原來的教派有吃齋，所衍生的教
　　　派也有有吃齋。
以上 A、B、C 三類，分別註明於本表的備註欄內。

二、主要的吃齋教團及其分佈

　　綜合〈附表一：清代檔案所見民間宗教教派活動統計表〉的
統計來看，就清代全期而言，總計有 935 筆的檔案記錄，有清楚
的記載到各種名目的民間宗教活動。如果去除掉重複的教派名
稱，總共有 196 種不同名目的教派，而其中屬於吃齋教團的共有
111 種，佔 57%，另有 36 名目的教派，是無法確認是否吃齋；可
確定不吃齋的教團有只有 49 種，佔 25%。但如果就 935 筆的活
動次數來看，總計有 692 筆記錄是與吃齋教團的活動有關，佔
74%。詳如〈附表二〉：

〈附表二〉
附表二：檔案所見清代民間教派活動次數統計表

教派名稱	次	齋戒	主　要　分　佈　地　域
大乘教	48	吃齋	江蘇、直隸、雲南、四川、廣東、陝西、貴州、江西、湖南、湖北、浙江、福建
白蓮教	42	吃齋	直隸、山東、河南、山西、湖北、四川、陝西、安徽、浙江、江蘇、
八卦教	42	無	山東、直隸、河南、貴州、浙江、江西
青蓮教	40	吃齋	四川、湖北、湖南、陝西、江西、江蘇、雲南、廣西、安徽、河南、山西
紅陽教	37	吃齋	直隸、山西、河南、湖南、山東、吉林
羅教	36	吃齋	浙江、江蘇、廣東、山東、江西、福建、安徽、湖北、廣西、貴州、湖南、
混元教	34	吃齋	直隸、山西、安徽、河南、湖北、廣東、陝西、山東、廣西、甘肅、黑龍江

清茶門教	32	吃齋	直隸、湖北、河南、江蘇、
收元教	31	吃齋	山西、山東、河南、直隸、江蘇、安徽、湖北、甘肅、浙江
金丹教	27	吃齋	熱河、直隸、湖南
老官齋教	26	吃齋	福建、浙江
一炷香教	21	無	直隸、山東
離卦教	20	無	山東、河南、陝西、直隸、
白陽教	19	吃齋	江蘇、河南、直隸、安徽、陝西、浙江、山東、湖南
弘陽教	18	吃齋	山東、直隸、四川、湖北、湖南
無為教	17	吃齋	直隸、山東、浙江、福建、江蘇、山西、安徽、湖南、上海
圓頓教	17	吃齋	山西、甘肅、陝西、直隸
大成教	16	吃齋	直隸、山西、廣東、山東、江蘇、湖北、河南、江西
震卦教	14	無	直隸、山東、河南、山西、陝西、江蘇
龍華會(江南齋教)	13	吃齋	山西、江蘇、浙江、河南、湖北
聞香教	12	吃齋	山西
三陽教	11	吃齋	安徽、甘肅、湖北、黑龍江
黃天道	11	吃齋	直隸、山西、
燈花教	10	吃齋	四川、貴州、湖北、河南、
末後一著教	9	吃齋	山東、湖南、河南、四川
長生教	9	吃齋	浙江、江西、江蘇
榮華會（收元教）	9	吃齋	直隸、河南、湖北
西天大乘教	8	吃齋	陝西、湖北、山東、四川
清水教	8	無	山東、河南、貴州
天理教	7	無	山東、河南、直隸、江蘇、廣西
天圓教	7	吃齋	浙江、江蘇、
在理教	6	戒煙酒	天津、直隸、黑龍江、熱河
收圓教	6	吃齋	江蘇
龍天教	6	吃齋	直隸、山東
未來教	5	吃齋	湖北、河南、直隸
悄悄會（圓頓教）	5	吃齋	甘肅、陝西、
三元會	4	吃齋	山東、直隸、湖北
五盤教	4	吃齋	江西
未來真教	4	吃齋	直隸

清淨無為教	4	吃齋	直隸
混元門	4	吃齋	直隸、吉林、奉天
橋樑會（無為教）	4	吃齋	山西、河南
三乘會（茲粑教）	3	吃報恩齋	江南
三益教（收元教）	3	吃齋	湖北、河南
大刀會	3	無	山東、江蘇
天地門教（一炷香教）	3	不忌葷酒	山東、吉林
牛八教	3	吃齋	湖北、河南、陝西
收源教	3	吃齋	山西
坎卦教	3	無	山東、直隸
東大乘教	3	吃齋	遼寧、陝西
武聖門教	3	無	奉天、吉林
空字教	3	吃齋	山東、湖北
金丹大道（青蓮教）	3	吃齋	湖南、雲南
金丹道（學好道）	3	吃齋	熱河
紅燈教	3	吃齋	雲南、貴州
真空道	3	無	江西
源洞教	3	吃齋	山西
齋教	3	吃齋	江西、福建
一字教	2	吃齋	江西
一炷香如意教	2	無	奉天、直隸
一貫道	2	吃齋	
九宮道	2	無	山西
三元教	2	吃齋	直隸、山東
三元會空字教	2	喫本命齋	山東
三皇老祖教	2	不詳	直隸、山西
三皇聖祖教（白陽會）	2	吃齋	江西
三乘教	2	吃齋	
大乘無為教	2	吃齋	廣東、江蘇
天水教	2	不詳	江西
天主教	2	無	湖南、浙江、江蘇
天竹教	2	吃齋	河南
先天教（離卦教）	2	不詳	山西
如意教（好話教）	2	不詳	直隸
收緣會	2	吃齋	直隸
明天教（離卦教）	2	無	直隸

空子教	2	吃齋	山東
金丹八卦教	2	無	直隸
姚門教	2	不詳	江西
根化教（艮卦教）	2	無	山東
神拳教	2	無	四川
乾卦教	2	無	直隸
清茶門紅陽教	2	吃齋	山西
清淨門教	2	吃齋	直隸、湖北
普渡道（先天道）	2	吃齋	廣西
善友會	2	吃齋	遼寧、直隸
陽盤陰盤教	2	吃齋	江西、福建
順天教	2	吃齋	遼寧、直隸
黃崖教	2	無	山東
儒門教（收元教）	2	吃齋	河南
彌陀教（末後一著教）	2	吃齋	江蘇、安徽
彌勒教	2	吃齋	湖北、貴州
羅祖大乘教	2	吃齋	福建
一字教（龍華會）	1	吃齋	江西
一字道教	1	吃齋	江西
一炷香天爺教	1	無	直隸
一炷香紅陽教	1	吃齋	
一華堂（三華堂）	1	吃齋	雲南
九功道教	1	無	直隸
九龍會	1	無	浙江
明天教	1	無	直隸
震卦教	1	無	直隸
離卦教	1	無	山東
三一教	1	無	
三佛會	1	不詳	直隸
三華堂（青蓮教）	1	吃齋	河南
三寶大教	1	不詳	陝西
三乘教	1	吃齋	江西
羅祖教	1	吃齋	江西
大神教	1	無	江西
大被教	1	無	浙江、江蘇
山西老會	1	不詳	山西

五葷道	1	不戒葷酒	
五葷道收元教	1	吃齋	山東
仁義會	1	無	福建
元頓教（圓頓教）	1	吃齋	甘肅
天一門教	1	不詳	直隸
天乙教	1	不詳	直隸
天香教	1	不詳	直隸
天罡會	1	不詳	江西
坎卦教	1	無	山東
太陽經教	1	不詳	湖北
四正香教	1	不詳	山西、陝西
天門真教	1	吃齋	直隸
末劫教	1	不詳	山東
玉虛門	1	不詳	黑龍江
白陽九宮道	1	無	山東
白陽會	1	吃齋	直隸
先天道	1	吃齋	廣東
同善社	1	無	四川
有恒堂（三華堂）	1	吃齋	雲南
老君門離卦教	1	無	直隸
老君會	1	無	直隸
艮卦教	1	無	山東
衣法教	1	無	直隸
西來教（燃燈教）	1	吃齋	江蘇
西華堂（青蓮教）	1	吃齋	河南
巫教	1	無	貴州
沒劫教	1	不詳	河南
坤卦教	1	無	山東
東方震卦教	1	無	河南
果子教	1	不詳	江蘇
邱祖龍門教	1	不詳	直隸
金丹道教（青蓮教）	1	吃齋	雲南
金童教	1	吃齋	福建
青陽教（紅陽教）	1	吃齋	河南
青蓮教（燈花教）	1	吃齋	四川
信香道教	1	無	直隸

哈哈教	1	不詳	河南
拜祖教	1	不詳	陝西
洪蓮教	1	不詳	安徽
皇天教	1	不詳	山西
皈一道	1	吃齋	山東
紅蓮教	1	不詳	江西
悟真教	1	不詳	河南
桃園忠義堂	1	無	
祖師教	1	不詳	福建
神捶教	1	不詳	山東、河南
涼水教	1	不詳	河南
清淨無為大乘教	1	吃齋	直隸
混元紅陽教	1	吃齋	奉天
三陽教	1	吃齋	安徽
混沌教	1	吃齋	山西
陰盤教	1	吃齋	福建
陽盤教	1	吃齋	福建
喫素教	1	吃齋	江蘇
朝天一炷香道	1	無	山東
朝陽會	1	不詳	直隸
棒棒會	1	吃齋	廣西
青江教	1	吃齋	廣西
滋粑教（龍華會）	1	吃齋	浙江
無生門教	1	吃齋	四川
無無教	1	不詳	浙江
無極教（大乘教）	1	吃齋	四川
黃天大道	1	吃齋	山西
黃蓮教	1	不詳	
圓明教	1	吃齋	江蘇
敬空會	1	吃齋	
萬全堂（先天道）	1	吃齋	四川
義和拳	1	無	山東
聖人教	1	不詳	直隸
聖言教	1	不詳	河南
道心教	1	不詳	福建、浙江
劉門教	1	無	四川

潘安教	1	吃齋	浙江	
老安教	1	吃齋	浙江	
儒理教（摸摸教）	1	不詳	直隸	
燃燈教（大乘教）	1	吃齋	江蘇	
龍天門教	1	吃齋	直隸	
龍門教	1	吃齋	山東	
龍華三會	1	吃齋	四川	
龍華大會	1	吃齋	廣西	
彌陀教（龍華會）	1	吃齋	河南	
歸根道（圓明聖道）	1	吃齋	四川	
羅祖三乘教	1	吃齋	江西、四川	
羅爺教	1	不詳	直隸	
鐵船教	1	無	四川	

以上總計 935 次，196 種不同名目的教派。

註：本表係根據〈附表一：清代檔案所見民間宗教教派活動統計表〉的統計。

〈附表三〉

附表三：民間宗教《寶卷》《經籍》中相關齋戒教義簡表

齋戒信仰的內容	所屬教派	經卷出處
〈持齋辯惑〉：或問林子不持齊（齋）者何也，林子曰：余惟以心齋為貴耳，余惟以釋氏經律雖嚴，猶許人食三種淨肉，鹿肉一、豬肉一，其一則余忘之矣。若彌勒佛釋氏之卓然者，嘗飲酒食豬頭肉。至六祖，乃以菜寄煮肉鍋，而曰但吃肉邊菜。-----	三一教	林子三教正宗統論[1]
〈齊心為上〉：林子曰：齊心者內齊也，素齊者外齊也。昔者宋文帝謂求那跋摩曰：孤愧狗國事，雖欲齋戒不殺，安得如法也。----	三一教	林子三教正宗統論[2]
祖發慈悲，指破單傳道法，時時轉悟，刻刻勤守三皈清正，五戒精嚴，將地獄化作一朵蓮花。	大乘教、龍華教、無為教	天緣結經寶卷[3]

[1] 《林子三教正宗統論》，收入《明清民間宗教經卷文獻》第三冊，頁 877。

[2] 《林子三教正宗統論》，頁 865。

[3] 《天緣結經寶卷》，收入《明清民間宗教經卷文獻》第六冊，頁 317。

鱗甲羽毛莫相食噉。------ 祖願慈悲，遺留千經萬典，苦勸眾生，這般四生之肉，莫相食噉。食噉者，冤冤相報，劫劫填還，再得人身難上又難。似須彌山滾芥投針，水中撈月一般。	大乘教、龍華教、無為教	天緣結經寶卷[4]
老祖發大慈悲，遺留三皈五戒，教人持齋把素，一心念佛，將歷劫冤仇，盡皆銷釋。	大乘教、龍華教、無為教	天緣結經寶卷[5]
若有孝子賢孫，持齋向善，念佛看經，將九玄七祖，在獄中受苦，是然悉皆解脫。	大乘教、龍華教、無為教	天緣結經寶卷[6]
一切神靈白衣奶奶，我如今求個兒求個女是俺後代，假若是有感應，吃了長齋。	弘陽教	銷釋白衣觀音菩薩送嬰兒下生寶卷[7]
當初只說求一個，求一送二落凡間。一願長齋你還了，二願蓋廟得完全。三願不往普陀去，你看兒女你喜歡。	弘陽教	銷釋白衣觀音菩薩送嬰兒下生寶卷[8]
每日燒香念佛，打齋送供，齋僧布施，個個臨老都無有見性明心。	弘陽教混元教	弘陽苦功悟道經[9]
若有吃齋受苦人，以修行懼怕生死，找不著家鄉徑路，你就領他弘誓願，點與他一步修行。	弘陽教混元教	弘陽苦功悟道經[10]
凡間仔細去參道，休做開齋破戒人。再三囑付多囑付，乎扯飄高淚紛紛。	弘陽教混元教	弘陽苦功悟道經[11]

---

[4] 《天緣結經寶卷》，頁 318。

[5] 《天緣結經寶卷》，頁 321。

[6] 《天緣結經寶卷》，頁 322。

[7] 《銷釋白衣觀音菩薩送嬰兒下生寶卷》，收入《寶卷初集》第十二冊，頁 187。

[8] 《銷釋白衣觀音菩薩送嬰兒下生寶卷》，頁 446~447。

[9] 《弘陽苦功悟道經》，收入《明清民間宗教經卷文獻》第六冊，頁 673。

[10] 《弘陽苦功悟道經》，頁 680。

[11] 《弘陽苦功悟道經》，頁 713。

讚嘆開齋破戒之人，發願戒律心，犯了弘願，捨了凡身，欺師滅祖，業如丘山。	弘陽教	弘陽嘆世經[12]
大眾有分，側耳聞聽，吃齋奉戒，惜愛生靈，才是明心報答天地蓋載恩。 天地蓋載恩，不報是非人。齋戒救性命，報答最深恩。	弘陽教	弘陽後續天華寶卷[13]
進的佛門，酒為開齋，肉為破戒。你要是開齋破戒，再發弘願一道，進的佛門，不許你欺師滅祖。	弘陽教	銷釋混元弘陽大法祖明經午科[14]
*十戒禮懺文： 一戒不犯殺生命，二戒不舉盜人心。三戒不犯邪淫病，四戒真實不妄行。五戒除心不飲酒，六戒清淨不食葷。七戒五辛皆掃盡，八戒琴棋歌舞爭。九戒香熏衣不掛，十戒忍辱要遵人。	弘陽教	銷釋混元無上拔罪救苦真經[15]
不念佛號，墮黑暗地獄。飲酒食肉，墮於糞坑地獄。	弘陽教	銷釋混元弘陽血湖寶懺[16]
既然吃長齋，常把心田打掃淨。煉成純陽，得了上崑崙。	弘陽教	清淨窮理盡性定光寶卷[17]
佛家生老病死苦，貪圖名利落場空。記然吃齋休爭	弘陽教	清淨窮理

---

[12] 《弘陽嘆世經》，收入《明清民間宗教經卷文獻》第六冊，頁737。

[13] 《弘陽後續天華寶卷》，收入《明清民間宗教經卷文獻》第六冊，頁770。

[14] 《銷釋混元弘陽大法祖明經午科》，收入《明清民間宗教經卷文獻》第六冊，頁802。

[15] 《銷釋混元無上拔罪救苦真經》，收入《明清民間宗教經卷文獻》第六冊，頁830。

[16] 《銷釋混元弘陽血湖寶懺》，收入《明清民間宗教經卷文獻》第六冊，頁862。

[17] 《清淨窮理盡性定光寶卷》，收入《明清民間宗教經卷文獻》第六冊，頁941。

		盡性定光寶卷[18]
競，一人化形三教門。		
修行五更詞： 一更裡修行，為報五恩，天地君親師恩深。未盡心就是人中獸與禽，早晚點明燈，朝夕焚檀況，受戒持齋守黃庭，迴光返照觀世音，紅塵滾滾拋卻也，淨我的天爺呀，真要修，修要真。	先天道	金不換[19]
警醒不修七言絕四十二首： 　叫你修來你不修，殺生食肉好口頭。殺他性命還性命，吃他肉油還肉油。 ------ 　叫你修來你不修，難除酒肉與葷油。分明指破神仙路，儘力相拖不轉頭。	先天道	金不換[20]
勸急急修六十八首： 　急急修來急急修，三皈五戒佛根由，趁早皈依嚴守戒，學佛行持掌佛舟。	先天道	金不換[21]
吃齋好善除酒戒葷修行真詮： 　為甚的吃甚麼齋，失了根源忘本來。天地蓋載好生德，慈仁不殺蓋載齋。報答天地不殺生，識得人根尋本來。 　------ 　為什的戒甚麼葷，昏迷難報父母恩。但願父母添福壽，四牲該死親該生。報答養育戒畜肉，超脫九祖還親恩。	先天道	金不換[22]
齋戒一到十詞十二首： 　一齋戒，真元本態。------ 　二齋戒，逃災躲害。------ 　三齋戒，清閒爽快。------ 　四齋戒，心清性泰。------	先天道	金不換[23]

---

[18]　《清淨窮理盡性定光寶卷》，頁 951。
[19]　《金不換》，收入《明清民間宗教經卷文獻》第八冊，頁 381。
[20]　《金不換》，頁 465。
[21]　《金不換》，頁 470。
[22]　《金不換》，頁 475。
[23]　《金不換》，頁 539~541。

五齋戒，陽生陰敗。------ 六齋戒，謙和忍耐。------ 七齋戒，佛歡道愛。------ 八齋戒，離危履泰。------ 九齋戒，靖妖滅怪。------ 十齋戒，誠中全外。------ 十一齋戒，誓弘願大。------ 十二齋戒，加勤勿懈。------		
五報恩： 一報天地之大恩。----- 二報日月之大恩。----- 三報國王之大恩。----- 四報父母之大恩。----- 五報師傳之大恩。-----為此持齋報深恩，寧可長齋長戒去，不做開齋破戒人。	先天道	金不換[24]
這一會選佛場天下齊響，有幾多真佛子考墮迷疆。迷眾生說食齋是為邪黨，遭誹謗受冤屈令人難當。考智慧考忍耐考人度量，考捨身受得苦試人心腸。真與假這一考各見原像，分清濁在此定即知端詳。	先天道	歸原寶筏[25]
修道人必問汝，如何食齋戒葷？因人而答理辯清，破他迷魂大陣。請思畜物殺時斬之叫苦，悲聲亂跳亂舞想逃生。口叫噯喲饒命，畜物異體同，不過軀殼異形。一死靈魂見閻君，他能訴苦冤稟，十王依律判斷，將人陰德超生。不然等人命歸陰，冤冤相報嚴緊。古云：無故不殺，妄殺折福減齡，天律循報毫不昏，令知好生為本。	先天道	歸原寶筏[26]
夫殺物亦始於伏羲，教人餵養六畜，供祭天地神明，以 報其功德，後世因之。祭功德大者殺牛，祭功德小者殺	先天道	八字覺原[27]

[24] 《金不換》，頁627~628。

[25] 《歸原寶筏》，收入《明清民間宗教經卷文獻》第九冊，頁6。

[26] 《歸原寶筏》，頁27。

[27] 《八字覺原》，收入《明清民間宗教經卷文獻》第九冊，頁69。

羊與豕，蓋六畜前生必有惡孽，應遭今生殺報，報後冤 解天地神明，慈悲廣大，即將祭牲孽罪解釋，超生脫苦。 一者正六道輪迴應受之罪。 二者使人見孽畜報慘，借以自儆，莫壞天良，致變六畜。 三者使人欲食其肉，必求有功德於世，非徒叫人適口而充腸也。 此義不明，餵供口味，供味既久，殺 成風俗人情，雖聖王亦止能節而不能禁。於是伏羲轉世化為文王，教民養老，七十食肉。則自七十以下，皆不得食肉。其所以節殺物命者至矣。		
貪圖口腹傷牲禽，天眼恢恢毫不漏，善惡昭彰甚分明。食齋戒殺為正理，並非古怪有妄行，古言萬物皆同體。殺他肥己怎忍心，今斬明殺冤暗結，造下罪過似海深。	先天道	觀音濟渡本願真經[28]
若那身穿朝服跪哭痛切者，姓侯名復。緣伊前生貧苦，心性好善，孝順父母，長齋四十二年，施有草鞋三百七十一雙。自身勤苦，培修崎嶇之路四處，始終如一，感格天心，死後將他送於侯家投生，定他公卿之職，八十六歲善終。誰知------- 第二勸要誦經---- 第三勸要放生----	先天道	觀音濟渡本願真經[29]
夫人要做天地間第一美事，莫如讀書；讀書中第一高人，莫如學道；學道要存惻隱之仁，存仁則戒殺為先。學道須離冤債之孽，離孽則持齋為務。	先天道	齋戒述原[30]
肉字裡面兩人，細思以人吃人。今世吃他八兩，轉世還他半觔。殺其命者，臨終受苦，故牢字從牛，獄字從犬，牛犬不戒，牢獄不免。	先天道	齋戒述原[31]

---

[28] 《觀音濟渡本願真經》，收入《明清民間宗教經卷文獻》第九冊，頁490。

[29] 《觀音濟渡本願真經》，頁502。

[30] 《齋戒述原》，收入《明清民間宗教經卷文獻》第九冊，頁671。

[31] 《齋戒述原》，頁672。

欲人修性返本，先當持齋齊心。欲人明善復初，首要戒殺存仁。	先天道	齋戒述原 [32]
易云：萬物相見乎離，離者午會也。故云：吃齋要吃坎離齋，不吃坎離咬菜根。言超凡入聖之道，非天時不洩，非天命不傳也。	先天道	齋戒述原 [33]
持齋戒殺非獨釋道一教也，而儒教諸神久已飛鸞開化。如文帝陰騭文，勸買物放生，持齋戒殺，勿網禽獸，勿毒魚蝦，舉步常看蟲蟻，禁火莫燒山林。	先天道	齋戒述原 [34]
上一等不飲酒講究修養，釋迦佛戒葷酒掌教西方。燃燈佛除酒葷周朝宰相，夏禹王惡旨酒好善精詳。中一等不及亂暢飲無量，當飲時他才飲自曉退藏。下一等他飲酒醉如泥漿，醉憨時迷真性言語顛狂。	先天道	醒世要言 [35]
只要嫁娶之後，仍然抱守齋戒，道心不退，隨力行持，俟凡情得能了手之日，亦仍然立志精進，苦修苦煉。即一旦命盡身故，沒後加修亦可成其下乘品第，而終不入輪迴之苦焉。	先天道	金石要言 [36]
一、凡未食齋，初發心學道眾生，先命伊將書用心體會。齋戒數月，如果信道心篤，與佛門有益無害，方可選擇吉日，命伊備護上品供養，必須與原引人商議，始定三師，開示之後，即將口訣講清，道理辨明。	先天道	規矩準繩 [37]
三官大帝最靈，凡人有求必應，我夫妻齋戒沐浴，到三官大帝座前焚香頂禮，立宏誓善願，祈大帝消孽賜子。	地獄信仰	輪迴寶傳 [38]

---

[32] 《齋戒述原》，頁673。

[33] 《齋戒述原》，頁673。

[34] 《齋戒述原》，頁674。

[35] 《醒世要言》，收入《明清民間宗教經卷文獻》第九冊，頁688。

[36] 《金石要言》，收入《明清民間宗教經卷文獻》第九冊，頁718。

[37] 《規矩準繩》，收入《明清民間宗教經卷文獻》第九冊，頁750。

[38] 《輪迴寶傳》，收入《明清民間宗教經卷文獻》第九冊，頁891。

前世少你錢十串，貧窮未曾還得明。不想死入幽冥地，發在你家變牛身。連租與人三十載，扯犁拖耙受苦辛。磨得皮穿骨頭濫，過本過利還你身。然何把我來宰殺，千刀萬刮取肝心。我今死入幽冥路，專等仇人把冤伸。殺我一命還一命，吃我一斤還幾斤。斤斤兩兩照簿算，再不饒讓你一分。劉京當時只叫苦，叫我如何還得清。 ------	地獄信仰	輪迴寶傳 [39]
咱傳門有幾輩代代行善，吃長齋戒殺生廣種福田。施側隱好生門人人當幹，存其心養其性究其根源。	地獄信仰	幽冥寶傳 [40]
傳門中有三代食齋好善，朝看經暮念佛廣種福田。感動了上皇爺發下慈念，才差下佛根子種你家園。	地獄信仰	幽冥寶傳 [41]
有一等，好殺生，貪圖滋味。終日裡，害物命，鮮血灘淋。吃了他，肉半斤，定還八兩。到案下，來對審，相報該應。	地獄信仰	消災延壽閻王經 [42]
苦口奉勸男共女，叮嚀一次又叮嚀。叮嚀一次又叮嚀，持齋念佛訪修行。	西大乘教	東嶽天齊仁聖大帝寶卷 [43]
郭女夜夢神人點化，賜以雪團，食之二目重明。問曰異日奉謝，君何神也。答曰吾乃東嶽帝君也，因觀爾等心好，特來救濟，從此居家吃齋，後生四子皆大富貴。	西大乘教	東嶽天齊仁聖大帝寶卷 [44]
有智人喫長齋迴光返照，免得爾在奈河苦痛難當。改了惡從了善勉了地獄，喫了齋把地獄化做天堂。	西大乘教、弘陽教、混元教、收元教	泰山東嶽十王寶卷 [45]

[39]　《輪迴寶傳》，頁908。

[40]　《幽冥寶傳》，收入《明清民間宗教經卷文獻》第九冊，頁959。

[41]　《幽冥寶傳》，頁969。

[42]　《消災延壽閻王經》，收入《明清民間宗教經卷文獻》第十冊，頁11。

[43]　《東嶽天齊仁聖大帝寶卷》，收入《明清民間宗教經卷文獻》第七冊，頁231。

[44]　《東嶽天齊仁聖大帝寶卷》，頁241。

[45]　《泰山東嶽十王寶卷》，收入《明清民間宗教經卷文獻》第七冊，頁4。

勸大眾聞聽法迴光返照，斷了葷喫各修來因長齋，十王卷真實話鍼插無空，冥府裡照清潔不錯毫分。	西大乘教、弘陽教、混元教、收元教	泰山東嶽十王寶卷[46]
世人誰知道，不孝罪難逃。鬼卒執籤，無常奉票，黃泉路上無老少，戒殺放生最為高。凡事總要把人饒，性不可急，志不可驕，得道無謬巧，忠孝致身竭力早。	扶乩信仰	乾坤寶鏡[47]
宰殺事莫輕行，若貪口腹妄殺牲，陰間罪重。人與物皆天生，當知萬物一體情，不可害命。畜見殺戰兢兢，不會說話祇哀鳴，哭求饒命。那冤魂把狀升，轉報輪迴不消停，人當悟醒。	扶乩信仰	乾坤寶鏡[48]
勿輕宰殺： 上帝好生，無非化育。如來戒殺，總是慈悲。居家欲培福基，勸爾當惜物命。------縱不持齋而樂道，亦當愛物以存仁。	扶乩信仰	覺世正宗[49]
天心好生而惡殺，奈何圖彼肥美，恣我貪饕。方其生時亦猶人之生也，貪生怕死莫不皆然。至忍令湯燖刃割，全無半點仁心。一家日殺一命，百家日殺百命，至於成千累萬，血肉狼籍，殺氣血光上蒙霄漢。積孽日深，自必報以刀兵刑戮之慘，妄殺生靈，安得不慎。	扶乩信仰	醒夢編[50]
孔子生八月二十七日，卒二月十八日。學者宜隨其所籍之邑，所居之鄉，各約同志共結一社，每當此際，以為聖節而致祭焉。其祭先期齋戒，懸像中堂，或置木主，同人至，拜而妥之。	扶乩信仰	奉聖回劫顯化錄[51]

---

[46] 《泰山東嶽十王寶卷》，頁6。
[47] 《乾坤寶鏡》，收入《明清民間宗教經卷文獻》第十冊，頁880。
[48] 《乾坤寶鏡》，頁935。
[49] 《覺世正宗》，收入《明清民間宗教經卷文獻》第十一冊，頁111。
[50] 《醒夢編》，收入《明清民間宗教經卷文獻》第十一冊，頁207。
[51] 《奉聖回劫顯化錄》，收入《明清民間宗教經卷文獻》第十一冊，頁407。

立三皈合五戒，廣收原人。一皈依佛法僧最是要緊，立五戒頭一條就戒殺生，若偷盜合妄語概要除盡，絕邪淫還須要斷酒葷腥。	扶乩信仰	指路寶筏[52]
勸眾生各將這壇場安頓，不久日大宗師來此考懲。那時節無功果彼岸難近，願大眾體此書急早回程。投明師割恩愛養爾心性，戒去酒除了菸斷卻葷腥。受持這三與五皈戒嚴謹，設供果獻慈顏討准求恩。	扶乩信仰	指路寶筏[53]
敬天奉神章第一： 天地有愛人之意，人要有愛物之心。順念物原同一體，因造惡改變情形。貪口腹將他廢命，難道物不曉貪生。皆因是不能說話，負含冤任你施行。肉被你煎熬煮妙，魂去見地府閻君。把含冤細訴一遍，收入那枉死之城。候你終三曹對案，償命債方報含冤。你吃他的肉四兩，酌償他八兩有零。地府中絲毫不讓，早回頭改過自新。	灶君信仰	敬竈章[54]
痛惜生靈章第五：	灶君信仰	敬竈章[55]
今得人身非容易，父母恩養我成人。貧子心中縷省事，知道學好念佛經。知道吃齋參三寶，知道向善拜師真。	東大乘教、圓頓教	銷釋接續蓮宗寶卷[56]
不持齋，不拜佛，難見青天。不燃燈，不功果，怎見光圓。	金幢教	多羅妙法經[57]
受三皈，持五戒，答應皈宗。點三關，收呼吸，宿了他心。------開了齋，破了戒，障了大道。眾元人，亂紛紛，不知真假。	金幢教	多羅妙法經[58]

[52] 《指路寶筏》，收入《明清民間宗教經卷文獻》第十一冊，頁 559。

[53] 《指路寶筏》，頁 571。

[54] 《敬竈章》，收入《明清民間宗教經卷文獻》第十冊，頁 767。

[55] 《敬竈章》，頁 775。

[56] 《銷釋接續蓮宗寶卷》，收入《明清民間宗教經卷文獻》第五冊，頁 634。

[57] 《多羅妙法經》，收入《寶卷初集》第九冊，頁 82。

[58] 《多羅妙法經》，收入《寶卷初集》第九冊，頁 101~102。

吃齋不明持齋理，捨財不喜枉然財。進銳退速非道客，篤信好學是能才。	金幢教	多羅妙法經[59]
肯持齋，超度親，有些孝順。破家緣，惹禍端，父母不顧。	金幢教	多羅妙法經[60]
俺為你，下東臨，千辛萬苦。恨不的，將大眾，點鐵成金。肯信心，皈依俺，凡心自死。守三歸，遵五戒，自有安身。	金幢教	佛說皇極金丹九蓮證性皈真寶卷[61]
假知識，葷不葷來素不素。吃酒吃肉得成佛，連我心中也糊突。	金幢教	佛說皇極金丹九蓮證性皈真寶卷[62]
今朝決破繁華理，輥出娑婆終法王。對天明願求出手，酒肉葷腥永不嚐。回光不在遲合早，只怕緣薄不忖量。	金幢教	佛說皇極金丹九蓮證性皈真寶卷[63]
及持齋，須遵戒，三皈保守。蕩邪心，掃雜念，性淨神清。玄律重，必難逃，各自思忖。信魔徒，聽外道，天理難容。	金幢教	佛說皇極金丹九蓮證性皈真寶卷[64]
可憐得，一輩人，痴心妄想。不持齋，不持戒，煆煉何丹。相未除，火未滅，不消下手。精未滿，神未定，枉然用力。	金幢教	多羅妙法經卷[65]

---

[59] 《多羅妙法經》，收入《寶卷初集》第十冊，頁 73。

[60] 《多羅妙法經》，收入《寶卷初集》第十冊，頁 76。

[61] 《佛說皇極金丹九蓮證性皈真寶卷》，收入《明清民間宗教經卷文獻》第五冊，頁 85。

[62] 《佛說皇極金丹九蓮證性皈真寶卷》，頁 119。

[63] 《佛說皇極金丹九蓮證性皈真寶卷》，頁 132。

[64] 《佛說皇極金丹九蓮證性皈真寶卷》，頁 187。

[65] 《多羅妙法經卷》，收入《明清民間宗教經卷文獻》第七冊，頁 556。

再囑咐眾位賢才,單傳直指要早解。受五戒,持香齋,點元來,十字街,理性解。半開門,頓得在,真人來顯。	金幢教	多羅妙法經卷[66]
文殊菩薩問佛曰:何是一體三寶。佛答曰:性是佛寶,如如不動是也;心是法寶,明決公正是也;身是僧寶,清淨齋戒是也。	金幢教	佛說開天地度化金經[67]
論破齋戒者: 文殊菩薩問佛曰:或有善男子,善女人,一生齋戒,種諸善根。老來顛倒,破齋犯戒,而得禍報。世尊曰:此等眾生,雖有善根,無大願力,無正知見。遠離明師,漏失前功,六賊還轉,劫功德,心生顛倒,不得佛道。	金幢教	佛說開天地度化金經[68]
老爺正教,不比別門外教,什教紛紛,千門萬教。有個有齋無戒,有個有戒無齋,老爺齋戒並行。	金幢教	皈依註解[69]
三皈清淨,五戒莊嚴:------ 五戒不飲酒食肉。此酒乃縱惡,狂亂心田------此肉乃是前生非人墮下幽冥。------	金幢教	金幢教文獻[70]
初年學佛,最要堅持齋戒,尊重正教。行科學儀,君臣長上之禮義。	金幢教	金幢教文獻[71]
景泰六年,英即往密雲衛替叔當軍,就營中思念雙親,即發心持齋。就本營有王總督府中納婚,成婚所生一男一女,男名佛正,女名佛廣,一家持齋受戒,男大不婚,女大不嫁。	金幢教	禮佛雜經[72]

---

[66] 《多羅妙法經卷》,頁 595。

[67] 《佛說開天地度化金經》,收入《明清民間宗教經卷文獻》第七冊,頁 883。

[68] 《佛說開天地度化金經》,頁 894。

[69] 《皈依註解》,收入《明清民間宗教經卷文獻》第七冊,頁 910。

[70] 《金幢教文獻》,收入《明清民間宗教經卷文獻》第七冊,頁 921。

[71] 《金幢教文獻》,頁 922。

[72] 《禮佛雜經》,收入《明清民間宗教經卷文獻》第八冊,頁 24。

家道清貧，自幼孝事雙親，持誦血盆經，食血盆齋，庇母康寧。	金幢教	禮佛雜經[73]
今劫運年近，三災八難競起，世界翻騰，乾坤天亂，欲挽回造化心，普天匝地，盡行受持齋戒，方可挽回天機。	金幢教	禮佛雜經[74]
在凡難成忠孝，在聖何有果位。從今說破以後，儒修為高。各拘本業，持齋行善，參求明師，當開眼目。	長生教	眾喜粗言寶卷[75]
戒殺活物七十： 　我說救命務要戒殺為先，若一家殺生不絕，累季總要瘟氣傷丁；若一人多殺生靈，轉世多犯血光妖亡。------ 　若至一月不殺，算為下善，賜你一家免災免夭。若至一季不殺，算為中善，賜你一家增福增壽。若至一世不殺，算為上善，賜你一家孝子賢孫。若能世代不殺，算為最上善，賜你一家永昌大富大貴。	長生教	眾喜粗言寶卷[76]
人言殺生為祭祀，豈有蔬物不祭神。天有好生神有德，不受葷腥受志誠。人言殺業為養口，豈有不殺命不生。天下行業多多少，不殺未見餓死人。 ------	長生教	眾喜粗言寶卷[77]
人言不殺遍地畜，那知越殺越多盛。人殺人喫人來做，不殺不喫有何生。人言不殺神何食，豈有神來討葷腥。天神若愛葷腥喫，為何冤氣成刀兵。	長生教	眾喜粗言寶卷[78]
人言養他應該殺，爹娘也是養你們。 　何不殺生供爹娘，況且言語不讓親。人言殺他投生去，極苦世人也求生。況且受殺最怕死，何況畜	長生教	眾喜粗言寶卷[79]

[73] 《禮佛雜經》，頁 35。

[74] 《禮佛雜經》，頁 43。

[75] 《眾喜粗言寶卷》，收入《寶卷初集》第二十冊，頁 33。

[76] 《眾喜粗言寶卷》，頁 104~105。

[77] 《眾喜粗言寶卷》，頁 110。

[78] 《眾喜粗言寶卷》，頁 111。

[79] 《眾喜粗言寶卷》，頁 112。

生受刀刑。		
喫素念佛九七： 　喫素要淨口存心，可免輪迴；受戒要修身除惡，可求淨土。------ 　念佛一聲能消萬劫重罪，喫素一日可免永世冤愆。所以念佛為經中的母，喫素為修行之首。------	長生教	眾喜粗言寶卷[80]
普勸世上男和女，快快喫素做善人。早喫一日是一日，恐怕性命不長存。有朝一日無常到，免受三塗地獄門。在生喫了一日素，臨終無常弔手心。在生喫了百日素，陰司路上放光明。在生喫了千日素，幢幡寶蓋金童迎。在生喫了一世素，十王拱手也歡忻。	長生教	眾喜粗言寶卷[81]
學道之人，應不至墮入苦井。今乃亦有墮之者，良由凡心未了，血心未化，外君子而內小人，違背佛法，信邪投魔，開齋破戒，得緣失緣，致有墮落陷井，難以出苦。	青蓮教	素一老人十六條規註解[82]
葷人求領大道，先要齋戒誦經： 　齋者，謂不食葷腥；戒者，謂不近女色。蓋一以清殺葷，一以固元精也。經謂佛家之經典，齋戒之外，又必誦經者，所以消宿葷也。	青蓮教	素一老人十六條規註解[83]
葷為佛家所戒，度人者必先勸人不食，此一定不易之規也。	青蓮教	素一老人十六條規註解[84]
五戒精嚴： 　五戒者，一不殺生、二不偷盜、三不邪淫、四不酒肉、五不妄語。	青蓮教 先天道	開示經[85]

[80] 《眾喜粗言寶卷》，頁 348~349。

[81] 《眾喜粗言寶卷》，頁 350~351。

[82] 《素一老人十六條規註解》，收入《明清民間宗教經卷文獻》第九冊，頁115-116。

[83] 《素一老人十六條規註解》，頁 122。

[84] 《素一老人十六條規註解》，頁 128。

[85] 《開示經》，收入《明清民間宗教經卷文獻》第九冊，頁 434。

一家人，有五輩，吃齋行善。接續著，是天人，住在他門。積功行，善念重，仙佛觀看。年長了，四十五，不改善心。自幼時，喫長齋，善念不改。每日家，在佛前，念佛看經。有一日，夜晚間，三更時候。猛聽的，半玄空，大叫一聲。忽抬頭，只看見，金光發現。似車輪，上下滾，徹地通天。二人惺，諕一驚，渾身是汗。公母兩，阿彌陀，念有千聲。住數月，就知道，身中懷孕。老母親，心歡喜，進步加功。到十月，滿足了，祖師下降。	悟明教	銷釋悟明祖貫行覺寶卷[86]
觀音老母早知其意，化一貧婆門首化齋。說你家生的這個小娃兒，送與我做個徒弟。	悟明教	銷釋悟明祖貫行覺寶卷[87]
聞聽說，皇宮裡，都拜悟明。合該咱，回了頭，持齋行善。青臺寺，拜師付，也求修行。	悟明教	銷釋悟明祖貫行覺寶卷[88]
遊方演教，勸化男女，回頭持齋。大眾不惺，只戀虛花景界，只恨貧窮過，無有晝夜。	悟明教	銷釋悟明祖貫行覺寶卷[89]
勸大眾，急速來，抄寫明心。設齋供，誦真經，諸災通免。	救劫信仰	彌勒尊經[90]
子於下世，若能回心念佛，孝順雙親，持齋修行，曾修片善者，悉與護持，免致除滅。	救劫信仰	彌勒尊經[91]
蓋聞益壽延年功，最要放生戒殺。消災滅罪，德莫大乎茹素念經。	救劫信仰	天臺山五公菩薩靈經[92]

[86] 《銷釋悟明祖貫行覺寶卷》，收入《明清民間宗教經卷文獻》第四冊，頁427。

[87] 《銷釋悟明祖貫行覺寶卷》，頁426。

[88] 《銷釋悟明祖貫行覺寶卷》，頁452。

[89] 《銷釋悟明祖貫行覺寶卷》，頁463。

[90] 《彌勒尊經》，收入《明清民間宗教經卷文獻》第七冊，頁187。

[91] 《彌勒尊經》，頁193。

[92] 《天臺山五公菩薩靈經》，收入《明清民間宗教經卷文獻》第十冊，頁

富貴切勿吝錢財，將金修齋亦善哉。莫道酒肉無休日，劫來時候受苦災。一戶持齋萬戶同，南莊北舍不由公。且看秋來并夏冬，處處青蠅伴土蜂。	救劫信仰	大聖五公轉天圖救劫真經[93]
修齋莫貪酒肉，無終日劫到來時受此災。一戶修齋萬戶同，南窗北庫不公田，處處青蟲伴玉峰。欲知富貴生死路，申酉夏秋末劫來。	救劫信仰	五公天閣妙經[94]
第十六籤：飛蛾投火，下下 　此籤宜守靜持齋，念無量壽佛，可迴凶作吉也。	救劫信仰	佛祖靈籤應驗[95]
望祖師開惻隱之心，將俺救渡。一朝出苦，恩有重報，意不所忘。祖師曰，你今實為生死，寫下投詞，立下誓狀，放下骨格，討了保狀，吾才傳與你皈家香一炷，三皈五戒，十件大事，聽咱開示。	清茶門教、大乘教、大成教、收元教、弘陽教、白陽教	皇極金丹九蓮正信歸真還鄉寶卷[96]
遵五戒，慎五刑，勿失仁義。持齋戒，守志氣，念佛看經。知天地，曉根源，知恩報德。凡行事，不欺天，總報四恩。	無為教	無為正宗了義寶卷[97]
惡有惡報，善有善緣，開齋破齋違佛願，八十一劫出頭而難。	黃天道	普靜如來鑰匙通天寶卷[98]
普天下，人行善，五谷豐登。一家家，念經文，聲音不斷。一戶戶，都齋戒，誦念經文。才顯出，清淨法，路不失遺。	黃天道	普靜如來鑰匙通天寶卷[99]
爾若還，不到頭，開齋破戒。違佛願，造下罪，失	黃天道	普靜如來

297。

[93] 《大聖五公轉天圖救劫真經》，收入《明清民間宗教經卷文獻》第十冊，頁 327。
[94] 《五公天閣妙經》，收入《明清民間宗教經卷文獻》第十冊，頁 342。
[95] 《佛祖靈籤應驗》，收入《明清民間宗教經卷文獻》第十冊，頁 381。
[96] 《皇極金丹九蓮正信歸真還鄉寶卷》，收入《寶卷初集》第八冊，頁 86~87。
[97] 《無為正宗了義寶卷》，收入《明清民間宗教經卷文獻》第四冊，頁 393。
[98] 《普靜如來鑰匙通天寶卷》，收入《明清民間宗教經卷文獻》第四冊，頁 672。
[99] 《普靜如來鑰匙通天寶卷》，頁 762。

了人身。---- 喫酒肉，只說在，天堂好過。後還在，地獄中，受罪無窮。		鑰匙通天寶卷[100]
迷眾生，不認真，貪塵愛寶。殺牲靈，喫酒肉，不肯回心。造罪業，重如山，難離苦海。串四生，六道轉，無盡無窮。	黃天道	普明如來無為了義寶卷[101]
授三皈，和五戒，莫要觸犯。違佛令，善惡簿，記得分明。	黃天道	普明如來無為了義寶卷[102]
不明三皈共五戒，天地無私豈饒人。有願不修難了苦，能修無願也超塵。	黃天道	太陽開天立極億化諸佛歸一寶卷[103]
老禪師法寶開，無字真經街前賣。不愛你錢財，只要你持齋三時五候勤參拜，小善才抬頭觀看，時時見如來。	黃天道	太陽開天立極億化諸佛歸一寶卷[104]
原來性一點光人人俱有，認財色為兒女業網纏身。吃酒肉貪邪淫迷了佛性，一輩輩串房簷死了復生。鑰錍佛傳寶卷親臨降世，丙戌年九月內性下天宮。	黃天道	鑰錍佛寶卷[105]
說八百餘萬十惡之鬼，既得我佛慈悲，解脫酆都之苦，只可捨舊圖新，改惡向善，修理歸家徑路。遵三歸持五戒，淨口業拜真天。	黃天道	佛說利生了義寶卷[106]
齋戒本是戒性情，不齋不戒犯真空。酒色財氣成虛望，空中難昧古圓通。迷人不識真佛面，閻王勾取不饒人。吃了酒得送無間，吃了肉得還性命。	黃天道	佛說利生了義寶卷[107]

---

[100] 《普靜如來鑰匙通天寶卷》，頁799。

[101] 《普明如來無為了義寶卷》，收入《寶卷初集》第四冊，頁388~389。

[102] 《普明如來無為了義寶卷》，頁521。

[103] 《太陽開天立極億化諸佛歸一寶卷》，收入《寶卷初集》第七冊，頁57。

[104] 《太陽開天立極億化諸佛歸一寶卷》，頁223。

[105] 《鑰錍佛寶卷》，收入《明清民間宗教經卷文獻》第四冊，頁874。

[106] 《佛說利生了義寶卷》，收入《明清民間宗教經卷文獻》第五冊，頁417。

[107] 《佛說利生了義寶卷》，頁422。

有等迷混持齋者,朝朝每日醉醺醺。問他因何不戒酒,酒為素來不為葷。有等持齋還殺賣,圖財治命宰牲靈。這些都犯天條罪,知法犯法罪加增。	黃天道	佛說利生了義寶卷[108]
世間男女不平心,衹吃生靈,衹吃生靈。吃他八兩還半斤,誰肯饒人,誰肯饒人。他是前生造惡因,才變畜生,才變畜生。你今吃他替他生,永墮沉淪,永墮沉淪。	黃天道	佛說利生了義寶卷[109]
法輪轉,無晝夜,普照群生。迷眾生,不認真,貪戀愛寶。殺生靈,喫酒肉,不肯回心。造罪業,重如山,難離苦海。----- 受三皈,和五戒,指你真經。捨凡情,發弘誓,超出三界。	黃天道	普明如來無為了義寶卷[110]
為善不論老和小,修行不論俗與僧。諸上善人持齋戒,四生冤孽好離身。	黃天道	大聖彌勒化度寶卷[111]
只要你等喫素盪善,心向菩提,可解瘟疫之劫。	黃天道	大聖彌勒化度寶卷[112]
肉字中間兩個人,仔細思量人喫人。清茶淡飯也可喫,破衣遮寒煖即休。世人只道葷能養命,誰知性愛清味。素菜二字採日月之精華,奪山川之秀氣,開花結果,留子隔年可種。那歷代成佛成仙俱是持齋把素,參禪悟道,養性修真,可證菩提之果也。	黃天道	大聖彌勒化度寶卷[113]
彌勒古佛救萬民,勸化世人早修行。臺州黑氣沖天	黃天道	大聖彌勒

[108] 《佛說利生了義寶卷》,頁 422。

[109] 《佛說利生了義寶卷》,頁 423。

[110] 《普明如來無為了義寶卷》,收入《明清民間宗教經卷文獻》第六冊,頁 142。

[111] 《大聖彌勒化度寶卷》,收入《明清民間宗教經卷文獻》第七冊,頁 98。

[112] 《大聖彌勒化度寶卷》,頁 106。

[113] 《大聖彌勒化度寶卷》,頁 122。

界，化一老僧念佛經。去往太常寺投齋，特來化齋宿寺門。		化度寶卷[114]
彌勒佛說：齋者齊也。不吃五葷非是齋也，要人心不散亂，喫坎離齋，拜震兌佛為真齋。------齋字下面點三心，三點包藏三界理。千變萬化三點生，一氣分為天地人。俱有三寶成乾坤，若無三寶天地滅。天上名為日月星，在世即名儒釋道。又按人身精氣神，水火風名按地理。	黃天道	大聖彌勒化度寶卷[115]
喫素向道來生福，當來治世高遐齡。一日持齋千日福，壽活八萬一千春。	黃天道	大聖彌勒化度寶卷[116]
諸佛菩薩齋來到，金剛天王赴壇中。普勸善男共信女，喫素念佛辦真工。	黃天道	古佛當來下生彌勒出西寶卷[117]
玉帝聖目觀見世間，一切僧道不肯持齋受戒，毀謗儒俗，修行飲酒喫肉，葷口禮懺，收歸地獄。	黃天道	古佛當來下生彌勒出西寶卷[118]
若是酒肉供神，不來受歆，反祭魑魅魍魎，心想求福，反降災星。	黃天道	古佛當來下生彌勒出西寶卷[119]
妖精怪，既為神，持齋受戒。喫豬羊，雞鵝鴨，永墮沉淪。葷腥肉，惡人變，輪迴還報。況世人，來	黃天道	古佛當來下生彌勒

[114] 《大聖彌勒化度寶卷》，頁131。

[115] 《大聖彌勒化度寶卷》，頁132。

[116] 《大聖彌勒化度寶卷》，頁136。

[117] 《古佛當來下生彌勒出西寶卷》，收入《明清民間宗教經卷文獻》第七冊，頁155。

[118] 《古佛當來下生彌勒出西寶卷》，頁160。

[119] 《古佛當來下生彌勒出西寶卷》，頁169。

祈禱,何用葷腥。你喫他,四生肉,罪犯天條。身披毛,頭戴角,自受苦辛。		出西寶卷[120]
古佛囑咐大地男女,速急早知音。切莫殺生靈,葷腥酒肉,宗親變成,把刀將他殺,你可認得真。	黃天道	古佛當來下生彌勒出西寶卷[121]
第九說持齋,齋者齋心也。不戒五葷非是齋也,性不散亂是真齋。此一個齋字,天來大海來深,又比天地大五分,真個妙寫得明。齋字下面點三心------	黃天道	清淨寶卷[122]
說那大地眾生,若要斷除罪孽,免卻輪迴,總要持齋修道,煆棄昏迷鄰亂,悟通玄機效驗。	黃天道、長生教	彌勒佛說地藏十王寶卷[123]
何用貪些滋味喫,葷味不及素味長。飲酒食肉由他過,持齋念佛往西方。	黃天道、長生教	彌勒佛說地藏十王寶卷[124]
沒戒弟子仔細聽,三皈五戒要堅心。三皈必要清如水,五戒念切緊緊行。學道持齋受五戒,信心久遠守到頭。	黃天道、長生教	彌勒佛說地藏十王寶卷[125]
一子喫齋千佛喜,九玄七祖盡超昇。	黃天道、長生教	彌勒佛說地藏十王寶卷[126]
釋迦佛說法勸化眾生,喫素行善,孝順爹娘,恭敬叔伯,和睦鄉鄰,恤孤憐貧,修橋鋪路,施茶捨燈,------	黃天道、長生教	彌勒佛說地藏十王寶卷[127]

---

[120] 《古佛當來下生彌勒出西寶卷》,頁 170。

[121] 《古佛當來下生彌勒出西寶卷》,頁 173。

[122] 《清淨寶卷》,頁 375。

[123] 《彌勒佛說地藏十王寶卷》,收入《明清民間宗教經卷文獻》第七冊,頁 34。

[124] 《彌勒佛說地藏十王寶卷》,頁 35。

[125] 《彌勒佛說地藏十王寶卷》,頁 38。

[126] 《彌勒佛說地藏十王寶卷》,頁 42。

[127] 《彌勒佛說地藏十王寶卷》,頁 43。

嗟呼！殺生大痛難言，雞逢殺渾身亂抖；犬逢殺眼看主人；豬逢殺高聲大叫；魚逢網飛跳亂擻；鳥逢網飛南轉北；兔逢鶯奔逃山林；牛逢殺眼中流淚；蟬下鍋渾身飛擻，此等眾生，俱是貪生怕死，極苦難逃。	黃天道、長生教	彌勒佛說地藏十王寶卷[128]
世人要報爹娘恩，喫素念佛早修行。生下週歲養長大，爹娘愛惜如寶珍。乳哺辛勤恩如天，碎骨分身難報恩。要喫三年十月素，孝順爹娘學好人。	黃天道、長生教	彌勒佛說地藏十王寶卷[129]
我佛又問仙童，奈河之中許多披頭散髮，叫苦傷心，悽悽惶惶，啼哭十分，此人可有超生否？童子答曰：若有孝順男女，或喫報恩素三年零十月，或喫血盆素三年。或做好人，超薦陰靈，此鬼腳下，即生蓮花一朵，遂有童男童女迎接上岸，送往金橋而過。	黃天道、長生教	彌勒佛說地藏十王寶卷[130]
凡性本是弓長祖，家住燕南大寶村。自幼喫齋心慈善，參師訪友拜高人。翠花張姐為引進，投拜真佛法王尊。授持三皈合五戒，挑開四相見真人。	圓頓教、先天道、青蓮教、悄悄會	龍華寶經[131]
天下眾生男女老少，自從靈山失散原來真實，迷入貪嗔痴愛，不信佛法，不敬天地日月三光，不孝父母六親眷屬，貪戀一切女色財寶，偷盜淫妄，飲酒食肉，昏迷神思，恣縱身心，常行苦海，罪殃深重，因此有刀兵水火疫癘，災凶禍患纏繞，痛苦憂煎。	圓頓教	龍華懺[132]
佛言大地眾生都有冤債牽纏，如有所繫何由解脫。只因不信佛法，口貪滋味，殺害生靈，充亡口腹。不知人人愛命，物物貪生，口不能言，含冤負屈，痛苦莫伸。與你黃金千兩，誰肯將刀自割，積下無量無邊冤債。吃他半斤還他八兩，殺他一命償他一	圓頓教	龍華懺[133]

---

[128] 《彌勒佛說地藏十王寶卷》，頁 49。

[129] 《彌勒佛說地藏十王寶卷》，頁 53。

[130] 《彌勒佛說地藏十王寶卷》，頁 65。

[131] 《龍華寶經》，收入《明清民間宗教經卷文獻》第五冊，頁 742。

[132] 《龍華懺》，收入《明清民間宗教經卷文獻》第五冊，頁 758。

[133] 《龍華懺》，頁 762。

命，生生世世無有休息，何得出期。		
獄主答言，前起男女他在陽間，授持三皈五戒，修習性理元根，誦經禮懺，修諸善果，得先天無為之妙道。故有童男童女引送至菩提彼岸，去赴龍華三會。後起男女他在陽間，毀謗佛法，開齋破戒，不修片善，因此打入奈河，受諸苦楚，無有出期。	圓頓教	龍華懺 [134]
十囑咐： 七囑咐戒酒肉清濁莫混，酒性亂肉性濁污穢佛經，二六時或念經或是坐靜。本當要絕慾念見性明心，我雖躲閻君手慾念不盡，勸大眾食淡泊牢記在心。	達摩信仰	達摩寶傳 [135]
五戒： 戒殺生原來是仁德為本，體上天好生德戒殺放生。人生寅於東土沉埋久困，人轉畜畜轉人死死生生。歷劫內多迷昧造過太甚，人吃畜畜吃人好不傷情。	達摩信仰	達摩寶傳 [136]
*一子吃齋超苦海，九玄七祖盡超昇。男人食齋超九祖，女人食菜度三宗。清心靜性妙無窮，心靜安閒有佛通。誰知世事清何濁，只覺沙門靜與空。立念修持要食齋，刑名枷鎖自然開。	達摩信仰	達摩經卷 [137]
〈五不許飲酒食肉〉： 五戒飲酒并食肉，貪圖口腹養精神。你若喫他他喫你，反轉輪迴人喫人。	龍華教	三祖行腳因由寶卷 [138]
大凡喫齋一世，不如受戒一刻。受戒一世，不如明心一刻。明心一世，不如見性一刻。	龍華教	三祖行腳因由寶卷 [139]
祖云：食葷之家也有圈豬待人之戮，也有籠雞待人	龍華教	大乘正教

[134] 《龍華懺》，頁 799。

[135] 《達摩寶傳》，收入《明清民間宗教經卷文獻》第七冊，頁 292。

[136] 《達摩寶傳》，頁 293。

[137] 《達摩經卷》，頁 321。

[138] 《三祖行腳因由寶卷》，收入《寶卷初集》第四冊，頁 220。

[139] 《三祖行腳因由寶卷》，頁 225。

之殺業事。忙忙日與禽畜雜處，即有道場他也遇不著吃素之人。		科儀寶卷[140]
諸菩薩摩訶薩，天龍八部天仙眷屬，萬象森羅，普天斗曜，三界正直掌福祿壽一切聖賢，光降齋筵之上聽宣，情意鑑納。	龍華教	大乘正教科儀寶卷[141]
何謂四恩？答：天地蓋載，日月照臨，皇王水土，父母生身。問：何能報得？答：必須持齋受戒，投遇明師，明心見性，方才報得既有四恩。	龍華教	大乘正教科儀寶卷[142]
酒是穿腸毒藥，飲能亂性迷心。君子醉也亂胡行，敗國亡家傷性命。五百大戒酒為尊。酒字說明肉字再講，肉字裡兩個人，裡頭不見外頭人，吃他半觔還八兩，打轉輪迴人食人。	龍華教	大乘正教科儀寶卷[143]
我聖祖的法門，乃清淨的法門。要你齋得清戒得明，一斷永斷，一了百了，此乃五戒明白。	龍華教	大乘正教科儀寶卷[144]
父母懷胎苦無窮，為男為女費辛勤。養育之恩難酬報，吃齋念佛報重恩。	龍華教	科儀寶卷[145]
做齋以後，老者如山不體，少者似水長流，求福者福如東海，求壽者壽比南山，求道者道心堅固。------	龍華教	科儀寶卷[146]
發愿云云，弟子不敢開齋破戒，不敢漏洩三乘妙法，不敢忘恩背祖，如有此等，願遭甚麼報，諸佛作證。	龍華教	科儀寶卷[147]
文殊菩薩問佛云何修證得六渡波羅蜜，佛言：若有眾生能捨酒肉不食，能捨財物不貪，能捨恩愛不	龍華教	皈依科儀[148]

[140] 《大乘正教科儀寶卷》，頁 367~368。

[141] 《大乘正教科儀寶卷》，頁 375。

[142] 《大乘正教科儀寶卷》，頁 377。

[143] 《大乘正教科儀寶卷》，頁 379。

[144] 《大乘正教科儀寶卷》，頁 381。

[145] 《科儀寶卷》，收入《明清民間宗教經卷文獻》第六冊，頁 400。

[146] 《科儀寶卷》，頁 405。

[147] 《科儀寶卷》，頁 425。

[148] 《皈依科儀》，收入《明清民間宗教經卷文獻》第六冊，頁 437。

戀，能捨諸惡不作，能捨人我不爭，名得第一布施波羅蜜。		
十條戒律：三者食酒糟醋煙等物，不容入道。 ------八者開齋破戒，顛倒復回，又引進舉保，同拜佛發愿懺悔。	龍華教	龍華科儀 [149]
皈依科：爾可用心聽著，酒是穿腸毒藥------ 肉字內裡兩個人-------	龍華教	龍華科儀 [150]
我和爾吃齋受戒之人，要學那前輩古人。魯男子，閉戶不納。柳下惠，坐懷不亂，才是真君子。---- 吃齋受戒的婦人，要學前輩古婦人。孟光舉案，敬姜勤織，才是世間良婦，女中丈夫。	龍華教	龍華科儀 [151]
國王水土恩非淺，父母劬勞德難完。勸君持齋總報本，隨仙超昇上法船。	龍華教	大乘正教明宗寶卷 [152]
三炷信香在靈前，奉請尊靈赴齋筵。 ------ 奉獻尊靈一個齋，五穀本是田中來。	龍華教	大乘正教明宗寶卷 [153]
浙江張敬有之女，其貌極醜，文學甚篤，幼持齋戒，及其長也，不肯議婚，世人皆疑。	龍華教	七枝因果 [154]
至於持齋長者，陶淵明持齋生六子；竇燕山受戒嗣五男；唐蕭宗奉佛二十子；宋真宗一妻二十兒。	龍華教	七枝因果 [155]
峻曰：古亦持齋乎? 旺公曰：持齋。如將軍守城，天下太平城何用守，空齋空戒亦是無益，空守其城亦復如是。	龍華教	七枝因果 [156]

[149]《龍華科儀》，收入《明清民間宗教經卷文獻》第六冊，頁441。
[150]《龍華科儀》，頁442。
[151]《龍華科儀》，頁444~445。
[152]《大乘正教明宗寶卷》，收入《明清民間宗教經卷文獻》第六冊，頁456。
[153]《大乘正教明宗寶卷》，頁459。
[154]《七枝因果》，收入《明清民間宗教經卷文獻》第六冊，頁477。
[155]《七枝因果》，頁485。
[156]《七枝因果》，頁491。

有女輩的知我食齋，道我害子害孫之菜，更有狼毒的道我害夫絕嗣之齋。	龍華教	七 枝 因 果 [157]
善男信女，善男者，善心學滿必成佛果。信女者，信心皈依佛道。錦曰：怎麼皈依？花曰：皈善道依正理，先持齋戒，後依佛旨。	龍華教	七 枝 因 果 [158]
眾人罵道，吃什麼無生育的菜，吃什麼短命的齋。這一個言：慢慢的餓鬼；那一個說：活活的地獄。叫做對面相逢怨債主，回頭又遇結冤家。	龍華教	七 枝 因 果 [159]
南臺城內旗排街，湯了然有小齋堂。羅清在堂布教說義，偶逢黨尚書張永公公，二位大臣遊行到湯了然齋堂，聽演說妙理，入耳堪聽。逢遇各國論道理，論勝者為上邦，輪輸者為下邦。	龍華教	羅祖派下八支因果經 [160]
持齋易，戒酒難；戒酒略易，修行更難。	龍華教	羅祖派下八支因果經 [161]
端明怒曰：西方會上三千佛，未必持齋得道人。只見讀書朝親闕，未聞持齋上天廷。你今餓盡腸肚，哄騙男女，謂人人本有佛性，個個不無彌陀，愚人信以為是，予不信也。	龍華教	羅祖派下八支因果經 [162]
如金玉本是方圓，打碎了不能復初者。欲得復初者先須齋戒，從佛修因，如砌牆之基址也。若不齋戒，不稱善人，一失人身萬劫不復。	龍華教	羅祖派下八支因果經 [163]
勸夫持齋論：你不賢婦狼毒心，勸我戒酒猶可，即	龍華教	羅祖派下

[157] 《七枝因果》，頁 497。

[158] 《七枝因果》，頁 498。

[159] 《七枝因果》，頁 500。

[160] 《羅祖派下八支因果經》，收入《明清民間宗教經卷文獻》第六冊，頁 522。

[161] 《羅祖派下八支因果經》，頁 528。

[162] 《羅祖派下八支因果經》，頁 533。

[163] 《羅祖派下八支因果經》，頁 561。

我喫素，死在眼前。凡人受傷則補，不用肥甘補之，反以淡泊菜味削之，須臾命即休矣。------		八支因果經[164]
有女羣的，知我食齋，道我害子害孫之菜；更有狠毒的，道我害夫絕嗣之齋。----	龍華教	羅祖派下八支因果經[165]
汝看他吃甚麼絕嗣菜，喫甚麼無福齋，既吃菜不該嫁，既嫁不該吃菜。	龍華教	羅祖派下八支因果經[166]
要知天機，趕早皈依，持九龍齋。十二月間，廿四日起，至于正月，初四日止，精神康健。	龍華教	羅祖派下八支因果經[167]
奉敬聖佛仙神，若無齋戒沐浴，潔誠致敬，則不惟失禮，且有冒瀆之憾，一般信者，豈可不守禮法乎哉。	龍華教	羅祖派下八支因果經[168]
又見持齋人脣邊真平和，無持齋人脣邊有以前所見種種怪物，及邪魔鬼怪徘徊。	龍華教	羅祖派下八支因果經[169]
如何能報四重恩，答曰： 必須持齋受戒，投遇明師，明心見性，方才報得，既然報得，各請心香一烓，總報恩情。	龍華教	彩門科教妙典卷[170]
持齋受戒行大孝，報答爹娘養育恩。	龍華教	彩門科教妙典卷[171]
一子持齋千佛喜，九宗七祖盡超昇。	龍華教	彩門科教

[164] 《羅祖派下八支因果經》，頁 571。
[165] 《羅祖派下八支因果經》，頁 581。
[166] 《羅祖派下八支因果經》，頁 594。
[167] 《羅祖派下八支因果經》，頁 619。
[168] 《羅祖派下八支因果經》，頁 635。
[169] 《羅祖派下八支因果經》，頁 638。
[170] 《彩門科教妙典卷》，收入《明清民間宗教經卷文獻》第八冊，頁 116。
[171] 《彩門科教妙典卷》，頁 122。

		妙 典 卷 [172]
十報經： 持齋受戒明禮義，報答天地蓋載恩。------ 持齋受戒明心性，報答日月照臨恩。------	龍華教	彩門科教 妙 典 卷 [173]
佛祖流傳大乘正道無上法門，先欲持齋戒行端，然後尋求引進，攀於玄堂，懺悔皈依受戒，信心不退。	龍華教 混元教	源流法脈 [174]
大地眾生實可悲悽，返覆顛倒無靠無依，迷難調治，浮狂愚癡。開齋破戒，靈光落地。	龍華教	佛祖妙意 直指尋源 家譜[175]
我佛差你臨凡度脫眾生，焉能一十八年齋戒不閒。幾時回還，連警三遭，省來卻是一夢。自己昧知，到於第明早晨，沐手焚香，拜謝天地，齋戒閒了。	還源教	銷釋悟性 還源寶卷 [176]
女人喫齋委實高，想妙善赴盤桃，虔心要有，應自然脫塵牢，忽的聲歸家去，路不遙。	還源教	銷釋悟性 還源寶卷 [177]
修行人，近前來，聽吾分派。持齋人，要忍耐，去處存心。你既是，參大道，修習本性。發一個，菩提心，跟找當人。	還源教	銷釋悟性 還源寶卷 [178]
爾時五公聖僧菩薩在天臺山說法，流傳末劫，若清淨嚴持，香花燈果，虔心供養，齋戒沐浴，書寫誦讀，使人間同行善道，獲福無量。	羅祖大乘教、 大乘教	五公末劫 經[179]

---

[172] 《彩門科教妙典卷》，頁 123。

[173] 《彩門科教妙典卷》，頁 138。

[174] 《源流法脈》，收入《明清民間宗教經卷文獻》第八冊，頁 276。

[175] 《佛祖妙意直指尋源家譜》，收入《明清民間宗教經卷文獻》第八冊，頁 311。

[176] 《銷釋悟性還源寶卷》，收入《明清民間宗教經卷文獻》第四冊，頁 257。

[177] 《銷釋悟性還源寶卷》，頁 269。

[178] 《銷釋悟性還源寶卷》，頁 271~272。

[179] 《五公末劫經》，收入《明清民間宗教經卷文獻》第十冊，頁 268。

天神保佑善人身，災殃永無侵。勸諭後人行方便，唸佛吃齋結良緣，便見太平年。	羅祖大乘教、大乘教	五公末劫經[180]
食長齋，引領人，齊出苦海。食酒肉，引領人，永墮沉淪。	羅教、大乘教、清淨無為、無為教	嘆世無為卷[181]
指望兒，食長齋，超度父母。你破齋，把父母，又送沉淪。	羅教、大乘教、清淨無為、無為教	嘆世無為卷[182]
官人食齋千佛喜，引的眾官出苦輪。 惡人食齋千佛喜， 引的惡人出苦輪。 善人食齋千佛喜，引的善人出苦輪。 你要開齋千佛惱，惱殺陰司十閻君。有朝一日勾著你， 永下地獄不翻身。你往齋戒不打緊，引的眾人入苦輪。	羅教、大乘教、清淨無為、無為教	嘆世無為卷[183]
齋須實相齋，戒憑實相戒。有相持齋戒，到頭歸敗壞。敗壞屬無常，從何免三界？真戒是本性，本性是真戒，真戒本無修，無修是真戒。	羅教、大乘教、無為教	破邪顯證鑰匙卷[184]
捨退般若逞剛強，又食酒肉造業障；各著惡友又造業，死到地獄受恓惶。	羅教、大乘教、無為教	破邪顯證鑰匙卷[185]
喫肉眾生，叫做遞相食噉，永墮沉淪苦海，受苦海無盡。	羅教、大乘教、無為教	巍巍不動太山深根結果寶卷[186]

[180] 《五公末劫經》，頁281。
[181] 林立仁整編，《五部六冊經卷》上冊，頁128。
[182] 林立仁整編，《五部六冊經卷》上冊，頁129。
[183] 林立仁整編，《五部六冊經卷》上冊，頁130。
[184] 林立仁整編，《五部六冊經卷》上冊，頁356。
[185] 林立仁整編，《五部六冊經卷》上冊，頁478。
[186] 林立仁整編，《五部六冊經卷》下冊，頁238。

《金剛科儀》云：遞相食噉是呆痴，那時追悔悔後遲；直下承當休錯過，食噉酒肉苦沉淪。末法娑婆入苦哉，互相食噉惡如豺；刀兵疾病遭饑饉，厭離閻浮歸去來。	羅教、大乘教、無為教	巍巍不動太山深根結果寶卷[187]
世尊答曰：母懷八月，孩兒如受八般地獄。------母食五葷者，如受冀池地獄。-----	羅教、大乘教、龍華教	明宗孝義達本寶卷[188]
十大重恩句句分明，世人不依從，專習邪法。父母成病為男為女，墮落幽冥，若人齋戒，爹娘得超昇。	羅教、大乘教、龍華教	明宗孝義達本寶卷[189]
阿難合掌頂禮，哀告世尊，如何報得父母之恩。世尊答曰：汝等大眾真實報答父母恩者，聽我密義。諸上善人信心第一，二六時中，正心除疑，行住坐臥，尊重為體，覺照為用。覺照四生六道，俱是父母爹娘九玄七祖，要報父母之恩，切須持齋戒殺，方才報得父母之恩也。	羅教、大乘教、龍華教	明宗孝義達本寶卷[190]
善惡到頭終有報，殺一牲來還一生。你若害他他害你，喫他八兩還半觔。一還一報何日盡，冤冤相報苦無窮。若要斬除生死事，除非戒殺度雙親。	羅教、大乘教、龍華教	明宗孝義達本寶卷[191]
現在天堂人不覺，現在地獄不知音。泰平豐年如天堂，撩亂凶荒似地獄。持齋戒殺如天堂，殺戮安排似地獄。溫柔良善如天堂，惹是招非似地獄。	羅教、大乘教、龍華教	明宗孝義達本寶卷[192]
一報天地蓋載恩，發生萬生養眾生。天地蓋載恩難報，喫齋念佛報重恩。二報日月照臨恩，週而復始現光明。	羅教、大乘教、龍華教	明宗孝義達本寶卷[193]

---

[187] 林立仁整編，《五部六冊經卷》下冊，頁240。

[188] 《明宗孝義達本寶卷》，收入《明清民間宗教經卷文獻》第六冊，頁206。

[189] 《明宗孝義達本寶卷》，頁212。

[190] 《明宗孝義達本寶卷》，頁213。

[191] 《明宗孝義達本寶卷》，頁215。

[192] 《明宗孝義達本寶卷》，頁221。

[193] 《明宗孝義達本寶卷》，頁237。

日月照臨恩難報，喫齋念佛報重恩。三報皇王水土恩， 風調雨順五穀登。皇王水土恩難報，喫齋念佛報重恩。 四報爹娘養育恩，乳哺三年費辛勤。父母劬勞恩難報， 喫齋念佛報重恩。------------ 十報三教聖人恩，各留經典度眾生。三教經書恩難報，喫齋念佛報重恩。		
〈祖師行腳十字妙頌〉：離母胎，不食葷，菩薩臨凡。	羅教、弘陽教、大乘教、無為教、茲杷教	苦功悟道卷[194]
虧天佛，保佑我，成人長大。食長齋，怕生死，要辦前程。	羅教、弘陽教、大乘教、無為教、茲杷教	苦功悟道卷[195]
有一等愚痴迷種，說迷人飲酒吃肉，不參道，也得歸家。迷人終日走著生死之路，又不知安身立命，又不知淨土家鄉，他怎麼便得歸家？	羅教、無為教、清淨無為教	正信除疑無修證自在寶卷[196]
飲酒吃肉是迷人，業識忙忙性地昏；臨危化釋還果報，隨孽輪迴不翻身。	羅教、無為教、清淨無為教	正信除疑無修證自在寶卷[197]
說師傅，著你開了齋，我要著你開了齋，我當時身化做血膿。你要開了葷酒，邪了人天，永墮沉淪，	羅教、無為教、清淨無為教	正信除疑無修證自

---

[194] 林立仁整編，《五部六冊經卷》上冊（臺北：正一善書出版社印行，民國83年6月），頁12。

[195] 林立仁整編，《五部六冊經卷》上冊，頁16。

[196] 林立仁整編，《五部六冊經卷》下冊，頁17。

[197] 林立仁整編，《五部六冊經卷》下冊，頁19。

不得翻身。	教	在 寶 卷 [198]
良緣普勸眾人聽,莫作開齋破戒人;死墮陰司為餓鬼,那時受苦自甘心。	羅教、無為教、清淨無為教	正信除疑無修證自在 寶 卷 [199]
喫齋人,不信心,永墮沈淪。不信佛語難出世,毀謗正法永沈淪。	羅教、無為教、清淨無為教	正信除疑無修證自在 寶 卷 [200]
武帝信善經: 若戒止葷酒,斷絕嗜慾,非老年不能。爾等皆後生也,未必能行,以不可行之事,而欲爾等勉行,是強爾以太難,阻爾以自新也。	關帝信仰	武帝經懺 [201]
若有人受持金剛經者,先須志心念淨口業真言。然後啟請八金剛四菩薩名號,所在之處,常當擁護。淨口業真言:修唎修唎摩訶修唎修修唎薩婆訶	不明	銷釋金剛科儀 [202]
今有一等人,好持齋戒酒,恭敬三寶,多行方便,當受人天福報,九祖盡得超昇。又有一等眾生,若殺生靈飲酒傷人,毀僧謗佛,連累九祖,盡俱墮落地獄。	不明	大乘金剛寶卷 [203]
佛告菩薩,一切眾生,若有回頭持齋戒酒者,法藥救諸病苦。	不明	大乘金剛寶卷 [204]
持齋菩薩要信心,日久圓陀正月明。大地山河都照徹,玄中顯出一真人。	不明	大乘金剛寶卷 [205]

[198] 林立仁整編,《五部六冊經卷》下冊,頁39。
[199] 林立仁整編,《五部六冊經卷》下冊,頁41。
[200] 林立仁整編,《五部六冊經卷》下冊,頁51。
[201] 《武帝經懺》,收入《明清民間宗教經卷文獻》第十冊,頁215。
[202] 《銷釋金剛科儀》,收入《明清民間宗教經卷文獻》第一冊,頁8。
[203] 《大乘金剛寶卷》,收入《明清民間宗教經卷文獻》第一冊,頁66。
[204] 《大乘金剛寶卷》,收入《明清民間宗教經卷文獻》第一冊,頁70。
[205] 《大乘金剛寶卷》,收入《明清民間宗教經卷文獻》第一冊,頁70。

普眼菩薩觀僧眾披法衣者，當受持五戒。一不飲酒；二不殺生；三不邪淫；四不妄語；五不偷盜。若有犯戒眾生，當墮鐵城地獄，受其大苦。	不明	大乘金剛寶卷[206]
佛告菩薩，若要眾生出其地獄，須全家持齋戒酒，舉念大乘，罪人得出離。	不明	大乘金剛寶卷[207]
失迷真性全不惺，聖意何曾記半分。顛倒迷惑全不惺，飲酒吃肉過光陰。拈花失迷，苦海波心，受苦入包迷，逐日迷混。	不明	銷釋明淨天華寶卷[208]
你今不是凡夫子，原是靈山一賢人。若還依我參禪坐，見性明心家去來。世傑聽言說幾句，生性不好吃長齋。二祖從頭說玄妙，五葷都是業眾生。那個吃酒成佛去，地獄三塗解不開。	不明	銷釋明淨天華寶卷[209]
味兼葷素須當檢，香有清濁不可瞞。見色明心方是妙，聞聲悟道始為仝。	不明	太上仝宗科儀[210]
在舌能知，酒肉難忘總是痴。只為他多滋味，混你的心如醉。不如我自知知，把素持齋戒律了身合意，悟取無生證祖機。	不明	太上仝宗科儀[211]
說大限，到來臨，不論老少。早回頭，一個個，都有前程。不持齋，不念佛，空過一世。	不明	大乘意講還源寶卷[212]
不喫齋，不念佛，謗毀三寶。下地獄，五百劫，不見影形。	不明	大乘意講還源寶卷[213]
我如今，發善愿，改過存心。你若還，肯放我，回	不明	大乘意講

---

[206] 《大乘金剛寶卷》，收入《明清民間宗教經卷文獻》第一冊，頁73。

[207] 《大乘金剛寶卷》，收入《明清民間宗教經卷文獻》第一冊，頁76。

[208] 《銷釋明淨天華寶卷》，收入《明清民間宗教經卷文獻》第四冊，頁205。

[209] 《銷釋明淨天華寶卷》，頁216。

[210] 《太上仝宗科儀》，收入《明清民間宗教經卷文獻》第四冊，頁325。

[211] 《太上仝宗科儀》，頁326~327。

[212] 《大乘意講還源寶卷》，收入《寶卷初集》第四冊，頁85。

[213] 《大乘意講還源寶卷》，頁90。

家去了。到陽間，喫長齋，每日看經。早依著，你口說，甚話百歲。		還源寶卷 [214]
投師拜祖求法，授持五戒，晝夜參道，本無間斷，絲毫 不掛，寸草不拈，意馬牢拴，意掛在真空境界。	不明	佛說銷釋保安寶卷[215]
跪在師面授其三歸五戒------四不飲酒喫肉。------若是開齋破戒，泄漏佛法身，化膿血眼光落地。	不明	佛說銷釋保安寶卷[216]
你自知圖名圖利，殺害牲靈，吃酒吃肉，造下業根。十帝閻君，三曹對案，惡薄上造得分明。	不明	佛說銷釋保安寶卷[217]
師傳勸你吃齋罷，妄言妄由不肯依。今此閻王拏定你，送在江河轉濕生。	不明	佛說銷釋保安寶卷[218]
若人依吾指點，定做高人。行道之好不可盡言，聽偈為證。勸化持齋修道道，依師勸化作高賢。	不明	承天效法后土皇帝道源度生寶卷[219]
我為你，吃長齋，拜廟燒香。手揢美，娘養你，一十五歲。到如今，成人大，忘了親娘。	不明	銷釋孟姜忠烈貞節賢良寶卷[220]
十戒：一、不得殺生害命理。-----五、不得喫肉并飲酒。	不明	銷釋南無一乘彌陀

[214] 《大乘意講還源寶卷》，頁 102。

[215] 《佛說銷釋保安寶卷》，收入《寶卷初集》第六冊，頁 17。

[216] 《佛說銷釋保安寶卷》，頁 237~239。

[217] 《佛說銷釋保安寶卷》，頁 355。

[218] 《佛說銷釋保安寶卷》，頁 362。

[219] 《承天效法后土皇帝道源度生寶卷》，收入《寶卷初集》第十一冊，頁 23。

[220] 《銷釋孟姜忠烈貞節賢良寶卷》，收入《寶卷初集》第十一冊，頁 431。

		授記歸家寶卷[221]
飲酒食肉逞剛強，殺生害命自承當。------ 王文終日殺生靈，不怕無常見閻君。殺他一命還一命，返復顛倒殺自身。王文境界滯在紅塵，累劫苦貪嗔，殺生害命，破戒邪淫。無常來到，死墮幽冥，三曹驗看，陰司罪不輕。	不明	佛說如如居士王文生天寶卷[222]
不依如來正法輪，毀齋破戒覓邪宗。損了陽壽三十載， 特來取你赴幽冥。王文聽說好心驚，夢中恐怖戰欽欽。 ------ 鬼使飛怒唱罵王文，每日殺生靈破齋犯戒，酒肉齋行，造業深重，毀犯神明，折減陽壽取你去見閻君。	不明	佛說如如居士王文生天寶卷[223]
在陽間，破齋戒，不敬三寶。明知道，全不信，毀謗神靈。-----墮地獄，十八層，都要受過。赴輪迴，變騾馬，才得翻身。披著毛，帶著角，用命還債。活活的，刀頭死，以肉供人。你喫他，肉半斤，還他八兩。你喫了，十六兩，還他一斤。	不明	佛說如如居士王文生天寶卷[224]
世人修福不修慧，只談是非不念經。經中消息全不曉，單說富貴與功名。有酒有肉是榮耀，持齋把素有幾人。腹內不明真本性，苦口想勸總不聽。	不明	如如老祖化度眾生指往西方寶卷[225]
為貪口腹將他殺，誰知性命一般由。臨命終時真個	不明	如如老祖

[221] 《銷釋南無一乘彌陀授記歸家寶卷》，收入《寶卷初集》第十二冊，頁82。

[222] 《佛說如如居士王文生天寶卷》，收入《明清民間宗教經卷文獻》第六冊，頁10。

[223] 《佛說如如居士王文生天寶卷》，頁13。

[224] 《佛說如如居士王文生天寶卷》，頁17~18。

[225] 《如如老祖化度眾生指往西方寶卷》，收入《明清民間宗教經卷文獻》第六冊，頁36。

苦,何不將心比佛修。形體雖然有別色,天生靈性一樣留。雞逢殺時渾身抖,狗死開眼見主謀。豬若殺時聲叫屈,牛逢殺時淚雙流。四生六道輪迴轉,一失人身沒處求。你喫我來我喫你,喫他四生結冤仇。		化度眾生指往西方寶卷[226]
王文正在前頭走,監齋菩薩後面跟。到了他家請上坐,王文舉手把酒吞。酒到嘴來肉進口,護法伽藍一見瞋。千斤寶鎚打下去,王文身殞失三魂。鄉鄰忙把香茶灌,灌醒王文說事因。忽然菩薩來打我,道我開齋把酒吞。	不明	如如老祖化度眾生指往西方寶卷[227]
生前宰殺雞鵝鴨,開葷破戒害生靈。應受碎磨地獄報, 磨碎王文苦殺人。 ------ 奉勸眼前諸君子,持齋把素早回心。王文受了磨碎獄,眼前鬼使又來臨。	不明	如如老祖化度眾生指往西方寶卷[228]
竈王寶卷初展開,六丁六甲鎮家宅。道稱雲廚為司命,釋教緊那吾監齋。吾本菩薩大化身,護持善士一福神。上奉諸佛獻供養, 下齋十方有道人。	不明	福國鎮宅靈應竈王寶卷[229]
且問持齋念佛之人有何好處? 試看為聖作賢者,都是持齋念佛人。聖賢一語價千金,遠超苦趣越紅塵。	不明	福國鎮宅靈應竈王寶卷[230]
天地包含萬物生,發現萬物養贍人。蓋載之恩難酬報,持齋念佛報天恩。	不明	太上祖師三世因由總錄[231]
吾王得知他乃山東萊州府即墨縣人氏,幼小持齋把	不明	太上祖師

[226] 《如如老祖化度眾生指往西方寶卷》,頁 42。

[227] 《如如老祖化度眾生指往西方寶卷》,頁 49。

[228] 《如如老祖化度眾生指往西方寶卷》,頁 54。

[229] 《福國鎮宅靈應竈王寶卷》,收入《明清民間宗教經卷文獻》第六冊,頁74。

[230] 《福國鎮宅靈應竈王寶卷》,頁 103。

[231] 《太上祖師三世因由總錄》,收入《明清民間宗教經卷文獻》第六冊,頁243。

素,當天受了如來五百大戒,他是軍丁人戶,吃我王俸碌,聞知番兵到來,要與我朝交戰。不想此人這等神通,攀起弓箭望空三箭,蓮花空中而下,番兵見了懼怕,因此退了十萬番兵。		三世因由總錄[232]
公公檢點心田淨,持齋把素要堅心。你今受了無為道,心中凡事要公平。三皈五戒須清正,是有家鄉作証盟。	不明	太上祖師三世因由總錄[233]
番僧參問我師何為安身立命,祖曰:要求安身立命須要發下四十八願。僧曰:弟子若有背義忘恩,淺漏佛法,開齋犯戒,當時身化血光。	不明	太上祖師三世因由總錄[234]
吃齋之人不戒酒,後世必遭刑笞杖,家事盡廢,離鄉別 井,故以戒酒為先。 -----吃齋之人不戒色,必是輪 迴 不免,後世容顏醜陋,故以戒色為貳。---- 吃齋之人不 戒財,世世妄為貪濫,禮義不知,故以戒財為參。 ---- 吃齋之人不戒氣,後世必成短命身,忘官非口舌, 不能清吉,故此戒氣為四。	不明	太上祖師三世因由總錄[235]
祖懺曰:阿彌陀佛。吃齋之人,只有天堂之路,並無地獄之門。生生不脫菩提路,世世常皈選佛場。四十八願,願願成佛。一子持齋九族昇天,若不昇天,諸佛誑言。	不明	太上祖師三世因由總錄[236]
姚文宇:幼年來,父母喪,無藝營生。從長成,食長齋,無有依靠。吾意欲,往他方,覓藝營生。道者言,少年人,既然食素。何不去,拜明師,學道修行。	不明	太上祖師三世因由總錄[237]

---

[232] 《太上祖師三世因由總錄》,頁 245。
[233] 《太上祖師三世因由總錄》,頁 247。
[234] 《太上祖師三世因由總錄》,頁 253。
[235] 《太上祖師三世因由總錄》,頁 259。
[236] 《太上祖師三世因由總錄》,頁 262。
[237] 《太上祖師三世因由總錄》,頁 296。

早喫齋，肯念佛，不入地獄。閻羅王，他不肯，虧了善人。----- 肯喫上，一日齋，也是功行。文簿上，盡都是，十惡不善。------ 你舉意，要喫齋，信香先至。十閻王，有慧眼，千里看明。	不明	大乘意講還源寶卷[238]
奉勸大眾仔細聽，喫齋念佛免災星。男女不聽佛言語，惡病纏身見閻君。	不明	彌勒古佛下生經[239]
齋戒生蓮品第五： 夫齋戒者，即習佛行功，而修定慧也。齋者，為淨口清心，不緣畜類，而拔輪迴之苦。戒者，為正身執法，不犯根塵，而求生淨土之因。此齋戒二字，實為清正身心，是古佛之行功本地，最尊第一。	不明	無上圓明通正生蓮寶卷[240]
說齋戒二字，是如來最重第一法門。齋者，淨口舌，以斷輪迴之報。戒者，正身心，以登菩提之梯。乃生死海中有百般苦獄，四種傍生，皆因眾生舌相心相所招，若人肯願回頭，遵依禁戒，即時頓脫。	不明	無上圓明通正生蓮寶卷[241]
嘆一品，學道人，茹齋受戒。起真心，立大願，不是非輕。	不明	開玄出谷西林寶卷[242]
開齋破戒罪犯千斤，諸佛盡寒心，依先功德，一豆為塵，連親帶祖，復至幽冥。一失永失，苦海萬尋深。一子開齋廢，千人失面光，靈山愁滴淚，大地苦慚惶。	不明	開玄出谷西林寶卷[243]
持長齋，修仁德，冤孽消清。禮經文，求懺悔，生	不明	開玄出谷

---

[238] 《大乘意講還源寶卷》，收入《明清民間宗教經卷文獻》第六冊，頁356~357。

[239] 《彌勒古佛下生經》，收入《明清民間宗教經卷文獻》第七冊，頁208。

[240] 《無上圓明通正生蓮寶卷》，收入《明清民間宗教經卷文獻》第七冊，頁408。

[241] 《無上圓明通正生蓮寶卷》，頁409。

[242] 《開玄出谷西林寶卷》，收入《明清民間宗教經卷文獻》第七冊，頁473。

[243] 《開玄出谷西林寶卷》，頁474。

死無期。		西林寶卷 [244]
齋戒詞： 重濁下凝為地，輕清上浮天堂。諸人皆在濁中行，名利牽成羅網。打開要旨說法，速早跳出迷韁。齋戒沐浴體清涼，立躋極樂坦蕩。------	不明	元化指南 [245]
勸婦女急早出塵： 學觀音來學觀音，學他吃齋早修行。不戀紅塵花花景，迴光返照悟真經。	不明	元化指南 [246]
只為超生了死，因此受戒持齋。下喉原是惡物，殺生終成孽堆。高官必為險地，貪財寧非禍胎。	不明	仁性集成 [247]
慈悲放生戒殺，求挽天意。虔誠尤有持齋等輩，學佛好善諸君，因風開破齋戒，急早轉念觀音，勿得遲疑不決，退退縮縮。	不明	仁性集成 [248]
齋齋齋自娘胎，率真性返本來，你若未明或生嗔謗，你若明了有甚疑猜。你自思你初出娘懷，那裡會飲酒食肉，那裡會戀色貪財，那裡會爭雄鬥智，那裡會弄巧行乖。	不明	義路是由 [249]
吃齋好善除酒戒葷修行五首 天地蓋載好生德，慈仁不殺蓋載齋。	不明	禮秩昭然 [250]
五報恩： 一報天地之大恩。----- 　二報日月之大恩。----- 　三報國王之大恩。----- 　四報父母之大恩。-----	不明	智果編 [251]

[244] 《開玄出谷西林寶卷》，頁 539。

[245] 《元化指南》，收入《明清民間宗教經卷文獻》第八冊，頁 745。

[246] 《元化指南》，頁 826。

[247] 《仁性集成》，收入《明清民間宗教經卷文獻》第八冊，頁 844。

[248] 《仁性集成》，頁 860。

[249] 《義路是由》，收入《明清民間宗教經卷文獻》第八冊，頁 894。

[250] 《禮秩昭然》，收入《明清民間宗教經卷文獻》第八冊，頁 917。

[251] 《智果編》，收入《明清民間宗教經卷文獻》第八冊，頁 950。

五報師傅之大恩。-----為此持齋報深恩,寧可長齋長戒去,不做開齋破戒人。		
齋戒解: 　齋戒真元本態。------ 　齋戒心清性泰。------ 　齋戒陽興陰敗。------ 　齋戒靖妖滅怪。------ 　齋戒誠中全外。------ 　齋戒誓弘願大。------ 　齋戒加勤勿懈。------	不明	信德洽孚 [252]
進曰:某母親生前持觀音齋,未知入是何門?白衣曰:既持觀音齋,應入集信所,此西邊第一門便是。白衣問進曰:你母親虔否,進曰:但知老母有持此齋,虔與不虔,進亦不知。白衣曰:虔者在此,不虔者必入血湖。	不明	佛夢祖師因果錄 [253]
進曰:何為學道?白衣曰:我有四句偈,你可朝夕謹記。偈曰: 　持齋戒殺,惡語莫揚,酒色嚴警,財物莫貪。	不明	佛夢祖師因果錄 [254]
或持齋而戒殺,舉步常看蟲蟻,禁火燒山林,勿登山而網鳥,勿臨水而毒魚蝦,勿宰耕牛。	不明	增廣覺世編[255]
文昌帝君陰騭文: 　------或買物而放生,或持齋而戒殺,舉步常看蟲蟻,禁火莫燒山林。---	不明	元宰必讀 [256]
又如天年不測,旱魃為災。若有百千萬億眾生,合團齋戒身心,迎奉真人,建立香壇,延仗正一道士,修齋設醮,演誦本願行實真經,禮拜真人寶懺,即令攝召雷霆,雷公雷母,風伯雨師,水部龍王,對雲掣電,速降滂沱。	不明	真人尊經 [257]

[252] 《信德洽孚》,收入《明清民間宗教經卷文獻》第八冊,頁971。

[253] 《佛夢祖師因果錄》,收入《明清民間宗教經卷文獻》第九冊,頁848。

[254] 《佛夢祖師因果錄》,頁849。

[255] 《增廣覺世編》,收入《明清民間宗教經卷文獻》第十冊,頁24。

[256] 《元宰必讀》,收入《明清民間宗教經卷文獻》第十冊,頁485。

[257] 《真人尊經》,收入《明清民間宗教經卷文獻》第十冊,頁749。

王有金道：我一家持齋向善，只有同胞兄弟不肯持齋回心，今日趁此元宵燈下，安排素齋筵席，叫安童前去請二官人，二娘娘前來赴席。-----	不明	普 陀 寶 卷 [258]
我王有銀立下誓願，即日持齋受戒，得到普陀。-----	不明	普 陀 寶 卷 [259]
第十三願：是要戒殺放生。 天地有好生之德也，貪生物也貪生，一樣皮肉一樣痛苦。但他做了畜生，不過說不出口而已。呂祖師放生歌說道：他若死時你救他，你若死時天救你。所以人生在世，若要多活兩年，先要戒殺放生。	不明	立 願 寶 卷 [260]
如說修行，行此持法，當處閒寂，洗浴其身，著新淨衣，飲食白素，不噉酒肉，以及五辛，常修梵行，以好香花供養九蓮菩薩。	不明	佛 說 大 慈 至 聖 九 蓮 菩 薩 化 身 度 世 尊 經 [261]
帝奉親孝，與士信，臨財廉，取與義，不茹葷，不納室，由貢舉授御史，旋退隱於漳澄邑之大雁東山。	不明	保 生 大 帝 吳 真 人 傳 [262]

---

[258] 《普陀寶卷》，收入《明清民間宗教經卷文獻》第十一冊，頁 806。

[259] 《普陀寶卷》，頁 822。

[260] 《立願寶卷》，收入《明清民間宗教經卷文獻》第十一冊，頁 932。

[261] 《佛說大慈至聖九蓮菩薩化身度世尊經》，收入《明清民間宗教經卷文獻》第十二冊，頁 11。

[262] 《保生大帝吳真人傳》，收入《明清民間宗教經卷文獻》第十二冊，頁 36。

〈附表四〉
附表四：世界各地素食主義者協會成立簡表

創立年代	組　織　名　稱
1847	The Vegetarian Society （素食主義者協會）
1850	American Vegetarian Society（美國素食主義者協會）
1867	Vegetarier-Bund Deutschlands（德國素食主義者協會）
1886	Australian Vegetarian Society （奥大利亞素食者協會
1888	London Vegetarian Society（倫敦素食主義者協會）
1888	Vegetarian Cycling and Athletic Club（素食主義者運動與體育俱樂部）
1890	Irish Vegetarian Union（愛爾蘭素食主義者聯合會）
1891	Indian Vegetarian Societies（印度素食主義者協會）
1892	Scottish Vegetarian Society（蘇格蘭素食主義者協會）
1893	3rd International Vegetarian Congress, Chicago, USA（第三屆國際素食主義者學術研討會，芝加哥，美國）
1896	Dansk Vegetarforening（丹麥素食主義者協會）
1897	Nederlandse Vegetariërs-Bond（荷蘭素食主義者協會）
1900	French Vegetarian Society（法國素食主義者協會）
1901	Russian Vegetarian Society（俄羅斯素食主義者協會）
1902	Friends Vegetarian Society（素食主義者友誼協會）
1903	Svenska Vegetariska Föreningens（瑞典素食主義者協會）
1903	Norwegian Vegetarian Society（挪威素食主義者協會）
1904	Order of the Cross
1906	Greek Vegetarian Society（希臘素食主義者協會）
1908	Spanish Vegetarian Society（西班牙素食主義者協會）
1908	Belgian Vegetarian Society（比利時素食主義者協會）
1908	Tutmonda Esperantista Vegetarana Asocio
1908	Austrian Vegetarian Society（澳洲素食主義者協會）

1908	Swiss Vegetarian Society（瑞士素食主義者協會）
1909	Finnish Vegetarian Union（芬蘭素食主義者協會）
1911	Portuguese Vegetarian Society（葡萄牙素食主義者協會）
1911	Hungarian Vegetarian Society（匈牙利素食主義者協會）
1923	Bulgarian Vegetarian Union（保加利亞素食主義者協會）
1923	Czechoslvakian Vegetarian Society（捷克斯拉夫素食主義者協會）
1923	world Vegetarian Congress, stockholm, sweden（1923 年世界素食主義者學術研討會）
1926	Milennium Guild, USA（美國千禧年協會）
1926	Estonian Vegetarian Society（愛沙尼亞素食主義者協會）
1927	Vegetarian Society of the District of Columbia（素食主義者協會哥倫比亞分會）
1943	New Zealand Vegetarian Society（紐西蘭素食主義者協會）
1944	Vegan Society UK（聯合國素食協會）
1945	Toronto Vegetarian Association（多倫多素食主義者協會）
1947	American Vegetarian Union（美國素食主義者聯合會）
1950	Canadian Vegetarian Union（加拿大素食主義者聯合會）
1951	Vegetarian Catering Association （UK）（素食主義者聯合協會）
1951	Finnish Vegetarian Society（芬蘭素食主義者協會）
1951	Mazdaznan Movement （UK）（祆教素食運動聯合會）
1952	Dublin Vegetarian Society（愛爾蘭都柏林素食主義者協會）
1952	Associazione Vegetariana Italiana（義大利素食主義者協會）
1954	Canadian Vegetarian Union（加拿大素食主義者聯合會）
1955	Bombay Humantiarian League（孟買人道主義者聯盟）
1955	14th World Vegetarian Congress, Paris, France（第十四屆國際素食主義者學術研討會，巴黎，法國）
1960	Paris, France（法國巴黎素食主義者協會）
1960	Toronto Unit Vegetarian Union（素食主義者聯合會多倫多分會）

1960	Ceylon Vegetarian Society（錫蘭素食主義者協會）
1960	Chicago Vegetarian Society（芝加哥素食主義者協會）
1960	Forbundet Allnordisk Folkhalsa
1960	Birmingham Vegetarian Society（伯明翰素食主義者協會）
1960	Bristol Vegetarian Society（布里斯多素食主義者協會）
1960	Cardiff Vegetarian Society（加地夫素食主義者協會）
1960	Gloucester Vegetarian Society（格洛斯特素食主義者協會）
1960	Leeds Vegetarian Society（里德斯素食主義者協會）
1960	Liverpool Vegetarian Society（利物浦素食主義者協會）
1960	Newcastle-upon-Tyne VS
1960	tockton-on-Tees V.S
1960	Ulster Vegetarian Society（阿爾斯特素食主義者協會）
1960	World League Against Vivisection（世界反活體解剖聯盟）
1960	Israel Vegetarian & Hygienist Union （以色列素食主義者暨衛生協會）
1960	Malayan Vegetarian Society（馬來亞素食主義者協會）
1960	Mandalay Vegetarian Society（曼德勒素食主義者協會）
1960	Nigerian Vegetarian Society（奈及利亞素食主義者協會）
1960	Pena Vegetariana （Spain）（西班牙素食主義者協會）
1960	Sociedade Portuguesa de Naturologia
1960	The Vega Club （France）（法國純素食者俱樂部）
1960	Vivre en Harmonie （France）
1960	Vegetarian Club of India（印度素食主義者俱樂部）
1960	Vegetarian Society of Michigan（密西根素食主義者協會）
1960	Vegetarian Society of New York（紐約素食主義者協會）
1960	Walter Sommer Verlag

1960	West African Vegetarian Society（西非素食主義者協會）
1960	American Vegan Society（美國純素食者協會）
1960	Indian Vegetarian Congress（印度素食主義者聯合會）
1960	Israel Vegetarian Society（以色列素食主義者協會）
1960	Nazoraer Orden （Germany）
1963	Bombay Vegetarian Society（孟買素食主義者協會）
1963	Asocicion Vegetariana de Barcelona
1963	Association Vegetarienne de France（法國素食主義者協會）
1964	Madrid Vegetarian Society（馬德里素食主義者協會）
1964	Federacion Vegetariana Española
1964	Cumbrian Vegetarian Society（坎伯蘭素食主義者協會）
1964	East Surrey Vegetarian Society（東帝汶素食主義者協會）
1964	Ord Esoterica, Portugal
1964	Manchester & District Vegetarian Society（曼徹斯特素食主義者協會）
1964	Vegetarian Society of Nottingham（諾汀根素食主義者協會）
1964	All India Animal Welfare Association
1964	Vegetarian Club of Delhi
1965	British Vegetarian Youth Movement
1965	Jewish Vegetarian Society
1967	Oxford Vegetarians
1968	San Francisco Vegetarian Society
1970	Gentle World, Hawaii
1970	Österreichische Vegetarier Union
1971	Spanish Vegetarian Naturist Federation
1974	North American Vegetarian Society（北美素食主義者協會）

1974	Food for Life Global
1975	Vegetarian Society of Colorado, USA（美國科羅拉多素食主義者協會）
1975	Temas Atuais na Promoção da Saúde, Brazil
1976	Veganföreningen i Sverige
1977	Vegetarian Soc. of S. Australia
1977	Societe Vegetarian de Geneve
1977	Los Angeles Vegetarian Society （洛山磯素食主義者協會）
1977	Nature Cure Clinic （London）
1977	York Natural Life Assoc. （UK）
1977	Soc. Naturologiia de Venezuela
1977	ACUVINA, Panama
1977	Assoc. de Veg.Nat. de Columbia
1977	Assoc. Mexicana Naturista
1977	Assoc. Nat. Gyuana
1978	Vegetarian Society of Ireland（愛爾蘭素食主義者協會）
1979	Egyptian Vegetarians （埃及素食主義者協會）
1979	South African Vegetarian Union （南非素食主義者聯合會）
1979	Latin-American Vegetarian Union（拉丁美洲素食主義者聯合會）
1980	Asociación Vegetariana Canaria, Spain
1981	FARM, USA
1982	Sri Lanka Vegetarian Society
1982	Pan African Vegetarian Union
1982	North India Vegetarian Union
1982	Polish Vegetarian Society
1982	Yugoslav Vegetarians

1983	Vegetarian Society （Reverence for Life）, India
1984	Young Indian Vegetarians （UK）
1984	Jewish Vegetarians of North America（北美猶太人素食協會）
1984	The Vegetarian Resource Group
1985	European Vegetarian Union（歐洲素食主義者聯合會）
1986	Boston Vegetarian Society
1986	Triangle Vegetarian Society
1987	Vegetarian Union of North America（北美素食主義者聯合會）
1988	EarthSave International
1989	Vermont Vegetarian Society （USA）
1993	Winnipeg Vegetarian Association
1993	Vegaaniliitto, Finnish Vegan Society
1993	Japan Vegetarian Society（日本素食主義者協會）
1993	Schweiz. Vereinigung für Vegetarismus
1995	The Vegetarian Centre of Thailand
1995	Vegana - Danish Vegan Society
1995	Springfield Vegetarian Association （USA）
1995	Alliance Végétarienne, France
1995	香港素食學會（The Vegetarian Society of Hong Kong）
1996	De Vegabond, Luxembourg
1996	Healthy Living Supper Club, UK
1997	Vegetarian Society of Botswana
1997	Societá Vegetariana, Italy
1997	Peak District Vegetarians, UK
1997	Associan Cultores de Vida Natural （Panama）
1997	Vegetarian Society of Richmond （USA）

1997	Vegetarian Society of Bermuda（百慕達素食主義者協會）
1997	Solent Vegetarians and Vegans
1998	Hampton Roads Vegetarian & Living Foods Community （USA）
1998	Keluarga Vegetarian Maitreya Indonesia
1998	Vegetarian Society of Russia（俄羅斯素食主義者協會）
1998	Silver Dove Club
1998	Croydon Vegetarians （UK）
1998	BEVEG （UK）
1998	Vitaverde
1998	Associacion Vegana Espanola
1999	Vegetarian Society of Malta（馬爾他素食主義者協會）
1999	Bristol Vegetarian and Vegan Society
1999	Osterreichische Vegetarier Union
1999	Association Mexicana de Vegetarianos（墨西哥素食主義者協會）
1999	Vegans in Motion, Detroit （USA）
1999	Asian Vegetarian Union（亞洲素食主義者聯合會）
1999	Vegetarian Society Singapore（新加坡素食主義者協會）
1999	Hong Kong Vegan Society
1999	Clubveg （USA）
1999	Thai Vegetarian Union
1999	Los Vegetarianos （Colombia）
2000	Manchester Vegetarians
2000	Ethisch Vegetarisch Alternatief, Belgium
2000	IL & Midwest veg entertainment group （USA）
2000	Vegetarian Resource Centre
2000	Armenian Vegetarian Society（美國素食主義者協會）

2000	Food for Life So Paulo
2000	Unión Vegetariana Argentina
2000	Christian Vegetarian Association（基督教素食主義者協會）
2000	Scottish Vegetarian Association（蘇格蘭素食主義者協會）
2000	Vegetarian Society of Ticino （Switz）
2000	Societe Holistic Conseil （France）
2000	34th World Vegetarian Congress, Sharing the Vision, Toronto, Ontario, Canada ‧ July 10-16
2001	Douceur et Harmony （France）
2001	L'Alliance Vegetarienne Congo
2001	Gentle World （USA）
2001	Institute for Plant Based Nutrition （USA）
2001	Vegan Society of Australia
2001	Vegetarians of Mongolia
2001	Vegetarians of Washington （USA）
2001	Progetto Vivere Vegan （Italy）
2001	Vegetarian Society of Hawaii
2001	VeganItalia
2001	Union Conciencia Alimentaria （Chile）
2002	Vegetarian Society of Uganda
2002	Eurasian Vegetarian Society
2002	South East Scotland Vegetarians（東南蘇格蘭素食主義者協會）
2002	Swansea Vegetarians
2002	Moldavian Vegetarian Union（摩爾達維亞素食主義者協會）
2002	Vegetarian Society of Ghana（迦納素食主義者協會）
2002	The Zambia Society of Vegetarians

2003	Northern Vegetarian Society （Canada） （北加拿大素食主義者協會）
2003	Lewes & Hastings Vegetarian Group
2003	Atlantic Veg Association （Canada）
2003	Sociedade Vegetariana Brasileira（巴西素食主義者協會）
2003	Bosnia & Herzegovina Vegetarian Society （波士尼亞和赫芝格維那素食主義者協會）
2003	Fundacion Shakahari Vegetariana （Spain）
2003	Unión Vegetariana Española
2003	Unión de Vegetarianos del Uruguay
2003	Unión Vegetarianos Patagónicos（葡萄牙素食主義者聯合會）
2003	International Jewish Vegetarian Society（國際猶太人素食協會）

徵引書目

一、中文部份

⑴檔案資料

《上諭檔》，方本（臺北：國立故宮博物院藏）。

《史料旬刊》（臺北：國風出版社，民國五十二年六月）。

《外紀檔》（臺北：國立故宮博物院藏）。

《明清檔案》第六、七、三十五冊（臺北：中央研究院，民國七十五年）。

《奏摺檔》（臺北：國立故宮博物院藏）。

《軍機處錄副奏摺》（北京：中國第一歷史檔案館藏）。

《軍機處檔・月摺包》（臺北：國立故宮博物院藏）。

《宮中檔乾隆朝奏摺》第1-75輯(臺北：國立故宮博物院，1982-1988年)。

《宮中檔康熙朝奏摺》（臺北：國立故宮博物院，民國六十五年）。

《宮中檔雍正朝奏摺》第1-34輯(臺北：國立故宮博物院，1977-1980年)。

《宮中檔嘉慶朝奏摺》第1-34輯（臺北：國立故宮博物院，1995年）。

《宮中檔道光朝奏摺》第1-24輯（臺北：國立故宮博物院，1995年）。

《宮中檔咸豐朝奏摺》第1-25輯（臺北：國立故宮博物院，1990年）。

《教務教案檔》（臺北：中研究近史所，民國66年10月）。

《硃批奏摺》（北京：中國第一歷史檔案館藏）。

《欽定平定教匪紀略》（臺北：國立故宮博物院藏，朱絲欄寫本）。

《欽定剿平三省邪匪方略》（臺北：國立故宮博物院，內府朱絲
　　欄寫本）。

《剿捕檔》（臺北：國立故宮博物院藏）。

中國人民大學歷史系，中國第一歷史檔案館合編，《清代農民戰
　　爭史資料選編》第三冊（北京：中國人民大學出版社，1983
　　年）。

中國社會科學院歷史研究所清史室編，《清中期五省白蓮教起義
　　資料》（南京：江蘇人民出版社，1981 年 2 月）。

中國第一歷史檔案館、北京師範大學歷史系編選，《辛亥革命前
　　十年民變史料》上下冊（北京：中華書局，1985 年）。

中國第一歷史檔案館編，《乾隆朝上諭檔》（北京：檔案出版社，
　　1991 年）。

中國第一歷史檔案館編，《清代檔案史料叢編》第 3、9、12 輯
　　（北京：中華書局）。

中國第一歷史檔案館編，《雍正朝漢文硃批奏摺彙編》（上海：
　　江蘇古籍出版社，1989—1991 年）。

中國第一歷史檔案館編，《清代檔案史料叢編》第九輯（北京：
　　中華書局，1983 年）。

故宮博物院明清檔案部編，《清代檔案史料叢編》第三輯（北京：
　　中華書局，
1979 年 11 月）。

全國明清檔案資料目錄中心編，《清代天壇暨祭天文化研究檔案
　　資料匯編》第 1-19 冊。

喬志強，《曹順起義史料匯編》（太原市：山西人民出版社，1957
　　年）。

廣祿, 李學智譯註，《清太祖朝老滿文檔冊》第一冊（荒字檔），

乙卯年十二月記載，（臺北：中央研究院歷史語言研究所，
民 59 年）。

（清）覺羅勒德洪等奉修，《大清世祖章（順治）皇帝實錄》（臺
北：華聯出版社，民 53 年）。

（清）佚名，《清世祖章皇帝實錄》（善本，史部，稿本）。

（清）覺羅勒德洪，《清德宗實錄》（臺北：華聯出版社，民國
53 年）。

（清）覺羅勒德洪，《清宣宗實錄》（臺北：華聯出版社，民國
53 年）。

（清）佚名，《皇清奏議》（善本，史部，清鈔本）。

(2)官書典籍

（宋）王溥，《唐會要》（上海：上海古籍出版社，1991）。

（宋）宋綬編，《唐大詔令集》（臺北：鼎文書局，民國 61 年）。

（清）托津等奉敕纂，《欽定大清會典事例》（臺北市：成文出
版社，民 80 年）。

（清）沈之奇注、洪弘緒訂，《大清律集解附例》（上海：上海
古籍出版社，1997 年）。

（清）徐本，三泰等奉敕纂；（清）劉統勳等續纂，《大清律例》
（臺北：臺灣商務印書館，民 72 年）。

《二十五史》（上海：上海古籍出版社，1995 年 12 月）。

《內傳天皇鼇極鎮世神書》，收錄於《四庫全書存目叢書》子部·
術數類 63（臺南：莊嚴出版社，民國 84 年）。

《國語》（上海：上海古籍出版社，1978 年）。

《孟子》，《十三經注疏》（臺北：新文豐公司，1978 年 1 月）。

《論語》，《十三經注疏》。

《墨子》，《百子全書》第五冊（杭州：浙江人民出版社，1984
　　年）。

《禮記正義》，《十三經注疏》（北京：中華書局，1980 年）。

王夢鷗，《禮記今註今譯》（臺北：臺灣商務印書館，民國 79
　　年 3 月）。

宋・李心傳，《建炎以來繫年要錄》（臺北：新文豐出版社，民
　　國 74 年）。

明・何喬遠，《閩書》明崇禎二年刊本。

明・吳元年訂，《明律集解・附例》（臺北：成文出版社，民國
　　58 年）。

唐・杜佑，《通典》（王永興等點校，北京：中華書局，1988 年
　　12 月 1 版）。

張晉藩先生近期研究論著／朱勇主編，《崇德會典戶部則例及其
　　他》（北京：法律出版社，2003 年）。

清・徐松輯，《宋會要輯稿》，（北京：中華書局，1957 年）。

黃奭輯，《春秋合誠圖》收錄於《叢書集成》三編，十六〈黃氏
　　逸書攷〉，第十四函（臺北：藝文印書館，民國 61 年）。

(3)宗教文獻

（宋）呂元素集成，《道門定制》，《正統道藏》第五十三冊（臺
　　北：新文豐出版，

民國 74 年）。

（宋）留用光傳授；（宋）蔣叔輿編次，《無上黃籙大齋立成儀》，
　　《正統道藏》第十五冊。

（明）張萱撰，《疑耀》，〈齋醮〉（臺北：臺灣商務印書館，
　　民國 72 年）。

（前蜀）杜光庭刪定，《道門科範大全集》，《正統道藏》第五
　　十三冊。

（劉宋）陸脩靜集，《洞玄靈寶五感文》，《正統道藏》第五十
　　五冊。

〈陳文祥前人事略〉，《一貫道紀念專輯》（臺中：國聖出版社，
　　民國 78 年 4 月再版）。

《七枝因果》收入王見川、林萬傳主編，《明清民間宗教經卷文
　　獻》第六冊（臺

北：新文豐出版，1999 年 3 月）。

《八字覺原》，收入《明清民間宗教經卷文獻》第九冊。

《十王寶卷》，收入《明清民間宗教經卷文獻》第七冊。

《十條大愿、一條金線》，利生堂印贈，大興圖書公司。

《三祖行腳因由寶卷》，收入《寶卷初集》第四冊（太原：山西
　　人民出版社，1994 年）。

《大方廣華嚴十惡品經》，收入於《大正新脩大藏經》第八十五
　　冊。

《大乘正教明宗寶卷》，收入《明清民間宗教經卷文獻》第六冊。

《大乘金剛寶卷》，收入《明清民間宗教經卷文獻》第一冊。

《大乘意講還源寶卷》，收入《明清民間宗教經卷文獻》第六冊。

《大聖五公轉天圖救劫真經》，收入《明清民間宗教經卷文獻》
　　第十冊。

《大聖彌勒化度寶卷》，收入《明清民間宗教經卷文獻》第七冊。

《五公天圖妙經》，收入《明清民間宗教經卷文獻》第十冊。

《五公末劫經》，收入《明清民間宗教經卷文獻》第十冊。

《仁性集成》，收入《明清民間宗教經卷文獻》第八冊。

《元化指南》，收入《明清民間宗教經卷文獻》第八冊。

《元宰必讀》，收入《明清民間宗教經卷文獻》第十冊。

《天臺山五公菩薩靈經》，收入《明清民間宗教經卷文獻》第十
　　冊。

《天緣結經註解》，收入《明清民間宗教經卷文獻》第六冊。

《太上老君說自在天仙九蓮至聖應化度世真經》，收入《明清民
　　間宗教經卷文獻》第十二冊。

《太上佷宗科儀》，收入《明清民間宗教經卷文獻》第四冊。

《太上祖師三世因由總錄》，收入《明清民間宗教經卷文獻》第
　　六冊。

《太上虛皇天尊四十九章經》，《正統道藏》第二冊。

《太陽開天立極億化諸佛歸一寶卷》，收入《寶卷初集》第七冊。

《古佛天真收圓結果龍華寶懺》，收入《明清民間宗教經卷文獻》
　　第五冊。

《古佛當來下生彌勒出西寶卷》，收入《明清民間宗教經卷文獻》
　　第七冊。

《弘明集》，收入《大正新修大藏經》第五十二冊。

《弘陽後續天華寶卷》，收入《明清民間宗教經卷文獻》第六冊。

《弘陽苦功悟道經》，收入《明清民間宗教經卷文獻》第六冊。

《弘陽嘆世經》，收入《明清民間宗教經卷文獻》第六冊。

《目連救母出離地獄生天寶卷》，現藏於北京圖書館。

《立願寶卷》，收入《明清民間宗教經卷文獻》第十一冊。

《多羅妙法經》，收入《寶卷初集》第九冊。

《多羅妙法經卷》，收入《明清民間宗教經卷文獻》第七冊。

《如如老祖化度眾生指往西方寶卷》，收入《明清民間宗教經卷
　　文獻》第六冊。

《佛祖妙意直指尋源家譜》，收入《明清民間宗教經卷文獻》第

八冊。

《佛祖靈籤應驗》，收入《明清民間宗教經卷文獻》第十冊。

《佛夢祖師因果錄》，收入《明清民間宗教經卷文獻》第九冊。

《佛說大慈至聖九蓮菩薩化身度世尊經》，收入《明清民間宗教
　　經卷文獻》第十二冊。

《佛說如如居士王文生天寶卷》，收入《明清民間宗教經卷文獻》
　　第六冊。

《佛說利生了義寶卷》，收入《明清民間宗教經卷文獻》第五冊。

《佛說皇極金丹九蓮證性皈真寶卷》，收入《明清民間宗教經卷
　　文獻》第五冊。

《佛說開天地度化金經》，收入《明清民間宗教經卷文獻》第七
　　冊。

《佛說銷釋保安寶卷》，收入《寶卷初集》第六冊。

《奉聖回劫顯化錄》，收入《明清民間宗教經卷文獻》第十一冊。

《性理題釋》，三峽靈隱寺印，天道之光出版社，民國81年1月
　　重新標點排版。

《承天效法后土皇帝道源度生寶卷》，收入《寶卷初集》第十一
　　冊。

《明宗孝義達本寶卷》，收入《明清民間宗教經卷文獻》第六冊。

《明真仙鏡》，利生堂印贈。

《明德新明進修錄》，三峽靈隱寺印贈。

《東嶽天齊仁聖大帝寶卷》，收入《明清民間宗教經卷文獻》第
　　七冊。

《林子三教正宗統論》，收入《明清民間宗教經卷文獻》第三冊。

《武帝經懺》，收入《明清民間宗教經卷文獻》第十冊。

《法苑珠林》，收入《大正新修大藏經》第五十三冊。

《金不換》，收入《明清民間宗教經卷文獻》第八冊。

《金石要言》，收入《明清民間宗教經卷文獻》第九冊。

《金幢教文獻》，收入《明清民間宗教經卷文獻》第七冊。

《信德洽孚》，收入《明清民間宗教經卷文獻》第八冊。

《保生大帝吳真人傳》，收入《明清民間宗教經卷文獻》第十二
　　冊。

《幽冥寶傳》，收入《明清民間宗教經卷文獻》第九冊。

《指路寶筏》，收入《明清民間宗教經卷文獻》第十一冊。

《皇極金丹九蓮正信皈真還鄉寶卷》，收入《寶卷初集》第八冊。

《皇中訓子十誡》，三峽靈隱寺印印。

《皈依科儀》，收入《明清民間宗教經卷文獻》第六冊。

《皈依註解》，收入《明清民間宗教經卷文獻》第七冊。

《科儀寶卷》，收入《明清民間宗教經卷文獻》第六冊。

《泰山東嶽十王寶卷》，收入《明清民間宗教經卷文獻》第七冊。

《消災延壽閻王經》，收入《明清民間宗教經卷文獻》第十冊。

《真人尊經》，收入《明清民間宗教經卷文獻》第十冊。

《素一老人十六條規註解》，收入《明清民間宗教經卷文獻》第
　　九冊。

《乾坤寶鏡》，收入《明清民間宗教經卷文獻》第十冊。

《彩門科教妙典卷》，收入《明清民間宗教經卷文獻》第八冊。

《梵網經》，收入《大正新脩大藏經》第二十四冊。

《清淨窮理盡性定光寶卷》，收入《明清民間宗教經卷文獻》第
　　六冊。

《清淨寶卷》，收入《明清民間宗教經卷文獻》第七冊。

《眾喜粗言寶卷》，收入《寶卷初集》第二十、二十一冊。

《規矩準繩》，收入《明清民間宗教經卷文獻》第九冊。

《普明如來無為了義寶卷》，收入《明清民間宗教經卷文獻》第六冊。

《普明如來無為了義寶卷》，收入《寶卷初集》第四冊。

《普陀寶卷》，收入《明清民間宗教經卷文獻》第十一冊。

《普靜如來鑰匙通天寶卷》，收入《明清民間宗教經卷文獻》第四冊。

《智果編》，收入《明清民間宗教經卷文獻》第八冊。

《無上黃籙大齋立成儀》，《正統道藏》第五十三冊。

《無上圓明通正生蓮寶卷》，收入《明清民間宗教經卷文獻》第七冊。

《無為正宗了義寶卷》，收入《明清民間宗教經卷文獻》第四冊。

《開玄出谷西林寶卷》，收入《明清民間宗教經卷文獻》第七冊。

《開示經》，收入《明清民間宗教經卷文獻》第九冊。

《雲笈七籤》（北京：書目文獻出版社，1995 年，7 月）。

《敬竈章》，收入《明清民間宗教經卷文獻》第十冊。

《源流法脈》，收入《明清民間宗教經卷文獻》第八冊。

《義路是由》，收入《明清民間宗教經卷文獻》第八冊。

《道義疑問解答》（彰化：光明國學圖書館，民國 82 年 5 月重印）。

《道藏》（文物出版社、上海書店、天津古籍出版社聯合出版，1988 年）。

《達摩經卷》，收入《明清民間宗教經卷文獻》第七冊。

《福國鎮宅靈應竈王寶卷》，收入《明清民間宗教經卷文獻》第六冊。

《認理歸真》，利生堂印贈，大興圖書公司。

《增廣覺世編》，收入《明清民間宗教經卷文獻》第十冊。

《摩尼光佛教法儀略》，〈出家儀〉，引自樓宇烈、張志剛主編，

《中外宗教交
流史》（長沙：湖南教育出版社出版，1999 年 7 月）。
《輪迴寶傳》，收入《明清民間宗教經卷文獻》第九冊。
《銷釋白衣觀音菩薩送嬰兒下生寶卷》，收入《寶卷初集》第十
　　二冊。
《銷釋孟姜忠烈貞節賢良寶卷》，收入《寶卷初集》第十一冊。
《銷釋明淨天華寶卷》，收入《明清民間宗教經卷文獻》第四冊。
《銷釋金剛科儀》，收入《明清民間宗教經卷文獻》第一冊。
《銷釋南無一乘彌陀授記歸家寶卷》，收入《寶卷初集》第十二
　　冊。
《銷釋悟性還源寶卷》，收入《明清民間宗教經卷文獻》第四冊。
《銷釋悟明祖貫行覺寶卷》，收入《明清民間宗教經卷文獻》第
　　四冊。
《銷釋接續蓮宗寶卷》，收入《明清民間宗教經卷文獻》第五冊。
《銷釋混元弘陽大法祖明經午科》，收入《明清民間宗教經卷文
　　獻》第六冊。
《銷釋混元弘陽血湖寶懺》，收入《明清民間宗教經卷文獻》第
　　六冊。
《銷釋混元無上拔罪救苦真經》，收入《明清民間宗教經卷文獻》
　　第六冊。
《歷代三寶紀》，收入《大正新脩大藏經》第四十九冊。
《醒世要言》，收入《明清民間宗教經卷文獻》第九冊。
《醒夢編》，收入《明清民間宗教經卷文獻》第十一冊。
《龍華科儀》，收入《明清民間宗教經卷文獻》第六冊。
《龍華寶經》，收入《明清民間宗教經卷文獻》第五冊。
《龍華懺》，收入《明清民間宗教經卷文獻》第五冊。

《鑰鋧佛寶卷》，收入《明清民間宗教經卷文獻》第四冊。

《彌勒古佛下生經》，收入《明清民間宗教經卷文獻》第七冊。

《彌勒佛說地藏十王寶卷》，收入《明清民間宗教經卷文獻》第
　　七冊。

《彌勒尊經》，收入《明清民間宗教經卷文獻》第七冊。

《齋戒述原》，收入《明清民間宗教經卷文獻》第九冊。

《歸原寶筏》，收入《明清民間宗教經卷文獻》第九冊。

《禮佛雜經》，收入《明清民間宗教經卷文獻》第八冊。

《禮秩昭然》，收入《明清民間宗教經卷文獻》第八冊。

《羅祖派下八支因果經》，收入《明清民間宗教經卷文獻》第六
　　冊。

《覺世正宗》，收入《明清民間宗教經卷文獻》第十一冊。

《續高僧傳》，收入《大正新修大藏經》第五十冊。

《觀音濟渡本願真經》，收入《明清民間宗教經卷文獻》第九冊。

三峽靈隱寺編，《表文》。

元·普度，《廬山蓮宗寶鑑》，收入楊訥編，《元代白蓮教資料
　　彙編》（北京：中華書局，1989 年 6 月）。

元魏 菩提流支譯，《入楞伽經》，收入於《大正新脩大藏經》
　　第十六冊。

王見川、林萬傳主編，《明清民間宗教經卷文獻》（臺北：新文
　　豐出版，1999 年 3 月）。

王明，《抱朴子內篇校釋》（北京：中華書局，1988 年 7 月第 3
　　刷）。

失譯，《一切智光明仙人慈心因緣不食肉經》，收入於《大正新
　　脩大藏經》第三冊。

佚人著，《道統寶鑑》（臺北：正一善書出版社）。

宋 王日休撰，《龍舒增廣淨土文》，收入於《大正新脩大藏經》
第四十七冊。

宋・志磐，《佛祖統紀》，收在《大正新脩大藏經》第四十九冊，
編號二〇三五。

宋・慧嚴等，《大般涅槃經》，收入於《大正新脩大藏經》第十
二冊。

宋・贊寧，《大宋僧史略》，收錄於《大正新脩大藏經》第五十
四冊。

宋・釋志磐，《佛祖統紀》（揚州市：江蘇古廣陵古籍刻印社, 1992
年）。

明 如巹續集，《緇門警訓》，收入於《大正新脩大藏經》第四
十八冊。

明 蓮池大師述著，《蓮池大師全集》，〈戒殺放生文〉（臺北
市：中華佛教文化館，民 72 年）。

林立仁整編，《五部六冊經卷》（臺北：正一善書出版社印行，
民國 83 年 6 月）

金允中編，《上清靈寶大法》，收入《正統道藏》第五十二、五
十三冊。

姚秦 佛陀耶舍共竺佛念等譯，《四分律》，收入《大正新脩大
藏經》第二十二冊。

後秦 弗若多羅共羅什譯，《十誦律》，收入《大正新脩大藏經》
第二十三冊。

唐 法藏撰，《梵網經菩薩戒本疏》，收入於《大正新脩大藏經》
第四十冊。

唐 般剌蜜帝譯，《大佛頂如來密因修證了義諸菩薩萬行首楞嚴
經》，收入於《大正新脩大藏經》第十九冊。

唐 道世集，《諸經要集》，〈食肉緣第三〉，收入於《大正新
　　脩大藏經》第五十四冊。

唐 道世集，《諸經要集》，收入於《大正新脩大藏經》第五十
　　四冊。

唐 道宣撰，《廣弘明集》，收入於《大正新脩大藏經》第五十
　　二冊。

唐 慧日撰，《略諸經論念佛法門往生淨土集卷上》，收入於《大
　　正新脩大藏經》第八十五冊。

唐 懷信述，《釋門自鏡錄》，收入於《大正新脩大藏經》第五
　　十一冊。

徐氏（劉宋）撰，《三天內解經》，《正統道藏》第 48 冊。

張希舜等主編，《寶卷初集》，40 冊 （太原：山西人民出版社，
　　1994 年）。

梁武帝，〈斷酒肉文〉，《廣弘明集》卷 26，《大正新脩大藏經》
　　第 52 冊。

新羅 義寂述，《菩薩戒本疏》，收入於《大正新脩大藏經》第
　　四十冊。

楊訥編，《元代白蓮教資料彙編》（北京：中華書局，1989 年 6
　　月）。

劉宋 求那跋陀羅譯，《央掘魔羅經》，收入於《大正新脩大藏
　　經》第二冊。

劉宋 求那跋陀羅譯，《楞伽阿跋羅寶經》，收入於《大正新脩
　　大藏經》第十六冊。

(4)專書著作

（明）張萱撰，《疑耀》（臺北：臺灣商務印書館，民國 72 年）。

《一貫道紀念專輯》（臺中：國聖出版社，民國 78 年 4 月再版）。

《中國大百科全書・宗教卷》，（上海：上海人民出版社，1988 年 11 月）。

《福建通紀》（臺北：臺灣大通書局，民國十一年刊本）。

樓宇烈、張志剛主編，《中外宗教交流史》（長沙：湖南教育出版社出版，1999 年 7 月）。

中華民國一貫道總會編，《一貫道簡介》（臺南：靝巨書局，民國 77 年 1 月）。

王仁湘，《飲食與中國文化》（北京：人民出版社，1999 年 1 月）。

王見川，《從摩尼教到明教》（臺北：新文豐出版社，民國 81 年 1 月）。

王見川，《臺灣的齋教與鸞堂》（臺北：南天書局，民國 85 年 6 月）。

王明，《抱朴子內篇校釋》（北京：中華書局。1988 年 7 月第 3 刷）。

平山周，《中國秘密社會史》（石家庄市：河北人民出版社, 1990 年）。

吉岡義豐，《中國民間宗教概論》（臺北：華宇出版社 民國 74 年 6 月）。

吳奚真譯，Plutarch 著，《希臘羅馬名人傳》（臺北：臺灣中華書局，民國 60 年 3 月）。

呂大吉，《宗教學通論》（北京：中國社會科學出版社，1990 年 10 月）。

孚中，《一貫道發展史》（臺北：正一善書，1999 年 3 月）。

宋・王質，《雪山集》，收錄於《文淵閣四庫全書》第 1149 冊（臺北：臺灣商務印書館，民國 72 年）。

宋光宇，《天道傳燈：一貫道與現代社會》上下冊（臺北：三揚印刷出版，民國 85 年）。

宋光宇，《天道鉤沉——貫道調查報告》（臺北：元祐出版社，民國 73 年 12 月 1 日再版）。

宋軍，《清代弘陽教研究》（北京：社會科學文獻出版社，2002 年 2 月）。

宋・莊綽，《雞肋編》（上海：上海書店，1990 年）。

宋楚芸譯，Victor Parachin 著，《365 個素食的好理由》（臺北：遠流出版社，1999 年 8 月）。

宋・葉夢得，《避暑錄話》，《筆記小說大觀》三十八編，第三冊（臺北市：新興書局，民 74 年）。

宋・廖剛，《高峰文集》（上海：商務印書館，民 23-24 年），《四庫書珍本》初集，集部. 別集類。

李世瑜，《現代華北秘密宗教》（臺北：古亭書屋，民國 64 年 8 月，臺一版）。

李輔仁，《仁心與持齋》（臺南：靝巨書局，民國 74 年 1 月初版）。

車錫倫編著，《中國寶卷總目》（臺北：中央研究院中國文哲研究所圖書文獻專刊 5，民國 87 年）。

卓新平，《世界宗教與宗教學》（北京：社會科學文獻出版社，1992 年 6 月）。

卓新平，《宗教理解》（北京：社會科學文獻出版社，1999 年 9 月）。

孟森，《明清史論著集刊》（臺北：南天書局，民國 76 年 5 月）。

林悟殊，《摩尼教及其東漸》（臺北：淑馨出版社，1997 年 8 月）。

林萬傳，《先天大道系統研究》（臺南：靝巨書局，民國 75 年 4

月訂正二版）。

邵雍，《中國會道門》（上海：上海人民出版社，1997 年）。

段玉裁，《說文解字》（臺北：黎明文化，民國 73 年 2 月）。

胡孚琛主編，《中華道教大辭典》（北京：中國社會科學出版社，
1995 年 8 月）。

苑洪琪，《中國的宮廷飲食》（臺北：臺灣商務印書館，1998 年
9 月）。

徐小躍，《羅教‧佛學‧禪學：羅教與《五部六冊》揭秘》（浙
江：江蘇人民出版社，1999 年 2 月）。

馬西沙，《清代八卦教》（北京：中國人民大學出版社，1988 年）。

馬西沙、韓秉方，《中國民間宗教史》（上海：上海人民出版社，
1992 年 12 月）。

高觀廬編，《實用佛學辭典》（臺北：老古文化事業）。

康樂，《佛教與素食》（臺北：三民書局，民國 90 年 10 月）。

張星烺，《中西交通史料彙編》（北京：中華書局，1978 年）。

張國蓉、涂世玲譯，John Robbws 著，《新世紀飲食》（臺北：
琉璃光出版社，民國 83 年 2 月）。

張澤洪，《道教齋醮符咒儀式》（成都：巴蜀書社，1999 年 4 月）。

清 黃育楩原著，澤田瑞穗校注，《破邪詳辯》（道教刊行會，
昭和 47 年 3 月）。

清‧采蘅子，《蟲鳴漫談》，收錄於《筆記小說大觀》一編；7.
（臺北：新興書局，民國 67 年）。

莊吉發，《真空家鄉：清代民間秘密宗教史研究》（臺北：文史
哲出版社，民國 91 年 6 月）。

連立昌，《福建秘密社會》（福州：福建人民出版社，1989 年 2
月）。

陳金田譯，《臺灣私法》（臺中：臺灣省文獻會，民國 82 年 2 月）。

陳哲夫總纂，《中華文明史・清代前期》（石家庄：河北教育出版社，1994 年 6 月）。

陳觀勝、李培荣譯，Friedrich Max Muller 著，《宗教學導論》（上海：上海人民出版社，1989 年 11 月）。

喻松青，《明清白蓮教研究》（成都：四川人民出版社，1987 年）。

馮佐哲、李富華，《中國民間宗教史》（臺北：文津出版社，民國 83 年 4 月）。

楊谷牧主編 ，《當代神學辭典》（臺北：校園書房，1997 年 4 月初版）。

鄔昆如，《希臘哲學趣談》（臺北：東大圖書，民國 65 年）。

廖素霞、陳淑娟譯，Mircea Eliade 著，《世界宗教理念史》（臺北：商周出版社，

2001 年 12 月）。

劉心勇等譯，Daniel L.Overmyer（歐大年）著，《中國民間宗教教派研究》（上海：上海古籍出版社，1993 年 7 月）。

慕容譯，Giorgio Cerquetti 著，《素食革命》（臺北：中天出版社，1999 年 7 月）。

蔣維明，《川楚陝白蓮教起義》（成都：四川人民出版社，1985 年）。

蔡少卿，《中國秘密社會》 （杭州：浙江人民出版社，1989 年 3 月）。

蔡少卿，《秘密教門：中國民間秘密宗教溯源》（南京：蘇州人民出版社，2000 年）。

鄭志明，《明代三一教主研究》（臺北：學生書局，1988 年）。

鄭志明，《無生老母信仰溯源》 （臺北：文史哲出版社，1985
　　年）。

戴玄之，《中國秘密宗教與秘密會社》（臺北：臺灣商務印書館，
　　民國 79 年）。

濮文起，《中國民間秘密宗教》（臺北：南天書局，1996 年 8 月）。

濮文起，《中國民間秘密宗教辭典》（成都：四川辭書出版社，
　　1996 年 10 月）。

薛允升著述，黃靜嘉編校，《讀例存疑重刊本》（臺北市：成文
　　出版社，1970 年）。

黨聖元、李繼凱，《中國古代道士生活》（臺北：臺灣商務印書
　　館，民國 87 年）。

(5)期刊論文

于君方，〈戒殺與放生：中國佛教對於生態問題的貢獻〉，收入
　　傅偉勳，《從傳統到現代：佛教倫理與現代社會》（臺北：
　　三民書局，民國 79 年 10 月）。

方裕謹，〈嘉慶二十年安徽收圓教案（上、下）〉，《歷史檔案》
　　1、2 期，1989 年。

王汎森，〈道咸年間民間性儒家教派：太谷學派研究的回顧〉，
　　《新史學》5 卷 4 期，1994 年 12 月。

王見川，〈臺灣齋教研究之一：金幢教三論〉，收錄於氏著，《臺
　　灣的齋教與鸞堂》（臺北：南天書局，民國 85 年 6 月）。

王見川，〈同善社早期歷史（1912-1945）初探〉，氏著，《民間
　　宗教》第 1 期，1995 年 12 月。

王見川，〈黃天道早期史新探〉，收入王見川、蔣竹山主編，《明
　　清以來民間宗教的探索：紀念戴玄之教授論文集》（臺北：

商鼎出版社，1996 年 7 月）。

王見川，〈臺灣一貫道研究的回顧與展望〉，《思與言》37 卷 2
　　期，1999 年 6 月。

王見川，〈臺灣鸞堂研究的回顧與前瞻〉，《臺灣史料研究》6
　　期，1995 年 1 月。

王見川、李世偉，〈戰後以來臺灣的宗教研究概述：以佛、道教
　　與民間宗教為考查中心〉，《臺灣文獻》51 卷 2 期，2000
　　年 6 月。

王信貴，《清代後期官方對民間秘密宗教之政策》，國立臺灣師
　　範大學歷史學研究所碩士論文，民國 87 年 1 月。

王國維，〈摩尼教流行中國考〉，《亞洲學術雜誌》第 11 期，
　　1921 年。收入其，《觀堂集林》第四冊，（北京：中華書局）。

王爾敏，〈秘密宗教與秘密社會之生態環境與社會功能〉，《中
　　央研究院近代史研究所集刊》第 10 期，1981 年。

王銘銘，〈中國民間宗教：國外人類學研究綜述〉，《世界宗教
　　研究》，1996 年第 2 期。

王靜，〈明代民間宗教反政府活動的諸種表現與特徵〉，《南開
　　大學學報：哲學版》，1987 年 2 月。

牟潤孫，〈宋代摩尼教〉，《輔仁學誌》第 7 卷 1、2 期，1938
　　年。

何淑宜，〈1891 年熱河東部金丹教、在理教的反教事件〉，《史
　　耘》第 3、4 期，1998 年。

吳晗，〈明教與大明帝國〉，《清華學報》第 13 卷，1941 年。
　　收入氏著，《讀史箚記》（北京：三聯書局，1956 年）。

宋光宇，〈一個移植的教派：一貫道在宜蘭、汐止、南港一帶的
　　發展（1950-1999）〉，《第八屆中國海洋發展史學術研討會

論文》，2000 年 3 月 31 日。

宋光宇，〈試論「無生老母」信仰的一些特質〉，《中研院史語所集刊》52 本 3 分，1981 年。

宋光宇，〈中國秘密宗教研究情形的介紹（一）：一貫道〉，《漢學研究通訊》7 卷 1 期，1988 年 3 月。

宋光宇，〈中國秘密宗教研究情形的介紹（二）：白蓮教〉，《漢學研究通訊》7 卷 2 期，1988 年 6 月。

宋光宇，〈在理教發展簡史〉，《思與言》15-1，民國 66 年。

宋光宇，〈關於善書的研究及其展望〉，《新史學》5 卷 4 期，1994 年 12 月。

李世瑜，〈民間秘密宗教史發凡〉，《世界宗教研究》1 期，1989 年。

李世瑜，〈順天保明寺〉，《北京史苑》三，（北京：北京出版社，1985 年）。

李守孔，〈明代白蓮教考略〉，《臺大文史哲學報》4 期，1952 年。

李尚英，〈八卦教的淵源、定名及其與天理教的關係〉，《清史研究》1 期，1992 年。

李尚英，〈天理教新探〉，《華南師院學報》4 期，1981 年。

李尚英，〈乾嘉時期的老官齋教和糍滋粑教及其反清活動〉，《清史研究通訊》4 期，1989 年。

李尚英，〈震卦教與林清李文成起義（1813）〉，《中國社會科學院研究生院學報》6 期，1987 年。

李健民，〈清嘉慶元年川楚白蓮教起事原因的探討〉《中研究近史所集刊》22 期，1993 年。

李豐楙，〈節慶祭典的祭品與中國飲食文化——一個「常與非常」

觀點的考察〉，《第五屆中國飲食文化學術研討會論文集》（臺北：財團法人中國飲食文化基金會，民國 85 年 3 月 15 日）。

汪娟，《唐代彌勒信仰研究》，中國文化大學中國文學研究所碩士論文，民國 79 年 6 月。

車錫倫，〈中國寶卷概論〉，氏著《中國寶卷研究論集》（臺北：學海出版社，1997 年 5 月）。

周育民，〈一貫道前期歷史初探—兼談一貫道與義和團的關系〉，《近代史研究》63 期，1991 年 5 月。

周慶生，〈清代祭天文化述略〉，收錄於全國明清檔案資料目錄中心編，《清代天壇暨祭天文化研究檔案資料匯編》，第十九冊。

林伯謙，〈北傳佛教與中國素食文化〉，《東吳中文學報》，民國 87 年 5 月。

林伯謙，〈素食與佛法行持〉，《第五屆中國飲食文化學術研討會論文集》（臺北：財團法人中國飲食文化基金會，民國 87 年 6 月 15 日）。

林國平，〈略論林兆恩的三教合一思想和三一教〉，《福建師範大學學報》2 期，1986 年。

林頓，〈清代四川紅燈教研究〉，《成都大學學報》3 期，1992 年。

林榮澤，《天道普渡：一貫道的興起（1930-1950）》，國立臺灣大學歷史學研究所碩士論文，民國 86 年。

林榮澤，《臺灣民間宗教之研究：一貫道「發一靈隱」的個案分析》，國立臺灣大學三民主義研究所碩士論文，民國 81 年 11 月。

武秉謙、于穎，〈忻縣一貫道〉，收錄於《近代中國幫會內幕》
　　（石家莊：群眾出版社，1992 年 9 月）。

邱麗娟，《設教斂財：清乾嘉道時期民間秘密宗教經費之研究》，
　　國立臺灣師範大學歷史研究所博士論文，民國 88 年 11 月。

邱麗娟，〈近二十年海峽兩岸明清民間秘密宗教研究之回顧與展
　　望（1979-1999）〉，《史耘》6 期，2000 年 9 月。

柯香君，《明代宗教雜劇之研究》，淡江大學中國文學研究所項
　　士論文，民國 91 年。

柳存仁，〈唐代以前拜火教摩尼教在中國之遺痕〉，見氏著《和
　　風堂文集》（上海：上海古籍出版社，1991 年）。

洪美華，《清代民間秘密宗教中的婦女》，國立臺灣師範大學歷
　　史研究所碩士論文，1992 年。

孫培良，〈摩尼教及其東西傳播〉，《西南師範學院學報》1979
　　年第 4 期。

孫培良，〈摩尼和摩尼教〉，《西南師範學院學報》2 期，1982
　　年。

徐立強，《梁武帝制斷酒肉之主張與中國佛教素食文化之關係》，
　　華梵大學東方人文思想研究所碩士論文，民國 89 年 5 月。

馬西沙，〈八卦教世襲傳教家族的興衰：清前期八卦教初探〉，
　　《清史研究集》四（成都：四川人民出版社，1986 年）。

馬西沙，〈白蓮教的創成、興起和演變〉，《世界宗教資料》3
　　期，1986 年。

馬西沙，〈臺灣齋教：金幢教淵源史實辨證〉，收入王見川、江
　　燦騰主編，《臺灣齋教的歷史觀察與展望》（臺北：新文豐
　　出版社，民國 83 年）。

馬西沙，〈羅教的演變與青幫的形成〉，收入王見川、蔣竹了編，

《明清以來民間宗教的探索：紀念戴玄之教授論文集》（臺北：商鼎文化出版，1996 年 8 月 15 日）。

馬西沙，〈黃天教源流考略〉，《世界宗教研究》2 期，1985 年。

馬西沙，〈離卦教考〉，《世界宗教研究》1 期，1987 年。

馬西沙、程鱐，〈從羅教到青幫〉，《南開史學》1 期，1984 年。

崔玖、林麗美，〈臺灣民間食物養生的探討〉，《第五屆中國飲食文化學術研討會論文集》（臺北：財團法人中國飲食文化基金會，民國 87 年 6 月 15 日）。

康樂，〈潔淨、身分與素食〉，《大陸雜誌》102 卷 1 期，民國 90 年 1 月。

張展源譯，Daniel A. Dombrowski 著，〈西方素食主義導論（一）〉，《菩提樹》，第 506 期。

張展源譯，Daniel A. Dombrowski 著，〈西方素食主義導論（二）〉，《菩提樹》，第 507 期。

張展源譯，Daniel A. Dombrowski 著，〈西方素食主義導論（三）〉，《菩提樹》，第 508 期。

張展源譯，Daniel A. Dombrowski 著，〈西方素食主義導論（四）〉，《菩提樹》，第 509 期。

莊吉發，〈從院藏檔案談清代秘密宗教盛行的原因〉，《故宮學術季刊》卷 1 期 1，民國 71 年。

莊吉發，〈清代八卦教的組織與信仰〉，《中國歷史學會史學集刊》17 期，1985 年。

莊吉發，〈清代三陽教的起源及其思想信仰〉，《大陸雜誌》卷 63 期 5，民國 70 年。

莊吉發，〈清代民間宗教的寶卷及無生老母信仰〉（上、下），《大陸雜誌》74:4，民國 76 年 5 月。

莊吉發，〈清代青蓮教的發展〉，《大陸雜誌》卷 71 期 5，民國
　　74 年。

莊吉發，〈清代乾隆年間的收元教及其支派〉，《大陸雜誌》卷
　　63 期 4，民國 70 年。

莊吉發，〈清代清茶門教的傳佈及其思想〉，《大陸雜誌》卷 68
　　期 6，民國 73 年。

莊吉發，〈清代道光年間的秘密宗教〉，《大陸雜誌》62 期，民
　　國 70 年。

莊吉發，〈清高宗查禁大乘教的原因及經過〉，《食貨》卷 11
　　期 6，民國 70 年。

莊吉發，〈清高宗查禁羅教的經過〉，《大陸雜誌》卷 63 期 3，
　　民國 70 年。

莊吉發，〈清嘉慶年間的白蓮教及其支派〉，《師大歷史學報》
　　期 8，民國 69 年。

莊吉發，〈中國秘密社會史的研究與出版〉，中研院近史所編，
　　《六十年來的中國近代史研究》上冊，1988 年。

莊吉發，〈明清秘密宗教的政治意識〉，淡江大學歷史系，《中
　　國近代政教關係國際學術研討會論文集》，1978 年。

莊吉發，〈清代民間宗教的源流及其社會功能〉，《大陸雜誌》
　　80 卷 2 期，1991 年。

曾子良，《寶卷之研究》，國立政治大學中文研究所碩士論文，
　　1998 年 6 月。

陳垣，〈摩尼教入中國考〉，《國學季刊》第 1 卷第 2 號，1923
　　年 4 月。

陳華，〈清代咸豐年間山東邱莘教之亂〉，《食貨月刊復刊》13-5、
　　6，民國 72 年。

陳詩啟，〈試論清代中葉白蓮教大起義〉，《夏門大學學報》3期，1956年。

陶希聖，〈元代彌勒白蓮教會的暴動〉，《食貨》一卷。

陶希聖，〈宋代的各種暴動〉，《中山文化教育館季刊》一卷。

陶希聖，〈明代彌勒白蓮教及其他「妖賊」〉，《食貨》一卷。

喻松青，〈明清時代民間的宗教信仰與秘密結社〉，《清史研究集》第一輯，1980年。

喻松青，〈明清時期民間宗教教派中的女性〉，《南開大學學報》5期，1982年。

喻松青，〈明清時期的民間秘密宗教〉，《歷史研究》2，1987年。

喻松青，〈清茶門教考析〉，收入《明清史國際學術討論會論文集》（天津：天津人民出版社，1982年）。

馮承鈞譯，沙浼、伯希和撰，〈摩尼教流行中國考〉，《西域南海史地考證譯叢八編》（北京：中華書局，1958年）。

黃靜華，〈白蓮教及白蓮教亂對中國社會之影響：以清中葉川楚白蓮教亂為例〉，收入於淡江大學中文系主編，《戰爭與中國社會之變動》（臺北：學生書局，1991年）。

楊品泉，〈中國的千禧年運動：1813年八卦教起義〉，《中國史研究動態》8期，1981年。

葉文心，〈人神之間：淺論十八世紀的羅教〉，《史學評論》2期，1980年。

董蔡時，〈試論川楚陝白蓮教農民大起義〉，《文史哲》7期，1958年。

路天真，〈羅教研究小史〉，《臺灣宗教研究通訊》1期，2000年1月。

劉技萬，〈中國修齋考〉，氏著《中國民間信仰論集》（臺北：中研院民族學研究所，專刊之 22，民國 83 年）。

劉淑芬，〈「年三月十」中古後期的斷屠與齋戒〉（上、下），《大陸雜誌》104 卷 1 期、2 期，民國 91 年 1 月、2 月。

蔣斧，〈摩尼教流行中國考略〉，載《敦煌石室遺書》，1909 年。

蔡彥仁，〈宗教史與末運動研究：以基督教之興起為例〉，《新史學》十卷二期，1999 年 6 月。

鄭志明，〈近五十年來臺灣地區民間宗教之研究與前瞻〉，《臺灣文獻》52 卷 2 期，2001 年 6 月。

鄭志明，〈夏教的宗教體系及其善書思想〉，氏著《中國善書與宗教》（臺北：學生書局，1988 年 6 月）。

戴玄之，〈十九世紀白蓮教亂之分析〉，《大陸雜誌》50 卷 4 期，1975 年。

戴玄之，〈白蓮教的本質〉，《臺灣師大學報》第 12 期，1967 年。

戴玄之，〈老官齋教〉，《大陸雜誌》54 卷 6 期，1977 年。

濮文起，〈天地門教鉤沉〉，《天津社會科學》1 期，1993 年。

謝必震，〈古田教案起因新探〉，《近代史研究》1988 年第一期。

謝定源，〈中國素食文化的發生發展及傳播區域〉，《中國飲食文化期金會會訊》，2003 年 1 月。

謝忠岳，〈大乘天真圓頓教考略〉，《世界宗教研究》2 期，1993 年。

鍾雲鶯，《民國以來民間教派大學中庸思想之研究》，國立政治大學中文研究所博士論文，2000 年 6 月。

韓秉方，〈中國的民間宗教〉，收錄於湯一介主編，《中國宗教：過去與現在》（北京：北京大學出版社，1992 年 10 月）。

韓秉方，〈紅陽教考〉，《世界宗教研究》4 期，1985 年。

瞿同祖，〈清律的繼承和變化〉，《歷史研究》第四期（北京：中國社會科學出版社，1980 年 8 月）。

羅爾綱，〈中國秘密社會史〉，《出版周刊》第 120 期，民國 24 年。

顧奎相，〈清末金丹道教起義初探〉，《遼寧大學學報》2 期，1980 年。

二、日文部份

八幡關太郎，〈道成時代に於ける北支の黃崖教〉，《東洋》39-11，1936 年。

丸井圭治郎編修，《臺灣宗教調查報告書》（臺灣總督府，大正八年三月三十日）。

夫馬進，〈明代白蓮教の一考察：經濟斗爭との關連と新しい共同体〉，《東洋史研究》35-1，1976 年。

平山力，〈支那に於はち彌勒教匪と天命思想〉，《京城大史學會》17 期，1941 年。

末光高義，《支那の秘密結社と慈善結社》（滿州評論社，昭和 7 年）。

矢吹慶輝，《摩尼教》（東京：岩波書店，昭和十一年）。

吉岡義豐，〈羅祖の宗教〉，《大正大學學報》37，1950 年。

佐佐木正哉，〈嘉慶年間の白蓮教結社：林清・李文成集團の場合〉，《國學院雜誌》77-3，1976 年。

佐藤公彥，〈1891 年熱河の金丹道蜂起〉，《東洋史研究》43-2，1984 年。

佐藤公彥，〈清代白蓮教の史的展開〉，《續中國民眾反亂の世
　　界》（東京汲古書院，1983 年 6 月）。

竺沙雅章，〈喫菜事魔について〉，收入《青山博士古稀紀念宋
　　代史論叢》（東京，1974 年 9 月）。

竺沙雅章，〈方臘の亂と喫菜事魔〉，《東洋史研究》32-4，1974
　　年。

長谷部幽蹊，〈天道會とその傳道の實態〉，《宗教研究》53-2，
　　1980 年。

相田洋，〈羅教の成立とその展開〉，《續中國民眾反亂の世界》
　　（青年中國研究者會議編，汲古書院，1983 年）。

重俊重松，〈唐宋時代の末尼教と魔教問題〉，《史淵》12 期，
　　1963 年。

重俊重松，〈唐宋時代の彌勒教匪：附更正佛教匪〉，《史淵》
　　3 期，1931 年。

酒井忠夫，《中國善書の研究》（東京：弘文堂，1960 年）。

酒井忠夫，〈弘陽教試探〉，《天理大學學報》24、25 期，1957
　　年。

酒井忠夫，〈明末無為教についこ〉，《東洋史學論集》3 期，
　　1954 年。

酒井忠夫，〈道光白陽教始末〉，《東方學論集》1 期，1954 年。

淺井紀，《明清時代民間宗教結社の研究》（東京：研文出版社
　　1990 年 9 月）。

淺井紀，〈明末の聞香教についこ〉，《明代史研究》6 期，1978
　　年。

淺井紀，〈道光青蓮教案について〉，《東海史學》第 11 號，
　　1977 年。

淺井紀，〈明末における奢安の亂と白蓮教〉，《史學》47-3，
　　1976 年。

淺井紀，〈羅教の繼承と變容—無極正派〉，《和田博開教授古
　　稀記念明清時代の法と社會》（汲古書屋，1993 年）。

深谷富二郎，〈マニ教に就いて〉，《史觀》21 冊，昭和十六年。

野口鐵郎，《明代白蓮教史の研究》（東京：雄山閣出版，昭和
　　61 年 2 月 20 日）。

野口鐵郎，〈真空教と無為教〉，《歷史人類》9 期，1980 年。

野口鐵郎，〈明代宗教結社の經濟活動〉，《橫濱國立大學人文
　　紀念》（第一類）14 期，1968 年。

塚本善隆，〈羅教の成立と流傳についこ〉，《東方學報》（京
　　都）17，1949 年。

道端良秀，《中國佛教社會經濟史の研究》（東京：平樂寺書店，
　　昭和 58 年 6 月）。

鈴木中正，《千年王國的民眾運動の研究》（東京：東京大學出
　　版會，1982 年 2 月 28 日）。

鈴木中正，《清代中期史研究》（東京：愛知大學，1952）。

鈴木中正，〈清中期雲南張保太の大乘教〉，《東洋史研究》36-4，
　　1978 年。

鈴木中正，《中國史における革命と宗教》（東京：東京大學出
　　版，昭和 48 年）。

鈴木中正，〈羅教についこ：清代支那宗教結社の一例〉，《東
　　洋文化研究所紀要》1 期，1943 年。

鈴木中正，《千年王國的民眾運動の研究》（東京：東京大學出
　　版，1982 年）。

筱原壽雄，《臺灣における一貫道の思想と儀禮》（東京：平河

　　出版社，1993 年 5 月）。

諏訪義純，《中國中世佛教史研究》（東京：大東出版社，昭和
　　63 年 5 月）。

澤田瑞穗，《寶卷の研究》（東京：采華書林，1963 年）。

澤田瑞穗，〈八卦教源流〉，《國學院雜誌》55-1，1953 年。

澤田瑞穗，〈羅祖の無為教〉（上、下），《東方宗教》1、2，
　　1951 年。

澤田瑞穗，《增補寶卷の研究》（圖書刊行會，1975 年）。

三、英文部份

Arthur P.Wolf, Religion and Ritual in Chinese Society（Stanford,
　　Stanford University Press, 1974）.

Barend, J.Ter Harr, The White Lotus Teachings in Chinese Religious
　　History,（Leiden: E. J. Brill, 1992）.

Chu Yung-deh R. An Introductory Study of the With Lotus Sect in
　　Chinese History Ph. D. diss.,（Columbia University, 1967）.

Colin Spencer, Vegetarianism: A History（New York: Four Walls
　　Eight Windows, 2002）.

Daniel A. Dombrowski, The Philosophy of Vegetarianism,（The
　　University of Massachusetts Press, 1984）.

David K. Jordan & Daniel L. Overmyer, The Flying Phoenix:
　　Aspects of Chinese Sectarianism in Taiwan（Princeton:
　　Princeton University Press, 1986）.

DeGroot, J. J. M. The Religious System of China 6 vols.（Leiden: E. J.
　　Brill, 1892--1904）.

Edited by Kerry S. Walters and Lisa Portmess, Religious Vegetarianism: From Hesiod to the Dalai Lama, （State University of New York Press, 2001）.

Edward Mcnall Burns、Robert E. Lerner、Standish Meacham, Western Civilizations, Tenth Edition（University of Texas at Austin, 1984）.

Frances Moore Lappe, Diet for a Small Planet, （Ballantine, 1992）.

Gerd Theissen, Sociology of Early Palestinian Christianity tr. John Bowden（Philadelphia: Fortress, 1978; originally published in German, Soziologie der Jesusbewegung, 1977）.

Grolier Incorporated, The encyclopedia Americana, 29V.（Danbury, Conn. : Grolier, 1991）.

John G. Gager, Kingdom and Community: The Social World of Early Christianity（Englewood Cliffs: Pretice-Hall, Inc., 1975）.

Joseph W.Esherick The Origins of The Boxer Uprising University of California Press, 1987.

Kelley, David E. "Temples and Tribute Fleets: The Luo Sect and Boatmen's Associations in the Eighteenth Century", Modern China, 8, 3: 361-391.

Kerry S. Walters and Lisa Portmess, Ethical Vegetarianism: From Pythagoras to Peter Singer（New York: State University of New York Press, 1999）.

Kristopher Schipper "The written memorial in Taoist ceremorial", Religion and Ritual in Chinese Society, Arthur Wolf ed., （Stanford, 1974）.

Lieu, S. N. C., "Manichaeism in the late Roman Empire and

Medieval China, a Historical Survey." Manchester, 1985., Tubingen, 1992.

Martin Hengel, The Charismatic Leader and His Followers (New York: Crossroad, 1981; originally published in German, Nachfolge und Charisma, 1968).

Naquin, Susan, Millenarian rebellion in China: the Eight Trigrams uprising of 1813, New Haven: Yale University Press, 1976.

Richard Reitzenstein, Poimandres, (repr., Darmstadt, 1966).

Robert Smith, Peasant Society and Culture, (Chicago, 1956).

Robert Weller, Unities and Diuersities in Chinese Religion, (McMillan, 1987).

Rynn Berry Famous Vegetarians & Their Favorite Recipes (New York: Pythagorean Publishers, 2003).

Stephan Feuchtwang, "School、temper and city god", Studies in Chinese Society, Arthur Wolf ed., (Stanford, 1978)pp.103-130.

Steven Sangren, History and Magical Power in a Chinese Community, (Stanford, 1987)

The Encyclopedia of religion (New York: Macmillan Publishing Company, 1986).

Wayne A.Meeks, The First Urban Christians: The Social Worlds of the Apostle Paul (New Haven & London: Yale University Press, 1983).

William Skinner, "Cities and the hierarchy of local systems", Studies in Chinese Society, (Stanford, Arthur Wolf ed., 1978).

Yang, C. K. Religion in Chinese Society (Berkely:University of California Press, 1970).

國家圖書館出版品預行編目資料

臺灣民間宗教的持齋戒殺／林榮澤著. -- 初版.
-- 臺北市：蘭臺, 2008[民 97]
　　面；　公分. --（臺灣宗教與社會研究叢刊；第 1 輯）
　　參考書目：面

　　ISBN（平裝）978-987-7626-85-8

臺灣宗教與社會叢刊　B009

臺灣民間宗教的持齋戒殺

作　　　者：林榮澤
出　版　者：蘭臺出版社
封 面 設 計：林依璇
地　　　址：台北市中正區開封街一段 20 號 4 樓
電　　　話：(02)2331-1675　傳真：(02)2382-6225
編　　　輯：張加君
總　經　銷：蘭臺網路出版商務股份有限公司　劃撥帳號：18995335
網 路 書 店：http://www.5w.com.tw　E-Mail：lt5w.lu@msa.hinet.net
網 路 書 店：博客來網路書店　http://www.books.com.tw
網 路 書 店：中美書街　http://chung-mei.biz
香港總代理：香港聯合零售有限公司
地　　　址：香港新界大蒲汀麗路 36 號中華商務印刷大樓
　　　　　　C&C　Building, 36, Ting　Lai　Road, Tai Po,New Territories
電　　　話：(852)2150-2100　　傳真：(852)2356-0735
出 版 日 期：2009 年 4 月初版
定　　　價：新臺幣 450 元整

ISBN：978-986-7626-85-8